LES VALEURS *DANS* LE ROMAN

LES VALEURS *DANS* LE ROMAN

Sous la direction de :
Rémi Astruc et Jacques-David Ebguy

LES VALEURS *DANS* LE ROMAN
Conditions d'une « poéthique » romanesque

ISBN : 979-10-94084-07-6

La publication de cet ouvrage a été rendue possible grâce au soutien du laboratoire AGORA de l'Université de Cergy-Pontoise et du CERILAC, Université Paris-Diderot.

INTRODUCTION

Rémi Astruc, Université Cergy-Pontoise
Jacques-David Ebguy, Université Paris Diderot

Au commencement était l'éthique ?

> La femme vit que l'arbre était bon à manger et agréable à la vue, et
> qu'il était précieux pour ouvrir l'intelligence ; elle prit de son fruit, et
> en mangea ; elle en donna aussi à son mari, qui était auprès d'elle, et il
> en mangea[1].

Cette scène bien connue de la Bible hébraïque, dont les protagonistes sont Adam et Eve, permet d'emblée de poser la question de l'éventuelle « nature » éthique de tout récit. La question « Qu'est-ce qu'une valeur dans un récit ? » est en effet inséparable de celle du statut du récit lui-même et donc de son origine. Trois possibilités peuvent être envisagées. Soit ce récit est pensé comme émanant d'un principe divin (c'est-à-dire qu'il est lu en fonction de, ou est rapporté à, une hypostase fondatrice qui dit le Sens et la Valeur), ce qui correspond au type de lecture que semblent appeler les mythes, la Bible et tous les textes révélés en général. La question de la nature et de l'origine des valeurs se trouve alors d'emblée réglée. Soit le récit est d'origine humaine : l'étude des

---

[1] *Genèse*, chapitre 3, verset 6.

valeurs qu'il contient peut alors relever d'une étude anthropologico-philosophique (à l'instar de celle pratiquée par exemple par Nietzsche dans sa *Généalogie de la morale*, ou par Bergson dans *Les Deux sources de la morale et de la religion*), qui suppose que l'écriture de fiction soit considérée comme mimétique et qu'elle témoigne donc d'une « importation » des valeurs de la vie humaine à la littérature. Enfin, on peut considérer que ces valeurs sont une production intrinsèque du récit lui-même (et non du monde ou d'un principe transcendant) et qu'elles découlent dès lors de l'organisation particulière du langage humain qui le constitue.

Selon cette dernière hypothèse, qui sera privilégié dans le présent volume, les valeurs naîtraient au cours de la mise en place d'une intrigue, de la configuration d'une histoire, bref de l'essence même du récit en tant que récit : elles surgiraient au cours de l'opération de disposition de personnages, de lieux, de temps, d'actions, mais aussi d'une situation d'énonciation impliquant transmission d'un narrateur à un récepteur (narrataire-lecteur)[1]. C'est cette disposition particulière qui serait, en ce cas, porteuse de valeurs, quel que soit ce qui est dit, *même si rien n'est dit*. Un récit apparaît alors, principiellement pourrait-on dire, comme une *situation* éthique : le premier « effet-valeur », c'est le récit lui-même[2]…

On peut d'ailleurs se demander si, sur un autre plan et d'un point de vue purement cognitif, toute valeur ne doit pas emprunter la forme d'un récit, ne serait-ce que *pour être saisie,* c'est-à-dire pour produire un effet sur la conscience et être efficace. Le récit ne serait-il pas dès lors le cadre le plus approprié à l'expression des valeurs ? Si la question de savoir s'il les produit ou non reste à débattre, on peut du moins s'accorder préalablement sur le fait que celui-ci est particulièrement apte à *exposer* des valeurs. Une notion comme le pardon se conçoit ainsi de façon particulièrement éclairante par le truchement et l'expérience d'une histoire, celle, par exemple, dans le cadre des Évangiles, du « fils prodigue ». De même, la communauté comme « valeur » ne s'énonce-telle pas de manière optimale (voire uniquement) sous la forme d'un récit

---

[1] D'une certaine façon, le récepteur n'est même pas vraiment nécessaire : pour preuve le « non-concernant », dont parle Blanchot à propos de l'écriture de Kafka, qui concerne tout le monde et porte au plus haut point des valeurs… (Maurice Blanchot, *L'Entretien infini*, Paris, Gallimard, 1969, p. 569-582).

[2] *Cf.*, évoquée plus bas, la thèse de R. Shusterman.

(notamment mythique ou à consonance mythique) ? Le Mal peut-il se penser dans toute sa profondeur sans référence ou recours à des personnages (comme le Diable dans notre culture) et à leur action dévastatrice ? Une analyse morale des œuvres, en particulier des romans, requiert donc de prendre en compte cette disposition du récit à l'éthique.

Mais c'est également par son contenu que le « récit originel » dont nous sommes partis – celui de la « faute » d'Adam et Eve – introduit la question des valeurs. Que se passe-t-il en effet lorsque le « premier homme » et la « première femme » mangent du fruit de l'arbre défendu (l'arbre de la connaissance du bien et du mal) ? Perdant leur « innocence », le couple originel (et, à en croire le récit biblique, les hommes avec eux), en vient à tout considérer selon une perspective morale : sa propre individualité, le réel, la vie, les autres, sont alors évalués en les rapportant au Bien et au Mal ou au bien et au mal qu'ils nous font.

Dans une certaine mesure, le roman paraît hériter de cette vision de l'homme et de sa « nouvelle » situation dans le monde après la chute : placé hors du Jardin, confronté, comme être fini et mortel, à l'univers, et tendant à envisager la réalité d'un point de vue moral. Peut-être n'y a-t-il pas de roman possible sans cette « faute », sans ce bouleversement initial, si le roman se fait interrogation sur le sens ou les sens possibles de l'existence et quête d'un univers à habiter. Il est de surcroît remarquable que le texte biblique dise ce basculement de manière typiquement « romanesque » : à travers un récit à plusieurs personnages, constitué d'une succession d'événements dans le temps, mêlant regards et points de vue, et dont le sens global demeure obscur (d'où la multiplicité des interprétations dans les traditions de lecture juives ou chrétiennes…). On ne s'étonnera pas que le roman, no-tamment en sa forme « romantique » et post-romantique, puisse à son tour porter les interrogations éthiques et morales et manifester cette recherche d'une orientation dans le monde.

Telle sera donc la visée commune à l'ensemble des contribu-tions de cet ouvrage : mettre les perspectives morales à l'épreuve des romans de la modernité. Cela supposera d'abord d'admettre le poids de la littérature sur les hommes, et par conséquent l'ouver-ture du texte au monde ; ensuite de mesurer l'efficience du discours romanesque et son mode singulier d'inscription dans le réel. Comme l'écrit Jaques Rancière, « Les énoncés [...] littéraires font effet dans le réel. Ils dressent des cartes du visible, des trajectoires entre le visible et le dicible, des rapports entre des modes de l'être, des modes du faire et des modes du dire[1] ». Plus précisément, une approche éthique du roman – que nous choisissons d'appeler, après d'autres, « poéthique » – reposera sur une vision du roman comme « lieu d'un procès éthique[2]. »

« Poéthique » du roman moderne : état des lieux et nouvelles perspectives

Certes, l'âge de la littérature intransitive, « autotélique », qu'avaient ouvert, au tournant du XIXe siècle, les Romantiques allemands[3], avait fait de l'œuvre un Absolu privé de dehors. C'est en tout cas en ces termes qu'une certaine modernité a voulu penser les textes littéraires, les soustrayant de la sorte à toute interrogation éthique[4]. Mais, après une longue période de séparation (en son temps nécessaire et féconde) entre la sphère esthétique et la sphère éthique, on retrouve aujourd'hui le sens qu'il y aurait à penser l'articulation entre les deux. La réflexion sur les valeurs (entendues comme normes culturelles, sociales ou morales auxquelles on se réfère pour évaluer des discours, des actions ou des jugements) et sur l'éthique des textes romanesques semble redevenir un enjeu central des études littéraires. L'heure est à l'éthique, pourrait-on dire[5].

---

[1] Jacques Rancière, *Le Partage du sensible. Esthétique et politique*, Paris, La Fabrique, 2000, p. 62. On pourra également se reporter, pour une réflexion sur les pratiques esthétiques, aux pages 14-15 et 24-25.

[2] Peter Poiana, *Éthique et littérature*, Lyon, Aldrui, 2000, p. 4. Sur ce point, voir également la « Préface » de Gisèle Séginger à l'ouvrage *Éthique et littérature* (Éléonore Reverzy, Gisèle Séginger (éd.), *Éthique et littérature. XIXe-XXe siècles*, Strasbourg, Presses Universitaires de Strasbourg, 2000, p. 8).

[3] Sur ce point, voir l'ouvrage de Jean-Marie Schaeffer, *Naissance de la littérature. La théorie esthétique du romantisme allemand*, Paris, Éditions Rue d'Ulm, 1983.

[4] Là où la critique cinématographique par exemple, sur son versant « bazinien » (réflexions critiques de J.-L. Godard, J. Rivette, Serge Daney…) ou « américain » (pensons notamment aux travaux de S. Cavell), ne cessait d'interroger la « moralité » ou l'*ethos* des films et des manières de filmer.

[5] Cela était patent dès les années 1990. Pour un bilan sur la question, voir l'article de Liesbeth Korthals Altes, « Le tournant éthique dans la théorie littéraire : impasse ou ouverture ? », *Études Littéraires*, 1999, vol. 31, p. 39-56.

Encore convient-il, pour saisir l'ambition de ce volume, de bien distinguer les approches adoptées, les questions qui, par le passé, ont été posées, et les réponses qui ont pu y être apportées. Ainsi ne sera-t-il pas ou peu question ici, du vieux problème, « éternel » puisqu'il se retrouve encore au cœur de bien des débats littéraires et philosophiques actuels[1], de la représentation du Mal, de la figuration de celui-ci dans l'Histoire, qu'emblématise en particulier l'horreur de la Shoah. Il ne s'agira pas davantage de reprendre le questionnement classique et très général sur le rapport entre Littérature et Morale[2]. Aborder la question en ces termes revient de fait à rapporter la littérature à un système de valeurs extérieur et déjà constitué, à juger l'œuvre en fonction de la conformité à ce système. Or, même s'il est vrai que pendant longtemps les auteurs eux-mêmes se sont situés, explicitement ou non, par rapport à la Morale, on peut considérer qu'à partir du XIXe siècle un certain nombre d'écrivains ont pris ouvertement leurs distances par rapport aux systèmes de valeurs extra-textuels et parfois également aux préjugés sous la juridiction desquels les plaçaient la société, le public ou la critique… Cette affirmation d'une liberté par rapport à la manière dont la société pose la

---

[1] Voir par exemple les polémiques entre Cl. Lanzmann et J.-L. Godard, G. Didi-Huberman, Y. Haennel, ou les discussions qui ont entouré la publication des *Bienveillantes* de J. Littell, que prolonge l'article de F. Rastier dans ce volume.

[2] Rappelons d'ailleurs que l'éthique a souvent été distinguée de la morale (d'où la spécificité du présent questionnement). Si la morale est un ensemble de « règles extérieures, établies une fois pour toutes et universellement valables » (Gisèle Séginger, *op.cit.*, p. 8), de valeurs s'imposant catégoriquement et déterminant des jugements et des actions, l'éthique engage « une responsabilité individuellement éprouvée » et se présente comme une « évaluation dynamique, toujours en mouvement » (*Ibid.*, p. 7). Pour le dire avec Gilles Deleuze, « La morale se présente comme un ensemble de règles contraignantes d'un type spécial, qui consiste à juger des actions et des intentions en les rapportant à des valeurs transcendantes (c'est bien ; c'est mal…) ; l'éthique est un ensemble de règles facultatives qui évaluent ce que nous faisons, ce que nous disons, d'après le mode d'existence que cela implique. On dit ceci, on fait cela : quel mode d'existence ça implique-t-il ? [...] Ce sont les styles de vie, toujours impliqués, qui nous constituent comme tel ou tel. » (Gilles Deleuze, *Pourparlers*, Paris, Éditions de Minuit, 1990, p. 137-138). Wittgenstein, penseur déterminant de l'éthique, écrit pour sa part que l'éthique est « l'investigation de ce qui a une valeur, ou de ce qui compte réellement », « l'investigation du sens de la vie ou de ce qui rend la vie digne d'être vécue, ou de la façon correcte de vivre » (Ludwig Wittgenstein, « Conférence sur l'éthique » [1929-1930], in *Leçons et conversations sur l'esthétique, la psychologie et la croyance religieuse* suivies de *Conférences sur l'éthique*, Paris, Gallimard, « Folio Essais », 1992, p. 143-144).

question morale témoigne alors d'un refus des termes ou des pré-supposés sociaux et de la conquête d'une forme d'autonomie[1]. Plus précisément, le rapport entre les deux domaines, tels qu'ils sont traditionnellement entendus, devient « incertain et mouvant à partir du moment où la crise des croyances et les bouleversements politiques transforment les relations entre les différentes sphères de la vie[2]. » C'est dans le champ de réflexion ouvert par ces bouleversements et cette incertitude que s'inscrivent nos investigations et certaines des propositions que nous avancerons.

Aussi veillera-t-on ici à ne pas réduire la portée éthique des œuvres à la seule dimension critique ou transgressive de la littérature, que Georges Bataille[3], parmi d'autres, a théorisée avec force en son temps[4]. En trouvant dans les œuvres qu'il prend pour support (celles de Kafka, Genet ou Baudelaire par exemple), l'affirmation d'une « hypermorale », en écrivant que « la malédiction est le chemin de la bénédiction la moins illusoire[5] », Bataille ne procède-t-il pas simplement à un retournement de la norme et des valeurs ? En avançant que la littérature doit « plaider coupable », ne continue-t-il pas, en substance, à se situer à l'intérieur de la sphère morale ? La thématique de la littérature comme expérience des limites (qui se rencontre notamment chez le Michel Foucault des années 1960), dans la filiation de la pensée de Bataille, recourant à des catégories dualistes (le dedans/le dehors, le normal/l'a-

---

[1] Qu'on pense aux formulations de Balzac, pour qui le romancier ne suit pas les lois mais les impose : « L'auteur n'est pas de propos délibéré moral ou immoral, pour employer les termes faux dont on se sert » (« Préface » de *Le Père Goriot*, *La Comédie humaine*, III, Paris, Gallimard, « Bibl. de la Pléiade », 1976, p. 46-47), ou à celles de Flaubert faisant de la Morale le résultat de Beauté – « Ce qui est beau est moral, voilà tout et rien de plus » (Gustave Flaubert, « À Guy de Maupassant », 19 [16] février 1880, *Correspondance, V, janvier 1876 – mai 1880*, Paris, Gallimard, « Bibl. de la Pléiade », 2007, p. 839 ; « La Morale de l'art consiste dans sa Beauté même » (Gustave Flaubert, « À Louis Bonenfant », 12 décembre 1856, *Correspondance, II, juillet 1851 – décembre 1858*, Paris, Gallimard, « Bibl. de la Pléiade », 1980, p. 652) – et du style la valeur suprême.
[2] Gisèle Séginger, « Préface », in Éléonore Reverzy, Gisèle Séginger (éd.), *Éthique et littérature. XIXe-XXe siècles*, op. cit., p. 6.
[3] Dans *La Littérature et le Mal* notamment (Paris, Gallimard, 1957).
[4] En désignant le mal comme la « valeur souveraine » (Georges Bataille, *La Littérature et le mal*, op. cit., p. 9) dont la littérature est l'expression, le philosophe met en évidence la manière dont différents auteurs, poètes ou romanciers, rejettent la Morale bourgeoise et conventionnelle et font de la littérature, selon sa belle formule, une « enfance enfin retrouvée » (*Ibid.*, p. 172).
[5] *Ibid.*, p. 25.

normal…) demeure, nous semble-t-il, dans ce paradigme, et repose sur une double limitation qui ne permet pas l'exercice d'une véritable « poéthique[1] ».

S'intéresser, d'un autre côté, dans une perspective textualiste, à la « façon dont le texte peut présenter, mettre en scène et hiérarchiser des valeurs[2] », autrement dit examiner la « mise en texte[3] » de celles-ci, les procédés par lesquels l'œuvre les rend sensible, suppose pareillement de penser les valeurs en extériorité, comme existant en soi, hors du texte, et de ne pas envisager que le texte puisse produire une éthique. Au fond, ce qui est théorisé ainsi est simplement le rapport – dans une logique sinon référentielle, du moins relevant de la *mimesis* –, de la littérature aux normes sociales, aux idéologies. Une telle approche, de surcroît, retient essentiellement de l'œuvre ce qui en elle relève d'un sens, d'un jugement, d'une évaluation, sa lecture consistant en l'identification et la hiérarchisation des jugements portés. L'analyse se concentre d'ailleurs avant tout sur les valeurs explicitement revendiquées dans l'espace textuel (par l'auteur, le narrateur ou par un personnage). De fait, le travail sur la composition, sur le langage, la capacité du roman à faire émerger un rapport au monde inédit importent moins, pour la sémiotique narrative de Vincent Jouve ou pour la poétique du normatif de Philippe Hamon, que « l'énonciation comme régulation du texte et programmation de la lecture[4] ».

Sans doute est-ce alors par rapport au courant philosophique, particulièrement fécond aux Etats-Unis, qui met au centre l'éthique des œuvres que devra se situer toute « poéthique » romanesque. Si l'idée, chère au philosophe Ronald Shusterman, que « l'expérience littéraire est toujours une expérience éthique, non pas (forcément) en tant qu'expérience d'une *valeur particulière*, mais en tant qu'expérience de *la valeur*[5] », paraît reposer sur une analogie contestable et vaut pour tout type de récit, d'autres auteurs ont fait de la littéra-

---

[1] Sont privilégiées les œuvres explorant *explicitement* les marges, les frontières, les seuils ; est exprimée *une* métaphysique située, tendant à dissoudre les singularités.

[2] Vincent Jouve, *Poétique des valeurs*, Paris, PUF, 2001, p. 7.

[3] *Ibid.*, p. 8.

[4] *Idem.*

[5] Jean-Jacques Lecercle, Ronald Shusterman, *L'Emprise des signes. Débat sur l'expérience littéraire*, Paris, Éditions du Seuil, « Poétique », p. 207. Le philosophe explique que la lecture est choix d'un sens, de la même manière que l'expérience morale est prise de décision.

ture le lieu d'une présentation et d'une production de situations ou d'expériences morales. Si chez Vincent Descombes[1], le roman se voit simplement crédité d'une capacité à traduire, à incarner les concepts moraux en des situations exemplifiées, chez Cora Diamond, Irich Murdoch, Martha Nussbaum, ou, en France, chez Jacques Bouveresse[2], se dégage une authentique théorie cognitiviste de la littérature et notamment du roman. Non seulement l'énonciation du récit « exprime une conception de l'existence et de la valeur[3] », mais la littérature – plus particulièrement le roman – a un pouvoir sur nos jugements et nos comportements. La spécificité et l'impact du roman découleraient alors plus particulièrement de ce qu'il sollicite aussi bien l'imagination, la sensibilité ou la volonté que l'intelligence, qu'il explore les possibles en racontant des histoires, et qu'il prend pour objet l'individu et l'individuel aux prises avec lui-même, les autres ou le monde. Il aurait de la sorte la possibilité de représenter des conflits et des principes éthiques abstraits dans des personnages et des situations singulières.

On pourrait trouver salutaire et justifiée cette sortie d'une certaine « phobie de l'extratextualité[4] », si elle ne reposait encore sur une conception trop restrictive du roman, conçu comme exploration de la vie ordinaire et présentation de situations particulières auxquelles on pourrait donner une portée et un sens plus généraux[5]. Ce courant proclame certes la nécessité d'être attentif à la forme, de ne pas la réduire à un ornement séduisant permettant de faire passer un message, mais l'accent est d'abord mis, dans l'examen des œuvres, sur la dimension *éclairante* de cette forme : Bouveresse évoque ainsi uniquement l'« enrichissement » et la

---

[1] Voir Vincent Descombes, Proust. Philosophie du roman, Paris, Éditions de Minuit, « Critique », 1987, p. 18.

[2] Voir notamment Jacques Bouveresse, *La Connaissance de l'écrivain. Sur la littérature, la vérité et la vie* (Marseille, Agone, 2008), le recueil dirigé par Sandra Laugier, *Éthique, littérature et vie humaine* (Paris, PUF, 2006), Wayne Booth, *The Company we keep. An ethics of fiction* (Berkeley, University of California Press, 1988), ou encore Martha Nussbaum, *Poetic justice. Literary imagination and public life* (Boston, Beacon Press, 1995).

[3] Martha Nussbaum, *Love's Knowledge. Essays on Philosophy and Literature*, New York/Oxford, Oxford University Press, 1990, p. 5.

[4] Désignée en anglais par l'expression « *ET Heresia* » pour « *ExtraTextuality Heresia* » (on doit la formule à Roy Porter, en 1983 – sur ce point, voir Jacques Bouveresse, *op. cit.*, p. 11-12).

[5] Voir notamment *Éthique, littérature et vie humaine, op. cit.*.

« clarification de la vie que nous procurent la mise en forme narrative et le traitement narratif du problème posé[1] ». Problématique encore est le fait que sont essentiellement retenus des œuvres leur contenu psychologique et spéculatif d'une part (leur « vision du monde », leur dimension réflexive), leur contenu narratif d'autre part (cette lecture s'appuie de manière privilégiée sur des œuvres qui ont explicitement un contenu moral et présentent par exemple des personnages devant faire un choix, prendre une décision…). Il est vrai que le soin avec lequel Jacques Bouveresse distingue connaissance morale et visée moralisatrice[2] témoigne de la volonté louable de cette approche philosophique de préserver l'autonomie de la littérature par rapport à toute morale ou idéologie déjà constituées, mais la manière dont est évoquée la question éthique demeure insatisfaisante, puisque c'est essentiellement le schéma, réducteur, problème-solution qui est privilégié, comme si l'œuvre était la claire exposition d'une question et l'exploration ordonnée des solutions possibles au problème posé[3].

Plus généralement, le mérite du roman, selon ce type d'approche, serait en effet d'initier à une forme de sagesse pratique et non spéculative en poussant le lecteur à se poser la question de la « vie bonne ». Martha Nussbaum défend ainsi l'idée que le roman permet de dégager un « résultat positif », une « réponse cohérente et partageable » à la question « comment vivre[4] ». Le risque est alors grand de proposer une lecture, une « critique qui se limite à confirmer une position morale préétablie, dans des textes soigneusement sélectionnés[5] » et de défendre une « version émolliente de la littérature comme éducation (non certes comme éducation mo-

---

[1] Jacques Bouveresse, *op. cit.*, p. 70.

[2] Sur ce point, voir également Sandra Laugier, « Littérature, philosophie, morale », in *Fabula LHT* (Littérature, histoire, théorie), n° 1, février 2006, « Les philosophes lecteurs », http://www.fabula.org/lht/1/Laugier.html.

[3] *Cf.* « Le romancier ne nous invite-t-il pas également [comme le fait la réflexion morale] à participer à des expériences d'une certaine sorte, dans lesquelles des personnages inventés se trouvent placés dans des situations hypothétiques qui exigent d'eux des décisions qui sont à la fois difficiles et lourdes de conséquences, et à nous demander avec eux : quelle serait la bonne façon d'agir dans une situation de cette sorte ? Et y en a-t-il seulement une ? » (Jacques Bouveresse, *op. cit.*, p. 115)

[4] *The Fragility of goodness, Luck and Ethics in Greek tragedy and philosophy*, Cambridge, New-York, Cambridge University press, 1986, p. 28, cité in Liesbeth Korthals Altes, art. cit., p. 48.

[5] Liesbeth Korthals Altes, art. cit., p. 55.

rale, ou par la morale, mais éducation à la vie morale)[1] ». Certes, un auteur comme Jacques Bouveresse se montre méfiant à l'égard du roman à thèse : le philosophe caractérise les « bons » romans par leur complexité, leur capacité à remettre en cause les morales en place, idéalistes et normatives, et à conduire le lecteur à *s'interroger* sur les ambiguïtés de la morale, de l'existence ou de sa propre vie. Mais cette caractérisation du roman implique une conception de la forme, du lecteur et de la « communication » littéraire, qui nous éloigne sans doute de l'expérience réelle de la lecture de l'œuvre moderne. En pensant le roman comme un texte à la fois argumentatif et « pathétique » qui communique idées et émotions au lecteur, le courant philosophique anglo-saxon semble perdre de vue la manière dont le rapport au lecteur s'est compliqué dans la modernité. Dérouté ou attaqué, visé mais pas connu, le récepteur peut choisir de prendre ses distances : l'existence d'un espace commun au lecteur et à l'auteur, souvent présupposé, ne peut plus aller de soi.

Au fond, cette conception d'une littérature à la recherche d'une forme d'équilibre, qui invite à se poser des questions sans être hermétique, va de pair, cela a souvent été souligné, avec une idée de l'espace public comme espace communicationnel d'échanges pacifiés d'idées et d'arguments. Le refus légitime de réduire l'œuvre littéraire à un simple jeu formel de signes auto-réflexifs aboutit au final à une réhabilitation d'une vision référentielle et humaniste de la littérature. Parce qu'elle s'impose comme le cadre général qui conditionne le plus fortement aujourd'hui la réflexion sur les valeurs dans le roman, il importe à présent de caractériser plus précisément les limites de cette approche, afin de faire apparaître les pistes qu'elle néglige et qu'il nous revient d'emprunter.

La lecture « humaniste »

On l'aura compris, l'appréciation des valeurs dans les romans se résume souvent à la mise à jour des trois mêmes fonctions : transgression, critique et édification, ce qui ne saurait de toute évidence rendre compte de la complexité et de la diversité des situations

---

[1] Philippe Sabot, « Présentation de l'ouvrage de Jacques Bouveresse, *La Connaissance de l'écrivain. Sur la littérature, la vérité & la vie* », http://stl.recherche.univlille3.fr/seminaires/philosophie/macherey/macherey20082009/sabot_bouveresse_19112008.html.

éthiques contenues dans les œuvres littéraires. L'alternative commode, mais simpliste, littérature transgressive *vs* littérature éducative (qui se double souvent elle-même d'une évaluation axiologique qui a pu varier selon les époques : « bonne » *vs* « mauvaise » littérature, ou « vraie » littérature *vs* sous-littérature), en particulier, paraît être le fruit d'une certaine conception du fait littéraire et de sa fonction *pour* la société, conception qui a gardé un poids important depuis les Lumières jusqu'à aujourd'hui[1]…

Or, transgression, critique et édification ne sont en réalité que les trois modalités communes et complémentaires d'une *lecture pensée comme éducation et d'une éducation basée sur la lecture*. Elles ont ainsi fait le jeu du paradigme que l'on pourrait appeler « humaniste » de la littérature, lequel s'est adossé au rôle central assigné à la lecture dans la construction de la civilisation occidentale (et donc dans la construction des valeurs de cette civilisation[2]). Selon cette lecture humaniste, le roman était toujours, d'une manière ou d'une autre, « de formation », c'est-à-dire qu'il était considéré comme le véhicule[3] d'une idée, d'un modèle et promouvait une forme d'éducation, aussi bien par la rupture, la critique que par l'exemple. Le roman, formant la capacité à raisonner de manière éthique et à évaluer l'existence, possèderait une fonction d'éveil[4] : une norme d'édification demeure donc comme horizon et justifie les jugements émis.

Les romans sont, dans cette conception, principalement vus et lus sous le signe de la *transmission*, c'est-à-dire selon un modèle autoritaire et éducatif, du haut vers le bas, de l'auteur vers le lecteur, des détenteurs du pouvoir vers ceux qui sont privés de pouvoir, du savoir vers ceux qui sont en manque de savoir. C'est ce type de

---

[1] Même s'il a existé, on le sait, un fort courant anti-humaniste en France dans les années 1950-1970.

[2] Sur ce point, on pourra méditer les réflexions de Peter Sloterdijk sur les liens entre lecture et « sélection par anthologie » dans *Règles pour le parc humain*, Paris, Mille et une nuits, 2000, p. 40-41.

[3] À la différence du récit d'initiation où la parole/l'écoute sont alors l'*action* même de la littérature. Voir Xavier Garnier, « À quoi reconnaît-on un récit initiatique ? », *Poétique*, n° 140, 2004, p. 441-454.

[4] Voir Florence Quinche, Antonio Rodriguez, « Introduction », in Florence Quinche, Antonio Rodriguez (éds), *Quelle éthique pour la littérature ? Pratiques et Déontologies*, Genève, Labor et Fides, 2007, p. 16, et l'article de Florence Quinche, « Apports de la littérature à l'éthique : des fonctions de la communication à la théorie des mondes possibles », p. 125-137.

lecture qui réduisait la littérature à n'être au fond qu'un réservoir d'*exempla pro et contra*.

Cette conception s'accompagnait, de surcroît, d'une vision de la littérature qui la plaçait dans une relation de *transitivité non problématique* avec « le monde ». La perception et la réception des valeurs dans l'œuvre se sont ainsi longtemps faites en fonction de cette hypothèse mimétique, y compris dans la réflexion sur la littérature « engagée » de Sartre, qui, comme on sait, donne pour fonction à la littérature de « dévoiler le monde pour que nul ne puisse s'en dire innocent[1] ». L'on perçoit clairement ici le présupposé d'une telle lecture : l'œuvre révèle, donc, mais en *copiant* plus ou moins bien le monde, ou, pour mieux dire, selon le modèle d'une translation des valeurs de la vie à l'œuvre…

On peut souligner à ce propos comment, sans renverser pour autant ce mode de lecture, le travail mené sur la littérature – ou à partir d'elle – par les *cultural studies*, puis par la critique postcoloniale (autrement dit par un courant autre que la tradition humaniste), a permis d'amener à la conscience et de rendre plus visible cette opération d'importation de valeurs (et de stratégies de domination), qui ne seraient que celles du monde blanc occidental, au sein des œuvres littéraires. Ces courants de pensée poussent en effet à prendre en considération de manière renouvelée, urgente et critique, la question des valeurs en art et en littérature (comme en témoigne notamment l'opposition vigoureuse de Stuart Hall « à certaines exégèses textualistes totalement déconnectées du *dirty outside world*[2] »), pour dénoncer notamment la prétendue « absence de valeurs » comme une mainmise cachée ou hypocrite d'une idéologie, celle de l'Europe coloniale, sur sa littérature[3] – et ce en contradiction flagrante avec la prétendue universalité des œuvres. Cette critique invite donc fortement à « situer » les valeurs des œuvres autant que les œuvres elles-mêmes. On peut cependant regretter que ces théories reposent toujours, en définitive, sur l'idée d'un reflet des valeurs du monde par les récits, sans plus prendre en compte la spécificité esthétique de ces derniers.

---

[1] Jean-Paul Sartre, *Qu'est-ce que la littérature ?* Paris, Gallimard, 1948, p. 12.

[2] Stuart Hall, « The Emergence of cultural studies and the crisis of the humanities », *The Humanities as Social Technology*, n° 53, October 1990, p. 11-23.

[3] Comme en témoignèrent les débats sur Camus et l'Algérie qui consistaient à se demander si les œuvres littéraires de celui-ci exprimaient le point de vue du colonisateur.

En ce sens, lectures humaniste et culturaliste des romans entretiennent des confusions similaires : elles peuvent apparaître en particulier directement responsables d'un certain nombre d'erreurs d'appréciation, aussi grossières que communes, du matériau romanesque. Parmi toutes les « mauvaises habitudes » de lecture, l'une des plus fréquentes et des plus tenaces est la difficulté à résister à la tentation de traiter le personnage de roman comme un homme de chair et de sang. Prenons, parmi les innombrables exemples possibles, la nouvelle *Wakefield* de Nathaniel Hawthorne[1] qui raconte l'aventure étrange d'un homme sans histoire quittant brusquement et sans raison le domicile conjugal pour s'installer dans un appartement voisin, puis qui regarde sa femme s'étioler pendant vingt ans, avant de retourner tout aussi subitement s'installer chez lui et reprendre sans explications son existence passée. On trouve face à ce récit mille réactions « bien naturelles » au mystère qu'il présente, réactions symptomatiques de notre lecture humaniste : « mais pourquoi Wakefield ne se corrige-t-il pas quand il prend conscience de sa « folie ? », « Pourquoi ne sent-il pas la douleur de sa femme ? », « Comment peut-il retourner à son ancienne existence ? », « Pourquoi sa femme ne se révolte-t-elle pas ? », etc.[2] Autant d'interrogations qui négligent la véritable « nature » des personnage littéraires, êtres de papier qui, s'ils posent parfois des questions morales ou nous aident à mieux articuler notre pensée, restent néanmoins sans existence réelle possible.

Les lecteurs ne sont pas les seuls à se laisser ainsi abuser. Les plus perspicaces des écrivains eux-mêmes (sans parler des critiques) ne sont pas toujours très clairs sur ce point. Dostoïevski, par exemple, dit encore peindre, comme Balzac, un « type social » de son temps lorsqu'il brosse le portrait de son homme du souterrain. En bas de la première page du *Sous-sol*, il prend même soin d'indiquer par un astérisque :

> L'auteur de ces « notes » [*i. e.* le personnage-narrateur] comme les notes elles-mêmes sont, bien entendu, imaginaires. Néanmoins, en raison des circonstances générales dans lesquelles notre société s'est

---

[1] Nathaniel Hawthorne, *Hawthorne's short stories*, London, Vintage books, 1973.

[2] Exemples trouvés sur un blog littéraire consacré à la nouvelle. Une anecdote personnelle, cette fois, permet de même de mieux comprendre les travers de ce penchant instinctif, « naturalisé », à une lecture humaniste : lors d'une épreuve de littérature dans le cadre de l'Alliance française du Brésil, il nous est arrivé d'interroger un juge de la cour suprême brésilien, brillant lecteur par ailleurs, qui nous expliquait sans sourciller qu'il aurait quant à lui libéré l'« étranger » (de Camus) !

formée, il était non seulement probable, mais fatal que des personnages comme celui de notre auteur y existassent. J'ai voulu évoquer à la face du public, avec un peu plus de relief qu'il n'est de coutume, un type d'homme caractéristique d'une époque assez récente, un des représentants de la génération qui s'en va.

Mais ces précisions s'avèrent équivoques et, en un sens, contradictoires : comme Dostoïevski l'indique d'emblée, cet homme n'existe pas ; pourtant contrairement à ce qu'il prétend par la suite, un tel homme n'a *jamais* pu exister[1]… Dès lors, sa créature n'est pas réellement représentative des hommes de son temps, mais personnifie plutôt *l'esprit* d'une époque, comme le laisse entendre cette fois la fin du propos. Pour être tout à fait exact, compte tenu des bouleversements de la société, il était surtout fatal que *l'idée* d'un tel personnage germât dans l'esprit d'un écrivain ! Par le « relief » (fruit de l'habileté romanesque de l'auteur, de son art) qu'il se flatte d'avoir donné à celle-ci, Dostoïevski a non pas doté son protagoniste d'une touche de « vérité » qui le rapproche d'un homme réel (car le héros reste, dans une très large mesure, désincarné[2]) ou d'une certaine « vraisemblance », mais a pourvu l'idée dont il est la personnification d'une « force de pénétration » qui permet à celle-ci de s'imposer au lecteur en vertu de *l'intérêt indissociablement intellectuel et romanesque* qu'elle présente. La réussite de cette œuvre, comme de bien d'autres, ne repose donc nullement sur le mimétisme, la vraisemblance ou même la représentativité qu'elles atteindraient mais bien plutôt sur la singularité de leurs héros. De fait, des figures comme Wakefield, Bartleby, Meursault, Bardamu, ou encore l'Odradek ou le K de Kafka, « l'innommable » de Beckett – qui sont, dans une certaine mesure, les lointains héritiers de Gargantua ou de Don Quichotte – s'imposent au lecteur par la pertinence des attitudes existentielles qu'ils incarnent, la vision de l'existence humaine et le rapport à la vie en général qu'ils manifestent (ou plus exactement qu'ils permettent à leur auteur d'exposer à travers eux).

D'ailleurs ne sommes-nous pas entrés, depuis quelque années au moins, dans une société « post-humaniste » au sens où celle-ci irait

---

[1] René Girard est l'un des rares à avoir insisté sur ce point : voir *Mensonge romantique et vérité romanesque* [1961], Paris, Hachette, 2001.

[2] Son physique n'est pas décrit et, surtout, il reste dépourvu de nom.

de pair, pour prendre quelques critères saillants, d'une relative dévaluation de la transmission et qu'elle devrait désormais faire face à une crise profonde de l'autorité ? Autrement dit, en marge de ce programme humaniste et des lectures qu'il induit, le relâchement des liens sociaux et le développement de formes puissantes d'individualisme n'ont-ils pas produit une forme de disqualification de ces hypothèses, voire conduit à l'apparition d'œuvres sinon autres, du moins, reçues différemment ? On voit mal, en effet, comment l'on pourrait faire abstraction de cette transformation si l'on veut continuer à évaluer avec pertinence les évolutions du roman et en particulier les évolutions du rapport du roman aux valeurs.

Plus que jamais genre sans genre, genre anomique, genre enfin de l'individu, le roman peut en effet être envisagé aujourd'hui comme mettant en jeu des valeurs qui ne seraient pas nécessairement justiciables de la conception humaniste de la littérature. C'est pourquoi la nécessité d'abandonner les œillères de la lecture humaniste (qui reposait sur le rapport critique, mais néanmoins solidaire, des œuvres au monde) se fait plus impérieuse. Ainsi, face à une conception du roman comme « valeur-refuge » (c'est-à-dire d'un roman garant de valeurs en voie de disparition – les valeurs, précisément, humanistes), l'évolution de nos sociétés ne pousse-t-elle pas à abandonner cette lecture socio-historiquement déterminée et construite, pour s'ouvrir à une conception du roman comme *forme de pensée*, lieu d'expérimentation et de production de valeurs – voire d'invention de nouvelles valeurs ? Cela serait du moins une manière de promouvoir une lecture non allégorico-mimétique du roman, autrement dit une lecture ne renvoyant plus à du déjà-là, n'éclairant plus le passé ni même le présent, mais esquissant l'avenir ou, plus exactement, les possibilités de l'avenir.

Cela implique, à l'opposé de la lecture « humaniste » qui procédait par oubli ou mise entre parenthèses de la condition textuelle de l'opération romanesque, de prendre en compte le fait que celle-ci est aussi une interrogation sur la parole et une une mise en jeu singulière de la langue. Aussi, si l'on ne veut pas se faire une idée pauvre de la forme comme moyen, comme outil[1],

---

[1] Selon Jacques Bouveresse, par exemple, un romancier modifie la forme romanesque « pour l'adapter à l'expression de contenus intellectuels d'un type nouveau » (*op. cit.*, p. 124).

sans doute faut-il envisager que le « travail même sur le langage[1] » à la base de l'activité romanesque puisse avoir une *dimension éthique intrinsèque*. Le *jeu avec les formes*, qui est au principe même de la littérature, détermine en effet très largement les contenus éthiques de celle-ci.

Propositions théoriques : pour une « poéthique » romanesque

Si le roman est avant tout un *artefact* singulier, il importe de rompre avec la réduction habituelle de la littérature à ses vertus transgressives, édifiantes ou pédagogiques[2] et de commencer par prendre en considération le mode spécifique de construction et de mise en jeu des valeurs dans le roman. Là où le consensus social (la société s'accordant autour de certaines d'entre elles et établissant un certain « partage de sensible ») suppose un discours qui *pose* – un discours thétique donc –, le roman, de l'ordre d'une *deixis[3]*, est, quant à lui, un discours qui avant tout « figure, montre et implique par le dispositif de ses formes[4] ».

C'est par l'organisation d'un matériau proprement littéraire que peuvent donc être engagées des valeurs : effets de composition, choix stylistiques, modes d'invention des personnages, variations tonales, articulation de ce qui est raconté et de ce qui est montré, jeu énoncé-énonciation, *forme du contenu* (le mode selon lequel une histoire est racontée, une certaine thématique est mise en roman), modes de temporalisation, sont autant de composantes du fait romanesque qui peuvent participer de leur constitution. Sans doute la question du « point de vue » – à la fois position de ju-

---

[1] Jean.-Claude Monod, « Vérité et éthique de la littérature », recension de Jacques Bouveresse, La *Connaissance de l'écrivain*, *op. cit.*, http://www.nonfiction.fr/article-1586-verite_et_ethique_de_la_litterature.htm.

[2] Soit, schématiquement, les trois réponses à la question : à quoi sert, sur un plan éthique, la littérature ?

[3] D'où, peut-être, qu'il se prête tout particulièrement à une lecture « poéthique », si l'on admet que l'éthique, en son fond, n'est pas « propositionnelle », pas « thétique », mais se montre. Sans domaine particulier, ne consistant pas en un exposé de doctrines, de propositions portant sur une réalité extérieure, « l'éthique n'a pas de sujet particulier ; plutôt, un esprit éthique, une attitude envers le monde et la vie [qui] peut pénétrer n'importe quelle pensée ou discours » (Cora Diamond, « Ethics, Imagination and the *Tractatus* » [2000], cité in Jacques Bouveresse, *op. cit.*, p. 72).

[4] Laurent Jenny, *La Fin de l'intériorité*, Paris, PUF (« Perspectives littéraires »), 2002, p. 12.

gement et situation d'une parole, toujours singulière, toujours polarisée − et celle de la polyphonie, de l'humour (comme jeu de valorisation-dévalorisation), *lieux* privilégiés, peut-être, de la lecture « poéthique », réclament-elles une attention plus particulière.

Cette approche « poéthique » du roman implique plus particulièrement un déplacement de perspective et demande de partir non de ce à quoi *sert* le roman, non de ce qu'il *est*, mais de ce qu'il peut *faire*, sur un plan spéculatif et éthique. Elle se présente donc comme l'exploration de certaines potentialités du genre et de la manière dont certaines œuvres actualisent ces potentialités. Quatre propositions principielles pourraient, plus précisément, résumer notre conception « poéthique » du roman :

1. Ouvrant un monde parallèle, celui-ci *suspend* les modes de jugements préconstitués socialement.

Parce que le roman et, plus généralement, la littérature se proposent d'explorer des domaines du sens inconnus, parce que le travail du style suppose une forme de densification de la langue, les œuvres compliquent la perception, souvent idéologique, que nous pouvons avoir de la réalité. Antonio Rodriguez, parmi d'autres, a bien décrit ce processus et montré que l'écriture permet parfois au lecteur de prendre ses distances par rapport aux significations évidentes :

> L'acte de volonté lié au style provoque deux résultats principaux [...] Le premier est celui de l'unité d'ensemble et de la composition du texte qui prend totalement le lecteur et l'empêche de procéder à des découpages de l'œuvre. [...]. Le second résultat est celui d'un épaississement des réseaux de signifiance du texte. Une forme « d'opacité » apparaît [...] qui détourne le lecteur d'une lecture immédiate et linéaire[1].

Cette production d'obscurité par l'œuvre a pour effet de remettre à plat la donne morale et de suspendre, au moins pour un temps, le jugement moral.

---

[1] Antonio Rodriguez, « Le "style" et sa valeur éthique dans la modernité », in Florence Quinche, Antonio Rodriguez, *Quelle éthique pour la littérature ?*, *op. cit.*, p. 34.

2. Inventant des modes de rapport nouveaux entre phénomènes, le roman *reconfigure* les polarisations éthiques et rejoue la question morale.

Cette reconfiguration peut s'envisager selon deux modes. D'un côté, en effet, le roman modifie le « partage du sensible » propre à un espace-temps donné. D'abord parce que la littérature (c'est exemplairement le cas du roman) bouleverse les partages sur lesquels repose communément notre rapport aux mots : elle est en effet ce « mode de discours qui défait les situations de partage entre la réalité et la fiction, le poétique et le prosaïque, le propre et l'impropre[1] ». Ensuite et surtout parce que la littérature oppose aux représentations sociales d'autres perceptions, d'autres distributions du sensible. La fiction, souligne encore Rancière, « n'est pas la création d'un monde imaginaire opposé au monde réel. Elle est le travail qui opère des *dissensus*, qui change les modes de présentation sensible et les formes d'énonciation en changeant les cadres, les échelles ou les rythmes, en construisant des rapports nouveaux entre l'apparence et la réalité, le singulier et le commun, le visible et sa signification[2]. » Ainsi le romancier peut-il faire voir ce qui n'était pas vu, faire entendre la voix des sans-voix, inventer de nouvelles formes d'individuation et établir des rapports entre ce qui était séparé ou confondu[3].

D'un autre côté et réciproquement, le roman, comme toute procédure artistique, peut être considéré comme un mode de configuration de l'expérience, amenant à la conscience des mondes possibles ou, mieux (parce qu'il ne s'agit évidemment pas de « science fiction »), conduisant à envisager les *possibles du monde*. Dans cette optique, il peut être vu comme ce qui irrigue ce que l'on pourrait appeler les « parties communes » de l'existence. En effet, comme dans un immeuble ou un lotissement où coexistent des habitations privées et des espaces de circulation communs, des voies sous la responsabilité de tous et qui relèvent de la pro-

---

[1] Jacques Rancière, *Aux bords du politique*, Paris, Galllimard, « Folio essais », 1998, p. 189.

[2] Jacques Rancière, *Le Spectateur émancipé*, Paris, Paris, La Fabrique, 2008, p. 72.

[3] Pour n'évoquer, très brièvement, qu'un seul exemple, *L'Éducation sentimentale* fait éprouver à son lecteur un être-au-monde inédit, parce qu'il établit des rapports nouveaux entre des éléments – grâce, entre autres, à l'usage singulier que fait Flaubert de la conjonction « et » ou de la ponctuation…

priété de tous, le roman aide à modeler ces parties communes, à donner une forme collective à ces espaces, c'est-à-dire plus précisément à articuler entre eux et avec l'espace privé (l'expérience subjective) tous ces lieux de rencontre et d'interaction des individus, qui sont les lieux de la production *effective* du « social ».

Le roman est alors à considérer comme le lieu de la rencontre *productive* des subjectivités, où s'organise et prend forme le « collectif ». Comment ? Notamment par le fait qu'il s'impose comme un outil privilégié de mise en forme de l'expérience, parce qu'il en met les données « comme à notre portée[1] » : il permet en particulier – parce qu'il est une forme « totalisante » et reçue comme telle – une saisie pour ainsi dire panoptique de la globalité des éléments qui entrent en jeu dans une situation, notamment morale (laquelle présente éventuellement de multiples circonstances, causes, conditions, conséquences, influences diverses, hasards, dans un tout achevé et signifiant[2]), ce qui nous est interdit dans la réalité, toujours infinie et se prolongeant dans le temps, c'est-à-dire s'ancrant dans un passé mal connu et débordant vers un futur encore ignoré. Autrement dit, parce que le livre est un tout qui se suffit à lui-même et qu'aucune ligne ne lui sera ajoutée, il présente des situations « closes » sur lesquelles un jugement – qui n'est pas nécessairement définitif – est possible[3]. C'est donc parce qu'elle propose une forme de saisie globale que l'expérience romanesque est propice à l'engagement éthique. En ce sens, le roman disposerait un pouvoir, pour l'auteur mais aussi pour le lecteur.

3. Proposition de pensée, il *définit* autrement idées et problèmes conceptuels ou moraux.

L'idée que le roman « pense », selon ses modalités propres[4], et qu'il peut se poser de la sorte tout à la fois en partenaire et en rival

---

[1] Mettre à la portée n'est pas clarifier, c'est introduire la possibilité de l'effectivité de l'expérience romanesque, voire de l'action elle-même par la suite.

[2] Laurent Jenny parle quant à lui de « totalité momentanée de signification » (« L'enfance de l'œuvre », *Le Monde des Livres*, vendredi 20 décembre 1996, p. V).

[3] Le roman se présente ainsi sous la forme d'une expérience totalisée, à la différence du réel mouvant et par conséquent toujours nécessairement « mal saisi ».

[4] Jacques Bouveresse distingue justement, même si le terme de connaissance ne nous paraît pas le plus approprié, la « connaissance philosophique » de la connaissance romanesque, de « type non propositionnel » (*op. cit.*, p. 59).

de la philosophie, a fait son chemin. Comme tel, celui-ci inviterait, pour en rester à des exemples célèbres, à penser le sujet avec Rousseau, le mal avec Dostoïevski, la justice avec Camus ou le corps avec Beckett, etc. Le roman gagne à être considéré, dans cette perspective, comme une sorte de laboratoire spéculatif, qui présente, par la fiction, une expérience de pensée[1].

Cette potentialité est, dans le cas du roman, inséparable de ses caractéristiques formelles, du statut de son discours, qu'ont bien mis en valeur certains analystes de la littérature, comme par exemple Yves Citton s'appuyant sur les réflexions du philosophe Jean-Luc Nancy sur la littérature. Ainsi, Citton rapproche, tout en les distinguant, simple « information » (ou « explication ») et récit, en les liant à la question des valeurs :

> une information ou une explication ne prennent pour nous un sens concret que dans la mesure où nous pouvons les insérer dans un schème d'action qui est d'essence narrative (*Je fais ceci, cela se produira de bien ou de mal*), tandis qu'inversement, tout récit est porteur d'un enchaînement exemplaire d'actions, susceptible d'acquérir une vertu informative et explicative, selon l'adossement classique entre le déroulement temporel (*post hoc*) et la conséquence causale (*propter hoc*)[2].

Il ajoute, pour bien distinguer la spécificité de la « forgerie » artistique :

> Si l'art du conteur consiste à « *savoir rapporter une histoire sans y mêler d'explication* » [W. Benjamin], ce n'est pas parce que la narration est allergique à l'explication comme telle, mais tout au contraire, c'est parce qu'elle lui est trop intimement liée : en y mêlant une explication (explicite), le mauvais conteur ne fera que limiter le nombre ouvert d'explications (potentielles) que le récit porte en lui de par sa vertu propre.

Or, la spécificité du genre romanesque fait que celui-ci, « de par sa vertu propre », se situe sur un plan qui le distingue des autres textes : si, à un premier niveau, se trouvent en effet les « explications narrativisées », autrement dit les valeurs « du monde »

---

[1] Voir, par exemple, la question du personnage évoquée plus haut.
[2] Yves Citton, *Mythocratie. Storytelling et imaginaire de gauche*, Paris, éd. Amsterdam, 2010, p. 161. C'est nous qui soulignons.

telles qu'on peut les formuler, les énoncer et les communiquer grâce au langage, et si, à un deuxième niveau, le « récit informatif » énonce ces valeurs « du monde » dans un texte – qui peut même être narratif ou avoir recours au narratif, comme par exemple le texte philosophique, la profession de foi religieuse ou le sermon – mais en les suspendant d'un point de vue pragmatique, il convient de dégager un troisième niveau, celui du roman qui, en tant qu'élaboration artistique, se fait producteur d'autres formes de valeurs, en tous cas de valeurs dont on ne peut rendre compte selon les seules « explications » ou selon la logique « consécutivo-éthique ». La forme d'immanence radicale propre au roman, sa capacité à faire exister un monde, rend inutile ou vaine la référence à un plan transcendant au texte. C'est pourquoi l'on ne peut sans doute saisir de la valeur dans le roman que ses *effets*, que nous sommes confrontés, lisant un roman, à des « effets-valeurs[1] » plutôt qu'à des valeurs. Ces effets sont d'ailleurs moins le produit d'un agencement d'éléments repérables et isolables dans le texte que d'une lecture globale de l'œuvre. Un tel constat donne à penser que les valeurs sont saisies dans le roman dans le processus même de leur constitution, dans une tension vers leur être à venir, en cet état intermédiaire qui propose une orientation éthique, une disposition à l'éthique. C'est ce caractère virtuel ou en devenir qui contribue sans doute, pour une large part, au jeu de transformation et de réinvention des valeurs qui fait la spécificité de la composition comme de la lecture des romans.

Ainsi envisagé, le roman est à lui-même sa propre explication : il se soustrait aux évaluations éthiques « mondaines », inventant les conditions de sa propre évaluation. Le genre pourrait ainsi être vu, dans une perspective post-humaniste, comme le principe de lecture des valeurs qui y apparaissent et qu'il contient. De ce fait, dans la mesure où il se distingue du simple récit, le roman peut alors à bon droit être considéré comme un *véritable laboratoire de formes-valeurs*.

4. Enfin, et sans doute est-ce là l'enjeu majeur de ces quelques réflexions (à la fois introductives et programmatiques) sur la possibilité d'une invention éthique romanesque : déterminant positi-

---

[1] Vincent Jouve, *op. cit.*, p. 9.

vement, au détriment d'autres, des modes de rapport au monde, le roman *propose une orientation* dans ce que Milan Kundera nomme « le champ des possibilités humaines », c'est-à-dire « tout ce que l'homme peut devenir, tout ce dont il est capable[1] ».

De la critique cinématographique notamment, est venue l'idée que l'œuvre d'art invente le monde dans lequel nous vivons, que notre monde n'est pas donné mais *se constitue*. L'œuvre, réalité sensible, dessine un certain monde, « à l'intérieur duquel on peut vivre bien ou mal », pour reprendre l'expression du cinéaste Arnaud Desplechin. Dans un suggestif développement, celui-ci, commentant les théories du philosophe américain Cavell sur l'amour, précise :

> il écrit qu'il faut établir la possibilité de l'amour. Comme Deleuze, qui disait que le cinéma inventait un monde dans lequel nous vivons. L'idée que le monde se constitue, et non qu'il existe brutalement comme un bloc de réel. Le travail du cinéma serait ainsi d'établir une possibilité de vie. Un monde pauvrement constitué donnerait des vies pauvres. Et nos histoires d'amour seront épatantes, si l'on établit bien la possibilité de l'amour[2].

La valeur d'un roman pourrait tenir, elle aussi, à sa capacité à établir la possibilité d'un monde, d'un affect, d'une idée, à ouvrir l'espace de nos expériences. Un « mauvais » roman, à l'inverse, proposerait un monde pauvre ou appauvrissant, réduisant l'expérience à son plus petit dénominateur commun. Le roman, parce qu'il invente un mode de rapport entre les phénomènes, entre les éléments du monde, peut ainsi être lu comme une proposition d'existence, qui prend alors une résonance, un sens éthique. Pour le dire autrement, seraient justiciables d'une lecture éthique, ou plutôt d'une lecture « poéthique », les œuvres qui explorent et déploient un espace de pensée et de vie : ainsi, pour ne prendre qu'un exemple, du roman de Balzac, *Illusions perdues*, et de son mouvement de relance perpétuelle, dessinant, à partir d'une pensée de l'illusion, le visage d'un monde en incessante métamorphose

---

[1] Milan Kundera, *L'Art du roman*, Paris, Gallimard, 1986, p. 61.
[2] Antoine de Baecque, Thierry Jousse, Arnaud Desplechin, *Le Retour du cinéma*, Paris, Hachette, 1996, p. 129.

qu'accompagne ou dit la parole conteuse et joueuse du narrateur : ce dernier fait exister un univers pluriel et ouvert, tragique mais joyeux, si l'on se montre plus sensible à la composition et au rythme de l'écriture qu'au discours idéologique et moral de l'œuvre.

Cette ouverture à un espace sensible, spéculatif et émotionnel, pourrait également se dire à partir de la distinction qui se rencontre chez le philosophe L. Wittgenstein et qu'a reprise le sociologue L. Boltanski, entre « réalité » – ce qui se tient, l'ordre construit (« construction sociale ») – et le fond sur lequel elle se détache : le monde – « tout ce qui arrive » (Wittgenstein) – placé sous le signe de l'incertitude, du changement, d'une « logique de la métamorphose[1] ». Si l'immanence du monde est « ce en quoi chacun se trouve pris en tant qu'il est plongé dans le *flux de la vie*, mais sans nécessairement faire accéder au registre de la parole, encore moins de l'action délibérée, les expériences qui s'y enracinent[2] », il appartiendrait à certains romanciers de faire accéder au langage ce flux de la vie, de manifester le « monde », son événementialité, sa puissance de surgissement.

Le roman comme offrande

Même si Jean-Luc Nancy évoque pour sa part de façon générale et abstraite « la littérature », le roman est, selon nous, par excellence, cette forme singulière d'écriture qui se différencie du simple récit en ce que l'histoire qu'il présente est « offrande » – c'est-à-dire événement-avènement sans déroulement imposé. Comme tel, le roman peut alors relever d'une logique du don qui s'oppose à la logique de l'institution autoritaire[3] qui dit traditionnellement les valeurs ; il se fait ainsi *proposition de valeurs* et non plus imposition de celles-ci. Tel est alors le rapport particulier que le roman peut entretenir aux valeurs :

> une fois le mythe interrompu, l'écriture nous raconte encore notre histoire. Mais ce n'est plus un récit – ni grand, ni petit –, c'est plutôt une offrande : une histoire nous est offerte. C'est-à-dire que de l'événement

---

[1] Luc Boltanski, *De la critique. Précis de sociologie de l'émancipation*, Paris, Gallimard, « nrf essais », 2009, p. 93-94.

[2] *Idem.*

[3] Du mythe en particulier, selon Nancy.

– et de l'avènement – nous est proposé, sans qu'un déroulement nous soit imposé. Ce qui nous est offert, c'est que la communauté arrive, ou plutôt, c'est qu'il nous arrive quelque chose en commun[1].

Il n'y a plus de récit, plus d'histoire, mais l'*interruption même* qui constitue dans sa spécificité générique le roman, lequel peut, dès lors, nous « raconte[r] notre histoire sans pour autant nous fournir le confort d'un récit, ni grand ni petit[2]. » C'est pourquoi Yves Citton peut en conclure que :

> même si l'histoire est racontée au passé, le travail d'écriture en fait un *événement* « *qui nous arrive aujourd'hui en commun* », parce que nous sommes appelés à y réagir à l'horizon d'une « *communauté qui arrive* » et parce qu'il est de la nature même de l'événement de ne prendre sens qu'à travers les interprétations, les soins et les fidélités dont ses traces font l'objet[3].

En conséquence, par son pouvoir de reconfiguration et son pouvoir d'invention, il n'est pas interdit de lire dans le roman, comme certains l'ont fait, la préfiguration expérimentale des conditions communes à venir, c'est-à-dire de la « communauté qui vient[4] », aboutissement direct en un sens de toute interrogation profonde sur les valeurs. Yves Citton, commentant Jean-Luc Nancy, suggère ainsi que la nouvelle forme de communauté que nous sommes appelés à constituer n'est plus vraiment une « communauté » classique, définie par un projet fusionnel, producteur, opératoire, ou par une unité organique, mais une communauté

> « *qui assume l'impossibilité de sa propre immanence, l'impossibilité d'un être communautaire en tant que sujet*[5], une communauté *désœuvrée*, faite de singularités irréductibles et séparées, mais qui vivent toutefois leur individuation sur l'horizon du commun qui les nourrit[6].

---

[1] Jean-Luc Nancy, *La Communauté désoeuvrée*, Paris, Christian Bourgois Éditeur, 1986, p. 157 et 170-171.

[2] *Ibid.*

[3] Yves Citton, *op. cit.*, p. 165.

[4] Telle que Giorgio Agamben la lit par exemple dans les textes de Walser et Kafka. *Cf. La Communauté qui vient, Théorie de la singularité quelconque*, Paris, Seuil, 1990.

[5] Jean-Luc Nancy, *La Communauté désoeuvrée, op. cit.*, p. 42.

[6] Yves Citton, *op. cit.*, p. 163.

Ce qui revient à dire que la conscience réflexive de la modernité[1] introduit une potentialité actuelle de la communauté comme *passion de la communauté*, dont le roman, parmi d'autres formes peut-être, mais de manière privilégiée, serait justement à la fois le truchement, l'expression et la réalisation.

Nous voilà alors, en un sens, revenus à notre point de départ : à l'événement narratif porteur d'une orientation éthique doit répondre la fidélité éthique du lecteur (réceptif et questionnant) à cet événement, à cette offrande, à cette interruption, par lesquels est brisée toute totalité, par lesquels est ouvert un passage à la singularité d'une voix et à la communauté paradoxale d'une écoute.

Rendre compte du roman

Les textes ici rassemblés, issus d'un colloque qui s'est tenu à l'Université de Lorraine du 5 au 7 mai 2010, ont cherché, en accord avec la perspective que nous venons de dégager, à la fois à examiner les modes par lesquels l'œuvre invente un monde, reconfigure un réel éthiquement appréhendable, et à considérer les valeurs ou les orientations éthiques positivement produites par le faire romanesque.

Les réflexions proposées, ordonnées en cinq axes (« Perspectives théoriques et philosophiques », « Éthique et esthétique », « Valeurs d'ailleurs, ailleurs des valeurs », « "Poéthique" de la mémoire », « D'une responsabilité de la forme »), partent tantôt de l'écrivain (S. Servoise, P. Vachaud) ou de son discours (S. Guermès, T. Poyet), tantôt du texte, tantôt du contexte (P. Dirkx), tantôt encore du lecteur (A. Coignard, F. Guiyoba, V. Jouve). Les outils critiques mobilisés diffèrent : sociocritique (D. Larangé) socio-poétique (P. Dirkx), philosophie (A. Coignard), stylistique… Mais au principe de ces réflexions, se retrouvent des *lectures*, des interprétations renouvelées : de Tabuchi (C. Milner) ou de Modiano (S. Servoise) du roman post-colonial ou de M. Ernst (I. Rialland), de A. Flowers (F. Guiyoba) ou de Proust (Y.-M. Ergal). Nos auteurs s'accordent

---

[1] Ce que J.-L. Nancy nomme « l'interruption du mythe », conscience que le mythe n'est pas une réalité mais justement un *mythe*. Voir *La Communauté désoeuvrée* et *La Comparution* (avec Jean-Christophe Bailly, Paris, Christian Bourgeois éditeur, 1991).

également à souligner la nécessaire prise en compte de l'ancrage des pratiques d'écriture dans des configurations géographiques (Y. Clavaron) et socio-historiques (voir S. Guermès et D. Larangé notamment) particulières. Dans l'investigation des textes, est parfois mise en valeur la dimension critique : certaines oeuvres dénoncent les méta-récits (E. Williams-Wanquet), relativisent les hiérarchies et les distinctions constituées (F. Guiyoba), déconstruisent l'épistémologie de l'autre (Y. Clavaron) ou les discours consensuels (F. Rastier), invitent à s'écarter de la perspective occidentale (C. Ramat), refusent l'artificialité du pathétique (F. Rastier), remettent en question l'idée d'un Sujet Un, maître de lui-même comme de l'univers.

Mais le présent volume envisage aussi la possibilité d'une invention de valeurs dans et par le texte romanesque, à distance de toute perspective normative qui soumettrait l'œuvre à une évaluation morale pré-établie (Y.-M. Ergal, V. Jouve). Comment se fait cette invention d'autres valeurs ? En donnant la parole aux vaincus (E. Williams Wanquet), par le recours aux « petits récits » (Y. Clavaron), en mobilisant les pouvoirs de l'imagination (L. Lagardère, A. Coignard, F. Guiyoba), par une stratégie de déplacement du sens, de réécriture critique (E. Williams Wanquet), par une écriture, adossée au chaos, du bricolage, du montage d'éléments hétérogènes (R. Guidée), de l'hybridité (Y. Clavaron, C. Ramat), par une esthétique du difforme (C. Ramat), de la polyphonie et de l'humour (F. Guiyoba)… Le renouvellement du regard passe aussi par la reconfiguration du rapport au présent et au passé, la construction d'un autre rapport à l'Histoire et à la politique (S. Servoise, R. Guidée), par la production d'un « effet de vie » (M.-M. Münch, cité par F. Guiyoba), par l'inscription du corps de l'écrivain dans le texte (P. Dirx), ou, inversement, du côté d'une forme de spiritualité (D. Larangé).

Les valeurs alors mises en jeu ou produites par l'œuvre sont diverses : du côté d'une éthique de la responsabilité, qui appelle le lecteur, héritier actif, à « répondre du et au passé » (S. Servoise) ; du côté de l'intensité, de l'expérience du réel comme rupture (I. Rialland), ou d'une forme de liberté, d'affranchissement carnavalesque des jugements moraux : le roman n'est-il pas le « lieu, par excellence, des tolérances et des absolutions » (Y.-M. Ergal) ? Pour certains auteurs (R. Guidée), l'œuvre est attention éthique au singulier, aux détails, même insignifiants, à l'existence, dans ce qu'elle a d'imprévisible et d'inachevée ; pour d'autres théoriciens (V. Jouve), la lecture du roman (il n'y a d'éthique que de la lecture…) invite à l'esprit critique, à la tolérance, rend le monde respirable. Mais tous nos auteurs, selon des cheminements argumentatifs et analytiques distincts, aboutissent à la mise en évidence d'une éthique, éthique en acte de l'écrivain (T. Poyet), construisant la possibilité même d'un discours littéraire (P. Dirkx), éthique du « bien-dire » selon l'expression de J. Lacan. Il importe moins de thématiser ou de présenter des valeurs (religieuses ou culturelles), de rechercher une forme de reconnaissance, que de se tenir au plus près du réel (S. Guermès, F. Rastier) et de ce qui est au cœur du langage : le désir de dire l'impossible et l'autre, non en le prenant pour objet, mais en le mettant en jeu dans l'énonciation même (C. Ramat, P. Vachaud). En un sens, « la valeur réside dans les choix effectués pour découvrir et interroger » (S. Guermès). Plus globalement, l'interrogation porte sur la possibilité de remonter à une éthique de l'écriture, ou à une écriture éthique, adressée aux autres et nourrie de leur parole refoulée : comment le roman « répond au réel et répond du réel[1] ».

Mais si la dimension de l'engagement, par l'inscription dans le récit de la parole des vaincus (E. Williams Wanquet), est explorée, si les romans sont analysés comme constructions formelles, c'est le plus souvent une troisième voie qui, *in fine*, se dessine : la conquête de ce qu'on pourrait appeler un « tiers-lieu » permettant d'échapper aux dichotomies figées et stérilisantes. Cette troisième voie prend par exemple la forme, dans le texte de L. Lagardère commentant Coleridge, d'une écriture symbolique unissant l'entendement et la Raison, ou dans celui de C. Millner, d'une écriture « sceptique », « dire » plutôt que « dit », qui préserve l'écart, l'entre-deux, l'oscillation entre les contraires. Ni affirmation de soi, ni soumission à l'Autre (P. Vachaud), l'écriture – le « Tiers-espace » hybride de l'énonciation (pour reprendre l'expression de Homi Bhabha cité par Y. Clavaron) – et la lecture apparaissent comme des « jeux d'altération » (A. Coignard) qui ne laissent pas le sujet en l'état, sans impliquer une adéquation totale aux valeurs et au monde du texte. De cette oscillation, qui suppose à la fois

---

[1] Philippe Forest, *Le Roman, le Réel et autres essais*, Nantes, Éditions Cécile Defaut, 2007, p. 235.

construction d'un monde autre et intégration d'autres récits, d'autres expériences, émergent parfois des mondes possibles, des formes inédites de liens et de manières d'être-ensemble (Y. Clavaron, L. Lagardère, R. Guidée).

Le présent volume ne prétend évidemment pas épuiser toutes les questions et laisse ouvertes un certain nombre de discussions. Y a-t-il une responsabilité de l'écrivain, créateur de formes et de représentations (P. Vachaud, F. Rastier) ou faut-il défendre sa fondamentale irresponsabilité (V. Jouve) ? Les œuvres travaillent-elles à une unification esthétique, proposent-elles une synthèse, un dépassement des tensions, ou exhibent-elles au contraire, du côté de l'hybridation, les tensions, les contradictions qui traversent l'Histoire et le corps social ? Faut-il « dépragmatiser » les textes ou à l'inverser insister sur leur pouvoir et leur action possible (D. Larangé) ? Si des valeurs peuvent se dégager du texte romanesque, comment les repérer précisément, sans tomber dans la lecture projective d'un côté, ou dans une rigueur réductrice de l'autre (l'œuvre ramenée à son « noyau », à son message, à son axiologie principielle) ? Ce pourrait être l'objet d'autres colloques, d'autres réflexions. Reste que se dégage ici, entre la voie philosophique et la voie textualiste, le chemin d'une « poéthique » qui conduit à un réexamen des enjeux moraux des œuvres, et produit incessamment, *avec* les textes, de la valeur.

Le philosophe Alain Badiou, confiant, dans un entretien, tout à la fois son goût pour la forme romanesque et sa difficulté à la théoriser, regrettait : « En tant que philosophe je ne peux rendre compte du roman[1] ». Rendre compte du roman, de sa condition langagière et de sa portée éthico-spéculative : c'est le défi que nous avons voulu ici relever, c'est le défi que, lecteurs et analystes de ce genre sans genre, nous *devons* relever.

---

[1] Alain Badiou, « En tant que philosophe, je ne peux rendre raison du roman », « Entretien » avec Jean Birnbaum, *Le Monde des livres*, 22 mai 2009, p. II.

PERSPECTIVES THÉORIQUES ET PHILOSOPHIQUES

VALEUR LITTÉRAIRE ET VALEURS MORALES

Vincent Jouve, Université de Reims

Que le roman propose une vision du monde, nul ne saurait en douter. Mais est-il pertinent de la prendre en compte – et, si oui, de quelle façon ? – dans le jugement que nous portons sur lui ? La question posée est celle du statut de la littérature et du pacte de lecture qui la définit. Le roman doit-il être considéré comme un discours parmi d'autres ou appelle-t-il un regard spécifique ? Relève-t-il d'un domaine préservé, qu'il n'est pas pertinent d'évaluer sur le plan éthique, ou faut-il le considérer comme une parole responsable ? En d'autres termes, les valeurs *morales* inscrites dans une fiction ont-elles une incidence sur sa valeur *littéraire* ?

La question ne date pas d'aujourd'hui, mais connaît, depuis quelques années, une nouvelle actualité. Il semble que l'on revienne sur l'idée d'une autonomie du littéraire, dont on sait à quel point elle a modelé notre modernité[1] : le texte littéraire ne serait plus à évaluer sur le seul plan esthétique, mais aussi sur le plan

---

[1] Le rôle joué par le romantisme (en particulier, allemand) n'est plus à démontrer : une fois posé que l'œuvre d'art a une valeur propre qui la distingue radicalement des autres objets du monde, il est logique de considérer l'autonomie et l'autotélie comme deux de ses caractéristiques essentielles. Appliquant cette approche à la littérature, les formalistes russes rattacheront l'identité artistique à une exploitation maximale des propriétés formelles du langage. Sur les relations entre romantisme et formalisme, voir Tzvetan Todorov, *Critique de la critique*, Paris, Seuil, Coll. « Poétique », 1984, p. 7-15.

moral. Ce point de vue, qui n'a jamais vraiment disparu chez les lecteurs « ordinaires », tend à regagner du terrain chez les lecteurs « professionnels ».

Le retour des valeurs

Les récentes mésaventures de l'universitaire et romancier Pierre Jourde sont assez révélatrices du regard spontané que le grand public pose sur la littérature. Auteur d'un roman sur un village du Cantal – Lussaud – où il a des racines familiales[1], l'écrivain a dû faire face à des lecteurs très remontés, qui lui ont reproché sa vision très négative de leur terre (un « pays perdu » et rongé par l'alcool). Lui faisant grief d'avoir mis sur la place publique des secrets de famille, les villageois n'ont pas hésité à le molester. Leurs propos – relevés par la presse[2] – sont sans ambiguïté : «Il a bousillé ses voisins » ; « des rumeurs peuvent se dire entre quatre yeux mais personne ne peut accepter que ce soit écrit et diffusé. » Le maire lui-même juge que « la présence de Jourde [au village] était une provocation ». Selon lui, le livre, « c'est l'histoire des gens de Lussaud. Il a fait ressortir ce qu'il y a de plus vilain ». Au-delà du fait divers, cette affaire montre avec éclat que tout roman peut être reçu comme parole sur le monde. S'il est si facile d'établir des correspondances entre le texte et la réalité, comment un romancier ne serait-il pas comptable de ce qu'il dit, même s'il prétend écrire sous le couvert de la fiction ?

Il est d'ailleurs fréquent que la critique littéraire – en particulier, journalistique – traite les textes romanesques comme des discours responsables. Les romans de Houellebecq sont régulièrement taxés de racisme et de misogynie ; *Les Bienveillantes* de Jonathan Littell a suscité la polémique que l'on sait ; déjà, en 1970, *Le Roi des Aulnes* de Tournier s'était vu accusé de complaisance envers le nazisme et la pédophilie.

Le fait notable est que les études universitaires, *via* la théorie littéraire, se sont emparées du débat. On a en effet vu surgir, dans

---

[1] *Pays perdu*, Paris, L'Esprit des péninsules, 2003.

[2] Voir Ludovic Blecher, « Les mots de trop pour le hameau de Lussaud », *Libération*, 16 septembre 2005, version électronique, http://www.liberation.fr/societe/0101541902-les-mots-de-trop-pour-le-hameau-de-lussaud. Les citations qui suivent sont extraites de cet article.

le sillage des *cultural studies* et des *women's studies* anglo-saxonnes, une « critique éthique » des textes littéraires, dont l'argumentaire semble assez solide : si les romans, comme chacun peut le constater, participent à la construction de nos visions du monde, il est indispensable d'identifier les valeurs qu'ils transmettent et de s'interroger sur leur légitimité. Les féministes stigmatisent ainsi les fictions qui véhiculent des valeurs patriarcales, machistes et autoritaires, tandis que les défenseurs des minorités dénoncent les romans à relent xénophobe ou impérialiste.

Cette approche se retrouve dans les analyses formelles et poéticiennes. Il n'est plus rare de voir des narratologues évaluer en termes éthiques les dispositifs rhétoriques du récit. Se demander comment le texte nous implique dans l'histoire, quel point de vue il nous impose, quel personnage il nous rend sympathique, conduit, au-delà de la simple description, à évaluer l'emprise de certains mécanismes sur le lecteur. Ainsi, dans un article sur *Nana*[1], Mieke Bal reproche-t-elle à la description finale (qui nous présente l'agonie de l'héroïne avec une distance dénuée de compassion et une complaisance presque sadique) de ne pas laisser de place à une réaction personnelle du lecteur. Aux yeux de la narratologue, les lignes qui suivent, en interdisant toute identification émotionnelle à une figure déshumanisée, imposent un point de vue misogyne :

> Nana restait seule, la face en l'air, dans la clarté de la bougie. C'était un charnier, un tas d'humeur et de sang, une pelletée de chair corrompue, jetée là, sur un coussin. Les pustules avaient envahi la figure entière, un bouton touchant l'autre ; et, flétries, affaissées, d'un aspect grisâtre de boue, elles semblaient déjà une moisissure de la terre, sur cette bouillie informe, où l'on ne trouvait plus les traits.[2]

Si l'évaluation n'était pas toujours absente des travaux de poétique, elle se limitait en général au plan esthétique (on pouvait parler de composition « habile » ou de portrait « rudimentaire »). Pour une approche qui, à l'origine, se réclamait de l'objectivité scientifique, ce glissement vers le plan éthique et les valeurs personnelles du critique ne peut manquer d'interroger.

---

[1] *Cf.* Mieke Bal, « L'éthique de la description », *Les Lieux du réalisme*, Paris, Presses Sorbonne Nouvelle, 2005, p. 147-157.
[2] Émile Zola, *Nana* [1880], Paris, Le Livre de poche, 1955, p. 439-440.

L'engagement du commentateur est parfois revendiqué explicitement. T. Todorov, au terme d'une réflexion sur son parcours de poéticien, plaide ainsi pour une critique « dialogique », en posant qu'un auteur de fiction est comptable des idées qu'il exprime :

> La critique dialogique est courante en philosophie, où l'on s'intéresse aux auteurs pour leurs idées, mais peu commune en littérature, où l'on pense qu'il suffit de contempler et d'admirer. Or les formes elles-mêmes sont porteuses d'idéologie, et il existe des critiques littéraires – même s'ils sont rares – qui ne se contentent pas d'analyser, mais qui discutent avec leurs auteurs, démontrant par là que la critique dialogique est également possible dans le champ littéraire [...].[1]

Ce que remet en cause un tel point de vue, c'est la conception jakobsonienne du texte littéraire comme discours centré sur lui-même, privilégiant le « côté palpable des signes »[2]. La forme n'intéresse plus comme telle, mais par ce qu'elle exprime ou signifie.

Les termes du débat sont donc relativement clairs : soit on considère le roman comme une œuvre littéraire et les valeurs qu'il véhicule n'ont pas grande importance (elles n'affectent pas la dimension esthétique) ; soit on appréhende le roman comme discours sur le monde et ce qu'il dit mérite d'autant plus l'attention que les fictions ont une bien plus grande diffusion que les essais.

La conscience romanesque

Les tenants de la seconde position avancent un certain nombre d'arguments.

En premier lieu, tout récit littéraire véhicule à l'évidence des valeurs : *La Nouvelle Héloïse* de Rousseau, *Germinal* de Zola, ou *Les Déracinés* de Barrès ne se contentent pas de raconter des histoires, mais visent à convaincre le lecteur du bien-fondé de leur conception du monde et de la société[3].

---

[1] Tzvetan Todorov, *Critique de la critique, op. cit.*, p. 190.

[2] Roman Jakobson, « Poétique » [1960], *Essais de linguistique générale*, trad. franç., Paris, Minuit, 1963, p. 218.

[3] Les procédures textuelles utilisées pour faire passer des valeurs sont l'objet de mon ouvrage, *Poétique des valeurs*, Paris, Presses Universitaires de France, Coll. « Ecriture », 2001.

Il arrive même que le récit de fiction s'inscrive explicitement dans des débats idéologiques, voire politiques. *Candide* milite en faveur de la liberté de penser, *La Religieuse* dénonce l'aliénation individuelle, *L'Espoir* défend la cause des républicains espagnols.

Il est souvent possible de mesurer l'influence historique et culturelle du roman. Les écrits des Lumières, qu'il s'agisse des textes philosophiques ou des fictions romanesques, furent en leur temps porteurs de nouvelles valeurs, celles de la bourgeoisie, qui n'allaient pas tarder à s'imposer à travers la Révolution Française. Dans un autre registre, *La Case de l'oncle Tom* contribua à la diffusion de la cause abolitionniste aux Etats-Unis et, indirectement, au déclenchement de la Guerre de Sécession[1].

Ajoutons que l'influence de la littérature est d'autant plus grande qu'elle est indirecte et oblique : en jouant sur l'affectif (le *pathos* au détriment du *logos* et de l'*ethos*), les romans nous affectent à la fois profondément et sans qu'on s'en aperçoive. C'est pourquoi on a longtemps voulu en préserver les jeunes filles et que l'Église en a mis un certain nombre à l'index.

Beaucoup d'écrivains ont reconnu cette capacité de la littérature à agir sur la société, tant par le fond que par la forme. « Tant qu'il y aura sur la terre ignorance et misère, affirme Hugo à l'orée des *Misérables*, des livres de la nature de celui-ci pourront ne pas être inutiles »[2]. Dans *Pour Un Nouveau Roman*[3], Robbe-Grillet explique en écho que la meilleure façon de contester une vision du monde est de changer la façon d'écrire. Reste à savoir si ces différents arguments sont absolument convaincants.

La parole impure de la fiction

Que la fiction témoigne d'un point de vue et de préférences qui, idéologiquement, ne sont jamais neutres est peu contestable. Mais « véhiculer des valeurs » ne signifie pas « promouvoir des valeurs ». Ce qui est en jeu ici, c'est le cadre pragmatique dans lequel s'opère la lecture des textes littéraires : le romancier n'écrit pas d'abord pour transmettre un message ; le lecteur le sait et, en

---

[1] Après une parution en feuilleton, *Uncle Tom's Cabin*, de Harriet Beecher Stowe, fut publié sous forme de livre en 1852. C'est le roman le plus vendu du XIXe siècle.
[2] Victor Hugo, *Les Misérables* [1862], Tome I, Paris, Garnier-Flammarion, 1967, p. 22.
[3] Paris, Minuit, 1963.

conséquence, ne lit pas une fiction pour y trouver un modèle éthique ou un argumentaire idéologique. Quand je me plonge dans *Madame Bovary*, *Don Quichotte* ou un roman de Kundera, mon premier réflexe n'est pas de déterminer s'ils sont conformes à la morale : je me demande d'abord si ces textes me procurent du plaisir, si les histoires racontées m'intéressent, si leur écriture me séduit, etc. Aussi bien du point de vue de l'auteur que du point de vue du lecteur, la communication littéraire ne se joue pas prioritairement sur la question des valeurs. Le but premier d'un roman n'est pas d'imposer un jugement, mais de susciter une émotion esthétique.

On m'objectera sans doute qu'il existe au moins un cas d'œuvres littéraires qui, indiscutablement, cherchent à promouvoir des valeurs : les romans à thèse, surtout lorsque – pour reprendre les termes de S. Suleiman – ils mettent en scène des « apprentissages exemplaires » positifs ou négatifs. Il n'est pas sûr que l'objection soit valable ; car si, à l'évidence, les romans à thèse visent à convaincre, ils n'y réussissent pas nécessairement. Comme le note Suleiman, Barrès, Nizan ou Mauriac ont beau chercher à écrire des histoires exemplaires, leurs textes n'en sont pas moins travaillés par la « non-pertinence », le « débordement » et la « réticence »[1] : il y a donc un écart entre ce que les auteurs en question cherchent à transmettre et ce que leurs romans donnent finalement à lire.

Nier qu'au-delà de leur dimension esthétique, les œuvres littéraires nous parlent du monde et traitent de questions qui sont souvent fondamentales serait évidemment absurde. Mais, hormis quelques cas particuliers et en dépit d'apparences parfois trompeuses, le parti défendu n'est guère évident à dégager pour deux raisons essentielles : la complexité du dispositif énonciatif de la fiction ; le fonctionnement particulier du sens dans le texte littéraire.

Dans un roman, l'imbrication des sources énonciatives est en effet extrêmement complexe. Il n'est pas toujours aisé de répondre à la question « qui parle ? ». À la fin de *Madame Bovary*, le narrateur, après avoir évoqué la mort de Charles, précise : « Trente-six heures

---

[1] *Cf. Le Roman à thèse ou l'autorité fictive*, « Failles ou la revanche de l'écriture », Paris, Presses Universitaires de France, Coll. « Écriture », 1983, p. 239-279.

après, sur la demande de l'apothicaire, M Canivet accourut. Il l'ouvrit et ne trouva rien »[1]. La seconde phrase fait entendre deux voix qui s'entremêlent : le discours froid et distant de M. Canivet (l'emploi du verbe « ouvrir » à propos d'un corps humain signale l'indifférence du technicien) et le point de vue ironique du narrateur (« ne trouva rien » peut se comprendre comme une allusion à la vacuité du personnage de Charles). Que les sources énonciatives soient imbriquées ne serait pas un obstacle décisif à l'identification d'un point de vue global, si l'on pouvait les hiérarchiser. Mais il est très difficile, dans une fiction, de dégager une autorité responsable de l'ensemble. Qui, par exemple, a le dernier mot dans les *Liaisons dangereuses* ? Le narrateur en charge du texte et de son agencement ou un auteur impliqué qui livrerait un « dénouement postiche » destiné à abuser les seuls lecteurs naïfs ? Dans la première hypothèse, le récit livrerait une leçon morale (le dénouement condamne les libertins) ; dans la seconde, le texte ferait clairement l'apologie du libertinage. On pourrait faire des remarques du même ordre pour *Moll Flanders* dont on ne saura sans doute jamais si le dénouement illustre la gratuité du salut en se situant dans une perspective calviniste (auquel cas la contrition finale de Moll serait sincère) ou s'il célèbre la force de l'instinct vital (les « remords » de l'héroïne n'étant alors qu'une ruse pour échapper à la mort). Plus près de nous, on évoquera *La Lenteur* de Kundera, où les personnages qui dénoncent (avec raison) la « société-spectacle » et la dictature de l'image sont ridiculisés (avec raison) par ceux qui soulignent la naïveté d'imaginer pouvoir échapper au cours de l'Histoire[2].

Une autre difficulté, lorsqu'on veut dégager le « message » d'un texte, tient au fonctionnement particulier du sens dans la fiction. Le roman ne signifie jamais de façon directe, mais au moyen d'une histoire qui met en scène des personnages. Pour reprendre une formule de V Descombes, c'est un « genre extraverti », tourné vers le monde extérieur[3]. Cette donnée a une

---

[1] Gustave Flaubert, *Madame Bovary* [1857], troisième partie, chapitre XI, Paris, Librairie générale française, Coll. « Le livre de poche », 1972, p. 410.
[2] Concernant la difficulté de hiérarchiser les sources énonciatives, on se reportera à l'éclairante analyse de France Vernier (*L'Ange de la théorie*, Publications du département d'études françaises de l'Université de Montréal, Coll. « Paragraphes », 2004, p. 134-142).
[3] *Cf. Proust - philosophie du roman*, Paris, Minuit, 1987, p. 75.

double conséquence : d'une part, le sens d'un roman n'est jamais clair (il ne peut que s'inférer de la représentation) ; d'autre part, la médiation des personnages ramène toute vérité à un simple point de vue. Chaque affirmation énoncée dans un roman est en effet relative à la situation particulière de celui qui l'exprime (narrateur ou personnage). Le roman nous rappelle ainsi, structurellement, que toute vérité est située. Comme le dit Guy Scarpetta, « personne n'a raison [...] parce que tout le monde a ses raisons »[1]. Le roman est cet espace particulier où chacun peut faire entendre sa voix : Sancho comme Don Quichotte ; Robinson comme Vendredi ; Mathilde comme Mme de Rênal.

L'argument le plus solide en faveur de l'efficace des fictions semble être leur impact – largement attesté – sur l'évolution culturelle, voire politique et historique. La force idéologique du roman est en effet indéniable après coup et si l'on prend en compte des lectorats importants. Mais elle est, sur le moment, très difficile à mesurer : en raison du caractère partial et partiel de toute lecture, les valeurs perçues ne correspondent pas forcément aux valeurs exprimées. Un lecteur peut fort bien recevoir comme positif un itinéraire présenté comme négatif : Montherlant, lisant *Quo vadis*, est sensible à l'exemplarité des païens et considère les chrétiens avec antipathie[2] ; Vargas Llosa voit dans le personnage d'Emma l'incarnation de la révolte individuelle contre toutes les contraintes sociales[3]. La dimension éthique de la fiction dépend donc largement de la perception subjective de chacun : je peux librement décider, sans me soucier des intentions de l'auteur, que la fiction sadienne a valeur d'avertissement (la libération des instincts naturels aboutit à un monde de violence) ou de leçon (elle témoigne de la liberté souveraine du désir) ou qu'elle est purement ludique (et n'a donc aucune valeur morale). Il en va de même au niveau collectif : *Les Mystères de Paris*, bien qu'écrits dans une perspective réformiste, ont abouti, comme l'a montré Eco, aux journées insurrectionnelles de juin 1848[4]. Non seulement, l'influence exercée par un roman n'est pas forcément celle que l'on croit ; mais elle peut être contraire au projet initial de l'auteur, voire à la lettre du texte.

---

[1] *L'Âge d'or du roman*, Paris, Grasset, 1996, p. 260.
[2] *Cf.* Maria Kosko, *Un Best-seller 1900 :* Quo vadis, Paris, Corti, 1960.
[3] *Cf.* Mario Vargas Llosa, *L'Orgie perpétuelle* [1975], trad. franç., Paris, Gallimard, 1978.
[4] Voir Umberto Eco, *Lector in fabula* (1979), trad. franç., Paris, Grasset, 1985, p. 73-74.

La force de la fiction – si elle est peu contestable – reste donc difficile à jauger. Pour reprendre les termes de J. – M. Schaeffer, les savoirs véhiculés par la littérature sont en général « intériorisés par immersion »[1]. L'intériorisation par immersion (si l'on se place du seul point de vue cognitif) présente à la fois un avantage et un inconvénient. L'avantage, c'est que l'information transmise a un impact que ne peut avoir le discours rationnel : elle est ressentie avant d'être comprise, voire sans être comprise. L'inconvénient, c'est que l'information est « enregistrée » passivement. Or, un *savoir* ne devient *connaissance* que s'il est l'objet d'une réappropriation personnelle qui passe par la prise de conscience. L'influence de la littérature est donc à relativiser : les savoirs auxquels elle nous confronte ne débouchent pas forcément sur des connaissances (pour atteindre un tel objectif, la médiation d'un enseignement est souvent indispensable).

On notera pour finir que, si beaucoup de romanciers ont reconnu le pouvoir de la littérature, nombre d'écrivains ont également admis que la fiction avait tous les droits (y compris celui de se contredire). Dans le prologue de *Gargantua*, Rabelais nous explique tout à la fois que son texte ne contient pas de sens caché et qu'il faut savoir le lire « à plus hault sens »[2]. Beckett, généralement peu enclin à s'expliquer sur ses textes, aimait à dire que le mot-clé de son œuvre était « peut-être »[3].

Le droit à l'irresponsabilité

Pour savoir où commence et où s'arrête le pouvoir de la fiction, il faut s'interroger sur sa nature.

Les tentatives pour identifier des caractéristiques propres à la fiction n'ont pas donné de grands résultats : les jeux avec le temps, les points de vue ou le narrateur se retrouvent dans tous les types de texte. Lorsqu'un passage narratif nous est livré hors contexte, il est souvent impossible de savoir s'il relève d'un récit factuel ou d'un récit fictionnel :

---

[1] Jean-Marie Schaeffer, *Pourquoi la fiction ?*, Paris, Seuil, 1999, p. 47.
[2] Rabelais, *Gargantua*, Paris, Gallimard, Coll. « Folio », 1969, p. 17.
[3] Entretien avec Tom F. Driver, cité par Michel Bernard, *Samuel Beckett et son sujet*, Paris, l'Harmattan, 1996, p. 257.

Les *valeurs* dans *le roman*

> Si l'on considère les pratiques réelles, on doit admettre qu'il n'existe
> ni fiction pure ni Histoire si rigoureuse qu'elle s'abstienne de toute
> « mise en intrigue » et de tout procédé romanesque ; que les deux ré-
> gimes ne sont donc pas aussi éloignés l'un de l'autre, ni, chacun de son
> côté, aussi homogènes qu'on peut le supposer à distance [...].[1]

Si ces propos sont exacts, un texte de fiction se définit moins par un ensemble de propriétés spécifiques que par le contrat particulier qui en réglemente la lecture. En d'autres termes, un texte de fiction est simplement « un texte qui demande à être lu comme fiction ».

Mais qu'est-ce, au juste, que le « contrat de fiction » ? Il en existe plusieurs formulations, mais qui, toutes, vont dans le même sens : un texte de fiction a droit à l'irresponsabilité et au jeu. « Comme tant de philosophes l'ont répété depuis Frege, note Genette, l'énoncé de fiction n'est ni vrai ni faux (mais seulement, aurait dit Aristote « possible »), ou est à la fois vrai et faux : il est au-delà ou en deçà du vrai et du faux, et le contrat paradoxal d'irresponsabilité réciproque qu'il noue avec son récepteur est un parfait emblème du fameux désintéressement esthétique »[2]. Pour J. – M. Schaeffer, la lecture de fictions relève de la « feintise ludique partagée » : « la fonction de la feintise ludique est de créer un univers imaginaire et d'amener le récepteur à s'immerger dans cet univers, elle n'est pas de l'induire à croire que cet univers est l'univers réel »[3]. L'auteur d'une fiction fait donc semblant de raconter une histoire vraie sans chercher à tromper son lecteur sur la nature de son projet : dans un roman, ce qui est dit n'est jamais à prendre pour argent comptant.

Il est ainsi absurde de considérer les romans sadiens comme des essais philosophiques témoignant des idées de leur auteur : dans la mesure où il s'agit bien de « romans », rien n'autorise à confondre l'auteur et le narrateur, voire – ce qui est plus étonnant encore – l'auteur et les personnages. Cette ambiguïté fondamentale du roman (qui oscille toujours entre la feintise et le jeu) est parfaitement exprimée par ces propos de *Paysages après la bataille* de Goytisolo : « Prends garde, lecteur ; le narrateur n'est pas

---

[1] Gérard Genette, *Fiction et diction*, Paris, Seuil, Coll. « Points », 2004, p. 166.
[2] *Ibid.*, p. 99.
[3] Jean-Marie Schaeffer, *Pourquoi la fiction ?*, *op. cit.*, p. 156.

fiable. Sous son apparente franchise et son honnêteté déchirée [...] il ne cesse de te tromper »[1]. On le voit, même l'instance censée faire figure d'autorité n'offre aucune garantie.

Que la fiction se définisse par un contrat de lecture spécifique me semble parfaitement illustré par l'affaire Wilkomirski. Rappelons-en brièvement la teneur. En 1997, parut *Fragments — une enfance*[2], texte qui, sous la forme de bribes de souvenirs, faisait le récit d'une enfance dans les camps. Après avoir connu un succès mondial et obtenu le prix de la Mémoire de la Shoah, le livre s'est vu dénoncé en 1998 par un journaliste suisse : les « souvenirs » n'étaient qu'une imposture ; Wilkomirski avait tout inventé. À l'origine du scandale, on trouve un changement brutal de contrat de lecture : un livre présenté comme *témoignage* se révélait n'être qu'une *fiction*. Bien que la lettre n'eût pas varié, il devenait brusquement impossible de recevoir comme authentique un texte dont la force tenait à la véridicité.

Cette irresponsabilité de la fiction n'a rien de négatif. Bien au contraire. C'est elle qui fait du roman un instrument d'exploration particulièrement efficace : n'ayant pas de finalité pratique, il dispose d'une liberté sans équivalent. Le roman peut ainsi souligner le négatif du lien social (Houellebecq met au jour la violence d'une société fondée sur les droits de l'Homme et l'humanitarisme), l'envers des idéologies collectives (Balzac fait le portrait angoissant de la nouvelle société produite par le libéralisme), le refoulé de ce qui soude les communautés (Butor met en garde contre une modernité qui nierait la mémoire) sans qu'il faille en conclure que nos représentations soient nécessairement à changer. Le contrat de fiction ne vaut bien sûr que pour les textes de fiction d'un écrivain, pas pour ses autres productions ou prises de parole. C'est pourquoi, s'il est absurde de demander des comptes aux personnages de *Plateforme* ou des *Particules élémentaires*, il est parfaitement légitime d'interpeller le citoyen Houellebecq lorsqu'il s'exprime en son nom propre dans la presse ou les médias.

Mais la lecture d'un roman n'est pas uniquement régie par le contrat de fiction. Elle est également tributaire d'un contrat générique. Ensemble de règles pour la création, le genre fonctionne

---

[1] Juan Goytisolo, *Paysages après la bataille*, trad. franç., Paris, Fayard, 1985, p. 18.
[2] Binjamin Wilkomirski, *Fragments — une enfance*, trad. franç., Paris, Calmann-Lévy, 1997.

aussi comme contrainte de lecture. Plus le genre est défini, moins il est aisé de faire jouer l'éthique personnelle dans la réception. À l'intérieur même du genre romanesque, il existe ainsi plusieurs sous-genres, qui n'autorisent pas la même liberté évaluative. Si l'on peut recevoir avec une certaine gravité un roman historique ou existentiel, il est plus difficile de se scandaliser des meurtres ou des violences évoqués dans un roman policier.

Lorsque la fiction relève de la littérature, un pacte de lecture artistique vient s'ajouter aux pactes fictionnel et générique. Une œuvre est jugée artistiquement réussie si elle est bien écrite (le type de valeurs qu'elle transmet n'entre pas, alors, en ligne de compte[1]). De ce point de vue, les textes littéraires se distinguent radicalement des œuvres philosophiques ou des essais : leur statut artistique les « désengage ». C'est pourquoi la question de l'identité des textes est loin d'être anodine. L'intensité du débat sur l'édition des œuvres complètes de Céline est venu le rappeler : estampiller les pamphlets comme « littéraires », c'est, en mettant en avant le travail sur la forme et la qualité de l'écriture, rejeter leur contenu au second plan.

En raison de ce triple contrat (fictionnel, générique et artistique), le roman ne saurait être jugé au regard des valeurs qu'il véhicule. Il serait absurde d'en conclure que la lecture romanesque est privée de toute dimension éthique. Mais les valeurs qui lui sont propres sont indépendantes du contenu idéologique des textes.

De la poéthique textuelle à l'éthique de la lecture

Si l'on s'interroge sur l'impact d'un roman en termes éthiques, il faut examiner les deux points suivants : le statut particulier des jugements insérés dans un texte de fiction ; les valeurs inhérentes aux modalités de la lecture romanesque.

Les valeurs inscrites dans une fiction nous apparaissent en effet sous un jour particulier : elles sont dépragmatisées (en raison du contrat de lecture) et relativisées (eu égard à la structure énonciative du récit). En d'autres termes, les choix éthiques ou idéologiques sont présentés comme des objets d'attention, non comme des exemples à

---

[1] Comme on le sait (au moins) depuis Gide, la littérature n'a pas grand-chose à voir avec les bons sentiments.

suivre. Il ne s'agit pas de savoir si un roman est du côté du bien ou du mal, mais d'identifier ce qu'il nous dit sur le bien ou sur le mal. On ne saurait donc suivre Danto lorsqu'il affirme qu'il existe des sujets dont l'art ne doit pas s'emparer : selon l'auteur de *La Transfiguration du banal*, il est immoral de représenter artistiquement, c'est-à-dire de « mettre à distance », des choses sur lesquelles il conviendrait, au contraire, d'agir[1]. Mais c'est faire peu de cas des droits de l'imaginaire et de la spécificité de la relation artistique. La valeur des œuvres d'art tient à la nature et à l'originalité des contenus qu'elles véhiculent, non à la morale qui les imprègne. Comme l'écrit Kundera, c'est en explorant des espaces inconnus – et parfois obscurs – que les « grandes » œuvres nous permettent d'en apprendre un peu plus sur nous-mêmes : « Des immatures jugent les errements de Céline sans se rendre compte que les romans de Céline, grâce à ces errements, contiennent un savoir existentiel qui, s'ils le comprenaient, pourrait les rendre plus adultes. Car le pouvoir de la culture réside là : il rachète l'horreur en la transsubstantiant en sagesse existentielle »[2].

Si le roman transmet des valeurs, c'est également par la position de lecture qu'il implique. En raison du privilège accordé à la représentation, le lecteur est toujours conduit à un travail intellectuel pour passer à l'idée. Cette dernière ne va jamais de soi : elle s'infère de ce qu'on lit. La fiction laisse ainsi à chacun une part de liberté. Shusterman a raison lorsqu'il pose que « la véritable puissance méta-éthique et spécifiquement littéraire d'une œuvre est [...] son existence au sein d'une institution dont la raison d'être est la pratique herméneutique libre »[3]. Mais il faut ajouter que cette « pratique herméneutique libre » ne s'explique pas uniquement par l'institution : elle n'est possible qu'en raison de la pluralité des contenus *inscrits structurellement* dans l'œuvre littéraire. Le sens d'un roman n'est jamais définitif.

S'il y a une éthique de la fiction, c'est donc une éthique de la relativité qui valorise la liberté de jugement. Les valeurs transmises par le roman sont celles de la tolérance (ouverture à différents

---

[1] *Cf. La Transfiguration du banal* [1981], trad. franç., Paris, Seuil, Coll. « Poétique », 1989, p. 60-61.

[2] Milan Kundera, *Les Testaments trahis*, Paris, Gallimard, Coll. « Folio », 1993, p. 280.

[3] Ronald Shusterman, « *Hard Times*, une éthique de la lecture », *Etudes anglaises*, Paris, Klincksieck, Tome 55, juillet-août-septembre 2002, p. 296.

points de vue) et de l'esprit critique (les discours et les comporte-ments sont l'objet d'un regard distancié). Comme Barthes l'écri-vait jadis, « chaque fois que l'on fait comme si le monde signifiait sans cependant dire quoi, alors l'écriture libère une question. En somme la littérature ne permet pas de marcher, mais elle permet de respirer »[1]. Telle est, peut-être, la fonction ultime du roman : apporter un peu d'oxygène dans notre monde surchargé de signes.

---

[1] Roland Barthes, *Essais critiques*, Paris, Seuil, Coll. « Points », 1981, p. 264.

PROGRAMMATION DES VALEURS DANS LES UNIVERS ROMANESQUES.
PERSPECTIVE THÉORÉT(H)IQUE

Daniel S. Larangé, Institut Notre-Dame de Sainte-Croix

À Philippe Hamon qui m'a autant inspiré que soutenu

La postmodernité se caractérise notamment par la crise des valeurs qui devrait révéler la valeur des crises[1]. Un questionnement sur les valeurs témoigne de la latence d'une crise. En effet, lorsqu'une valeur est partagée, elle ne fait plus l'objet d'interrogations car elle se trouve incorporée, par consensus, dans l'arborescence idéologique de ce qui forme la communauté. Discuter sur les valeurs revient à poser la question de leur légitimité et de leur remplacement par d'autres valeurs, de manière plus ou moins implicite, car déjà ébauchées dans l'inconscient collectif. Dès lors, toute enquête axiologique sous-tend la constitution de valeurs émergentes et une reconfiguration du paysage fictionnel (*landscape*), organisation raisonnée des représentations issues des imaginaires, tant collectif que personnel (*mindscape*).

Vouloir définir et décrire les valeurs romanesques signifie que leur repérage comme leur autorité ne tombent plus sous le sens et ne font

---

[1] Michel Serres, *Temps des crises*, Paris, Le Pommier, « Manifestes ! », 2009.

plus l'unanimité dans le discours social. Les difficultés d'évaluation que rencontre la société postmoderne actuelle est à cet égard symptomatique. Cette première constatation en implique une seconde, à rebours : la relecture des œuvres passées révèle l'édification d'une hiérarchie axiologique dépassée, qui ne manifeste plus que l'esprit d'une époque révolue aux « valeurs » devenues caduques.

Dans ce cadre, une réflexion sur la « programmation » des valeurs dans les univers romanesques est ici exposée : comment les valeurs se combinent-elles entre les deux pôles d'attraction et de production encadrant l'ontologie de l'œuvre littéraire (Roman Ingarden) que sont l'écriture et la lecture ? Pour la sociocritique, cette question en appelle une seconde, plus embarrassante : Quel est le transfert opéré entre la fiction et la réalité ? Cette double interrogation forme l'armature de notre propos. Elle concerne la présence et l'absence de(s) valeurs dans la fiction en régime de crise.

Prospective sociocritique

La tendance à fonder l'axiologie sur le seul hédonisme est aussi intenable que l'objectivité universelle (ou universalisée) ou la subjectivité relativ(ist)e. Dire d'une œuvre qu'elle « vaut » pour le seul plaisir qu'elle procure est proprement « criminel ». Il y a « crime » parce qu'il existe toujours des lois et des normes, mêmes imprescriptibles. En acceptant comme principe la seule satisfaction égo(t)iste que la postmodernité impose, l'art se soumet au marché économique et à la spéculation financière. D'où le constat de Vincent Jouve :

> Le point de vue institutionnel a donc le grand défaut de ne pas faire un sort à notre appréhension intuitive de la « valeur ». Il nous est difficile d'accorder du prix à un objet dont nous n'attendons aucune rentabilité. Dans le domaine littéraire, la valeur d'une œuvre est liée au bénéfice que nous escomptons de sa lecture. On ne peut donc se limiter à une explication par les conventions : la valeur (conventionnelle) de l'œuvre serait à chercher dans ses aspects (conventionnels) imposés par l'institution. Si l'on veut comprendre précisément ce qui fait le prix d'un texte, il faut savoir ce qui en lui peut objectivement susciter notre intérêt.[1]

---

[1] Vincent Jouve, « Qu'est-ce qui fait la valeur des textes littéraires ? », *Revue des Sciences Humaines*, 283, N°3, 2006, p. 67.

Or ce constat mercantile attaché à l'art ne saurait s'accorder *éthiquement* avec la complexité de la « beauté ». Sans vouloir se replier trop aisément sur l'immanence ou la transcendance qui forment les processus d'une même dialectique[1], les principes éthiques sont « naturellement » présents dans tout être social. La socialité ne saurait faire l'économie d'une morale, d'un ensemble minimal(iste) de principes axiologiques constituant l'armature des mœurs. De même que nul n'est censé ignorer ce que sont le bien et le mal, même si leur appréhension peut varier d'un individu ou d'un groupe à un autre, la beauté s'expérimente tous les jours, de manière plus ou moins consciente en fonction de notre sensibilité.

Le plaisir (esthétique) verse rapidement dans la facilité, alors que la difficulté rebute le plus souvent. En reconnaissant le plaisir comme loi esthétique, l'art fait preuve de complaisance ou pire, s'adresse à une élite, car la complexité d'une œuvre est jugée trop délicate pour le commun des mortels.

C'est pourquoi il conviendrait de (re)penser l'art comme un phénomène social qui trouve sa source dans l'inspiration individuelle. À ce titre, toute œuvre d'art développe une esthétique à travers un jeu de représentations en régime sémiotique qui constitue un « discours social » : l'art « dit » la société autant que la société « dit » l'art. À plus forte raison, la littérature devient le lieu de la fabrique et de la promotion des valeurs. Si une œuvre est dépourvue de « valeur littéraire », elle ne saurait être une « œuvre littéraire ». La valeur est un attribut, une qualité (sur)ajoutée qui « abonde » et distingue le texte littéraire de tout autre écrit.

La sociocritique étudie l'inscription de l'univers social dans le fait littéraire : comment, dans le texte, la rumeur sociale bruit-elle et dit-elle à la fois ce qu'est la société et ce qu'est la littérature pour cette société ? Pour ce faire, elle s'inspire de nombreuses disciplines comme la sociologie de la littérature. Claude Duchet, qui créa le terme en 1971, propose une lecture socio-historique du texte cherchant à construire « une poétique de la socialité, inséparable d'une lecture de l'idéologique dans sa spécificité textuelle »[2]. La théorie du discours social développée par Marc Angenot considère tout dis-

---

[1] Michel Henry, *L'Essence de la manifestation*, Paris, Puf, 1963.
[2] Claude Duchet, « Introduction : socio-criticism », *Sub-Stance*, N° 15, Madison, 1976, p. 4.

cours comme une part de cette totalité qu'est l'idéologie[1]. L'un de ses objets d'analyse est précisément la « valeur », au sens où elle désigne en amont ce qu'un auteur prône consciemment ou inconsciemment dans la société, et en aval ce que le lecteur retient consciemment ou inconsciemment pour sa société.

Toute idéologie contient un réseau de valeurs : chacune de ses mailles porte des idées élevées au rang de principes[2]. Les principes forment des normes, autrement dit un ensemble syntaxique de valeurs élevées servant de référence. La force de l'idéologie réside dans sa capacité à se fondre dans le réel. Sorte de phénomène subliminal, l'idéologie se révèle comme telle lorsqu'elle est mise en relation avec un système de pensée antagonique ; ainsi une idéologie donnée ne peut être perçue qu'en présence d'une autre sphère idéologique. Il devient alors possible de caractériser les valeurs de chacune en établissant des comparaisons. Quant aux valeurs qui constituent notre idéologie personnelle, elles demeurent pour la plupart inconscientes, et l'on ne peut que « croire » en elles sans jamais pleinement les connaître[3].

Pour la sociocritique, le texte est un objet et la détermination des valeurs ne relève pas d'un jugement purement esthétique mais de la définition idéologique. Les travaux du Cercle linguistique de Prague, notamment ceux de Jan Mukařovský (1891-1975), rassemblés dans *Estetická funkce, norma a hodnota jako sociální fakty* (1936)[4] et poursuivis tant par Lucien Goldmann (1913-1970)[5] que Petr Václav Zima[6], auteur d'un manuel de sociocritique[7], ont montré que les valeurs qui ressortent de toute forme d'expérience esthétique se répartissent d'une part entre les valeurs introduites par l'écriture, lors de la pro-

---

[1] Marc Angenot : *Nouvelles propositions pour l'étude de l'argumentation dans la vie sociale*, Montréal, Discours social, 2009.

[2] Petr Václav Zima, *Semiotics and Dialectics : Ideology and the Text*, Amsterdam, J. Benjamins, 1981.

[3] Daniel S. Larangé, *L'Esprit de la Lettre : pour une sémiotique des représentations du spirituel dans la littérature française des XIXᵉ et XXᵉ siècles*, Paris, L'Harmattan, 2009, p. 45-67.

[4] Jan Mukařovský, *Estetická funkce, norma a hodnota jako sociální fakty*, Praha, Fr. Borový, 1936.

[5] Lucien Goldmann, *Pour une sociologie du roman*, Paris, Gallimard, 1964.

[6] Petr Václav Zima : « La Sociologie du texte comme théorie de la littérature et métathéorie scientifique », *Texte* 45-46 (2009), p. 27-45 ; *Kritik der Literatursoziologie*, Frankfurt am Main, Suhrkamp, 1978 ; *Pour une sociologie du texte littéraire*, Paris, Union générale d'éditions, 1978.

[7] Petr Václav Zima, *Manuel de sociocritique*, Paris, Picard, 1985.

duction, et les valeurs révélées à la lecture, lors de la réception, d'autre part entre les valeurs conscientes et les valeurs inconscientes. Toutes ces valeurs habitent le texte sous un mode virtuel ou potentiel qui n'attend qu'à être actualisé, et forment la toile idéologique sur laquelle le monde romanesque peut être projeté. Cette répartition répond à celle établie par Bernard Vouilloux entre valeurs endogènes et valeurs exogènes[1]. Celui-ci reste lucide sur le fait que « la discussion sur ce que l'on appelle les "valeurs" ne se pose encore une fois que dans le champ de notre contemporanéité, sauf à vouloir soumettre les œuvres du passé à une relecture idéologique ».

Philippe Hamon reconnaît, quant à lui, que :

> Le texte littéraire est par excellence un type de texte saturé de valeurs et d'évaluations qui constituent à la fois : le matériau premier de l'œuvre, composante du réel et de toute société, donnée référentielle extérieure à l'œuvre (il n'existe pas de société sans normes, donc sans « distinctions » de valeurs) ; l'élément d'une thématique intérieure à l'œuvre, construite par elle, et à forte fonctionnalité narrative (opposition bons-méchants, fixation du programme des personnages consistant à évaluer des moyens en fonction des fins, etc.) ; le moyen qu'a l'œuvre de « s'ajuster » à son lecteur, d'une part parce que, en s'inscrivant dans une hiérarchie de genres et de styles conventionnellement valorisés, elle favorise la création des pactes de lectures, d'autre part parce que le héros, personnage qui incarne un certain nombre de valeurs positives, permet au lecteur de se « reconnaître » en lui (la « croyance » du lecteur passe, certainement par la valeur), créant ainsi une sorte d' « accommodation », de « mise à l'échelle » du texte sur son lecteur ; le produit de l'œuvre littéraire, qui suscite des jugements de valeur individuels chez le lecteur, voire une critique officielle, quand il ne contribue pas à institutionnaliser la notion même de valeur [...], se faisant ainsi laboratoire permanent de sacralisation et de refonte des valeurs d'une société.[2]

Le texte suit un programme qui suppose le respect d'un protocole d'écriture et de lecture. Toute œuvre déploie explicitement et implicitement une gamme de valeurs qui étayent son argumentation : l'esthétique est au service d'une éthique.

---

[1] Bernard Vouilloux, « Le jeu des valeurs : au-delà de l'esthétique », *Revue des Sciences Humaines*, 283 N°3, 2006, p. 43-62.
[2] Philippe Hamon, « Valeurs », in *Encyclopædia Universalis, Dictionnaire des genres et notions littéraires*, Paris, Albin Michel, 2001, p. 930.

> Rien n'est plus spécifique à des états de société et aux groupes sociaux en conflit, aux « champs » professionnels également, que l'argumentable qui y prédomine. Il est particulièrement révélateur pour l'étude des sociétés, de leurs contradictions et de leur évolution (et de leurs aveuglements), d'étudier les formes du dicible et du persuasible, les genres, les thèmes et les topoï qui s'y légitiment, y circulent, s'y concurrencent, y émergent, s'imposent ou se marginalisent et disparaissent. Le rhétoricien comme l'analyste du discours doivent se faire, à cet égard, à la fois historiens et sociologues — avec leurs objets et démarches particuliers certes, proches cependant de ceux de l'historien des idées, du sociologue de l'opinion, des croyances, du critique des idéologies politiques et du politologue. Ce qui se dit et s'écrit n'est jamais aléatoire ni « innocent ».[1]

Jan Mukařovský insiste précisément sur la frontière assez poreuse qui séparerait l'esthétique de l'éthique. À la suite de Mario Borillo, la programmation poétique consiste alors à fournir les instructions permettant de réaliser une ou plusieurs tâche(s), de résoudre un problème, de manipuler des données[2]. Le programme est l'expression d'un algorithme, c'est-à-dire d'opérations visant à la résolution d'un problème en un temps fini, et cela dans un langage spécifique[3].

Le roman relève du discours épidictique : intentionnellement ou non, toute parole publique, même si elle revendique la gratuité, a toujours valeur « d'exemple », illustrant un principe, une loi, une vérité…[4] Que le roman loue ou blâme, distinguant la noblesse de la vilénie, son propos est présent, même si les faits relatés concernent le passé. Il est tout autant un espace axiologique qu'un discours judiciaire ou délibératif[5].

Le roman a une vocation prédicative puisqu'il engage toujours à une évaluation, esthétique et morale, et s'attend à produire un

---

[1] Marc Angenot, *Rhétorique, théorie du discours social, histoire des idées, dix-neuvième siècle*, Montréal, Discours social, 2009, p. 21.

[2] Mario Borillo, *Informatique pour les sciences de l'homme : limites de la formalisation du raisonnement*, Bruxelles, Pierre Mardaga, 1984, p. 67-121.

[3] Mario Barillo et Jean-Pierre Goulette (éds), *Cognition et création : explorations cognitives des processus de conception*, Bruxelles, Pierre Mardaga, 2002.

[4] Philippe Hamon : « L'épidictique : au carrefour de la textualité et de la socialité », in *La Littérature comme objet social/Literature as a Social Objet*, Montréal, Discours social/Social Discourse, 1995, p. 85-90.

[5] *La Mise en scène des valeurs : la rhétorique de l'éloge et du blâme*, Marc Dominicy et Madeleine Frédéric (éds.), Paris, Lausanne, Delachaux & Niestlé, 2001.

effet. À ce titre, écrire est un acte de communication inscrit dans un échange social complexe avec une communauté de lecteurs où le réel est enrichi par l'imaginaire pour représenter de l'*authentique*. Plus ou moins manifeste, la vocation homilétique originelle du roman lui accorde aussi une dimension prédictive : il s'agit d'avertir, de signaler les dangers des contre-valeurs.

Des éléments dissemblables et variés sont associés dans un certain ordre, puis reliés de manière à s'articuler. Les sciences informatiques offrent de nombreuses métaphores d'un usage aisé. Dans la mesure où la littérature relève également d'une science de l'information, le texte suit un parcours d'exécution comparable : la valeur est un élément d'ensemble défini d'objets de données qui, dans un contexte, est associé à un élément de langage tel qu'une variable ou un type de données. Quoi qu'il en soit, on ne peut que se rallier à Michel Meyer, qui place la problématologie au cœur du littéraire : on devient écrivain pour résoudre un « problème », tout comme on vient à la lecture pour y quérir une « réponse »[1]. Autrement dit, écrivain et lecteur accordent de la valeur à leur activité et rien n'y est jamais totalement « gratuit », à plus forte raison le plaisir.

Éléments narratologiques et sémiotiques

La valeur relève autant de la qualité que de la quantité, même si le paramétrage reste problématique. Dans un cas comme dans l'autre, elle appelle à une opération évaluative par rapport à une norme qui présente la réalité et présentifie l'actualité (ce qui est *en acte*). Cette estimation prend en compte l'intensité de la valeur (positive ou négative) et sa hiérarchisation par rapport à d'autres valeurs, plus ou moins fortes. Le paramétrage conditionne la détermination des valeurs. Dans les arts, ce paramétrage est le résultat historique de toute une tradition artistique dont les données géographiques ont eu une influence relativement réduite. L'expansion coloniale et le développement de la mondialisation ont réduit la diversité des critères de paramétrage.

Différents éléments narratologiques et sémiotiques inclinent l'orientation axiologique des univers narratifs. Le récit déploie un

---

[1] Michel Meyer, *De la problématologie : philosophie, science et langage*, Bruxelles, Pierre Mardaga, 1986 et *Langage et littérature*, Paris, Puf, 1992.

monde contrasté composé d'éléments qui se distinguent ou se confondent à divers degrés avec le monde originel de référence, celui de la réalité. Ces univers sont autant de mondes possibles, aux valeurs proches ou lointaines de celles qui composent les réalités de l'auteur et du lecteur[1]. L'évaluation est l'une des questions les plus difficiles, notamment en arts, car les critères déjà discutables au moment de l'exécution le sont encore plus au moment de leur réception. Le choix d'écriture est toujours conditionné par le contexte historico-culturel dans lequel baigne l'artiste et par sa propre individualité. Quant aux options de lecture, elles sont encore plus étendues, car elles dépendent de multiples contextes — histoire, époque, culture, la latitude —, qui se conjuguent avec la personnalité, la sensibilité et les connaissances du lecteur.

Dès lors, la programmation des valeurs disséminées dans l'œuvre relève d'une stratégie d'écriture qui doit prendre en compte le jeu subtil, et finalement hasardeux, des inconscients individuel et collectif. Toute œuvre relève d'un pari. Plus la mise de départ est importante, plus grands sont les risques et plus importants seront les gains. En jouant avec des lieux communs facilement partagés, l'œuvre se réduit à des clichés et tend à être comprise comme une pâle copie de la vie réelle. En revanche, en bousculant les idées reçues et en ouvrant sur de nouvelles perspectives, l'œuvre peut autant séduire par son originalité et sa pertinence que rester incomprise de ses contemporains, voire des générations futures. D'où l'extrême difficulté qu'éprouve l'artiste à se renouveler et sa tendance à poursuivre une œuvre identique jusqu'à épuisement.

Au niveau du texte, les évaluations sont aisément identifiables :
1/ par un lexique spécialisé — adjectifs, adverbes, modalisateurs, suffixes péjoratifs ou mélioratifs, registre des mots, nominations, emploi des pronoms, etc.
2/ par une thématique spécialisée — récits où s'affrontent deux camps opposés et jalonnés d'échecs et de victoires ;
3/ par des « tonalités » particulières — véhémence, ironie, sérieux, gravité, etc.
4/ par le choix des points de vue et des focalisations — emphase sur tel ou tel aspect de la situation.

---

[1] *La Théorie littéraire des mondes possibles*, Françoise Ladvocat (éd.), Paris, CNRS, 2010.

Tous ces éléments font du texte un *champ de tensions* décrit par Jacques Fontanille[1] et Claude Zilberberg[2]. Leur répartition répond à des schémas complexes dont les effets sont plus ou moins heureux, en fonction du talent de l'écrivain. On retrouve ces tensions au voisinage des « seuils » et des principales démarcations : dans les titres des ouvrages, des chapitres, des poèmes, etc. qui annoncent, comme autant de promesses, le champ de tensions aspiré par l'œuvre, à travers lequel le lecteur ou l'auditeur sont invités à entrer en résonance : *Dans la peau d'un noir* de Griffin, *Ma vie sans moi* d'Armand Robin, *Les Sacrifices de l'amour* de Dorat, etc. annoncent déjà une « atmosphère » particulière que le lecteur identifie en fonction de ses compétences et qui détermine la réception de l'œuvre dans un cadre idéologique bien particulier[3].

dans les *incipit*

> C'est un fait reconnu, qu'une bonne fortune
> Est un sujet divin pour un in-octavo.
> Ainsi donc, bravement, je vais en conter une ;
> Le scandale est de mode ; il se relie en veau.[4]

> Philosophes hardis, qui passez votre vie
> À vouloir expliquer ce qu'on n'explique pas,
> Daignez écouter, je vous prie,
> Ce trait du plus sage des chats.[5]

dans les phrases de clausule

> Va, le secret de réussir,
> C'est d'être adroit, non d'être utile.[6]

> Julie, les bras nus, tout saignants d'un turbot qu'elle vidait pour le soir
> […] haussa les épaules et conclut par cette réponse philosophique :

---

[1] Jacques Fontanille, *Modes du sensible et syntaxe figurative*, Limoges, Pulim, 1999.
[2] Claude Zilberberg, *Éléments de grammaire tensive*, Limoges, Pulim, 2006.
[3] Daniel S. Larangé, *L'Esprit de la Lettre*, *op. cit.*, p. 454-455 et 463-465.
[4] Alfred de Musset, « Une bonne fortune », in : *Poésies nouvelles*, Maurice Allem (éd.), Paris, Gallimard, coll. La Pléiade, 1957, p. 293.
[5] Florian, « Le chat et le miroir », in *Fables*, Paris, Robert Laffont, coll. Les Cent chef-d'œuvres, 1958, p. 46.
[6] Florian, « Les deux chats », in *Fables*, *op. cit.*, p. 84.

> - Mon Dieu ! Mademoiselle, celle-ci ou celle-là, toutes les baraques se ressemblent. Au jour d'aujourd'hui, qui a fait l'une a fait l'autre. C'est cochon et compagnie.[1]

> Alors, Chanteau, après avoir écouté en silence, se révolta tout d'un coup, à la pensée du dîner compromis. Et ce misérable sans pieds ni mains, qu'il fallait coucher et faire manger comme un enfant, ce lamentable reste d'homme dont le peu de vie n'était plus qu'un hurlement de douleur, cria dans une indignation furieuse : "Faut-il être bête pour se tuer !" [2]

dans les portraits des personnages, les dialogues, les descriptions de paysages, etc.

Les débuts et les fins des textes narratifs constituent des points privilégiés de concentration des évaluations. Les valeurs évoluent et sont susceptibles de changer radicalement entre le début et la fin d'un récit. Ce changement qui répond à l'effort argumentaire cherche à persuader le lecteur en l'accompagnant dans la transformation de ses propres valeurs. L'articulation des valeurs, leur hiérarchisation et leur organisation configurent l'univers romanesque qui immerge le lecteur et rend possible toute concrétisation. De ce fait, personne ne sort jamais identique de l'écriture ou de la lecture d'un roman. En ce sens, l'œuvre opère par coopération, et l'identification est d'autant plus nécessaire que, dans l'*après-livre*, c'est la distanciation qui attend écrivain et le lecteur. L'observation participante pratiquée par Bronisław Malinowski et John Layard est un mode de connaissance indispensable à l'évaluation. Ils invitent à ne pas arrêter son jugement au seul résultat externe, ni réduire l'œuvre à sa rentabilité immédiate. L'observation participante encourage à vivre une aventure créative afin d'expérimenter de l'intérieur l'alchimie des transformations opérée par l'œuvre à travers la lecture[3].

Le début des contes populaires permet de définir les différents programmes narratifs : le héros y est présenté soit dans

---

[1] Émile Zola, *Pot-Bouille*, Paris, Livre de poche, 1957, p. 433.

[2] Émile Zola, *La Joie de vivre*, Paris, Livre de poche, 1959, p. 440.

[3] Jacques Coenen-Huther, *Observation participante et théorie sociologique*, Paris, L'Harmattan, 1995.

une relation de manque à un objet doté d'une valeur positive (une princesse à séduire ou un trésor à trouver) soit marqué d'une valeur négative par un méfait (un malheur à éviter ou à réparer). Ces deux fonctions fondamentales décrites par Vladimir Propp interviennent lorsque l'intrigue se noue. À ce moment, des « contrats » sont souscrits, qui présupposent l'évaluation des moyens en fonction des fins, et tout un système de garanties, de sanctions et de récompenses est mis en place, qu'un destinateur (père, roi, société...) partage avec le héros.

Quant à la fin des contes, érigée la plupart du temps en morale, elle reste toujours le lieu d'évaluation par excellence : le vrai héros se distingue du faux en fonction des résultats obtenus par rapport aux objectifs fixés par ses contrats initiaux. Récompenses et sanctions viennent en valider le succès. L'échec d'un acteur n'implique évidemment pas l'échec de l'œuvre. Le *happy end* ne garantit pas non plus son succès ; les fins heureuses ou malheureuses seraient plutôt la marque d'une culture et d'un état d'esprit. Il est une convention qui témoigne des valeurs partagées par une communauté : le culte de la réussite. Il en va de même des dénouements tragiques : la faiblesse de l'homme face au destin et aux institutions.

Incipits et clausules mettent ainsi l'emphase sur les valeurs-phares qui encadrent le récit : celles de départ et celles d'arrivée. L'œuvre littéraire se déploie autour de la transformation de ces valeurs, de leur calibrage (+/-) et de leur hiérarchisation sous forme d'arborescences. Le travail (ποιεσίς) sur les valeurs constitue une activité éthique majeure dans le cadre d'une poét(h)ique qui en réajuste les formes par leur incarnation (dans un personnel), par leur objectivation (dans des objets) et par des finalités (dans des désirs motivés par manque et absence)[1].

Téléologie de l'axiologie et axiologie théologique

De même, l'affrontement central du sujet contre l'opposant met toujours face à face deux axiologies qui ne s'excluent pas radicalement, dans les contes comme dans les romans. La confrontation des

---

[1] Liesbeth Korthals Altes, *Le Salut par la fiction ? Sens, valeurs et narrativité dans « Le Roi des Aulnes » de Michel Tournier*, Amsterdam/Atlanta (GA), Rodopi, 1992.

héros avec des systèmes de valeur(s) opposés apparaît notamment dans les scénarii qui développent la thématique universelle de la *passion*, que toutes les théologies et philosophies s'efforcent de codifier en concurrence avec la littérature. Plus généralement, les romans « courtois » des XIIe et XIIIe siècles sont le lieu où s'affirment les valeurs sacrées et profanes de la classe chevaleresque, souvent mises en perspective avec les codes religieux et moraux. La notion même de valeur y trouve son origine, puisqu'elle désigne la qualité propre au héros. La *valor* découle de la vertu et du mérite d'un personnage à la fois moral et pieux. Elle soupèse, sanctionne ou récompense un « faire », une série d'actions révélant le degré de spiritualité du héros. En revanche, le désenchantement qui découle de la sécularisation des sociétés renverse ce schéma : le héros romantique à l'âme pure ne saurait trouver sa place dans le monde corrompu et la fatalité de son destin lui assure une gloire posthume. Quant à l'antihéros, dont les principes sont discutables, il se révèle toujours en défenseur infortuné des anciennes valeurs vilipendées par la modernité. Le roman contemporain témoigne plutôt une nostalgie pour des valeurs inactuelles en contradiction avec celles que la société promeut et dissimule derrière le voile pudique d'antivaleurs.

Les valeurs construisent des récits, et réciproquement. Dans la construction des récits, les valeurs initiales relèvent de l'idéologie sociale et de la mémoire collective de l'écrivain[1]. Les récits les travaillent en forme de *principes* qui sont des reconfigurations des valeurs initiales (ou héritées) en valeurs finales (ou effectives) trouvant leur concrétisation au travers de chaque lecture singulière.

Dans la typologie des genres littéraires dont l'origine remonte à la tradition rhétorique, les différents genres usent plus ou moins bien de l'évaluation. Ainsi, chez les Grecs et les Latins, à côté du judiciaire et du délibératif qui cherchent à persuader des auditoires, le genre épidictique est consacré à la louange ou au blâme des personnes, des objets ou des états de choses : panégyriques de princes, de villes, de saints, d'artistes, d'écrivains. De façon plus générale, les épigramme, proverbe, éloge funèbre, roman à thèse, fable, chronique littéraire, satire, livre de sagesse, tous ces

---

[1] Maurice Halbwachs, *Les Cadres sociaux de la mémoire*, Paris, Alcan, 1925 et *La Mémoire collective*, Jeanne Alexandre (éd.), Paris, Presses Universitaires de France, 1950.

genres encomiastiques ou dépréciatifs, ont pour programme d'énoncer des positivités et des négativités, donc d'entériner ou de contester des systèmes de valeurs établis.

> La Louange est peut-être le plus grand moteur de la poésie, parce qu'elle est l'expression du besoin le plus profond de l'âme, la voix de la joie et de la vie, le devoir de toute la création, celui en qui chaque créature a besoin de toutes les autres. La grande poésie depuis les hymnes védiques jusqu'au Cantique du Soleil de saint François est une louange. La louange est par excellence le thème qui compose. Personne ne chante seul. Même les étoiles du Ciel, lisons-nous dans les Livres Saints, chantent ensemble.[1]

Paul Claudel considère même la louange comme le « moteur de la poésie », et de fait de nombreux genres descriptifs, en vers ou en prose, se présentent souvent comme des sortes de variables d'une « action de grâces » plus ou moins sécularisée et dédiée à une entité donatrice des beautés de la nature : ἐκφρασίς gréco-latine, blasons du corps au XVIe siècle, « Jardins » et « Saisons » à la fin du XVIIIe siècle, jusqu'aux *Cinq Grandes Odes* de Claudel ou à *Éloges* de Saint-John Perse. Les récits étiologiques, qui expliquent la raison des interdictions ou des prescriptions, ou les mythes dépeignent également ce qu'il convient de faire. La louange est ainsi « par excellence » le discours des valeurs, en ce qu'elles sont justement formulées pour être partagées.

L'écrivain est l'un des artistes les plus sensibles à cette composante universelle du réel que forme la norme, présente sous forme de rituels, de protocoles, d'étiquettes sociales, de législations, d'arts de table, de modes d'emploi, de codes de politesse, de censures et d'obligations diverses ; la norme finit par constituer le matériau privilégié de l'œuvre littéraire dans ce qu'elle dit d'un état social : une société est à la fois composée de normes et de la somme des discours qu'elle entretient par rapport à ces normes. À ce titre, l'œuvre littéraire, quel que soit son genre, est toujours « réaliste », car elle sélectionne et décrit le fondement social et culturel même du réel, ses « distinctions », ses systèmes de valeurs, ses normes et ses règles. Au XIXe siècle, ce réel, formé

---

[1] Paul Claudel, *Œuvres diplomatiques : Ambassadeur aux États-Unis 1927-1933, tome 1er : 1927-1929*, Lucile Garbagnati (éd.), Lausanne, L'Âge d'Homme, 1994, p. 154.

d'une imbrication de différents systèmes normatifs, est désigné sous le terme de « mœurs ». Ainsi Balzac, dans l'Avant-Propos de *La Comédie humaine* (1842), se donne comme mission de « faire l'histoire des mœurs de son temps » et d'être « l'enregistreur du bien et du mal ». La question sociale recouvre toujours d'un voile sécularisé le problème existentiel de la théodicée.

La mise en question de la théodicée – la justice de Dieu –, qui se pose grâce à la monadologie et à la pluralité des mondes possibles formulées par Leibniz, s'opère après la Révolution française et sous l'influence des idées rousseauistes afin de pallier le traumatisme de la chute[1]. Le « péché » est ainsi reporté à une « faute » divine. D'où l'importance que prend le récit de Job dans cette perspective. La question sociale – méritons-nous la société dans laquelle nous vivons ? – formulée par les penseurs sociaux comme Joseph de Maistre, Louis-Alphonse de Bonald, Antoine Blanc de Saint-Bonnet, Simon Ballanche, Claude Rouvre de Saint-Simon, Charles Fourrier, Auguste Comte, l'abbé Constant, Pierre-Joseph Proudhon ou Philippe Buchez, etc., conduit, y compris pour les plus extrémistes d'entre eux, à s'interroger sur la justesse de la punition divine. La popularisation de la « crise » des valeurs, tout comme de la « dépression »[2], caractérise la « dix-neuviémité » de l'Occident, et ce à partir du romantisme selon Ernest Seillière[3], et la transcendance des valeurs (venues des vertus divines) se heurte à une estimation immanente (issue des sentiments humains)[4]. C'est en effet à cette époque que l'on commence à se poser la question cruciale de la justesse du jugement car la diversité et l'hétérogénéité qui s'imposent dans une société jusqu'alors figée dans un seul modèle politique, social et culturel impliquent davantage de discernement (< ἡ κρῖσις).

---

[1] « L'emprise fantasmatique du roman, quant à elle, tient essentiellement à la réactivation par le récit des *fantasmes originaires* au fondement de l'identité du sujet. » Vincent Jouve, *Poétique des valeurs*, Paris, Puf, 1993 (Ecritures), p. 149.

[2] Dans la théorie marxiste, les crises forment généralement le moyen par lequel le capitalisme se réorganise. En anglais, les termes plus économiques de dépression ou de récession sont préférés. Ainsi la crise de 1929 s'appelle *Great Depression* et la crise économique de 2008-2010 *Great Recession*. En français, le terme « crise » comporte l'idée, proche du marxisme, qu'il convient de réformer le capitalisme soit réformé. Dans cette optique, la crise économique ne se termine que par l'adoption d'une nouvelle structure économique. Cf. Paul Krugman, *Pourquoi les crises reviennent toujours*, Paris, Seuil, 2009.

[3] Ernest Seillière, *La Philosophie de l'impérialisme – tome IV : Le Mal romantique : essai sur l'impérialisme irrationnel*, Paris, Plon-Nourrit et Cie, 1908.

[4] Philippe Muray, *Le XIXᵉ siècle à travers les âges*, Paris, Denoël, 1984.

Dès lors, le réel est avant tout un carrefour de normes. Philippe Hamon repère dans *Texte et idéologie* (1984) quatre principaux systèmes normatifs à la disposition de l'écrivain[1] :
- le langage, système de règles susceptible d'être soumis à évaluation ;
- la technique - chaque fois qu'un personnage se sert d'un outil, son action peut être évaluée selon son résultat comme soignée ou bâclée, heureuse ou malheureuse ;
- l'éthique - chaque fois qu'un personnage entre en contact avec un de ses semblables, son action peut être évaluée comme convenable ou inconvenante, légale ou illégale, etc.
- l'esthétique - chaque fois qu'un personnage sent le monde, ce contact peut être évalué comme plaisant ou déplaisant, et l'objet comme beau ou laid.

Or le choix de ces quatre systèmes normatifs relève encore d'une idéologie, celle de la culture occidentale, et la maîtrise du langage, par exemple, dépend d'une culture de la rhétorique qui n'est nullement universelle. Cela peut alors poser de graves problèmes de lisibilité : dans un mythe donné, qui sera, pour un lecteur du XXe siècle, le « bon » ou le « méchant », le « fidèle » ou l'« infidèle », le « démocrate » ou le « tyran » ? Ainsi, chez Dante, Paolo et Francesca apparaissent aujourd'hui davantage comme des figures d'amants exemplaires dans leur passion malheureuse, alors qu'ils représentaient autrefois des réprouvés *(Enfer,* chant V, vers 73 sq.).

Les quatre systèmes normatifs répondent aux trois dimensions de l'argumentation relevées par Michel Meyer : le langage et la technique, les deux formes d'expression du savoir-faire humain, sont au *logos,* ce que l'*ethos* est à l'éthique et le *pathos* à l'esthétique[2].

Dans le texte littéraire, ces discontinuités axiologiques opposant le correct et l'incorrect, le beau et le laid, le bien et le mal, le permis et l'interdit, etc., ne se présentent pas forcément sous une forme antinomique, mais plutôt comme des hiérarchies floues d'échelles et de graduations complexes. Cette hiérarchisation casuistique relève de toute une scholastique théologique partagée par les grandes religions du Livre.

---

[1] Philippe Hamon, *Texte et idéologie* (1re éd. 1983), Paris, Puf, 1991, p. 24.
[2] Michel Meyer, *Qu'est-ce que l'argumentation ?*, Paris, J. Vrin, 2005, p. 32-35 et *Principia Rhetorica : une théorie générale de l'argumentation*, Paris, Fayard, 2008.

Dans une œuvre littéraire, les évaluations sont généralement explicitées. Parfois, certaines postures d'énonciation plus ou moins repérables les signalent et les prennent en charge. Il en est ainsi de la posture pathétique dans le mélodrame et dans de nombreux poèmes lyriques, et de l'ironie, modes d'énonciation qui font référence à une orthodoxie indispensable, c'est-à-dire à un système d'obligations et de défenses.

L'écrivain, du fait qu'il s'exprime « en différé » par rapport à un lecteur dont les systèmes de valeurs ne coïncident pas complètement avec le sien, se méfie de toute prise en charge trop ostensible et univoque, et lui préfère volontiers des montages polyphoniques, souvent plus sophistiqués et dotés d'une relative plasticité. Si le texte reste figé dans des valeurs inactuelles, il quitte derechef la sphère de la littérature et se retrouve, au mieux, parmi les textes et témoignages historiques. Tel est le cas, par exemple, d'une partie de la littérature soviétique, notamment de certaines œuvres de Maxime Gorki. L'œuvre littéraire remet, elle, en question les « valeurs établies » (Sade, Lautréamont, Georges Bataille, Louis-Ferdinand Céline, Michel Houellebecq, Jonathan Littell, etc.), ou la notion même de valeur (Dada et les surréalistes), instaurant, à son insu, d'autres « valeurs ». À cet égard, la littérature érotique joue un rôle de premier plan dans la libération des « valeurs » et leur relativisation : les exemples exposés pour être condamnés sont devenus peu à peu, dans une valorisation de l'insoumission, des modèles à suivre pour le libéralisme. L'érotisme ouvre l'appétit pour de nouvelles valeurs, jusqu'alors prohibées. Le puritanisme de surface s'effritant de plus en plus au nom d'une « morale laïque » détachée de tout fondement scripturaire.

Matériau privilégié de l'œuvre, la valeur menace aussi de la faire tomber en désuétude en la datant. En effet, à trop s'inféoder sans « distance » aux « orthodoxies », le texte littéraire est menacé avec le temps d'illisibilité. C'est en signalant la valeur comme matériau distinct (l'usage de l'italique est, chez Flaubert, un discret signal typographique de « mise à distance »), en problématisant la source même de l'évaluation (en utilisant l'ironie, par exemple), en la déléguant aux personnages qui deviennent des porte-normes distincts du narrateur (le Sganarelle de Molière trouvant Dom Juan un bien « méchant homme »), en multipliant les personnages évaluateurs qui se neutralisent les uns les autres, en considérant différemment un même objet ou des aspects différents du même objet (Diderot dans *Est-il bon, est-il méchant ?*) que l'évaluation mise en scène dans le texte littéraire peut tenter de se maintenir sans trop se dévaluer.

En somme, les valeurs sont aussi nombreuses que variées : elles émergent de l'écriture, du texte et de la lecture, trois sources qui (dé)coulent l'une de l'autre. L'écriture apporte les valeurs personnelles héritées de l'écrivain et de l'histoire sociale de la langue et du style adopté, le texte travaille ces valeurs dans une orientation démonstrative en les mettant en scène, et la lecture les retravaille en fonction des valeurs personnelles du lecteur et de son contexte historico-social. Ces trois étapes correspondraient aux trois mimésis repérées par Paul Ricœur : préfiguration, configuration et refiguration[1].

Finalement la poétique semble se soumettre à une politique de l'écriture. Or, même si l'art est bien le produit d'un espace et d'un temps, sa poéticité devrait lui assurer une certaine transcendance : l'Esprit doit dépasser la Lettre pour perdurer. S'il existe bien une poét(h)ique de l'écriture, une manière esthétique de dire l'éthique, esthétique et éthique s'appuyant à leur tour sur des valeurs relevant d'une idéologie, il doit y avoir une poét(h)ique de la lecture, une manière de lire l'esthétique dans la société et dans la relation à l'autre. En fait, valeurs esthétiques et valeurs éthiques doivent se dépasser l'une l'autre.

Car la littérature agit : elle fait « croire » un moment[2]. Pour Roman Ingarden, l'expérience littéraire se vit dans la concrétisation. Et la seule manière de lire consiste à se laisser absorber par l'œuvre, en pénétrant dans l'atmosphère de la diégèse et en participant aux émotions ressenties par les personnages. Il s'agit d'accepter, le temps de la lecture, les protocoles et les contrats qui supposent des valeurs partagées ou à partager. Sans cela, la concrétisation ne peut avoir lieu et le lecteur n'aborde le texte que de l'extérieur, telle une lettre morte. Vincent Jouve reconnaît même que « les valeurs véhiculées par un texte ne passent pas seulement par les circuits de lecture balisés par le récit ; elles dé-

---

[1] Paul Ricœur, *Temps et Récit – tome 1 : L'intrigue et le récit historique*, Paris, Seuil, 1983 p. 85-129.

[2] *Comment la littérature agit-elle ? Actes du colloque de Reims*, Michel Picard (éd.), Paris, Klincksieck, 1992.

pendent également du rapport que le lecteur entretient avec l'univers fictionnel »[1].

On ressort rarement indemne d'une lecture. L'axiologie du lecteur s'est reconfigurée en fonction de son attachement ou de son rejet des valeurs explicites et implicites contenues dans les pages.

Roman Ingarden[2] à Cracovie, Charles Morris[3] à Chicago et Edmond Goblot[4] à Lyon fondent leur réflexion sur l'expérience humaine, sur le vivant et la vie. La littérature est un puits aux valeurs, parce que le lecteur tire de la fiction des principes utiles dans la réalité, autrement dit *nourritures terrestres* propres à stimuler son être-dans-le-monde (André Gide, 1897).

Une perspective théorét(h)ique sur la valeur nécessite de dépasser (d'effacer ?) les normes et d'affranchir le jugement. Toutefois le concept encore en chantier de poét(h)ique serait un oxymoron, selon lequel le poétique pourrait se libérer de l'éthique… par une simple « mise en parenthèse ». Comme si l'art pouvait naître et s'épanouir en toute liberté ! Cela sonne faux : l'art émerge toujours de contraintes et rien ne saurait être mis de côté.

---

[1] Vincent Jouve, *Poétique des valeurs*, Paris, Puf, 2001 (Écriture), p. 143.

[2] Roman Ingarden, *Erlebnis, Kunstwerk und Wert: Vorträge zur Ästhetik (1937-1967)*, Tübingen, Max Niemeyer, 1969 et *Das literarische Kunstwerk mit einem Anhang von den Funktionen der Sprache im Theaterschauspiel*, Tübingen, Max Niemeyer, 1972.

[3] Charles Morris, *Varieties of Human Value*, Chicago (Ill), The University of Chicago Press, 1968, p. 143.

[4] Edmond Goblot, *La Logique des jugements de valeur*, Paris, Armand Colin, 1927.

L'INCONTRÔLABLE LECTEUR

Anne Coignard, Université Toulouse-Jean Jaurès

> *Un livre est le produit d'un autre moi que celui que nous manifestons dans nos habitudes, dans la société, dans nos vices.*
> Marcel Proust, *Contre Sainte-Beuve*

Proust, dans les quelques fameuses lignes que nous venons de citer, fait du texte littéraire le lieu d'une *altération* : celui qui écrit n'est pas celui qui vit dans le monde. Qu'en est-il, de l'autre côté du livre, du lecteur ? Celui-ci n'est-t-il pas à son tour altéré par le texte, amené par lui à penser ce qu'il n'aurait jamais pensé, à être affecté d'une manière inédite par ce qui lui est habituellement indifférent, voire à porter des jugements moraux expressément motivés par ce que l'œuvre lui découvre ? Moi dans le monde et moi dans le texte sommes-nous le même ? C'est cette question qui guidera notre interrogation autour des valeurs dans le roman.

Dans le roman, cela signifiera, pour nous, dans le *monde du texte* tel qu'il est conçu par Ricœur comme le monde que projette le texte romanesque en avant de lui-même. Parce que la notion de *valeur* est à l'œuvre lorsqu'est prise en compte la relation *pratique* que nous entretenons avec le monde, considérer les valeurs dans le roman exige de penser un lecteur qui, au-delà du texte, entretient une relation avec le monde déployé par le roman : un lecteur pris dans l'illusion référentielle. De notre point de vue, parler de valeurs dans le roman ne prend sens qu'à tourner le regard vers celui qui *vit* dans le roman. Celui-là, c'est, en premier lieu, le personnage de roman, mais aussi par suite le lecteur qui vit auprès de lui, dans un monde qui n'est plus son monde familier. Là seulement, les valeurs sont authentiquement des valeurs : elles ne sont pas un objet d'attention esthétique, un motif du texte, mais bien un certain regard sur le monde, une manière de s'orienter en lui et de l'organiser.

La question qui émerge, dès lors, est la suivante : celui qui vit dans le monde romanesque est-il le même que celui qui, dans le monde réel, lit le texte ? Envisager la relation du lecteur au monde du texte impliquera d'interroger l'*identité* de celui qui juge dans le roman ainsi que les *modalités* du jugement de valeur en milieu romanesque. Parce que l'accès au monde fictionnel que déploie le roman est médiatisé par le texte, il faudra s'efforcer de concevoir que le lecteur, dans une certaine mesure, est *captif* des intentions du texte, de telle sorte qu'il ne juge pas librement. Parce que le texte, envisagé en ce qu'il projette un monde, est aussi un guide pour la perception, il propose certains objets à notre attention et il propose en même temps les perspectives dans lesquelles nous devons les viser. Bref, il nous les donne à voir d'une certaine manière qu'il nous impose. Or – et c'est le problème que nous proposons de traiter –, il y a fort à parier que ce faisant, il impose aussi au lecteur les jugements correspondants. Notre propos ne sera pas ici d'explorer l'ensemble des modalités textuelles par lesquelles le roman opère tout cela, mais de remonter, depuis l'objet qu'est le monde romanesque, à la subjectivité qui le vise, pour poser la question suivante : *à qui* appartiennent les valeurs adoptées au cours de la lecture ? Qui juge dans le monde romanesque ? Question que l'on peut préciser ainsi : celui qui, guidé par le texte, vit dans le monde romanesque et opère en lui de multiples prises de position, est-il l'*ego* que je suis toujours-déjà avant d'entrer dans la lecture, ou est-il un *autre* que je deviens par la lecture ?

Pour tenter une réponse à cette question, nous commencerons par revenir sur la phénoménologie de la lecture de Wolfgang Iser. Celle-ci nous offrira de comprendre comment le texte littéraire peut, d'un certain point de vue, être appréhendé comme un *guide* pour la projection d'un monde fictionnel. À partir de cela, il s'agira, avec Husserl, d'interroger l'identité de celui qui vit dans ce monde : est-ce moi, ou un *alter ego* dont l'expérience de lecture motiverait l'émergence ? *Qui* adopte des valeurs au cours de la lecture ? Enfin, parce qu'adopter des valeurs n'a de sens que si celles-ci m'appartiennent de manière durable, il nous faudra évoquer le passage du monde du texte au monde du lecteur, et la possibilité de faire sien ce qui a été découvert dans le roman.

Du texte romanesque à son monde

Lisant un roman, nous n'avons pas seulement affaire à un texte : celui-ci, tissé d'intentions de significations, met en scène divers objets qu'il propose à notre attention. Objets matériels, êtres, événements : les phrases du texte projettent un monde dans lequel le lecteur, oublieux du texte, peut s'immerger. C'est cette dimension de la lecture que nous désirons placer sous le regard.

Comment constituer un monde à partir d'un texte ?

W. Iser, pour comprendre la projection d'un monde à partir du texte, propose les notions de *code premier* et de *code second*[1]. Le code premier, c'est le texte, et c'est en particulier la configuration sémantique inédite qu'il ordonne. Usant des mots du langage courant, le texte littéraire, par les mises en relations nouvelles qu'il propose, formule un nouveau système sémantique qui se détache du système sémantique dominant et disponible, comme une nouvelle manière de dire et de penser sur l'horizon du déjà dit et du toujours déjà pensé. Dès lors qu'ils sont ainsi décontextualisés, les mots que le lecteur connaît ne peuvent revêtir les mêmes significations. Les phrases du roman, qui ne s'énoncent pas sur le sol du monde habituel, réclament un effort pour faire sens. Surtout, parce que les mots du texte ne renvoient plus au déjà connu, le texte littéraire ne peut pas — et cela essentiellement — être d'emblée dénotatif. Impossible de renvoyer les signes à ce qu'ils dési-

---

1 Wolfgang Iser, *L'Acte de lecture. Théorie de l'effet esthétique*, tr. fr. Evelyne Sznycer, Bruxelles, Pierre Mardaga, 1985, p. 173.

gneraient d'évidence comme leur référence dans le monde qui nous est familier.

C'est pourquoi, selon Iser, il faut concevoir le texte romanesque comme une *méthode* pour la projection de l'inconnu. Le texte, tissé d'intentions de signification, nous permet de constituer les objets qu'il vise selon des modalités qu'il nous impose. Cette manière de percevoir, *motivée* par le texte et non inscrite en lui[1], c'est ce que Iser appelle le *code second*. Celui-ci n'est rien de langagier, mais consiste, pourrait-on dire, dans la structure intentionnelle que le lecteur met en œuvre pour amener à la représentation quelque chose, en avant des significations rencontrées dans le texte. Le texte informerait donc une manière de voir, qui serait incorporée par le lecteur. Dès lors, c'est par l'appropriation du code second que le lecteur devient familier du monde fictif et devient *autre*, puisque sa subjectivité, traversée par les intentions du texte, semble à ce point entièrement informée par le texte : captive.

Le passage du code premier au code second signifie que le lecteur *voit* le monde fictionnel à partir des intentions du texte, *à travers* le texte. Par conséquent, le monde romanesque ne peut être conçu comme quelque chose de séparé du texte qui le projette : il est son envers intuitif, de telle sorte que le monde du roman ne peut se déployer hors des apparitions prévues par le texte. Cela signifie aussi que le lecteur n'est pas libre d'explorer ce monde comme bon lui semble. Le roman ne laisse pas l'occasion au lecteur de choisir *sa* perspective sur l'objet : il prédéfinit à la fois *ce à quoi* il a accès et le *comment* de cet accès. Ainsi, parce que l'objet rencontré dans le roman ne se distingue pas des types d'apparition inscrits dans le texte, ce sont certains sentiments qui sont éveillés, certaines prises de position qui sont requises, directement corrélés à sa manière de venir à la présence par le texte.

Habitus *et perception : qu'est-ce que voir dans le roman ?*

Intérioriser le code second, percevoir *dans* le roman, en se laissant guider par le texte, ce serait donc aussi être amené à former

---

[1] En cela, la présentification (intuition, au moyen de l'imagination) d'un monde est un *effet* du texte. Effet, cependant, qui participe de la pleine effectuation de la lecture, dans la mesure où le texte invite expressément le lecteur à *voir* le monde qu'il constitue dans la signification.

certains jugements, à nourrir certains sentiments, directement impliqués par le mode d'apparition que le texte met en place. C'est cela que, dans un passage de *Phantasia*[1], Husserl nomme *jugement esthétique*, à savoir un jugement qui ne porte pas sur l'objet lui-même, saisi indépendamment des modalités particulières dans lesquelles il apparaît, mais qui est entièrement fondé sur le mode d'apparition de l'objet. Mais surtout, il remarque que les jugements esthétiques peuvent ne pas être conscients comme tels, puisque, dans l'œuvre d'art, les objets proposés à l'attention ne peuvent être extraits des perspectives dans lesquelles ils sont donnés. Par suite, l'objet des jugements esthétiques n'est pas toujours identifié comme le mode d'apparition de l'objet, mais il est posé comme étant l'objet lui-même : la beauté ou la laideur, la bonté ou le mal apparaissent comme des « déterminités de l'objectal lui-même[2] ». Lorsque nous sommes pris dans l'expérience fictionnelle, ce qui a trait à l'apparaître est renvoyé à l'objet lui-même. Or, parce que le lecteur, dans le roman, n'a jamais accès aux objets eux-mêmes, de telle sorte qu'il serait libre de les viser dans telle ou telle perspective, mais qu'il est captif du point de vue que lui impose le texte, il peut exclusivement former des jugements esthétiques – c'est là notre hypothèse.

Par conséquent, au cours de la lecture, les prises de position, les jugements *sont moins des jugements appartenant au sujet*, et relevant de sa liberté de juger, *que des caractéristiques de l'objet dans le monde particulier qu'est celui de tel roman*. Husserl peut alors remarquer que tel objet qui, par exemple, nous effraye dans le monde habituel peut nous *apparaître* séduisant dans l'œuvre qui le porte à la manifestation selon des modalités nouvelles. Et nous jugeons que l'objet lui-même *est* séduisant. Le temps de la lecture, lorsqu'elle se fait immersion dans la fiction, les valeurs du sujet qu'est le lecteur *hors-texte* sont suspendues, parce que son intentionnalité est captive du texte.

---

[1] Edmund Husserl, *Phantasia, conscience d'image, souvenir : de la phénoménologie des présentifications intuitives : textes posthumes (1898-1925)*, tr. fr. René Kassis et Jean-François Pestureau, revue par Jean-François Perstureau et Marc Richir, Grenoble, J. Millon, 2002, texte n°15, H.
[2] *Ibid.*

Exploration d'un monde fictif et altération de soi

Si, lisant, je pense et juge *dans* le texte et dans le monde qu'il déploie, le sujet de cette intentionnalité entièrement informée par le texte est-il toujours mon *ego* ? Celui qui opère dans le monde romanesque est-il identifiable à celui que je suis sur le sol du monde réel ? Si mon expérience personnelle est mise hors-jeu, si mon expérience présente est telle qu'elle laisse toute l'initiative au texte dans la formation des intentions qui visent le monde romanesque, nous sommes tentée se supposer qu'au cours de la lecture un *ego* motivé par le texte, pur corrélat du monde romanesque, prend la place de mon moi constitué *hors-texte*. C'est le pas que franchit Husserl.

Qu'est-ce que la phantasia *?*

Dans un fragment de *Sur l'intersubjectivité II*, Husserl explore les enjeux de l'immersion dans un monde fictif. Ce qu'il décrit, c'est une expérience de *phantasia*, celle-ci se rapprochant d'une rêverie éveillée. *Phantasmer* au sens husserlien, ce n'est pas seulement projeter quelque chose de non-présent devant moi, mais c'est *vivre* dans l'exploration de ce qui est ainsi projeté, s'immerger dans la fiction. Ainsi, vivre dans la *phantasia*, ce n'est pas seulement imaginer.

L'imagination, pour Husserl, est un cas particulier de ce qu'il nomme neutralisation, à savoir une modification qui supprime toute modalité doxique. Dans une conscience neutralisée, il s'agit de se figurer seulement par la pensée, sans s'engager d'aucune manière auprès de ce qui est ainsi porté à l'attention, de suspendre tous les jugements[1]. L'imagination, de plus, est un cas de neutralisation qui s'applique « à la présentification positionnelle », c'est-à-dire au souvenir. Imaginer, c'est suspendre la créance en mes souvenirs. Par contre, l'immersion dans la *phantasia* ne relève pas d'une modification de la perception présente ou passée, mais consiste en un *saut* dans l'inconnu. C'est pour cela que nous avons pu dire plus haut que, lorsque je suis en prise avec le monde ro-

---

[1] Edmund Husserl, *Idées directrices pour une phénoménologie*, tr. fr. Paul Ricœur, Paris, Gallimard, 1950, § 109.

manesque, mon expérience personnelle est mise hors-circuit. Pour Husserl, le monde de *phantasia* n'est pas un fragment de mon expérience ou un fragment du monde réel, qui aurait été neutralisé, modifié : il m'apparaît comme étant un « monde radicalement différent et séparé[1] ». Monde de *phantasia* et monde réel, perceptible, sont étrangers l'un à l'autre ; ils ne se rencontrent pas. Cet écart entre le monde habituel que je perçois et dont je me souviens et le monde de la *phantasia* est tel que le passage de l'un à l'autre prend nécessairement l'allure d'un « saut ». Cela est, pour Husserl, le propre de la *fiction*[2].

Émergence d'un ego *fictif : accueil de l'étrangeté*

Tout monde étant le corrélat intentionnel d'un ego, un monde fictif ne peut pas être appréhendé comme indépendant d'une subjectivité constituante[3]. Il reste néanmoins à identifier cette dernière. Ma subjectivité constituée peut-elle être le sujet du monde de *phantasia* ? Si celui-ci rompt radicalement avec mon expérience actuelle ainsi qu'avec tous mes souvenirs, il apparaît qu'il met en échec les processus intentionnels avec lesquels je vise habituellement le monde. Pour Husserl, la réponse est claire : l'*ego*-corrélat du monde de *phantasia* ne peut être *mon* ego. Le saut effectué dans un monde autre, l'immersion dans ce qui ne peut se résoudre en la modification du déjà connu, implique, dans le même mouvement, l'émergence d'un sujet *autre*, radicalement différent de celui que je suis toujours déjà. L'expérience du monde fictif déployé par le roman impliquerait donc, plus qu'une aliénation momentanée, telle que la décrit W. Iser, la constitution, dans

---

[1] Edmund Husserl, *Phantasia, op. cit.*, texte n°6 : la *phantasia* n'est pas seulement un souvenir modifié, un souvenir dont aurait été ôté le caractère de croyance, le moment du « *belief* ». Elle est *isolée temporellement* de telle sorte qu'elle renvoie à quelque chose (même un passé transformé en *phantasia*) qui n'est *pas lié au présent actuel*. Dans la *phantasia*, les vécus sont eux-mêmes, toujours-déjà des représentations, sans être la reproduction d'aucun vécu passé disponible.

[2] *Ibid.*, n°1, chap. 6, § 32.

[3] Husserl insiste sur l'universalité et la nécessité de la corrélation noético-noématique - la relation intentionnelle entre une subjectivité et un monde. Notamment dans *Psychologie phénoménologique (1925-1928)*, tr. fr. Philippe Cabestan, Nathalie Depraz et Antonino Mazzú, revue par Françoise Dastur Paris, Vrin, 2001, p. 289-290 : la relativité du monde à une conscience qui le constitue ne concerne pas seulement le monde réel actuel, mais « tout monde pensable en général ».

mon propre flux subjectif, d'un *ego* qui n'est pas moi : d'un *ego* fictif qui en est le corrélat *ad hoc* – *ego* fictif que j'accueille dans mon flux de conscience.

Dès lors, la subjectivité se scinde, de telle sorte qu'à chaque monde – le monde réel actuel et le monde fictif – correspond un ego[1]. Au moment où mon *ego* actuel se laisse guider par le texte pour s'immerger dans un monde, apparaît un nouvel *ego*, non concordant avec ma conscience telle qu'elle s'est constituée tout au long mon histoire personnelle dans le monde réel, *ego* fictif purement motivé par le monde déployé par le texte. La corrélation *ego* fictif-monde de *phantasia* vient donc momentanément remplacer la corrélation originaire entre *ego* actuel et monde réel, sans pouvoir, pour autant, s'insérer dans le flux de conscience. Si elle le faisait, elle provoquerait immédiatement une conscience de discordance telle que l'absorption dans la *phantasia* cesserait net. Les deux corrélations sont superposées. Pendant que l'*ego* est absorbé dans le monde imaginaire, la conscience du monde réel est seulement présente à l'arrière-plan.

Dans cette perspective, c'est donc l'*ego* fictif qui fait proprement l'*expérience* du monde romanesque. Pour l'*ego* actuel, celle-ci n'est qu'une *quasi*-expérience auprès de laquelle il ne s'engage pas.

Habitus *et expérience fictionnelle*

L'*ego* qui vit dans la *phantasia* est le seul qui explore le monde fictionnel, prend de multiples positions, opère des jugements relativement à ce monde qui est le sien. Ce faisant, l'*ego* fictif se tisse de multiples *habitus*. En effet, tout acte intentionnel positionnel s'accompagne, selon Husserl, de la formation d'*habitus*. Husserl écrit, dans la quatrième de ses *Méditations cartésiennes*, qu'avec

> tout acte qu'il effectue et qui a un sens objectif *nouveau*, le moi […] acquiert une *propriété permanente nouvelle*. Si je me décide, par exemple, *pour la première fois*, dans un acte de jugement, pour l'existence d'un être et pour telle ou telle autre détermination de cet être, cet acte passe, mais *je suis* et *je reste* désormais *un moi qui s'est décidé de telle ou telle autre manière.* « J'ai une conviction correspondante »[2].

---

[1] Edmund Husserl, *Sur l'intersubjectivité II*, tr. fr. Nathalie Depraz, Paris, PUF, 2001, texte n°1.

[2] Edmund Husserl, *Méditations cartésiennes*, tr. fr. Gabrielle Peiffer et Emmanuel Levinas, Paris, Vrin, 1966, § 32.

Avoir une conviction durable, demeurer celui qui s'est décidé de telle manière, cela veut dire que les jugements que j'opère au moment de l'expérience constituante ne sont pas seulement disponibles, une fois l'expérience passée, comme souvenirs de jugements, mais demeurent valables pour autant qu'ils ne sont pas infirmés. Ainsi, tout acte de constitution possède une double orientation et une double efficience : d'une part, nous constituons le sens de ce que nous visons, de l'autre, nous nous modifions nous-mêmes, nous nous constituons nous-mêmes, puisque notre moi, dans cette opération, se trouve augmenté de nouveaux *habitus*. Mais, à cela, il faut ajouter que les *habitus* ne sont pas seulement une sorte de *résidu* de l'expérience, mais écrivent, en quelque sorte, un stock d'intentions disponibles, qui pourront être éveillées dans mes expériences constituantes à venir, si ce que je rencontre motive cet éveil. Par les *habitus* que nous formons se dessine, selon les termes de Husserl, un *style* constant qui imprègne notre relation au monde. C'est cela un *habitus* : une manière de voir les choses qui m'est disponible et que je pourrai, dans l'avenir de ma vie consciente, réinvestir.

Or, l'exploration d'un monde de *phantasia* met bien en jeu une multiplicité d'actes intentionnels positionnels. Le monde fictif et ses objets sont perçus, des positions sont prises eu égard à ces derniers, tout cela par un *ego* fictif qui advient comme le sujet d'un monde étranger à l'*ego* actuel. Il semble, à ce point, que les valeurs adoptées par celui qui s'immerge dans la fiction ne valent pas pour le moi actuel du lecteur.

Juger *dans* et *après* le roman

Si les valeurs reconnues comme telles *dans* le roman restent captives du monde romanesque, accessibles à celui seul qui vit dans celui-ci, c'est l'efficace même de la lecture de roman sur la manière que nous avons de vivre dans le monde qui est le nôtre qui est ici mise en doute. Dans une telle approche, tout ce qui est vécu dans la *phantasia* ne vaut pour le moi actuel que comme *quasi-perception, quasi-jugements* : je me les figure, mais ils ne valent pas pour moi. Si la relation au monde fictionnel implique l'émergence d'un *ego* autre, alors, rien de ce qui est vécu n'étant référé au moi déjà constitué, préexistant à l'expérience romanesque, il semble que l'ensemble des prises de position effectuées au cours de la lecture doivent être sans efficace sur le lecteur lorsqu'il revient à son monde. La lecture, qui consiste, pour une part, dans l'exploration d'un monde fictif, ne saurait être qu'une parenthèse dans la vie intentionnelle, puisque les *habitus* acquis au cours de cette expérience de *phantasia* ne seraient disponibles que pour un *ego* qui n'est pas le mien[1].

In fine, le problème est le suivant : la lecture de roman, prise comme l'expérience d'un monde, est-elle proprement *mon* expérience ? Si c'est le cas, les valeurs adoptées dans le roman devraient pouvoir valoir de manière durable pour le moi actuel. Mais alors, comment celui que je suis dans ma relation avec le monde actuel peut-il parvenir à faire siennes des prises de position corrélatives d'un monde qui n'est pas le sien ?

La littérature nous donne de multiples exemples d'intériorisation, par le lecteur, des intentions du roman : c'est à quelques-uns de ces personnages-lecteurs que nous allons, à présent, porter attention. Lecture au carré, donc, puisqu'il s'agit de comprendre, par le biais de l'expérience de lecteurs fictifs, comment le lecteur réel prend au sérieux et s'approprie ce que le roman lui découvre. Nous évoquerons deux exemples : *Northanger Abbey* de Jane Austen et *Une lecture* de Roland Cailleux, qui mettent en scène la difficulté qu'il y a à concilier ma subjectivité constituée et celle que requiert l'expérience de lecture – lorsque celle-ci se fait immersion dans la fiction.

*Défaire l'*ego *fictif de retour au monde réel*

Une solution à ce qui prend dangereusement l'allure d'une aporie serait de considérer que l'*ego* actuel peut s'identifier à l'*ego* fictif, de telle sorte que les prises de position opérées au cours de la lecture pourraient valoir pour les deux *ego* à la fois. C'est ainsi que l'on pourrait aborder l'expérience de l'héroïne du roman de

---

[1] L'approche husserlienne ouvre encore d'autres perspectives. N'y aurait-il pas un risque de contresens si le spectateur visait le monde fictif en fonction de ses *habitus* propres ? Ce que Husserl entrevoit ici, c'est une éthique du lecteur qui impose à ce dernier de *ne pas* prendre l'initiative. La notion d'*ego* fictif laisse supposer que l'œuvre elle-même *sait* faire émerger celui qui saura explorer le monde qu'elle déploie. L'œuvre requiert pour son monde un *certain* sujet et, au sens littéral, elle le *crée* dans la conscience du lecteur.

Jane Austen, *Northanger Abbey*[1], la jeune Catherine Morland appréhendant le monde réel au gré de dispositions intentionnelles qu'elle a adoptées dans l'exploration des romans gothiques. Mais, le roman nous montre qu'une telle projection du roman sur le monde actuel ne va pas sans problème : pour notre jeune lectrice de romans gothiques, la manière de viser le monde qui a été adoptée à partir des expériences de lecture ne tient pas. Le monde réel ne peut être visé au gré d'*habitus* fictionnels sans que ses intentions ne soient déçues : les abbayes ne sont pas des lieux pleins de dangers, les coffres et les chambres fermées à clef ne contiennent pas de secrets, les gentlemen ne sont pas des assassins.

Notre personnage fait l'expérience, à son retour dans le monde, d'un *conflit* entre monde réel et monde fictif et entre les *ego* qui en sont les corrélats subjectifs. Ici, il faut, de retour au monde réel, *défaire* la subjectivité que l'on avait informée au contact du monde romanesque. L'ironie qui enveloppe, dans le roman, la description du comportement de la jeune lectrice porte sur la naïveté qu'il y a à confondre le monde de la vie quotidienne avec celui que déploient les romans et, corrélativement, de confondre celui que je peux être, eu égard au monde auquel j'appartiens, et celui que j'aspire à être, par identification avec les *ego* fictifs que je laisse émerger en moi le temps de la lecture. Il semblerait alors, à se limiter à cet exemple, que les jugements formés *dans* le roman ne soient pas valables hors de celui-ci. La lecture ne permettrait finalement aucune modification durable du lecteur.

Néanmoins, le cas de Catherine Morland nous a seulement permis de considérer la superposition des deux *ego* et leur relation conflictuelle, une fois le passage franchi du monde du texte au monde actuel — monde actuel qui, pour le lecteur que nous sommes, vaut aussi comme monde du texte : celui de Jane Austen. Par notre analyse même, nous avons donc allègrement transposé la valeur accordée, dans le roman, à une certaine utilisation de la lecture, dans le monde qui est le nôtre, la tenant, dans une certaine mesure, pour valable, aussi, en celui-ci. Lisant le roman de Jane Austen, qu'avons-nous fait ? Pour répondre à cette ques-

---

[1] Jane Austen, *Northanger Abbey* (1817), tr. fr. P. Arnaud, *L'Abbaye de Northanger*, Paris, Gallimard, 2000.

tion, il nous faut à présent prendre en compte ce qui se trame au cours même de la lecture, pour envisager un *entrelacement* possible entre les deux instances subjectives que nous avons identifiées, de telle sorte que l'expérience du monde fictionnel, en certains de ses aspects, soit proprement une *expérience* – et non une quasi-expérience – pour l'*ego* actuel. Pour que cela soit possible, il faut, selon la perspective que nous avons choisie, commencer par déterminer si l'*ego*-corrélat du monde romanesque peut rencontrer l'*ego* réel, si les positions de l'un peuvent valoir pour l'autre, au moment même où elles sont adoptées. La question qui affleure est maintenant la suivante : l'*ego* actuel peut-il intervenir, au cours même de la lecture, pour faire du monde fictif *son* propre corrélat intentionnel ?

*Immixtion de l'*ego *actuel dans le processus de lecture*

Alors que Husserl nous invite à penser un *ego* qui serait purement motivé par le roman, créé de toute pièce au cours de la lecture, il faut commencer par rappeler que la lecture d'un roman fait appel à ce que Umberto Eco nomme l'*encyclopédie* du lecteur. Il semble dès lors très difficile de concevoir une subjectivité qui serait entièrement créée par le texte : l'*ego* fictif doit emprunter à l'*ego* réel. Mais cela ne suffit pas à proprement impliquer l'*ego* actuel dans l'expérience fictionnelle. Au mieux, cela permet de comprendre par quels procédés l'*ego* actuel constitue dans sa conscience un *alter ego*, par variation à partir de sa subjectivité constituée.

Pour comprendre, à partir de Husserl, comment l'*ego* actuel peut adopter à son tour les prises de position effectuées par l'*ego* fictif ou peut faire siens les jugements motivés par le roman, il faut se tourner vers ce qu'il appelle la réflexion *sur* la *phantasia*. L'expérience de *phantasia*, telle qu'elle a été décrite plus haut, met en scène deux instances subjectives distinctes. Le monde de *phantasia* est le corrélat de deux *ego*, donc de deux flux subjectifs qui ne se recouvrent pas : l'*ego* fictif possède ses vécus propres et le moi actuel opère les actes par lesquels sont constitués à la fois le monde de *phantasia* et l'*ego* qui en est le corrélat. Alors, parce qu'indirectement le monde de *phantasia* est aussi le corrélat objectif de l'*ego* actuel, il est entièrement possible que ce dernier « jette un œil » dans ce qui a lieu dans le monde fictif et pour l'*ego* fictif. Ce faisant, l'*ego* réel peut opérer une réflexion sur l'activité de l'*ego* fictif – et prendre pour objet de son attention les valeurs qu'il adopte, les prises de position qu'il opère. Là, l'expérience de l'*ego* fictif et surtout la valeur de son expérience pour moi peuvent être questionnées.

Dans une telle attitude, le lecteur peut alors s'extraire des perspectives prévues par le texte pour laisser cours à son propre point de vue sur l'objet, en le transportant dans le monde réel – l'appréhendant comme un objet *possible* d'expérience effective ou comme *analogue* à des objets qu'il a déjà rencontrés[1]. L'*ego* actuel peut, de cette manière, se ménager un accès au monde fictionnel qui se fait indépendant des intentions proposées par le texte. Cela, Husserl y fait référence en termes de *jugements réalistes*, portés sur les objets fictionnels, saisis hors des sentiers balisés par le texte. Dans ce cas, les prises de position que nous accomplissons ne sont plus fondées exclusivement sur le mode d'apparaître de l'objet, mais elles s'appuient sur l'adjonction d'intentions elles-mêmes puisées dans l'expérience accumulée sur le sol du monde réel. Pour faire de l'exploration d'un monde autre une expérience personnelle, la lecture devrait donc échapper aux instructions du texte.

Les vécus du lecteur sont, dans cette attitude, des *vécus mixtes*, c'est-à-dire des vécus positionnels, des jugements, qui, tout en appartenant en propre à l'*ego* actuel, renferment des vécus de *phantasia*. Les deux consciences ne sont donc pas séparées, mais on peut passer de la *phantasia* à la position. Il s'agit, selon les termes de Husserl, de s'élever à la conscience positionnelle par-dessus le moi de *phantasia* et ses vécus[2]. Là, le roman est bien le lieu d'une expérience qui m'appartient en propre, et il m'offre de former des jugements qui vaudront pour moi de manière durable.

Ce qui peut intervenir maintenant, au cours de la lecture, c'est toute mon histoire personnelle, mes souvenirs, mes préoccupations propres, qui nourrissent mon point de vue sur ce que me donne à penser l'expérience romanesque, la rencontre d'un monde autre, et aussi la rencontre de l'autre *ego* qui se meut en lui. Ainsi

---

[1] Edmund Husserl, *Phantasia, op. cit*
[2] *Ibid.*, texte n°20 C.

la fiction devient-elle une expérience pour moi lorsque, d'une part, elle est menée à la *réflexion* et, d'autre part, lorsqu'elle devient une *expérience intersubjectiv*e — même si l'intersubjectivité dont il est question est immanente à mon flux de conscience.

Du dialogue entre les moi : Une lecture

C'est un tel cheminement que semble nous proposer Roland Cailleux, dans son roman, *Une lecture*[1], plongée dans la conscience d'un lecteur aux prises avec *La Recherche* de Proust. Dans ce roman, la co-présence, au cours de la lecture, de notre personnalité constituée, tissée de multiples *habitus*, et de celle qui se dessine au contact du monde romanesque, met en place la scène d'un dialogue, dont tout l'enjeu est de savoir dans quelle mesure les *habitus* et valeurs de celui que je suis déjà sont *compossibles* avec les *habitus* et valeurs de celui que je deviens pendant la lecture.

Certes, nous pouvons nous modifier à l'occasion de nouvelles expériences, mais toute modification n'est pas possible. Certains *habitus*, longuement ancrés, souvent réinvestis, piliers de notre personnalité, résistent aux modifications que le roman nous propose. Le lecteur de Roland Cailleux en est bien conscient. Pour notre personnage-lecteur, se figurer sortir entièrement modifié de la lecture d'un roman est un leurre. Ce qu'il faut dessiner, c'est une solution de *compromis* entre l'ancien et le nouveau. Or, cela ne peut se faire qu'en opérant une réflexion sur l'expérience romanesque elle-même. Pour que la lecture soit féconde, il faut s'observer se modifier. Il s'agit donc, pour notre personnage, après s'être laissé guider par Proust, de revenir, au cours même de sa lecture, sur celle-ci, de prendre conscience des changements qui se sont opérés en lui, afin de mener une nouvelle vie qui, bien que différente du passé, ne soit pas en contradiction avec lui. Il faut éviter l'explosion du moi, éviter une « crise de discordance » telle que l'*ego* pourrait « se perdre[2] », et, pour cela, instaurer une posture de *distanciation,* telle que le moi actuel ne cesse d'interroger la valeur que peuvent avoir pour lui les positions adoptées par l'*ego* fictif.

---

[1] Roland Cailleux, *Une lecture* (1948), Groupe Privat/Le Rocher, 2007.

[2] Edmund Husserl, *Psychologie phénoménologique, op. cit.*, § 42, 214 [201].

Pour conclure, l'expérience de lecture, abordée du point de vue de l'immersion fictionnelle, se laisse penser comme un *jeu d'altération*. Si, en premier lieu, au cours de la lecture, l'*ego* du lecteur est modifié par ce que le texte lui propose à l'attention, voire radicalement altéré, le lecteur ne se laisse pas toujours faire. Et si l'expérience de la lecture consiste en partie dans l'exploration du monde de *phantasia* ouvert par l'œuvre, la conscience ne s'abîme pas dans cet intérêt, mais peut retourner aux modalités d'apparaître de ce monde et aux jugements qu'elles provoquent, pour les questionner. Moins par indiscipline que par *sérieux* : le lecteur vient au roman *intéressé*, il attend quelque chose de sa lecture, il attend de faire une expérience qui ne soit pas seulement une parenthèse dans sa vie intentionnelle. Or cela implique que les prises de position que le texte a motivées ne soient pas seulement celles d'un *ego* autre, qu'il serait momentanément devenu pendant la lecture, mais qu'elles puissent venir s'intégrer à ce qu'il est toujours-déjà avant d'avoir ouvert le livre. C'est au regard de ses attentes, de ses préoccupations, de ses intérêts propres, que le lecteur est alors incontrôlable par le texte, parce que c'est seulement en interrogeant le roman à leur lueur qu'il peut faire que les valeurs découvertes *dans* le roman, et adoptées *dans* le monde du roman par l'*ego* fictif, lui appartiennent désormais en propre et rencontrent le monde qui est le sien.

Certes, le texte romanesque, en tant que méthode pour la constitution d'un monde, contraint, au cours de la lecture, à l'adoption de certaines valeurs, mais le lecteur, pour s'approprier celles-ci, doit en quelque sorte les *tordre*, les questionner, les interpréter, cela afin de les mettre en œuvre — et pourquoi pas de les tester — dans sa relation au monde extra-textuel. Ce qui point ici, c'est donc le *hors-texte* qui, même perdu de vue au cours de la lecture, continue d'infuser dans la relation du lecteur au roman : on ne s'altère pas sans résistances. La conscience du lecteur, lorsqu'elle ressaisit activement les valeurs qu'elle n'a pu adopter qu'au prix d'une altération, se fait le milieu singulier, dans lequel il lui sera maintenant possible de cultiver, selon le mot de Valéry, « les germes » qu'il a trouvés dans les livres[1]. Nul ne peut prédire alors les fruits que donneront, dans des milieux à chaque fois singuliers, les valeurs glanées dans les romans.

---

[1] Paul Valéry, *Cahiers*, 1918, I, VII, 76.

ARGUMENTS POUR UNE « SOCIOPOÉTHIQUE ».
L'EXEMPLE DE CLAUDE SIMON[1]

Paul Dirkx, Université de Lorraine, Laboratoire Écritures

> *Cette rectitude de cœur dont tu parles n'est que la même justesse*
> *d'esprit que je porte, je crois, dans les questions d'art. Je n'adopte*
> *pas, quant à moi, toutes ces distinctions de cœur, d'esprit, de forme,*
> *de fond, d'âme ou de corps. Tout est lié dans l'homme.*
>
> Gustave Flaubert[2]

Les conditions de possibilité d'une « poéthique »

Depuis sa première apparition sous la plume de Georges Perros vers 1970, plusieurs écrivains ont utilisé le mot « poéthique » dans une tentative de relier la littérature et spécialement la poésie à la vie en société[3]. En revanche, la critique universitaire tend plutôt à rester fidèle à une conception intransitive du texte littéraire, en donnant au mot « poéthique » le sens d'une éthique générée dans et par le processus de fabrication (*poïèsis*). Son but est alors de dégager du texte les dimensions « poéthiques » qui s'y organisent de

---

[1] Article rédigé en 2010.

[2] *Correspondance II (juillet 1851-décembre 1858). Édition établie, présentée et annotée par Jean Bruneau*, Paris, Gallimard, « Bibl. de la Pléiade », 1980, p. 84.

[3] Georges Perros, *Papiers collés 2*, Paris, Gallimard, 1973, p. 133.

manière autonome du fait de l'évolution historique générale de la littérature vers l'autotélisme. Autotélisme et poéthique seraient ainsi deux données extérieures l'une à l'autre, à peine reliées par un lien de cause (contextuelle) à effet (textuel).

Toutefois, à y regarder de plus près, on peut remarquer que l'évolution vers l'autotélisme n'est ni historique au sens général du terme, ni extérieure aux textes. Comme le montrent notamment les études consacrées à l'avènement de la modernité littéraire en France et en Europe, depuis Paul Bénichou jusqu'à William Marx en passant par Jean-Marie Schaeffer[1], la tendance à l'autoréférentialité s'inscrit d'abord dans l'histoire littéraire, comprise comme histoire spécifique à l'espace littéraire. Au fil du temps, cet espace a su se donner toujours plus de moyens de réfracter, déformer, voire neutraliser les contraintes venues des sphères sociales (politique, économique, religieuse, médiatique) avec lesquelles il entretient des rapports historiques. Il s'est progressivement autonomisé en prenant appui sur des logiques internes toujours plus stables et qualifiées, à partir d'un certain moment, de « littéraires ». « La littérature » est le produit de générations de scripteurs d'un type à la fois singulier et différencié qui ont fini par se percevoir et être perçus comme « littéraires », en même temps qu'elle résulte de leurs productions qui, tout aussi originales et variées, ont elles aussi été toujours plus spontanément regardées par eux et par leurs lecteurs comme « littéraires ». De manière concomitante, à mesure qu'il s'institutionnalisait, cet espace a de plus en plus contribué à faire accéder auteurs et textes au statut d'écrivains et d'œuvres littéraires. Pour toutes ces raisons, l'espace littéraire, avec son histoire *littéraire*, constitue un facteur explicatif aussi fondamental qu'encore relativement sous-estimé par une partie des études littéraires. Facteur dont celles-ci gagneraient sans doute sinon à se ressaisir, du moins à se saisir plus fermement[2]. Car il n'y a aucune raison de penser que l'espace littéraire, quoique social de part en

---

[1] Paul Bénichou, *Romantismes français* [2 vol.], Paris, Gallimard, 2004 ; Jean-Marie Schaeffer, *La Naissance de la littérature. La théorie esthétique du romantisme allemand*, Paris, PENS, 1983 ; William Marx, *L'Adieu à la littérature. Histoire d'une dévalorisation XVIIIe- XXe siècle*, Paris, Minuit, 2005.

[2] *Cf.* Didier Alexandre, Michel Collot, Jean-Yves Guérin et Michel Murat (s.l.d.d.), *La Traversée des thèses. Bilan de la recherche doctorale en littérature française du XXe siècle*, Paris, Presses Sorbonne Nouvelle, 2004, *passim.*

part (à commencer par son matériau linguistique), serait l'apanage de la sociologie de la littérature – souvent réduite à l'étude d'une infrastructure plus ou moins collective et matérielle[1] –, alors qu'il appartient aussi, et de plein droit, au domaine des études littéraires.

La prise en compte de l'univers littéraire et de ses logiques spécifiques permet aussi de mieux comprendre pourquoi on aurait également tort de considérer l'essor d'une vision autoréférentielle de la littérature comme extérieur aux textes. L'autoréférentialité n'est pas une norme métalittéraire qui s'est imposée aux textes à partir d'un dehors extralittéraire. Son expansion ne s'est pas tant produite à l'extérieur de l'univers littéraire qu'à l'intérieur de celui-ci, et moins en dehors des textes que dans et à travers ceux-ci. L'intransitivité ne fut pas un facteur contextuel, le produit d'une sorte d'inoculation ou d'activation extratextuelle, mais un socle commun à un nombre d'abord réduit, puis croissant d'écrivains et de poétiques novatrices dans un certain état de l'espace littéraire lourd de toute son histoire antérieure. Cette intransitivité *littéraire* contribua à façonner les textes concernés en profondeur et dans toutes leurs strates. Elle fut une condition *sine qua non* d'engendrement de ces textes, sans laquelle ils auraient été tout autres ou, plus exactement, sans laquelle ils n'auraient jamais existé sous forme de textes dignes de « la littérature ». Ainsi, le « contexte » s'avéra plus que jamais inséparable du « texte » au moment même où, au sortir du romantisme, se propagea son inanité, sa stérilité, voire, comme dira un siècle plus tard Maurice Blanchot à propos de l'instance auctoriale, sa mort. Et la coupure entre « texte » et « contexte » devenait d'autant plus fondatrice du nouveau paradigme qu'elle n'avait jamais autant reposé sur une illusion bien fondée, une « fiction » dont Mallarmé était l'un des rares à oser envisager en toutes lettres le « démontage impie[2] ». Ajoutons que, là non plus, rien ne condamne les études littéraires, quant à elles, à prêter foi éternellement à l'opposition « texte »-« contexte », ni à croire que l'analyse de l'arbitraire sociohistorique qui fonde ce type d'opposition n'intéresse que la seule sociologie de la littérature.

---

[1] Les aspects sociaux dans les textes étant alors pris en charge par des lectures « sociocritiques » qui, de manière générale, se sont toujours distanciées de la sociologie et de la sociologie de la littérature (notamment dans les écrits de Claude Duchet).

[2] Stéphane Mallarmé, « La musique et les lettres », *Œuvres complètes*, Paris, Gallimard, « Bibl. de la Pléiade », 1945, p. 647.

De tout ce qui précède, il ressort que le lien entre autotélisme littéraire et poéthique est moins un lien de cause contextuelle à effet textuel qu'une corrélation dans le cadre d'un univers littéraire entré, vers 1850, dans une phase d'autonomisation sans précédent. La sociologie de la littérature française du 19e siècle[1] tend à montrer qu'à ce moment-là se trouvent réunies les conditions d'une rencontre entre cet univers, toujours moins docile à l'égard des pouvoirs externes, et l'*habitus* de certains écrivains (Flaubert, Baudelaire, etc.) particulièrement disposés à revendiquer une liberté totale au nom d'une conception autotélique de la littérature. Le degré élevé d'autonomie qui en résulte et qui modifie l'ensemble de l'espace littéraire fait de ce dernier un champ littéraire, soit une configuration sociale structurée et structurante capable de générer des *habitus* spécifiquement littéraires. L'*habitus* d'un individu est un système de dispositions durables à la perception, à l'évaluation et à l'action, plus ou moins ajusté aux structures du champ dont il est en partie le produit intériorisé. À travers ses dispositions politiques, économiques, etc., mais aussi éthiques, l'*habitus* porte l'individu à adhérer à la raison d'être du champ, à son principe fondateur, bref à son *nomos* (« ici, il s'agit d'écrire »), lequel fonde l'*auto-nomie* du champ, c'est-à-dire sa capacité à fonctionner selon des principes de fonctionnement propres[2].

Dans le cas précis du champ littéraire, le *nomos*, loi non écrite mais inscrite dans tous les esprits, consiste à imposer à tous la croyance dans la nécessité d'une écriture n'obéissant à aucun protocole autre que celui de la littérature (la question centrale, qui ne cesse d'animer le champ, étant alors, pour reprendre la formule de Sartre : « Qu'est-ce que la littérature ? »). Or, c'est cette autonomie relative du champ littéraire qui fonde une éthique spécifique induite par et dans le jeu formel de l'écriture littéraire : la poéthique est un effet de champ, lié à la genèse de celui-ci. Il a fallu que le champ littéraire français, tout en se constituant, invente

---

[1] Voir notamment certains travaux de Pierre Bourdieu, Rémy Ponton, Christophe Charle, Jacques Dubois, Pascal Durand ou encore Anthony Glinoer.

[2] Pierre Bourdieu, *Les Règles de l'art. Genèse et structure du champ littéraire*, Paris, Seuil, 1992. Sur les conditions éthiques de la rencontre entre *habitus* et champ littéraire, voir *ibid.*, p. 160-163. L'oubli ou l'omission des concepts d'*habitus* et de *nomos* et surtout de ce qu'ils recouvrent précisément est le point commun entre plusieurs critiques, par conséquent hâtives, de la théorie du champ littéraire (p. ex. William Marx, *op. cit.*, p. 68-73).

et impose, jusqu'à la rendre évidente à nos yeux d'aujourd'hui, cette chose plus ou moins impensable vers 1850 et encore jugée scandaleuse qu'est « un livre sur rien », *biblion* purement esthétique, sorte d'anti-Bible, comble de l'amoralisme véhiculé par une histoire sans morale dans laquelle son auteur voyait essentiellement une affaire de formes littéraires. Depuis, à des degrés divers selon le moment et le secteur d'une littérature éminemment protéiforme et divisée (qu'est-ce que, en effet, « la » littérature ?), on a pu voir la rupture entre esthétique et éthique plus ou moins l'emporter ou non sur une conception de la littérature comme plus ouverte sur le monde et ses problématiques morales. À chaque fois, l'adhésion à la thèse de la rupture comprenait une dimension éthique, en ce sens que le refus de tout jugement ou engagement éthiques au profit exclusif du jeu formel était encore un hommage rendu à l'éthique, mais une éthique en acte qui, de part en part poétique, contribuait à faire exister cet univers social relativement autonome appelé « littérature » : en un mot, une « sociopoéthique ».

Une « sociopoéthique »

« Ainsi, l'invention de l'esthétique pure est inséparable de l'invention d'un nouveau personnage social, celui du grand artiste professionnel qui réunit en une combinaison aussi fragile qu'improbable le sens de la transgression et de la liberté à l'égard des conformismes et la rigueur d'une discipline de vie et de travail extrêmement stricte, qui suppose l'aisance bourgeoise et le célibat[1] ». Sur le plan littéraire, cette éthique oxymorique implique le refus de tout credo artistique (« bourgeois » ou autre) conforme à des normes sociales dominantes externes, mais aussi, à l'inverse, de « cette autre forme de complaisance éthique » que constituent les poétiques (« réalistes », « naturalistes », « populistes », etc.) plus ou moins enclines à la dénonciation subversive[2]. Il faut souligner ici que la sociopoéthique ne se résume pas à la problématique du « personnage social » de l'écrivain, ni même à la manière dont, notamment à travers ses textes, celui-ci occupe une position dans

---

[1] Pierre Bourdieu, *op. cit.*, p. 162.
[2] *Ibid.*, p. 113.

le champ littéraire[1]. Elle est une donnée plus générale, en ce qu'elle participe de la dynamique d'ensemble du champ littéraire, irréductible à quelque *ethos* ou à quelque morale que ce soit. Elle tient à la tendance générale à l'autonomie littéraire qui, à la faveur de la croyance selon laquelle le jeu littéraire vaut la peine d'être joué (*illusio*[2]), induit chez chaque écrivain des investissements variables, y compris contraires à l'autonomie[3]. Depuis un siècle et demi, la sociopoéthique tend à orienter, fût-ce négativement, les écritures qui cherchent tant soit peu à (ne pas) modifier les codes littéraires. Quoiqu'omniprésente, elle peut même passer globalement inaperçue, voire être déniée par ceux-là mêmes qui la pratiquent la plume à la main. Comme on le verra plus loin avec Claude Simon, les textes portent les traces innombrables de cette tension entre chaque *habitus* et la dynamique sociopoéthique du champ.

Aussi la sociopoéthique appelle-t-elle une analyse qui forme une sorte de troisième voie entre l'étude internaliste des valeurs intratextuelles et leur examen externaliste (philosophique, etc.). Certes, une telle analyse ne manquerait pas de passer très vite pour plutôt sociologique aux yeux de ceux pour qui ce dernier mot est synonyme de « contextuel », de « collectif », etc. Il n'en reste pas moins que la sociopoéthique est un élément d'ordre littéraire, au fondement de l'ordre littéraire et notamment textuel. Produit d'une rupture esthétique qui, protégée par l'autonomie relative du champ littéraire, se veut sans effets ni politique, ni philosophique, etc., ni même éthique, cette sociopoéthique est à la fois une condition et un effet du champ littéraire. Aussi invisible qu'omniprésente, elle constitue peut-être un des secrets les mieux gardés de « la littérature ».

Prendre en compte la perspective sociopoéthique aiderait à lever certaines contradictions et à dissiper certains malentendus qui, de manière récurrente, surgissent dans le débat sur « la littérature » dans ses rapports avec la problématique éthique. Développons à

---

[1] Ces « postures » d'écrivain sont analysées dans les travaux de Jérôme Meizoz.

[2] Pierre Bourdieu, *op. cit.*, p. 32-33 et *passim*.

[3] Ces investissements contraires répondent à que nous avons proposé d'appeler l'antinomie du champ littéraire (par ex. Paul Dirkx, « Christian Dotremont : l'ailleurs comme limite du champ littéraire », Daniel Lançon et Patrick Née (s.l.d.d.), *L'Ailleurs depuis le romantisme. Essais sur les littératures en français*, Paris, Hermann, 2009, p. 303-328).

ce sujet un exemple précis. Dans un livre récent consacré à *La Connaissance de l'écrivain*[1] et, plus précisément, à une connaissance morale de type expérimental fournie par les œuvres littéraires, le philosophe Jacques Bouveresse fait remarquer, en spécialiste des questions cognitives et éthiques et en grand lecteur de textes littéraires qu'il est, que le travail du romancier sur le langage est « inséparable » de son travail éthique et intellectuel. Mais c'est pour immédiatement y ajouter ceci :

> [O]n ne voit pas ce qui pourrait empêcher d'attribuer à un auteur qui atteint la qualité de langage que l'on observe chez Flaubert une forme de vision morale et intellectuelle d'un niveau comparable. Et il serait pour le moins étrange de prétendre que ce n'est pas une vision morale et intellectuelle sur la vie elle-même mais seulement sur la littérature et l'art ou sur la condition de quelqu'un qui a décidé de vivre comme si rien, dans la vie, ne comptait réellement en dehors d'eux[2].

Jacques Bouveresse estime « pour le moins étrange de prétendre » que Flaubert aurait eu « une vision morale [portant] seulement sur la littérature et l'art ou sur la condition de quelqu'un qui a décidé de vivre comme si rien, dans la vie, ne comptait réellement en dehors d'eux ». C'est le mot « seulement » qui pose problème ici, en tant qu'il laisse entendre que « la littérature » est « seulement » une partie de la vie, une partie secondaire, peut-être quelque peu artificielle par rapport à ce que le philosophe appelle « la vie elle-même », autre manière de dire « la vraie vie ». On voit ainsi que l'essentialisation que la perspective philosophique, légitime, fait subir aux termes du débat – « la » littérature, « la » vie, « l' » art, etc. – implique une part d'évaluation et de hiérarchisation. C'est en tant que philosophe pris dans des enjeux inhérents au débat philosophique que l'on peut en venir à trouver « étrange de prétendre » que « la littérature » non « seulement » serait un aspect parmi d'autres de « la vie elle-même », mais serait l'aspect par excellence pour les écrivains qui en sont habités. D'un point de vue historique et sociologique, c'est-à-dire sociohistorique, on n'a pas à regretter, ni à se réjouir que tel ou tel écrivain

---

[1] Jacques Bouveresse, *La Connaissance de l'écrivain. Sur la littérature, la vérité et la vie*, Marseille, Agone, 2008.
[2] *Ibid.*, p. 130.

ait « décidé de vivre » pour la littérature et pour l'art « comme si rien, dans la vie, ne comptait réellement en dehors d'eux ». Il s'agit au contraire de prendre acte de ce fait et d'en analyser les conséquences indissociablement sociales et littéraires et, notamment, indissociablement éthiques et poétiques – en un mot, sociopoéthiques.

Du reste, Gustave Flaubert ne vivait pas « comme si » la seule littérature lui servait de boussole morale : elle était cela « réellement ». L'écrivain n'avait pas « décidé », comme l'écrit encore le philosophe, « de vivre » tout entier pour la littérature. Ce ne sont ni une décision, ni un choix, ni, à l'inverse, un quelconque déterminisme bien « sociologique » qui l'avaient conduit à ce point de sa vie : c'est toute cette vie qui l'avait peu à peu incliné à s'ajuster aux nouvelles exigences à la fois esthétiques et éthiques inscrites dans un univers littéraire arrivé à un degré d'autonomie qu'il n'avait jamais atteint auparavant. Plus loin, Jacques Bouveresse écrit encore ceci à propos d'Oscar Wilde :

> Et la question de savoir si un livre remplit ou non une fonction morale n'est [pas] la même chose que celle de savoir s'il est moral ou immoral. Oscar Wilde essaie de régler une fois pour toutes la deuxième question en affirmant : « L'appellation de livre moral ou immoral ne répond à rien. Un livre est bien ou mal écrit. Et c'est tout[1]. » Mais ce genre de déclaration ne nous dit pas vraiment si l'on doit admettre que tout livre bien écrit est par essence moral, parce que le bien est sous la dépendance complète du beau et la morale sous celle de l'esthétique, [...][2]

« Oscar Wilde *essaie* de régler » la question : là aussi – et il est important d'y insister pour mieux faire comprendre la signification du mot « sociopoéthique » –, le volontarisme philosophique mène à une philosophie volontariste de l'écriture littéraire. Écriture littéraire qui, en outre, apparaît comme devant se poser des questions philosophiques – en soi légitimes, répétons-le – en des termes philosophiques. L'essentialisme (un livre « est par essence » moral ou immoral) et l'idéalisation hiérarchisante (« le » bien est « sous la dépendance complète » « du » beau et « la » mo-

---

[1] Oscar Wilde, *Le Portrait de Dorian Gray, in Œuvres. Préface et notes de Pascal Aquien*, Paris, La Pochothèque, 2000, p. 405.
[2] Jacques Bouveresse, *op. cit.*, p. 189-190.

rale sous celle de « l' » esthétique) empêchent le philosophe de prendre le point de vue que tout son livre ambitionne pourtant de comprendre. « La » morale universelle à laquelle pense Jacques Bouveresse ne saurait rendre compte de l'immoralisme d'Oscar Wilde, justement parce que ce dernier ne s'exprime pas à l'aune d'un universalisme métaphysique, mais en vertu d'un nouvel universalisme, différent car inhérent à un nouveau monde, le champ littéraire. Où l'on voit que l'identité formelle de certains concepts utilisés par le philosophe et par l'écrivain – « vie », « littérature », « morale », etc. – génère des malentendus liés à l'oubli des écarts sociaux et discursifs entre univers relativement autonomes : malentendus structuraux, donc, où chacun a « raison » dans son ordre. Ces malentendus, nous semble-t-il, sont une caractéristique centrale du débat éthique sur « la littérature », y compris sous la plume des penseurs les plus attentifs à d'autres perspectives cognitives, tel Jacques Bouveresse qui, dans un autre livre, reconnaît sa dette envers celui qui forgea le concept de champ littéraire, son « maître » et « ami » Pierre Bourdieu[1]. Quant à Flaubert, celui-ci avait « raison », de son point de vue d'écrivain essayant d'embrasser tous les points de vue, d'insister sur le « fait » que, pour lui, « *[i]l n'y a pas de vrai* ! Il n'y a que des manières de voir. Est-ce que la Photographie est ressemblante ? pas plus que la Peinture à l'huile, ou tout autant !*[2] » Sans doute l'analyse de la sociopoéthique et de ses effets nécessite-t-elle d'abord une capacité à concevoir, comme l'écrit Flaubert, qu'il « n'y a pas de vrai » et qu'il « n'y a que des manières de voir », et ce, afin d'être apte à entrevoir l'existence de manières de voir irréductiblement littéraires.

L'exemple de Claude Simon

Les malentendus structuraux relatifs à la question (po)éthique tiennent en partie au caractère peu visible des limites, de la « juridiction » des différents champs relativement autonomes en présence. Il existe entre ces champs, on vient d'en voir un exemple,

---

[1] Jacques Bouveresse, *Bourdieu, savant et politique*, Marseille, Agone, 2004, p. 29.
[2] *Correspondance V (janvier 1876-mai 1880). Édition présentée, établie et annotée par Jean Bruneau et Yvan Leclerc*, Paris, Gallimard, « Bibl. de la Pléiade », 2007, p. 811 (c'est l'auteur qui souligne), cité par Jacques Bouveresse, *op. cit.*, p. 190-191.

une perméabilité heureuse, mais en même temps trompeuse en ce qu'elle est propice à une certaine confusion des genres intellectuels. À l'intérieur du champ littéraire, les structures de l'autonomie et l'autonomie elle-même, fondement de la sociopoéthique, se font également toujours plus transparentes à la plupart des agents qui, au fil du temps, finissent par les voir comme évidentes ou même par ne plus les voir du tout. Sans doute la mémoire du champ demeure-t-elle assez vivace chez de nombreux écrivains. Mais aucun d'entre eux ne semble échapper aux effets de l'injonction à la désocialisation et à la déshistoricisation de l'écriture qui est incluse dans le *nomos* du champ et qui tend à faire oublier ses propres conditions sociohistoriques d'apparition.

Pour illustrer ce dernier point, on s'arrêtera à l'exemple du romancier Claude Simon. Le nom de Claude Simon, né en 1913 et décédé en 2005, évoque une écriture romanesque novatrice qui lui vaut encore souvent d'être classé dans la mouvance du Nouveau Roman, dont il ne fit pourtant partie que de manière relativement éphémère. Pendant longtemps, la critique a privilégié dans l'œuvre simonienne, essentiellement composée de dix-sept romans, les réseaux thématiques et les procédés techniques, avant tout narratifs. Cela a contribué à donner de celle-ci l'image d'un dispositif aussi complexe que fermé sur lui-même. De fait, cette œuvre se prête particulièrement bien aux lectures formalistes, tant il est vrai qu'elle se distingue d'abord par un raffinement compositionnel qui s'enrichit et s'approfondit à chaque nouveau titre. Après quatre livres reniés par leur auteur qui les jugeait encore trop conventionnels et, probablement, trop redevables à Sartre, *Le Vent* ouvre en 1957 une période où ne compte plus guère que la quête d'une écriture autonome, tirant davantage sa force de l'agencement d'éléments langagiers que de la représentation d'une « réalité » dont Simon ne va plus cesser de souligner le caractère insaisissable[1].

---

[1] Claude Simon, *Le Vent. Tentative de restitution d'un retable baroque*, Paris, Minuit, 1957. C'est sur ces œuvres-compositions que la critique va mettre l'accent. Il semble que, plus ces textes défient les logiques de la narration traditionnelle, plus ils sont commentés d'un point de vue interne. *La Route des Flandres* (Paris, Minuit, 1960) a ainsi reçu jusqu'à présent le plus d'attention critique (20,5 % du total des publications), suivi, dans l'ordre, des *Géorgiques* (Paris, Minuit, 1981), du *Jardin des Plantes* (Paris, Minuit, 1997), d'*Histoire* (Paris, Minuit, 1967) et de *L'Acacia* (Paris, Minuit, 1989 ; classement établi d'après Christine Genin, « Bibliographie critique sur Claude Simon », http://labyrinthe.pagesperso-orange.fr/simonbibliocriSZ.html).

Pour lui, la littérature a un retard sur la peinture qui, au moins depuis le début du siècle, travaille à faire admettre, non sans succès, qu'un tableau est d'abord une combinaison de couleurs sur une toile[1]. Aussi Simon, en ancien peintre qu'il est, s'efforce-t-il de faire œuvre littéraire en cherchant à respecter « une certaine harmonie » langagière, principe rédactionnel bien « plus fiable » que le pseudo-réalisme de bon nombre d'écrivains des 19e et 20e siècles[2].

Une telle poétique est bien faite pour conforter quelques-uns des principaux axiomes de la lecture internaliste. Cependant, le point de vue de Claude Simon sur les liens entre « texte » et « contexte » est bien plus élaboré que cela. Loin d'exclure le « contexte », Simon est conscient que la langue qui lui sert de matériau est habitée de référents historiques. Ceux-ci ont en outre la particularité d'avoir été passés au tamis de sa mémoire personnelle, « trouble magma d'émotions, de souvenirs, d'images qui se trouve en [lui][3] ». Cette mémoire, il ne la convoque pas en vue de la faire figurer dans une théorie littéraire, mais en tant qu'instance prismatique dont il constate qu'elle médiatise inlassablement les réalités qui lui parviennent, puis qui, déformées, lui reviennent à l'esprit pendant sa pratique de l'écriture. Nulle ambition proustienne ne le motive à découvrir quelque « moi profond » : la mémoire est ici un élément-clef d'une poétique au sens fort, étymologique du terme (*poièsis*), en ce qu'elle est ce qui fournit la matière réfractée, lacunaire et apparemment anarchique[4] sur laquelle l'écriture embraie en permanence, glisse, dérape, etc. Matière, autrement dit, non seulement issue du « contexte » d'écriture, mais en outre tributaire du point de vue sociohistoriquement circonscrit de l'écrivain Claude Simon, c'est-à-dire tributaire de sa position dans le champ littéraire.

On voit ainsi que la poétique simonienne a en fait de quoi ébranler l'opposition « texte »-« contexte ». Cela n'affecte toutefois guère une partie de la critique qui, surtout depuis les années

---

[1] Claude Simon, *Discours de Stockholm* [prononcé en 1985, publié en 1986], *in Œuvres. Édition établie par Alastair B. Duncan, avec la collaboration de Jean H. Duffy*, Paris, Gallimard, « Bibl. de la Pléiade », 2006, p. 887-902, p. 895-896.

[2] *Ibid.*, p. 901 et 900.

[3] *Ibid.*, p. 898.

[4] Le « trouble magma » qu'est la mémoire, Simon le sait susceptible d'analyse. Mais il s'en remet pour cela à d'autres, notamment à Jacques Lacan, auteur qu'il se contente de citer assez régulièrement.

1990, a graduellement pris en compte la question mémorielle toujours plus présente dans l'œuvre, mais en la confinant dans des fonctions textuelles et en attribuant au référent historique le statut d'opérateur intratextuel (lié ou non au genre autobiographique). Ce référent est « historique » dans la mesure où il reçoit une fonction dans le périmètre de l'histoire produite par le texte et produisant sa propre réalité. Rares sont les études qui analysent les sources d'inspiration (mnésiques ou non) pour ce qu'elles sont, avant de montrer leurs effets au sein même de la matière textuelle (ou, encore moins, au cours de la lecture). C'est ainsi que le référent historique est devenu paradoxalement un nouvel argument en faveur de la thèse de la clôture du texte[1]. La critique pouvait du reste s'estimer encouragée par les prises de position que le romancier lui-même multipliait depuis *Le Vent* et où la mémoire joue le rôle d'une interface entre deux pôles apparemment tenus séparés l'un de l'autre : en amont, les sources externes de la mémoire et, en aval, ses effets scripturaux.

Mais « texte » et « contexte » n'ont jamais été pour Simon deux instances qui s'excluent totalement, et les signifiants contextuels se retrouvent bel et bien dans ses textes, sous une forme certes transfigurée par le filtre mémoriel et les contraintes inhérentes au langage[2]. Simon n'a guère eu recours – et pour cause – aux mots « texte » et « contexte », et encore moins pour les opposer l'un à l'autre. Il s'est toujours montré sensible à tout ce qui a « dicté » ses « différents choix » d'écriture, à savoir « des impératifs qui, si je les discerne moi-même malaisément, découlent de la vie que j'ai menée, de la société et du milieu dans lesquels j'ai vécu, des événements historiques auxquels j'ai été mêlé, de même que de ma libido, mon éducation, etc.[3] ». C'est même en contestant la dichotomie entre le roman et le monde à partir des années 1970 qu'il s'éloignera de la critique formaliste, tout en restant fidèle jusqu'à la fin à l'idée du critique structuraliste et nouveau romancier Jean Ricardou selon laquelle le roman est

---

[1] Voir Paul Dirkx et Pascal Mougin, « Introduction », Paul Dirkx et Pascal Mougin (éds.), *Claude Simon : situations*, Lyon, ENS Éditions, 2011, p. 11-23.
[2] *Discours de Stockholm*, *op. cit.*, p. 898-901. Chez Simon, « signifiant » a le plus souvent un sens moins saussurien que lacanien.
[3] « Réponses de Claude Simon à quelques questions écrites de Ludovic Janvier », *Entretiens* 31 (2ᵉ trimestre 1972), p. 15-29, p. 24.

« moins l'écriture d'une aventure que l'aventure d'une écriture[1] ».

À lire le discours critique, la coupure « texte »/« contexte » serait néanmoins bien plus tranchée dans les romans de Simon. Ce discours donne à penser que l'action transformatrice de la mémoire contribue à dissocier les deux termes, à mettre le texte pour ainsi dire à l'abri du contexte et à conférer au texte le statut d'objet *sui generis*. Cette lecture dispense en quelque sorte le commentateur d'impliquer dans son analyse des questions relatives au fonctionnement de la mémoire, à ses sources ou encore à ses propriétés modificatrices. Plutôt que de réserver une place, fût-elle hypothétique, à certaines dimensions psychologiques, historiques, sociologiques, etc. de la mémoire, la critique tend à faire de celle-ci aussi une manière d'isolant intratextuel. Ce qui semblait être susceptible de décloisonner le texte en l'ouvrant sur le hors-texte – le référent historique et la mémoire – n'était en fait guère plus qu'une brèche à colmater.

Quoi qu'il en soit, souscrire à la triade référent-mémoire-roman ou contexte-transformateur-texte revient à sacrifier à la thèse du reflet de la réalité dans le texte (que ce reflet soit ou non brouillé par l'action d'une mémoire foncièrement défaillante et déformante). La matière textuelle n'est pas le produit d'une transmutation, si complexe soit-elle, de structures signifiantes issues du réel contextuel. Aussi convient-il de compléter la triade contexte-mémoire-texte par au moins un élément, à savoir la littérature comme configuration de logiques intratextuelles et intertextuelles doublée de manière inséparable d'un système sociohistorique relativement autonome d'*habitus* littéraires.

Claude Simon n'a que très rarement établi un lien explicite entre le prisme mémoriel et non pas « le » monde, mais le monde *littéraire*. Oubli paradoxal, quand on sait que cet écrivain n'a cessé d'évoquer dans ses écrits la littérature et ses enjeux, ses pairs (contemporains ou non, grands et moins grands, etc.) ainsi que leurs écoles, leurs options poétiques, etc., allant même jusqu'à faire référence à des textes de formalistes russes sur le « système littéraire ». Simon est de ces écrivains qui font preuve d'une

---

[1] Jean Ricardou, *Problèmes du nouveau roman*, Paris, Seuil, 1967, p. 111. *Cf. Discours de Stockholm, op. cit.*, p. 900.

grande lucidité réflexive à l'égard de l'histoire, de la société et de la culture, y compris de l'écriture et son « contexte ». Qui plus est, il s'est toujours montré l'un des défenseurs les plus inconditionnels de l'autonomie de la littérature, du moins de ce qu'il appelle sa capacité à « s'autogénérer », comme il l'explique par exemple en 1985 dans son *Discours de Stockholm*, véritable bilan et mode d'emploi de l'œuvre :

> [...] l'art s'autogénère pour ainsi dire par imitation de lui-même : de même que ce n'est pas le désir de reproduire la nature qui fait le peintre mais la fascination du musée, de même c'est le désir d'écrire suscité par la fascination de la chose écrite qui fait l'écrivain [...][1]

C'est en tant que fabricant, *poiètès*, d'objets esthétiques, revendiqués à ce titre comme étant poétiques[2], que l'écrivain éprouve « le besoin d'être reconnu » pour ce qu'il fait, et « d'abord d'être reconnu par soi-même[3] ». Rejetant l'idée d'écrire pour un public ou pour une quelconque cause, il restera toujours très attaché à l'idée, qu'il énonçait dès 1947, d'avoir « l'obligation [de] donner la pleine mesure de soi-même dans l'accomplissement de ce pour quoi on est fait[4] ». L'oubli de la littérature comme univers social à nul autre pareil n'empêche donc pas la profonde adhésion de l'écrivain à cet univers – adhésion qui est peut-être sinon conditionnée, du moins proportionnelle au degré de refoulement de la littérature dans sa réalité sociale au nom d'un texte vécu comme la seule chose qui « compte réellement », selon le mot de Jacques Bouveresse.

Il n'est alors pas étonnant qu'un principe tel que « l'obligation [de] donner la pleine mesure de soi-même dans l'accomplissement de ce pour quoi on est fait » ait des accents aussi ouvertement éthiques, à la limite du précepte moral. C'est que de tels propos renvoient à cette éthique en acte, de part en part poétique, qui doit tout à l'idéal de « la littérature » et en même temps concourt à faire exister celle-ci, en régénérant à chaque nouvelle œuvre

---

[1] *Discours de Stockholm, op. cit.*, p. 890.

[2] *Ibid.*, p. 897.

[3] *Ibid.* On voit que Claude Simon est conscient que la reconnaissance de l'écrivain n'est pas un détail contextuel, mais un paramètre nodal dans l'écriture du texte lui-même.

[4] Claude Simon, *La Corde raide*, Paris, Sagittaire, 1947, p. 71.

l'univers et la praxis littéraires. Praxis aussi évidente aux yeux de tous que fragile pour un écrivain comme Claude Simon, qui sait l'autonomie de l'univers littéraire toujours menacée par les « forces conservatrices » d'une société (l'« ordre établi ») peu accueillant à la liberté créatrice[1]. Bref, les propos de Claude Simon sont portés par une éthique qui façonne au jour le jour la littérature comme activité sociale relativement autonome : une sociopoé-thique. À noter que celle-ci dépasse l'éthique du labeur (*poièsis*) qui fonde en partie ses prises de position et qui est liée à sa trajec-toire depuis sa naissance[2]. Et comme chez tant d'autres écrivains voués corps et âme à l'autonomie littéraire, elle va également au-delà d'un quelconque engagement en faveur de la littérature explicité dans les textes. Toute forme d'engagement, y compris littéraire (à commencer par celui que prône Sartre), est rejeté, car il y a chez Simon la conviction que l'engagement suppose fatalement une morale et une forme de coercition. Chercher à convaincre les pairs de la justesse de sa propre conception de la littérature au lieu de se contenter de l'illustrer est encore une façon de re-streindre leur liberté ainsi que la sienne propre.

C'est tout cela qui se donne à lire dans le *Discours de Stockholm*. Et ce même *Discours* de s'achever sur cette idée : s'il fallait conce-voir un engagement, alors ce serait « un engagement de l'écriture, qui, chaque fois qu'elle change un tant soit peu le rapport que par son langage l'homme entretient avec le monde, contribue dans sa modeste mesure à changer celui-ci[3] ». C'est dans la praxis ou, mieux, la *poièsis* littéraire que l'on trouve une éthique, ni utilitaire, ni éducative, ni transgressive, ni même simplement démonstra-tive, mais une éthique en acte, une poéthique. Et du fait que cet acte, pour relever pleinement de l'art littéraire, est nécessairement chez Simon un acte créateur, novateur, il s'inscrit dans une tradi-tion de procédés d'écriture, dans une filiation de pratiques parmi d'autres au sein d'un espace social de filiations possibles. La poé-thique est sociopoéthique. Les textes sont pour leur auteur en partie des créations par rapport à d'autres textes littéraires, ceux dont ils subvertissent tant soit peu certains aspects sclérosés – ce

---

[1] *Cf. Discours de Stockholm, op. cit.*, p. 889.
[2] *Cf.* Pascal Mougin, « La mésalliance parentale », Paul Dirkx et Pascal Mougin, *op. cit.*
[3] *Discours de Stockholm, op. cit.*, p. 902.

qui est plus qu'une affaire d'intertextualité : une affaire sociale appelée « littérature ». Et ils sont aussi comme autant de symphonies qui entraînent le lecteur, sans contrainte morale d'aucune sorte, vers l'amour de la littérature bien faite, c'est-à-dire d'un langage innovant et par conséquent hétérodoxe. Ou comme disait quelque cent trente années plus tôt Flaubert : « Ce qui est beau, est moral, voilà tout et rien de plus[1]. »

Pour conclure, on notera encore que la dimension sociohistorique de la poéthique qui en fait une sociopoéthique semble être à peu près absente des romans de Claude Simon qui, à première vue, sont à mille lieues de considérations sur le degré d'autonomie de la pratique littéraire. Pourtant, la sociopoéthique anime bel et bien l'écriture simonienne ou, plus exactement, cette écriture se soutient à sa manière de la sociopoéthique du champ qu'elle ne cesse à son tour de consolider. « À sa manière », c'est-à-dire en puisant dans les ressources liées à la position de l'écrivain dans le champ. Si cette position n'a pas encore été complètement étudiée[2], elle n'en frappe pas moins par l'exigence d'autonomie qui la structure, c'est-à-dire par une tendance à la subversion de la prose « réaliste » et une réticence à se mettre au service de telle ou telle cause ou école littéraires (y compris le Nouveau Roman). Or, sur le plan stylistique, cette propension est lisible à travers les audaces, les expérimentations et les tâtonnements du romancier ou, plus exactement, elle l'est à travers la mise en rapport de tous ces phénomènes avec le système de problématiques scripturales compossibles qui leur donne un sens littéraire et contre lequel le romancier, après s'en être plus ou moins imprégné, a eu à écrire. C'est dire que l'analyse sociopoéthique suppose d'analyser aussi les principales orientations de ce système, qui est une structure non pas simplement intertextuelle, mais inter-poétique.

En outre, au niveau du récit ou plutôt de cet enchevêtrement toujours plus déroutant de séquences et de temporalités différentes qui caractérise la narration de Claude Simon, celui-ci a mis en scène certains aspects du champ littéraire dans son double aspect de champ de forces et de champ de batailles entre écrivains.

---

[1] *Correspondance V*, *op. cit.*, p. 839.
[2] Voir, pour un premier ensemble d'éléments, Paul Dirkx et Pascal Mougin, *op. cit.*

104

Dans *Les Corps conducteurs*[1], le personnage « central », un écrivain français, traîne sa nausée – allusion à peine voilée à Sartre – à travers l'Amérique latine, après avoir assisté à une réunion internationale d'écrivains sur la question des rapports entre littérature et politique. Cette espèce de scène primitive, y compris au sens péjoratif de l'adjectif, fournira la matière de *L'Invitation*[2], puis se retrouvera dix ans plus tard sous une forme disséminée dans *Le Jardin des Plantes*. L'écriture tend ainsi à résister aux consignes littéraires (engagement, mais aussi art pour art, orthodoxie avant-gardiste, etc.) qui, au même titre que la domination politique, économique et religieuse[3], ont pour effet de brider la liberté créatrice et relèvent d'une domination proprement littéraire au sein du champ.

Enfin, la sociopoéthique est aussi à l'œuvre dans chacun des innombrables personnages. Roman après roman, Claude Simon a toujours eu davantage tendance à mettre en *valeur* les rapports entre les personnages et la société du roman, en décrivant toujours plus finement le lieu de l'incorporation de la socialité, c'est-à-dire le corps. Tous ces corps fictifs sont plus que des « corps conducteurs » de sens dans les limites intratextuelles de l'univers romanesque : ils sont l'expression d'un investissement de plus en plus grand du corps écrivant. D'ailleurs, de manière tout aussi discrète mais tout aussi lisible, Simon a progressivement fait apparaître dans ses textes le corps de l'instance narrative et, dans l'avant-dernier roman, *Le Jardin des Plantes*, son propre corps d'auteur, dans toute sa nudité. Ce roman fait voler en éclats l'opposition « texte » - « contexte ». La critique simonienne de cette opposition s'est ainsi accentuée à mesure que le corps écrivant Claude Simon gagnait en autonomie au sein du champ littéraire et notamment à l'égard des traditions littéraires. Une des originalités méconnues de Claude Simon, surtout une fois passé l'empire du textualisme structuraliste, est d'avoir su autoriser son corps d'écrivain à prendre toujours plus littéralement corps au travers même de l'écriture.

Ainsi, cet ancien peintre a su prendre le contre-pied du logocentrisme et de l'idéalisme néoplatonicien qui contribuent à asseoir la

---

[1] Paris, Minuit, 1971.

[2] Paris, Minuit, 1987.

[3] Et médiatique, comme le montre, dans le dernier roman cité, le long entretien de « S. » avec un journaliste de la presse littéraire.

loi fondamentale, le *nomos* du champ littéraire. Mais, là aussi, cette subversion s'est opérée sans revendication aucune, et donc sans menacer le champ, mais au contraire en en réaffirmant le principe de liberté. Tout se passe comme si le champ littéraire, non pas en tant que concept mais en tant que réalité, était resté, chez cet écrivain cet écrivain des plus lucide et des plus réflexif et pour ainsi dire à son corps défendant, le point aveugle de son travail éminemment sociopoéthique.

ÉTHIQUE ET ESTHÉTIQUE

L'ÉPISTOLIER FLAUBERT, LE ROMAN MODERNE DE L'ÉCHEC ET UNE ESTHÉTIQUE FONDATRICE DE L'ÉTHIQUE

Thierry Poyet, Université Clermont-Auvergne, CELIS

Est-il possible de devenir l'écrivain qu'on se sent être ? Et d'être reconnu pour tel ? Ce sont les questions qui se posent avec une rare acuité à Flaubert au moment d'écrire *L'Éducation senti-mentale*. Ainsi, en 1862, *Salammbô* à peine terminé, l'épistolier s'inquiète déjà à l'idée de rester sans projet : il cherche une nouvelle motivation, la trouve et pourtant ce n'est que près de deux ans plus tard qu'il en propose enfin une première définition, celle que tout le monde connaît aujourd'hui :

> Je veux faire l'histoire morale des hommes de ma génération ; « sentimentale » serait plus vrai. C'est un livre d'amour et de passion ; mais de passion telle qu'elle peut exister maintenant, c'est-à-dire inactive[1].

C'est le début d'une remarquable et étonnante nouvelle méprise. Car on s'attend donc à ce que le projet ainsi présenté tienne d'abord à une intention : la peinture d'un monde, le sien, d'un temps, celui de sa jeunesse, d'une espérance, en l'espèce celle de ses propres illusions. Il en irait donc d'un roman thématique, un peu politique, largement autobiographique, un roman avec des

---

[1] Pour la correspondance de Flaubert, on se référera à l'édition de Jean Bruneau : Gustave Flaubert, *Correspondance*, « Bibliothèque de la Pléiade », Paris, Gallimard.

valeurs, forcément. Or, sans aucun doute, ce n'est pas cela qui intéresse Flaubert, plus préoccupé, semble-t-il, de la manière de dire les choses que des choses elles-mêmes. Au fond, il recherche moins un sujet qu'un projet, en l'occurrence une véritable expérience de création littéraire qui illustrerait ses vieilles théories : trouver en quelque sorte le sujet impossible, celui que personne n'a traité, celui qui ne se destine pas au roman, celui dont le public ne voudra pas. En apparence, il s'agit de peindre une génération de fruits secs, des individus désenchantés, qui passent leur temps à le tuer en ne rien faisant ; en réalité, il est question de relever le défi d'un roman sans action, qui ose dire ce que personne ne veut entendre : non pas la critique la plus intransigeante d'un temps en train de disparaître mais bien la capacité de l'être-artiste à se retirer du monde par le fait même de le peindre. L'art comme échappatoire, l'art comme un acte égoïste, l'art pour une élite… Relisons Flaubert puisque notre propos, par le biais de ce retour au XIXᵉ siècle, est de donner la parole à l'écrivain en personne :

> C'est pour ne pas songer aux crimes et aux sottises de ce monde (et pour n'en pas souffrir) que je me réfugie dans l'art, à corps perdu. Triste consolation ! A défaut d'autres, cependant[1] ?…

> Je ne travaille pas trop mal pour le quart d'heure. C'est le seul moyen d'escamoter l'existence[2].

Mais cette nouvelle lecture, encore, est réductrice : la réalité pour Flaubert tient en une sorte de découverte après laquelle il courra toujours, la rencontre de l'adéquation parfaite entre le mot et l'idée. Ce qu'il veut, c'est trouver un style duquel découlera forcément l'idée puisque le style sera idée. Il explique à une de ses amies romancières :

> Vous me dites que je fais trop attention à la forme. Hélas ! c'est comme le corps et l'âme ; la forme et l'idée, pour moi, c'est tout un et je ne sais pas ce qu'est l'un sans l'autre[3].

---

[1] « Lettre à la Princesse Mathilde, » 18 juillet 1867, t. III, p. 665.
[2] « Lettre à Eugène Crépet », 10 septembre 1867, t. III, p.685.
[3] « Lettre à Mlle Leroyer de Chantepie », 12 décembre 1857, t. II, p. 785.

C'est bien d'une réécriture des codes du genre romanesque dont il est question. Alors, dans un premier temps, Flaubert se retranche derrière ses principes esthétiques habituels : tout ne peut être dans son prochain roman qu'affaire de travail littéraire. Mais le temps passant, l'ennui venant, le poids se faisant trop lourd, il multiplie les envies de décharger enfin sa colère et tout d'un coup le voilà qui se laisserait aller à transformer son roman en une violente diatribe contre son temps comme tous ceux de ses contemporains et amis ! Pourtant, parce qu'il n'est pas possible d'aller jusqu'au bout de la trahison de soi-même, voilà Flaubert qui cherche à mettre en place cette nouvelle « poéthique », celle-là même qui peut lui permettre de croire en son roman comme en une œuvre qui dépasserait tout ce qui a existé avant elle : il sera temps pour nous alors de réfléchir en comparant *L'Éducation sentimentale* avec *Les Forces perdues* de l'ami Du Camp. Mais partons tout de suite remonter le temps de la création littéraire et suivons Flaubert dans ses pérégrinations intellectuelles et esthétiques…

Une construction esthétique : la valeur d'un roman sans valeurs

On l'a dit et répété, la lecture de la correspondance de Flaubert permet de rencontrer un homme et un artiste bourrés de contradictions. Et ce constat, loin de surprendre, encore plus loin de choquer, doit apparaître pour ce qu'il est : l'exacte mesure des démarches intellectuelles de création artistique chez un Flaubert dont la fécondité romanesque ne peut naître que dans des problématiques indépassables.

Ainsi, Flaubert est à la fois le bon et le mauvais élève de la classe littéraire. Bon élève parce qu'il ne peut envisager un roman que dans une approche attentive et sérieuse, en fonction d'une construction longuement réfléchie, qui réponde à des principes architecturaux bien posés et clairement définis, sur lesquels nous reviendrons. Mais mauvais élève, cependant, parce qu'il recherche l'idée la meilleure comme le fruit d'une inspiration incompréhensible, venue d'on ne sait où, comme sans effort… Le romancier flaubertien est à la fois celui qui maîtrise tout et celui qui ne maîtrise rien. C'est donc notre même Flaubert qui écrit :

Les valeurs dans le roman

Un bon sujet de roman est celui qui vient tout d'une pièce, d'un seul jet. C'est une idée mère d'où toutes les autres découlent. On n'est pas du tout libre d'écrire telle ou telle chose. On ne choisit pas son sujet[1].

En même temps il ne cesse de faire valoir, par delà cette question de l'inspiration, tout le travail qui s'ensuit, les années d'effort, le repli sur soi au service de l'œuvre, tel un maître esclavagiste :

Me voilà commençant un livre qui me demandera probablement plusieurs années. Plaignez-moi, et surtout excusez-moi[2].

Or, toutes les difficultés rencontrées s'expliquent par la mise en place d'une esthétique particulièrement exigeante, qui ne laisse en réalité aucune place à l'inspiration, ni à l'improvisation. Flaubert est l'écrivain qui s'impose d'emblée un certain nombre de principes intangibles dont la rigueur d'un plan extrêmement précis, qui assure une construction pyramidale au roman, ou encore la nécessaire multitude des lectures et des recherches préparatoires avant de composer la moindre phrase.

Ainsi se désole-t-il : « ça ne fait pas la pyramide bref, ça me dégoûte »[3] ou se montre-t-il acharné à construire un plan de roman digne :

Heureusement que maintenant je travaille beaucoup. – Au plan de mon grand roman parisien. Je commence à le comprendre, mais jamais je n'ai autant tiré sur ma pauvre cervelle[4].

Il ajoute quelques jours plus tard :

J'ai, hier, travaillé toute la journée avec Monseigneur [Louis Bouilhet] au plan de mon livre. Nous en étions, le soir, plus brisés l'un et

---

[1] « Lettre à Edma Roger des Genettes », 1861 (?), t. III, p. 191. Et il répète cela à d'autres correspondants, comme dans cette lettre à Jules Duplan où il écrit : « Mais on ne choisit pas ses sujets ! On les subit. » Lettre du 15 avril 1863, t. III, p. 320.
[2] « Lettre à Edma Roger des Genettes », 4 (?) avril 1864, t. III, p. 385. Pendant des années, il se plaindra de connaître le pire. *Cf.* par exemple cette lettre à Ernest Feydeau : « J'éprouve dans mon nouveau roman des difficultés inouïes. Il est vrai que mon premier chapitre n'est pas commode. Quand aurai-je fini cette lourde besogne ? », 5 octobre 1864, t. III, p. 408.
[3] « Lettre à Jules Duplan », 15 avril 1863, t. III, p. 319.
[4] « Lettre à sa nièce Caroline », 18 avril 1864, t. III, p. 389.

l'autre que si nous eussions cassé du caillou. Mais nous avons fait, je crois, *d'excellente besogne*. L'idée principale s'est dégagée et maintenant c'est clair. Mon intention est de commencer à écrire, pas avant le mois de septembre.

Dans un roman, tout se résume selon Flaubert à un problème de conception originelle : de la forme primitive qui a été pensée puis arrêtée, dépend l'idée de l'œuvre et la compréhension que s'en fera le lectorat. D'où ses inquiétudes pour *L'Éducation sentimentale* :

> Je t'avouerai que je ne suis pas gai, tous les jours. [...] - D'autant plus que je ne suis pas sans de violentes inquiétudes sur la *Conception* de mon roman ? Mais il est trop tard pour y rien changer[1] !

> Je m'acharne à mon roman parisien, qui ne vient pas du tout. Ce sont des couillades usées. Rien d'âpre ni de neuf ! Aucune scène capitale ne surgit ; ça ne m'empoigne pas. Je ne bande pas et je masturbe en vain ma pauvre cervelle[2].

> Je doute de la réussite de ce livre ; parce que j'en crois la conception vicieuse et même impossible. Toutes les malices d'exécution ne rachèteront pas la difformité constitutionnelle de l'idée première[3].

Si la quantité de travail peut contribuer à rassurer l'écrivain en action, alors Flaubert n'en finit plus d'élaborer son plan ou de multiplier les pauses vouées à des recherches érudites sans cesse plus nombreuses et approfondies. En effet, n'a-t-il pas décidé, une fois pour toutes, qu'il ne pouvait y avoir d'œuvre romanesque sans une érudition rare qui seule légitime l'action, l'intrigue, les personnages ? Puisqu'il s'est fait savant pour *Salammbô*, il va se faire historien contemporain pour *L'Éducation sentimentale*, technicien, politologue. Rien ne l'arrête plus : sa correspondance le montre tour à tour s'intéressant au commerce des arts[4], à la fabrication de la porcelaine[5], au mouvement néo-catholique des an-

---

1 « Lettre à Ernest Feydeau », 27 octobre 1868, t. III, p. 814.
2 « Lettre à Jules Duplan », 2 avril 1863, t. III, p. 315.
3 « Lettre à Edma Roger des Genettes », 1867-1868, t. III, p.718.
4 « Lettre à sa nièce Caroline », 22 février 1865, t. III, p. 424.
5 « Lettre à sa nièce Caroline », 3 février 1866, t. III, p. 480.

nées 1840[1], aux journaux de 1847[2] puis à ceux de l'année suivante[3], aux questions de spéculation[4]. Il y a une manière toute flaubertienne de se réjouir implicitement d'un travail harassant mais nécessaire. Bien entendu, il lui faut encore, certes, s'en plaindre auprès de ses correspondants mais le rabâchage ininterrompu pendant tant d'années de toutes les tâches qui restent à accomplir, est devenu un refrain bien rassurant. N'avait-il pas annoncé le dernier mot de *Salammbô* à peine écrit : « Je m'ennuie à crever. Mon oisiveté (qui n'en est pas une, car je me creuse la cervelle comme un misérable, ma non-écriture), dis-je, me pèse! Sacré état[5]! » Par ailleurs, au milieu des règles d'or, il y a le goût du mot juste, la recherche d'une écriture parfaitement maîtrisée sinon calibrée, qui manifesterait la perfection de la poésie tout en restant de la prose. Comme d'habitude, Flaubert va user de son fameux « Gueuloir », il va traquer assonance et allitération et puiser dans son savoir, qui ne cesse de s'accroître, les synonymes pour éviter mieux que quiconque la moindre répétition forcément désastreuse. L'écriture flaubertienne, en cela, est artistique, qui recherche le Beau, y compris à propos de sujets démesurément banals et mesquins. Ce sera bien là la pire des épreuves pour Flaubert : comment rendre beaux les bourgeois ?

Au milieu des années 1860, Flaubert est devenu un écrivain reconnu, malgré une œuvre encore mince et un succès de scandale notamment, comme il le considère. On lui dédie des ouvrages, les Goncourt *Idées et sensations*[6], Sand *Le dernier amour*[7], Philoxène Boyer un long poème intitulé « Le dénouement d'un roman-vaudeville »[8], Taine sa *Philosophie de l'art dans les Pays-Bas*[9]... Il s'est fait une place dans le monde des lettres. Cela a pour effet, à en croire sa correspondance, de l'obliger à se conforter dans un rôle et une posture : il incarne la figure de l'écrivain total, exigeant et

---

[1] « Lettre à Sainte-Beuve », 12 mars? 1866, t. III, p. 484.

[2] « Lettre à sa nièce Caroline, » 13 mai 1866, t. III, p. 497.

[3] « Lettre à George Sand », 13 avril 1867, t. III, p. 631.

[4] « Lettre à Ernest Feydeau, » fin de 1866-début de 1867, t. III, p. 583.

[5] « Lettre à Jules Duplan », 29 mars 1863, t. III, p. 314.

[6] Voir la lettre de remerciement aux frères Goncourt, 26 avril 1866, t. III, p. 491-492.

[7] Voir la lettre de remerciement à George Sand, 15 mai 1866, t. III, p. 499.

[8] Voir la lettre de remerciement à Philoxène Boyer, après le 22 juin 1867, t. III, p. 660.

[9] Voir la lettre de remerciement à Hippolyte Taine, 10 novembre 1868, t. III, p. 821-822.

entièrement voué à son art à tel point que Sand ne voit que lui pour peindre littérairement parlant un tel personnage ! Enfermé dans ses anciens principes en même temps qu'il cultive un certain personnage, il se prend alors à dénoncer chez ses proches et ses confrères le manque de ce ce qu'ils refusent de partager avec lui : l'impersonnalité et la distance. L'impersonnalité, c'est cette idée plus haute que toutes les autres d'une littérature qui sait se tenir à l'écart du quotidien. Car le plongeon dans le réel, c'est l'assurance de se galvauder et l'interdiction de voir s'ouvrir les portes de la postérité, celles qui attestent la qualité esthétique. L'impersonnali-té, c'est ce que son temps refuse de prendre en compte puisque la littérature aurait une fonction à jouer, une utilité à assumer dans le monde.

Les proches de Flaubert, ce sont à la fois Louise Colet et George Sand à qui il reproche en commun de faire de la littéra-ture un déversoir, un pot de chambre. C'est encore Hugo dont il devient un des familiers à la fin de sa vie et chez qui il ne peut comprendre la tentation omniprésente du cri politique et de l'en-gagement permanent qui devient sous la plume de Flaubert « criailleries », d'ailleurs il reproche la même chose à George Sand lorsque celle-ci tourne le dos à une certaine veine romantique de l'épanchement impudique pour abonder dans le courant socialiste de la défense de la veuve et de l'orphelin qui ne lui plaît pas da-vantage. Ce sera encore Maupassant et sa *Boule de suif* : malgré les compliments qu'il adresse à l'auteur en qui il voit un futur nou-veau Maître, Flaubert sait bien qu'un tel texte tourne le dos à sa définition du littéraire.

Regarder sans s'impliquer, voilà donc ce que Hugo, justement, ne saurait pas faire et que le Flaubert encore jeune de 1862, à peine plus de quarante ans et seulement deux œuvres publiées, se permet de critiquer vertement au moment des *Misérable*s :

> Je ne trouve dans ce livre ni vérité, ni grandeur. Quant au style, il me semble intentionnellement incorrect et bas. C'est une façon de flatter le populaire. [...] mais en revanche des sermons pour dire que le suf-frage universel est une bien jolie chose, qu'il faut de l'instruction aux masses, cela est répété à satiété. [...] la postérité ne lui pardonnera pas, à celui-là, d'avoir voulu être un penseur, malgré sa nature. – Où la rage de la pose philosophique l'a-t-elle conduit ? [...] il résume [...] le cou-rant, l'ensemble des idées banales de son époque – et avec une telle

persistance qu'il en oublie son œuvre, et son art. Voilà mon opinion [...][1]

L'on joue les idées contre l'art, et c'est le contraire qu'il convient de faire : voilà que tout est dit ! Comment, dans une pareille conception, écrire un roman qui viendrait défendre des valeurs ? Pas de place pour la moindre valeur qui soit : l'écriture littéraire selon Flaubert n'a que faire de la morale et des principes. Elle n'est au service de rien, ni de personne, elle ne doit véhiculer aucune valeur.

Des principes et des opinions pourtant : mais pour qui le prend-on ?

Et pourtant…. Et pourtant, des principes, des valeurs, des règles de vie, Flaubert en a, il en a plus que d'autres peut-être encore et il finit par se demander pour qui on le prend sous prétexte qu'il s'est interdit, un jour, pour toujours, de les rendre publics dans son œuvre littéraire. Au nom d'une intuition esthétique en train de s'enraciner en une poétique définitive et intransigeante, on en serait venu à considérer l'homme pour ce qu'il n'est pas. Qui Flaubert bientôt schizophrène doit-il trahir ? L'homme ou l'écrivain ? Qui passera après l'autre ? Certains jours, l'écrivain Flaubert est tout près d'une renonciation terrible, celle-là même qui remettrait en cause sa littérature pour sauver un peu les apparences de l'homme Flaubert.

Alors il use de sa correspondance pour revendiquer des avis sur tout et rien, et cherche même à provoquer en se positionnant avec singularité. Il lui faut rappeler qu'il est – et c'est un comble ! – comme tout un chacun. Lui aussi, il peut penser quelque chose sur le monde qui l'entoure, sur tel ou tel confrère, sur la marche de la société, sur un fait politique par exemple. Et le voilà qui s'emporte :

> Ah ! Vous croyez, parce que je passe ma vie à tâcher de faire des phrases harmonieuses en évitant les assonances, que je n'ai pas moi aussi, mes petits jugements sur les choses de ce monde ? – Hélas oui ! Et même je crèverai enragé de ne pas les dire. –[2]

---

[1] « Lettre à Edma Roger des Genettes », juillet (?) 1862, t. III, p. 235-237.
[2] « Lettre à George Sand », 29 septembre 1866, t. III, p. 537.

Ou encore :

> Je ne me permets jamais de parler politique, parce que c'est trop commun, trop bête, ou trop impertinent, mais j'ai ma petite opinion comme toute le monde [...][1]

Quelquefois, donc, le projet de *L'Éducation sentimentale* devient tout simplement un cri, l'expression d'une passion à vif, un sentiment propre enfin révélé à la face du monde. Et voilà Flaubert en train de justifier étonnamment son roman en 1866 :

> Je voudrais bien que mon futur roman pût vous amuser ! Il est entrepris pour apitoyer un peu sur ces pauvres hommes tant méconnus, et prouver aux dames combien ils sont timides[2].

Parole d'amoureux transi ? Il importe peu puisqu'il en a fait initialement une sorte de projet autobiographique. Il est vrai qu'il caresse la tentation de se dire depuis longtemps et peut-être le moment est-il enfin venu…

Ailleurs encore, le roman est d'abord présenté comme l'occasion de tonner politiquement. Car, à la fin des années 1860, Flaubert se lance dans de grands débats politico-philosophico-religieux avec sa nouvelle amie, George Sand[3]. Et là le roman deviendrait l'occasion inespérée de laisser s'échapper une bile trop longtemps contenue. Pour se moquer – il déteste Thiers –, il dit que *L'Éducation sentimentale* en proposera un panégyrique[4]. Plus sérieusement, il veut s'en prendre tout à la fois aux socialistes, aux réformateurs, aux prêtres, aux menteurs en tout genre, aux bourgeois de quelque espèce qu'ils soient, au monde entier en quelque sorte.

> À propos de politique, Messieurs les Conservateurs n'ont, dans mon livre, plus rien à envier maintenant aux Patriotes. Je me ferai encore bien voir avec celui-là[5]!

---

[1] « Lettre à la Princesse Mathilde, » 26 août 1868, t. III, p. 792.
[2] « Lettre à la Princesse Mathilde », 31 août 1866, t. III, p. 523.
[3] Voir la première partie de l'ouvrage collectif *Des vérités de raison et de sentiment, Lectures de la correspondance Flaubert-Sand* (dir. Thierry Poyet), Editions Presses universitaires Blaise-Pascal, Clermont-Ferrand, 2013.
[4] « Lettre à George Sand », 18 décembre 1867, t. III, p. 711.
[5] « Lettre à Jules Duplan », 11 octobre 1867, t. III, p. 694-695.

Pourtant, en ces instants, le souci de Flaubert se niche ailleurs : certes il accepterait bien à son tour de s'engager dans la société de son temps – il le fera pendant la guerre de 1870, par exemple – mais comment aller jusqu'à dégrader la sacro-sainte littérature pour ce faire ? Flaubert appartient à cette génération qui a rompu avec un romantisme actif : les héros stendhaliens sont morts depuis longtemps pour lui qui a toujours méprisé l'œuvre de Beyle.

Il lui faut donc trouver une voie intermédiaire de manière d'autant plus urgente qu'il ne cesse de renouveler l'expérience d'une rencontre à jamais ratée avec le public. On ne sait pas le lire. Jamais. On n'a pas su le lire au moment de *Madame Bovary,* pas plus qu'avec *Salammbô* : lire Flaubert, c'est réagir, en 1857-58, en 1862-63, à son manque de morale, à sa manière de ne rien respecter, à sa tentation d'aller vers le bas et le méprisable. Qui est-il ce bourgeois, fils de notable respecté, pour raconter ce qu'il raconte ? Il apparaît alors dangereux pour nombre de lecteurs et le projet de *L'Éducation sentimentale*, d'ailleurs, semble ne rien y changer. Alors même que rien n'est publié – le roman n'est pas encore terminé – des rumeurs folles courent déjà le tout-Paris :

> Ouïssez ceci : *Le Figaro*, ne sachant avec quoi emplir ses colonnes, s'est imaginé de dire que mon roman racontait la vie du chancelier Pasquier. Là-dessus, venette de la famille dudit [...] laquelle a été trouver un avocat [...] [1]

Précisons qu'une fois publié, le roman passera encore pour un roman à clés! En fait, chacun cherche à assigner à *L'Éducation sentimentale* une thématique particulière comme pour se rassurer, fort de maîtriser la bonne manière de lire le roman en ayant bien saisi le message du romancier[2]. Dans son prochain roman, de quoi Flaubert va-t-il parler ? Quelle position sur notre société va-t-il occuper ? Quelles valeurs seront enfin les siennes ? On sait, nous, ce qu'il en advient et comment la réception du roman fera encore de lui un écrivain immoral – là où il ne réclamait qu'une place pour l'amoralité. Pire encore, avec l'amie

---

[1] « Lettre à George Sand », 19 décembre 1868, t. III, p. 830.

[2] La lecture à l'étranger telle qu'en témoignera Tourgueniev va dans le même sens. Voir les lettres de Tourgueniev à Flaubert du 30 janvier 1870, t. IV, p. 157 et 20 février 1870, t. IV, p. 163-164.

Sand, c'est un nouveau reproche qui lui est adressé, celui de démoraliser le lecteur :

> Que ferons-nous ? Toi, à coup sûr, tu vas faire de la *désolation* et moi de la *consolation*. Je ne sais pas à quoi tiennent nos destinées. [...] tu rends plus tristes les gens qui te lisent. Moi je voudrais les rendre moins malheureux[1].

Pourtant, dans sa correspondance privée, au cours de conversations littéraires avec des intimes, Flaubert a posé une autre scénographie auctoriale. Mais qui dans son lectorat la connaît ? Qui peut la comprendre sans qu'on l'ait expliquée ? Pour Flaubert, l'écrivain en rupture avec l'homme n'aurait rien à dévoiler de toutes ces opinions, qui ne seraient d'ailleurs pas les siennes mais celles d'un autre que l'artiste. Ce faisant, il conviendrait de confiner l'œuvre littéraire dans une recherche du Beau, lui accordant ainsi la possibilité de s'ériger en chef d'œuvre et surtout pas en pétition. Le texte romanesque ne pourrait donc assumer la moindre prétention didactique : aucune fonction assignée à l'art dans la mesure où il ne doit pas servir à quelque chose mais seulement « être » et valoir donc par son essence esthétique. Il ne peut être jugé sur son efficacité, il n'est pas censé en avoir. Au demeurant, notons que l'ourserie flaubertienne bien connue, le goût des paradoxes et la singularité générale de l'homme Flaubert auraient plutôt orienté l'œuvre romanesque du côté de la transgression que de l'édification. Mais là n'est pas la question : Flaubert plaide toute sa vie pour une œuvre affranchie de tout rôle à jouer dans la société.

Or, Flaubert semble donc n'en finir jamais avec une lecture qui lui prête toutes sortes de valeurs à défendre, à juste titre ou pas, quand bien même son esthétique ne réclame qu'une chose : qu'on prenne en compte « la poétique *insciente* »[2] de l'œuvre.

> Quand sera-t-on *artiste*, rien qu'artiste, mais bien artiste ? Où connaissez-vous une critique qui s'inquiète de l'œuvre en *soi*, d'une façon intense ? On analyse très finement le milieu où elle s'est produite et les causes qui l'ont amenée. – Mais la poétique *insciente*, d'où

---

[1] Lettre de George Sand à Gustave Flaubert, 18-19 décembre 1875 in *Correspondance Flaubert-Sand*, éd. Alphonse Jacobs, Flammarion, 1981, p. 511.
[2] « Lettre à George Sand », 2 février 1869, t. IV, p. 15.

elle résulte ? Sa composition, son style ? le point de vue de l'auteur ? *Jamais* !

Et cette « poétique insciente », c'est le refus même de tout point de vue moral. Car c'est bien cela que Flaubert a érigé comme son maître-mot avec la recherche d'une esthétique de perfection et du Beau : une littérature de l'amoralité. Une littérature affranchie de tous les codes, une littérature qui ne vaille que par ce qu'elle réussit à faire de beau. En cela, Flaubert ne parvient pas à se faire entendre.

Ce qui interroge l'écrivain, le chagrine et bientôt le confine dans un sentiment d'incompréhension qui l'isole, c'est que le public ne cesse de lire ses romans contemporains comme des tableaux de la société dans laquelle tout ce joli monde vit. D'où le procès pour *Madame Bovary* dont on craignit qu'il contribuât à la corruption des mœurs en sacrifiant sur l'autel du récit prétendument neutre les valeurs du mariage, de la famille, du respect, tout ce qui fait la société petite-bourgeoise ; d'où la réception quasi catastrophique de *L'Éducation sentimentale qui* vient blesser cruellement Flaubert, obligé de constater :

> Ces messieurs réclament au nom de la morale et de l'idéal ! [...] *Tous* les journaux citent comme preuve de ma bassesse l'épisode de la Turque, que l'on dénature, bien entendu, et Sarcey me compare au marquis de Sade, qu'il avoue n'avoir pas lu[1]!

Au fond, conservateurs et progressistes se sentent pareillement agressés par un roman qui ne prend parti pour aucun des deux camps : c'est bien l'impersonnalité flaubertienne qui explique un accueil aussi calamiteux. Contradiction donc entre une œuvre romanesque qui ne prétend pas juger le monde alentour et qui est reçue comme s'y livrant sans réserve ; contradiction que Flaubert relève avec lucidité dans sa correspondance quand il dénonce le portrait fait de lui en chef de l'école réaliste alors même qu'il ne veut appartenir à aucune école, encore moins à celle-ci puisqu'il refuse de peindre la réalité quand cela revient toujours à la juger...Et c'est là, probablement, que se trouve po-

---

[1] « Lettre à George Sand », 3 décembre 1869, t. IV, p. 134-135.

sée une question de fond : y a-t-il possibilité de construire une intrigue et de créer des personnages en situation dans la société contemporaine sans pour autant porter un regard sur celle-ci et faire que ces personnages et cette intrigue soient l'expression d'un jugement, le plus généralement une condamnation ?

C'est la troisième voie, entre un formalisme pur et sectaire et la littérature utile des Hugo et autres George Sand, que recherche Flaubert, une voie que le lecteur moyen telle que la fameuse romancière provinciale, Mlle Leroyer de Chantepie, correspondante fidèle de Flaubert, ne parviendra jamais à envisager.

La po-éthique flaubertienne : les idées si et seulement si elles découlent du style. Du Camp contre Flaubert

C'est là en effet qu'interviennent les deux grandes caractéristiques de l'œuvre flaubertienne telle que le romancier lui-même tente de la définir : le roman-pyramide, notion sur laquelle il nous faut revenir, et la question de l'anti-héros, comme nous le disons aujourd'hui.

Le roman-pyramide est l'aune qui permet à Flaubert d'évaluer les qualités esthétiques de ses œuvres romanesques. Un bon roman est un roman qui fait la pyramide, c'est-à-dire un roman qui suit une pente ascendante, le temps d'une intrigue qui se met en place, selon un effet recherché d'intensité dramatique, savamment calculé et mesuré, qui atteint ensuite à un point paroxystique, un summum, un sommet où tout dans le récit se trouve alors tendu à son maximum, une sorte d'apothéose trop belle pour être vraie, qui fait redouter le pire bien plus que le meilleur et qui promet au fond que l'instant fameux et délicieux du bonheur ou de l'aspiration au bonheur vécu comme enfin atteignable n'est qu'un leurre éhonté. C'est alors un roman qui va raconter la dégringolade, cette longue glissade impossible à éviter, qui ne s'arrête pas, pour laquelle aucun frein n'existe et qui entraîne depuis le sommet jusque vers les abysses les plus effroyables, le suicide par exemple ou bien une complaisante passivité synonyme d'une morbidité vécue sans passage à l'acte, la bêtise vainqueur, selon une gradation terrible que les trois romans dits contemporains, *Madame Bovary*, *L'Éducation sentimentale* et *Bouvard et Pécuchet*, établissent dans une condamnation inexorable de l'humanité forcément perdue puisqu'elle est l'humanité.

Tout d'abord – nous y reviendrons –, l'on considèrera tout ce que cette théorie formelle peut avoir de traîtrise envers le dogme toujours ressassé de l'impersonnalité : le roman-pyramide n'empêche pas les valeurs de s'affirmer, elle en provoque au contraire l'expression.

Et puis il y a donc cette deuxième caractéristique qui s'inscrit dans les personnages de Flaubert : les fameux anti-héros. L'humanité des romans modernes écrits par Flaubert est tout entière marquée du sceau de l'anti-héros. Peut-être en réaction aux lectures de son adolescence, à toutes les figures de personnages grandioses jusqu'à l'exceptionnel d'une littérature romantique sans limite, Flaubert peint des portraits marqués par la banalité, des individus sans envergure, des personnages sans étoffe. Au fond, cette caractéristique n'est jamais que la conséquence de la précédente : pour peindre une dégringolade majeure, faut-il encore qu'elle existe et mieux encore : faut-il qu'elle tienne aux personnages eux-mêmes alors non pas à peindre en victimes de leur environnement mais bien en responsables sans excuse ni circonstance atténuante d'un échec personnel et collectif. Or, de tels personnages, de par leur simple existence, ne viennent-ils pas eux aussi empêcher tout à fait l'avènement de la littérature impersonnelle tant appelée de ses vœux par Flaubert ?

Nous sommes là placés devant une difficulté majeure dans l'élaboration de l'esthétique flaubertienne telle que le discours épistolaire du romancier peut en rendre compte : quand sa poétique se met en place sur le néant des valeurs, en lieu et place justement de tout projet didactique, elle vient cependant diffuser, selon des considérations présentées exclusivement comme artistiques et esthétiques, un discours romanesque qui s'apparente à un propos éthique construit sur des valeurs mal définies peut-être mais portées par un regard d'exigence et même de lucidité bientôt jugé par le lectorat comme impardonnable. C'est un comble ! Des valeurs mal définies puisqu'on ne sait jamais pour qui « roule » Flaubert : on le dit conservateur mais il tonne contre les notables provinciaux, on le croit anti-socialiste mais il se prend de passion pour la veuve et l'orphelin et rejoint Sand dans la compassion ; il se dit opposé au peuple et à la démocratie mais il revendique d'appartenir à un groupe et d'y être reconnu à sa place ; il se dit contempteur de la bêtise mais il ne cesse de la peindre, etc. Car, en effet, sa peinture obsessionnelle de la bêtise, par exemple, fruit de la traque qu'il a toujours menée, ne trahit aucune intention claire : est-ce pour s'en moquer et la faire disparaître ? Pour s'en gargariser et s'en repaître au contraire parce qu'elle serait aussi son liquide amniotique à lui ? On sait bien qu'il n'y a pas plus bourgeois que Flaubert et que la parole du pignouf est aussi la sienne[1]. Autrement dit, la poétique flaubertienne vient nous dire l'impossibilité pour le roman et son auteur, à son corps défendant, de rompre avec toute démarche éthique : parler d'une « poéthique » ne reviendrait donc pas, en un jeu de mots totalisateur, à dépasser le conflit pour en faire la synthèse du côté d'une oeuvre majeure, seule d'un niveau littéraire, entre l'œuvre seulement didactique et l'œuvre chef d'œuvre mais constituerait bien la réalité de fait de la création romanesque flaubertienne. En cela, le roman flaubertien serait donc la représentation la plus aboutie du roman moderne, en rupture avec une visée utilitaire première, en rupture avec les tenants de l'art pour l'art – Flaubert n'est pas son ami Gautier qui va de l'une à l'autre des deux conceptions de la chose littéraire. Le roman moderne à la mode flaubertienne est une œuvre qui ne bâtit pas une esthétique au service d'une éthique mais bien une œuvre qui refusant le discours éthique fonde comme premiers les principes esthétiques avant de comprendre que ceux-là à son tour vont être prisonniers d'une lecture éthique. Ce qui serait donc en jeu dans la définition du roman flaubertien, ce serait le poids pris par le lectorat qui viendrait au fond chercher dans l'œuvre ce qu'il voudrait y trouver et se plaindrait bien sûr de ne pas l'y trouver. L'écriture romanesque échapperait alors au romancier et deviendrait le fait du lecteur, désireux d'un *vade-mecum* ou d'un prêt-à-penser. Ainsi le lecteur, bannissant de son panthéon littéraire tout texte romanesque qui ne l'aiderait pas à vivre, n'interdirait pas à l'auteur un tel texte mais, plus fort encore, viendrait le contaminer de son attente et le transformer par sa lecture en ce qu'il ne

---

[1] Nous faisons ici référence à l'ouvrage de Philippe Dufour, *Flaubert et le Pignouf, essai sur la représentation romanesque du langage*, Coll. « L'imaginaire du texte », Presses Universitaires de Vincennes, 1993.

devait justement pas être. D'où les colères de Flaubert et son désir de ne pas publier, sa peur – confirmée – de ne pas être compris et sa volonté farouche de se plonger dans des mondes antiques, disparus et donc seuls susceptibles d'échapper à une lecture faussée. C'est le problème d'un pacte de lecture mal établi qui se pose là.

Tout cela paraîtrait cohérent s'il n'y avait pas des erreurs répétées qui ont consisté pour Flaubert à choisir les pires sujets, c'est-à-dire ceux-là mêmes qui allaient justifier le plus facilement des lectures erronées. Pourquoi accepter un roman qui s'appuie sur un fait divers, qui l'extrapole et sans jamais condamner ce qui vient faire horreur à la morale ? Pourquoi peindre dans le suivant une génération, la sienne en fait, et ainsi s'installer dans une situation telle que le roman passe sans difficulté pour une observation subjective et orientée, pour une condamnation donc, de cette génération et de la société qui l'a portée ? Pourquoi écrire enfin un roman à thèse(s) comme *Bouvard et Pécuchet* ? C'est comme si Flaubert apportait lui-même de l'eau au moulin de tous ses lecteurs incapables d'entendre et d'accepter son projet. C'est comme si Flaubert lui-même n'était pas capable de le conduire jusqu'à son terme et faisait ainsi machine arrière. C'est comme si le choix d'un sujet contemporain interdisant au romancier une quête exclusive du Beau – il ne cesse de répéter combien les bourgeois sont laids et donc combien son roman risque de ne pas avoir la moindre qualité esthétique – l'empêchait d'échapper à une écriture en quelque sorte engagée et le contraignait même à passer pour le chantre d'une littérature réaliste qu'il exècre par ailleurs. Etonnante attitude qui ne peut se comprendre que par l'impossibilité réelle à dissocier l'homme de l'écrivain. Bientôt les idées de l'homme viennent se propager dans les œuvres de l'écrivain et les positions artistiques et esthétiques de Flaubert se révèlent n'être plus que des postures : intenables, artificielles et inefficaces. En ce sens, quand Sand le croit fait pour peindre l'artiste – il serait seul l'artiste et elle, elle n'en aurait pas l'étoffe – Flaubert répond à ce projet par la négative : s'il peignait l'artiste, s'il se peignait, que donnerait-il à voir sinon l'échec artistique, c'est-à-dire l'impossibilité expérimentée et vécue de dissocier l'artiste de l'homme ?

La pensée de Flaubert apparaît claire et pourtant son positionnement dans le monde éditorial devient confus. Peut-être donc parce qu'il n'a pas su s'interdire certains sujets… Il faut rappeler d'abord que Flaubert a dans le passé expliqué l'exact contraire à ses interlocuteurs, persuadé qu'il n'y a pas de sujet meilleur qu'un autre, et que tout se vaut. C'était au temps de *Madame Bovary* et il déclarait :

> Je crois, contrairement à ton avis de ce matin, que l'on peut intéresser avec tous les sujets. Quant à faire du beau avec eux, je le pense aussi, théoriquement du moins, mais j'en suis moins sûr[1].

Et pourtant, en même temps qu'il caressait ce projet d'une esthétique capable de transcender la réalité et de faire du Beau à partir du premier support venu, le même Flaubert ne cessait dans ses lettres de rappeler ses interlocuteurs, et notamment Louise Colet, à un peu de raison, un peu de sérieux, un peu de mesure puisque tout le monde sait bien qu'on ne demande pas des oranges à des pommiers.

Peut-être le procès de *Madame Bovary* est-il donc à considérer autrement que comme on l'a fait jusqu'à présent. On y voit la preuve d'un régime politique autoritaire, d'une littérature sous contrôle et on en fait une analyse politico-sociologique. Pour Flaubert, l'enseignement d'une telle expérience est ailleurs. Il se moque de savoir ce qu'une telle justice révèle de son pays et de son gouvernement : depuis si longtemps, il plaide, lui, pour une intellocratie… En revanche, ce procès lui montre son erreur propre : son esthétique n'a pas su transcender la réalité qu'il peignait, du moins elle n'en est pas capable puisque jamais l'on ne lit son roman comme une expérience esthétique, simplement comme le vulgaire récit d'une aventure bourgeoise : le roman telle une longue chronique journalistique ! D'où le rejet subséquent des sujets contemporains et les années consacrées à *Salammbô* !

Mais Flaubert, au fond de lui, a-t-il abandonné la partie ? Avec *L'Éducation sentimentale*, il semble revenir à l'expérience de sa première publication. Sauf que, son parcours d'écriture à peine entamé, déjà il regrette : cette fois, il sait !

---

[1] « Lettre à Louise Colet », 16 septembre 1853, t. II, p. 432-433.

Il sait qu'il est des sujets qui ne lui plaisent désormais plus, et il en tient un :

> Au mois de septembre dernier je me suis mis, après beaucoup d'hésitations, à un grand roman qui va me demander *des* années et dont le sujet ne me plaît guère[1].

Qu'il est des sujets qui ne lui semblent désormais plus romanesques, et il en tient un :

> Je crois que mon roman ne m'empoignera jamais ? C'est là surtout ce que je lui reproche ! Les héros inactifs sont si peu intéressants[2]!

Qu'il est des sujets qui ne peuvent permettre le respect d'une structure romanesque essentielle à son esthétique, la fameuse pyramide, et il en tient un :

> Voilà ce qu'il y a d'atroce dans ce bouquin, il faut que tout soit fini pour savoir à quoi s'en tenir. Pas de Scène Capitale, *pas de morceau*, pas même de métaphores car la moindre broderie emporterait la trame. Enfin!!!???[3]

Qu'il est des personnages impossibles, et il en tient toute une volée :

> Mais mon sempiternel roman m'assomme parfois de façon incroyable ! Ces minces particuliers me sont lourds à remuer ! Pourquoi se donner du mal sur un fond si piètre[4]!

> Des caractères aussi mous intéresseront-ils[5]?

Au fil des mois, Flaubert mesure toute l'étendue de son erreur, une erreur qui remonte à *Madame Bovary*, une erreur qui s'explique par l'influence de ses amis Bouilhet et Du Camp. En fait, l'erreur, c'est celle que Bouilhet et Du Camp doivent endosser pour avoir

---

[1] « Lettre à Leroyer de Chantepie », 11 mai 1865, t. III, p. 438.
[2] « Lettre à Jules Duplan », 24 novembre 1864, t. III, p. 415.
[3] « Lettre à Jules Duplan », 27 janvier 1867, t. III, p. 599.
[4] « Lettre à George Sand », 5 juin 1868, t. III, p. 760.
[5] « Lettre à George Sand », 30 octobre 1867, t. III, p. 697.

proposé à leur ami de raconter le fameux fait divers des Delamare et d'en faire la trame de *Madame Bovary*. Là où Du Camp cherche à tirer honneur d'une telle influence sur Flaubert, Flaubert sait bien qu'il en va d'une abominable absurdité. Et à la fin des années 1860 tout apparaît avec tellement d'évidence…

Du Camp publie en 1867 *Les Forces perdues*[1]. Entre les deux amis, les liens se sont parfois relâchés mais n'ont jamais cédé. Flaubert lit avec intérêt ce roman et d'emblée il redoute d'avoir été pris de vitesse par Du Camp : en gros, c'est la même histoire, celle d'un jeune homme qui ne trouve pas sa place dans la société, qui ne rencontre pas un amour heureux et durable et qui incarne au fond l'échec de toute une génération. Du Camp est né quelques mois après Flaubert, en 1822 ! Et puis Flaubert se rassure très vite. Il confie :

> Voilà exactement comme nous étions dans notre jeunesse ; tous les hommes de ma génération se retrouveront là. Je suis bien curieux d'avoir votre sentiment personnel sur cet ouvrage. Quant au mien, je ne suis pas encore à la moitié. Il est très long et très difficile à écrire[2].

> Avez-vous remarqué comme il y a dans l'air, quelquefois, des courants d'idées communs ? Ainsi je viens de lire, de mon ami Du Camp, son nouveau roman : *Les Forces perdues*. Cela ressemble, par bien des côtés, à celui que je fais ? C'est un livre (le sien) très naïf et qui donne une idée *juste* des hommes de notre génération, devenus de vrais fossiles pour les jeunes gens d'aujourd'hui[3].

En fait, ce qui a réconforté Flaubert, ce ne sont pas des différences dans l'intrigue ou des portraits dissemblables mais bien la question de l'intention même de l'auteur, du projet de l'œuvre. Du Camp ne fait que peindre une certaine réalité, il se limite à rendre compte de ce qui a été pour tant d'enfants de la génération romantique ; à sa manière, il règle des comptes avec le passé et il peut trouver de la sorte des lecteurs au présent. Voilà en quoi tout cela est naïf, un peu journalistique, comme un cliché photographique : au fond, Du Camp ne saurait rien faire d'autre[4]!

---

[1] Nous en proposons justement une réédition aux Editions Euredit, 2010.
[2] « Lettre à Leroyer de Chantepie », 13 décembre 1866, t. III, p. 577.
[3] « Lettre à George Sand », 15 décembre 1866, t. III, p. 579.
[4] Cela étant, Flaubert a dû apprécier ce roman puisqu'il ajoute ailleurs : « C'est évidemment ce qu'il a fait de meilleur. », « Lettre à Jules Duplan », 17 mars 1867, t. III, p. 616.

Or, Flaubert se situe, de son point de vue, à mille lieues. Bien sûr, on lira son roman à l'identique et c'est même la raison pour laquelle *L'Éducation* sera un tel échec mais le projet est ailleurs : dans une volonté esthétique de construire une œuvre littéraire qui soit moins un récit, une suite d'aventures ou de mésaventures qu'une œuvre en soi, c'est-à-dire un objet esthétique qui se suffise à lui-même par ses qualités intrinsèques, son architecture, l'émotion provoquée, la révélation du Beau qu'il offre au lecteur. C'est ce que Flaubert, d'une manière provocante, a appelé ailleurs le « livre sur rien » : oublions le thème, oublions les personnages, oublions le récit et admirons quelque chose qui ne serve à rien, qui n'ait pas de double, que l'on a jamais vu. Telle est la définition de l'œuvre d'art pour Flaubert.

Alors, oui, avec *L'Éducation sentimentale*, concevons que Flaubert a tout raté : le lecteur est incapable d'oublier Moreau et son compère Deslauriers, 1848 et la Révolution telle qu'elle est peinte, les affaires et les petites histoires d'amours mesquines. D'ailleurs, Flaubert le pressentait :

> Et j'ai bien du mal à emboîter mes personnages dans les événements politiques. Les fonds emportent mes premiers plans[1].

> Mais j'ai bien du mal à emboîter mes personnages dans les événements politiques de 48 ! J'ai peur que les fonds ne dévorent les premiers plans. C'est là le défaut du genre historique. Les personnages de l'histoire sont plus intéressants que ceux de la fiction, surtout quand ceux-là ont des passions modérées. On s'intéressera moins à Frédéric qu'à Lamartine[2]?

S'il demeure encore quelque habileté stylistique à apprécier, celle-ci devient juste le prétexte à faire passer un message délétère et dangereux ! Pour Flaubert qui a rêvé un roman où l'histoire serait au contraire seconde par rapport à un projet esthétique, l'échec se révèle cuisant : il revient à lui laisser entendre qu'il est moins doué que Du Camp, ce même Du Camp qui a su lui faire des observations justes mais irritantes[3] et qui en viendra enfin, devant tant de critiques vio-

---

[1] « Lettre à sa nièce Caroline », 9 mars 1868, t. III, p. 729.

[2] « Lettre à Jules Duplan », 14 mars 1868, t. III, p. 734.

[3] Flaubert constate : « Je n'ai pas eu la force de relire mon roman, d'autant plus que les observations de Maxime, si justes qu'elles soient, m'irritent. J'ai peur de les accepter toutes, ou d'envoyer tout promener », « Lettre à Jules Duplan », 29 juillet 1869, t. IV, p. 78.

lentes endurées, à le plaindre[1]! Si l'épreuve avait été moins pénible, gageons que Flaubert en aurait volontiers ri, de son rire « hénaurrrme ».

Alors que retenir de cette aventure romanesque ? La po-éthique de Flaubert consiste dans la lucidité de reconnaître que l'esthétique porte sa propre éthique dans un lien essentiel et donc indissociable quand ses contemporains usent encore de la stylistique et de la rhétorique pour faire passer le moindre message. Comment Flaubert ne leur reprocherait-il pas jusqu'à la médiocrité dudit message quand ils osent travestir l'art ou la sacro-sainte littérature ? L'esthétique de Flaubert poursuit la perfection et le Beau, en un mot l'Idéal[2] : elle aurait dû engendrer des personnages hors-normes, au caractère exceptionnel, lancés dans des intrigues violentes et fortes, au sein d'une histoire héroïque. Elle a accouché loin d'un idéal romantique – auquel Flaubert comme Emma n'a donc jamais renoncé – de pâles figures bien trop réelles. Au lieu d'aider à la rencontre d'une humanité supérieure, donc un peu inhumaine, elle a favorisé l'avènement d'une littérature-miroir où se voir, c'est se rendre toujours plus insupportable à soi-même.

Encore un peu plus isolé que jamais, le 1er janvier 1869, Flaubert écrit à Sand comme un vœu de nouvelle année qu'il se ferait à lui-même :

> Pourrai-je faire un livre où je me donnerai tout entier ? Il me semble, dans mes moments de vanité, que je commence à entrevoir *ce que doit être* un roman. Mais j'en ai encore trois ou quatre à écrire avant celui-là (qui est d'ailleurs fort vague !) et au train dont je vais, c'est tout au plus si j'écrirai ces trois ou quatre[3].

Un vœu jamais réalisé, donc, pour une prédiction trop juste. Une réalité purement idéelle là où il n'avait jamais été question que d'une quête d'idéal.

---

1 Flaubert avoue : « A propos de honte, ce n'est plus Mme Sandeau *qui me* plaint, mais Maxime. », « Lettre à Jules Duplan », 9 décembre 1869, t. IV, p. 137.

2 C'est ce qu'il exprime dans une formule volontairement paradoxale : « Bref, on n'est idéal qu'à la condition d'être réel et on n'est vrai qu'à force de généraliser. », « Lettre à Ernest Chesneau », 27 septembre 1868, t. III, p. 807.

3 « Lettre à George Sand », 1er janvier 1869, t. IV, p. 4.

LA FABRICATION DE LA VALEUR DANS LE ROMAN
SURRÉALISTE :
COLLAGE, MONTAGE, MACHINE ET MACHINATION

*Ivanne Rialland, Centre d'histoire culturelle des sociétés contemporaines,
UVSQ, Université Paris-Saclay*

« Je veux qu'on se taise, quand on cesse de ressentir[1] » : cette célèbre phrase de Breton, par laquelle il condamne la description romanesque, porte en elle l'articulation de l'éthique et de l'esthétique essentielle au surréalisme. Ne pas faire part des « moments nuls[2] » de sa vie, c'est en effet lier l'écriture à l'authenticité vécue, celle qui distingue, par exemple, l'écriture automatique véritable de l'imitation de ses effets, que Breton condamne dans « Le message automatique »[3]. En même temps, le surréalisme multiplie les dispositifs artificiels visant à produire ce qu'on peut appeler des « moments intenses », dont

---

[1] André Breton, *Manifeste du surréalisme, in Œuvres complètes*, édition établie par M. Bonnet, t. I, Paris, Gallimard, coll. « Bibliothèque de la Pléiade », 1988, p. 314-315.

[2] « Je dis seulement que je ne fais pas état des moments nuls de ma vie, que de la part de tout homme il peut être indigne de cristalliser ceux qui lui paraissent tels. », *ibid.*, p. 315. On notera l'adjectif *indigne*, qui désigne bien le propos comme *moral*.

[3] « Enfin, il faut constater que d'assez nombreux pastiches de textes automatiques ont été mis récemment en circulation, textes qu'il n'est pas toujours aisé de distinguer à première vue des textes *authentiques*, en raison de l'absence objective de tout critérium d'origine. », André Breton, « Le message automatique », *Point du jour, in Œuvres complètes*, édition établie par M. Bonnet, t. II, Paris, Gallimard, coll. « Bibliothèque de la Pléiade », 1992, p. 381. C'est moi qui souligne.

le surgissement implique une rupture de l'ordre du monde, en tant que celui-ci est une construction de l'esprit de logique : « [Le surréalisme] ne tient et il ne tiendra jamais à rien tant qu'à reproduire artificiellement ce moment idéal où l'homme, en proie à une émotion particulière, est soudain empoigné par ce "plus fort que lui" qui le jette, à son corps défendant, dans l'immortel[1]. » Ces artifices ont un but stratégique : court-circuiter les habitudes de l'esprit, mais ils signifient également l'insularité[2] du « moment intense », qui, par essence, échappe à la saisie consciente du sujet et se dresse face à lui dans toute son *inquiétante étrangeté*. Dans cette perspective, l'étincelle de l'image se superpose pleinement à l'acte gratuit, c'est-à-dire dont les motivations échappent. Les surréalistes ont admiré sa mise en scène dans *Les Caves du Vatican* de Gide que Breton évoque dans les pages du Second Manifeste : « L'acte surréaliste le plus simple consiste, revolvers aux poings, à descendre dans la rue et à tirer au hasard, tant qu'on peut, dans la foule[3]. » La « vertu morale[4] » de cet acte réside dans sa valeur de « révolte absolue[5] », qui désigne autant l'intensité de sa violence que la rupture qu'il crée avec la conduite commune. L'acte se détache alors de la morale, acquérant une valeur en soi :

> Ce qui fait le théâtre aussi mort pour nous, disait Anicet, c'est sans doute que sa matière unique est la morale, règle de toute action : notre époque ne peut guère s'intéresser à la morale. Au cinéma, la vitesse apparaît dans la vie, et Pearl White n'agit pas pour obéir à sa conscience, mais par sport, par hygiène : elle agit pour agir[6].

La moralité s'absente au profit de l'intensité, indissociablement éthique, esthétique et devons-nous ajouter poétique (au sens de

---

[1] André Breton, *Second manifeste du surréalisme, in Œuvres complètes*, t. I, *op. cit.*, p. 809.

[2] J'emprunte le terme à Hans Ulrich Gumbrecht, dont la description du « moment d'intensité » qu'est l'expérience esthétique s'applique particulièrement bien à la « beauté convulsive » recherchée par les surréalistes. Voir Hans Ulrich Gumbrecht, *Éloge de la présence. Ce qui échappe à la signification*, traduit de l'anglais (États-Unis) par F. Jaouën, Paris, Meta-Éditions, 2010, p. 157.

[3] André Breton, *Second manifeste du surréalisme, in Œuvres complètes*, t. I, *op. cit.*, p. 782-783.

[4] « il importe de savoir à quelles vertus morales le surréalisme fait exactement appel, puisque aussi bien il plonge ses racines dans la vie », *ibid.*, p. 782.

[5] *Id.*

[6] Louis Aragon, *Anicet ou le panorama, roman* [1921], Paris, Gallimard, coll. « Folio », 2001, p. 137.

poiein) : ce sont en effet les moyens poétiques du cinéma qui lui permettent de représenter la vitesse qui caractérise tant le film qu'un comportement donné à imiter. Le discours d'Anicet – *alias* Aragon – à Baptiste Ajamais – *alias* Breton – dans un texte qui inclut dans son titre son appartenance au genre romanesque – *Anicet ou le panorama, roman* – invite à nous interroger sur la création poétique de cette intensité dans des romans dont la longueur risque fort d'impliquer ces « moments nuls » que condamne Breton. Or, l'intensité va être créée par des dispositifs techniques bien souvent mis en abyme, posant la question de la réussite de l'artifice à créer l'étincelle authentique avec quoi se confond la valeur surréaliste, ou de sa déchéance en poncif.

Le point d'achoppement du roman est la linéarité de sa narration que dirige un principe de causalité l'appariant à la logique commune révoquée par le surréalisme. D'un autre côté, bannir en bloc la narration est renoncer au roman, ce à quoi se refusent nombre de surréalistes, qui voient ses potentialités d'intensité passionnelle et de merveilleux. Le cinéma, et surtout le cinéma muet, favorisant la saisie des actions au détriment de l'analyse psychologique, suggère une première solution, qu'Aragon textualise après l'éloge de Pearl White cité plus haut :

> Le traître a volé le diamant pour la centième fois. Pearl lui arrache le joyau sous la menace d'un revolver. Elle monte en cab. La voiture était truquée. On jette Pearl dans un souterrain. Pendant ce temps le voleur volé cherche à pénétrer chez elle ; surpris par le journaliste, il se sauve sur les toits ; le publiciste le poursuit, le perd et rencontre fortuitement dans le quartier chinois le borgne qui a joué un rôle louche au cours des incidents antérieurs. À sa suite, il arrive au souterrain où Pearl languit, il va la délivrer : mais, suivi à son tour par le malfaiteur qui vient de lui échapper, il met involontairement celui-ci sur la bonne piste, et quand, après avoir fait sauter l'immeuble avec un explosif récemment inventé, il retrouve la belle évanouie, elle est ligotée et délestée du diamant par le diligent adversaire. Il n'y a eu de place ici que pour les gestes. L'action ne nous a passionnés qu'à titre de tour de force. Qui aurait songé à la discuter ? on n'en avait pas le temps. Voilà bien le spectacle qui convient à ce siècle[1].

---

[1] *Ibid.*, p. 138.

Le style paratactique, le présent de narration, la pauvreté des indicateurs de causalité, l'abondance des marques de la succession temporelle et notamment de celles du futur et du passé immédiats garantissent l'intensité du récit et l'évacuation de la psychologie et de la description, d'autant plus que celle-ci n'est plus portée par l'image cinématographique. Le roman d'Aragon emprunte ainsi aux scénarios des fictions populaires, afin de charger la narration en événements et de projeter le lecteur vers l'avant du texte, en enchaînant enlèvements, quiproquos, meurtres et suicides. Le roman n'atteint jamais cependant la pureté du résumé du film de Pearl White – qui joue le rôle d'un idéal-type –, étant entrecoupé de réflexions sur la beauté moderne et la valeur de l'action. Quoi qu'il en soit, les romans surréalistes, tout particulièrement dans les années vingt, recourent à la vitesse narrative des narrations populaires pour charger en énergie leur fiction : c'est le cas, notamment, de *La Liberté ou l'amour !* de Desnos ou d'*Êtes-vous fous ?* de Crevel[1].

Mais ces situations narratives ne sont pas seulement empruntées, elles sont détournées et réagencées : l'habitude de Breton et de Vaché de passer au hasard d'une salle de cinéma à l'autre pour assembler, dans leur imaginaire, les brèves séquences aperçues[2] est l'ébauche d'une poétique, qui trouve son plein déploiement dans les romans-collages de Max Ernst — ce déportement du côté des arts plastiques étant doublement autorisé par l'indistinction des médiums dans la pensée surréaliste et par l'emploi par Ernst du désignatif « roman ». Dans *Une semaine de bonté*[3] (1934), son troisième roman-collage après *La Femme 100 têtes* (1929) et le *Rêve d'une petite fille qui voulait entrer au Carmel* (1930), Ernst pro-

---

[1] Voir Ivanne Rialland, « "C'est alors que le Corsaire Sanglot..." Le stéréotype romanesque dans les romans surréalistes des années vingt », *in* A. Perli (éd.), *Stéréotype et narration littéraire, Cahiers de narratologie*, n° 17, 15 décembre 2009, http://revel.unice.fr/cnarra/sommaire.html?id=1070 et « Comment faire convulser un roman ? Roman surréaliste et intensité », *in* M. Briand, C. Camelin, L. Louvel (éds), *L'Intensité. Formes et forces, variations et régimes de valeurs, La Licorne*, n° 96, 2011, p. 95-105.

[2] Cette pratique est décrite par Elza Adamowicz dans *Surrealist Collage in Text and Image. Dissecting the exquisite corpse*, Cambridge ; New York ; Melbourne, Cambridge University Press, coll. « Cambridge Studies in French », 1998, p. 99.

[3] Voir Max Ernst, *Une semaine de bonté. Les Collages originaux*, sous la dir. de W. Spies, catalogue de l'exposition qui s'est tenue à Madrid à la Fondation MAPFRE (11 février-31 mai 2009) et à Paris au Musée d'Orsay (29 juin-13 septembre 2009), Madrid, Fundación MAPFRE, Paris, Gallimard ; Musée d'Orsay, 2009. J'emprunte à ce catalogue les éléments documentaires qui suivent.

pose une manière de roman-feuilleton empêchant tant la lecture linéaire que l'interprétation des images tout en y invitant fortement, créant de la sorte une intensité de la contemplation que renforce le caractère passionnel des images. Ce roman-collage a été composé par Max Ernst lors d'un séjour à Vigoleno, au Nord de l'Italie, en 1933. 182 collages paraissent en cinq livraisons en 1934, organisés selon les jours de la semaine, auxquels sont associés un élément et un exemple : le premier cahier s'intitule *Premier Cahier, Dimanche. Élément : la boue. Exemple : le lion de Belfort.* Les matériaux des collages sont presque tous empruntés aux gravures sur bois de romans-feuilletons du XIXᵉ siècle, tels *Martyres* d'Adolphe d'Ennery ou *Mam'zelle Misère* de Pierre Decourcelle. Les collages, qui ne sont pas accompagnés de légende, sont reproduits par le procédé du cliché au trait qui masque les traces du collage, en effaçant les différences de teinte entre les papiers. Max Ernst, dès l'étape du découpage et du collage, prend soin de produire des images « plausibles[1] », en agençant soigneusement les éléments, prenant notamment en compte l'assemblage des motifs et l'orientation des traits qui forment la texture des gravures xylographiques. La sélection des gravures et le collage font surgir une imagerie du roman noir[2] : « Le rire du coq », premier « exemple » du jeudi, dont l'élément est « le noir », laisse lire une manière de *Fantômas*, le lecteur suivant, de planche en planche, les aventures horrifiques du coq où sont multipliées les images de femmes enlevées, assassinées, torturées, souvent nues, et des décors de caves ou de chambres. L'enchaînement des images pousse le lecteur à reconstituer une succession narrative, mais qui reste lacunaire et insatisfaisante. Le collage 10 du « Rire du coq » représente l'enlèvement de femmes par des personnages à tête de coq, auquel succèdent dans les collages 11 et 12 deux scènes de torture de femmes nues, également par des personnages à tête de coq. Mais le collage 13 met en scène un duel au pistolet entre deux femmes, que rien ne relie à ce qui précède. Les collages 14 et 15 représentent deux pendaisons, la première d'une femme devant

---

[1] Werner Spies, « Les désastres du siècle », *in* Max Ernst, *Une semaine de bonté, op. cit.,* p. 29.

[2] « La rhétorique de l'horreur qui domine dans les cinq cahiers a un rapport évident avec le roman noir. Or, Max Ernst manipule exclusivement des illustrations de banals romans réalistes, qui ne tiennent qu'une partie de leur arsenal de l'horreur de la boutique du roman noir. », *ibid.,* p. 45.

un tableau, la deuxième d'un personnage masculin à tête de coq suspendu à un lit à baldaquin, invitant à un rapprochement, dont la nature reste indéterminée. Le roman-collage est plein de failles et de fissures, commuant, comme le souligne Elza Adamowicz, la transparence du roman populaire en opacité[1]. La frustration créée par la lecture narrative du roman-collage déporte vers une lecture symbolique à laquelle invite la division en jours de la semaine appariés à un élément, la présence récurrente d'un « masque » ou accessoire et les rimes visuelles. Mais celle-ci reste tout aussi insatisfaisante : l'interprétation ne peut être stabilisée dans l'assignation d'un sens, les symboles psychanalytiques, mystiques ou alchimiques étant cités sans pouvoir être constitués en clés. La tension est aggravée passionnellement par le contenu des images, souvent sadiennes, et les scénarios de romans noirs que la mémoire textuelle convoque. Ainsi, l'intensité est maintenue à son pic par la combinaison de la charge passionnelle, de la suggestion d'une trame et d'une signification symbolique qui ne parviennent jamais à réduire les images à leur signification ni à les assembler.

Le jeu du collage et du montage et la sollicitation d'une encyclopédie narrative paraissent fournir le moyen d'éviter les « moments nuls » et de rester à ce point d'intensité qu'exige le surréalisme. On peut en trouver un exemple intéressant dans une production tardive, « Le palmier qui tue », « roman policier express » du surréaliste José Pierre, publié en 1968[2], dont il faut citer le début :

I.

Au petit matin rose, un cadavre est découvert, ficelé à un palmier de la Promenade des Anglais, à Nice.

II.

Tous les pâtissiers de la ville fabriquant des palmiers sont pris en filature.

III.

Le consul d'Angleterre à Nice demeure introuvable : on apprendra peu après qu'il a demandé asile à la Principauté de Monaco.

---

[1] Elza Adamowicz, *Surrealist Collage in Text and Image. Dissecting the exquisite corpse*, *op. cit.*, p. 117.
[2] José Pierre, « Le palmier qui tue. Roman policier express », *D'autres chats à fouetter*, Paris, Éric Losfeld, 1968, p. 81-89.

IV.

L'inspecteur Z réussit à mettre la main sur une guenon répondant au nom de Zéphirine qui, de toute évidence, a trempé dans l'affaire ; elle est écrouée.

V.

Nice-Matin : « L'épouse de la victime ne serait autre que Mrs Patricia Durand, ex-femme-serpent du Cirque Locarno, devenue la reine du sac à main en crocodile[1].

La succession des chiffres romains souligne la linéarité de la narration qui emprunte son scénario au roman policier, mais en perturbant les rapports de causalité au cœur du genre du *whodunnit*. S'y substituent partiellement, équivalents des rimes visuelles d'Ernst, des jeux de mots qui guident l'enquête, l'homonymie remplaçant la logique métonymique de l'indice. Mais la logique langagière n'est que partielle. Les coïncidences s'accumulent, sans que celles-ci ne s'assemblent en un schéma général, et la fin reste ambiguë : « Le capitaine Bott, déclaré simple d'esprit, est interné, de même que le détective O'O qui se prétend lui aussi l'assassin[2]. » L'internement du capitaine Bott est-il une révocation de sa responsabilité ou de sa culpabilité ? La promotion de l'inspecteur Z et le classement de l'affaire sur laquelle s'arrête le roman express plaident en faveur de la première hypothèse, mais les aveux parallèles du détective O'O orientent vers la deuxième. Le sens n'émerge pas et le style tend à gommer, non seulement les notations psychologiques, mais l'identification des agents, par l'emploi de nombreuses tournures passives ou impersonnelles : « Trouvé dans une gare de triage, un palmier vagabond est passé à tabac et interrogé en détail ; rien[3]. » Plutôt que le roman policier, l'intertexte est ici le fait divers journalistique : des extraits de presse ponctuent le roman et, avec l'effacement des agents, l'emploi des deux points et de tournures nominales en miment le style : « Coup de théâtre : le palmier du crime a disparu[4]. » Ce style paratactique présente chaque action dans son surgissement et son isolement : le roman prend la forme d'une multiplicité d'instantanés

---

[1] *Ibid.*, p. 83.

[2] *Ibid.*, p. 89.

[3] *Ibid.*, p. 85.

[4] *Ibid.*, p. 84.

qu'on est invité à mettre en série sans que la succession des chapitres parvienne totalement à rompre leur insularité.

Ces techniques de collage et de montage sont mises en abyme au sein des romans surréalistes sous le double aspect de la machine et de la machination. Dans *Anicet ou le panorama, roman*, on l'a vu, le *serial* essaime dans la narration qui exhibe l'emprunt :

> Imaginez-vous que j'allais m'engager à corps perdu dans une aventure du genre fantastique pour donner des perles à manger à votre épouse. Cela devait commencer par un article sur la peinture moderne, et puis il y avait au programme un costume collant noir comme ceux qu'on voit au cinéma, et des revolvers confortables, et des cordes à nœuds qui pendent dans la nuit[1].

Cette mise à distance souligne l'artifice et le jeu, qui fait partie de l'art romanesque surréaliste dans les années vingt et que l'on retrouve chez José Pierre. Mais cette artificialité pose en même temps la question de l'authenticité de l'intensité obtenue. Soupault, dans *Les Dernières Nuits de Paris* (1928), révoque de la sorte la valeur des moments intenses produits par les machinations de Volpe-Breton : « L'ennui s'emparait d'eux et, pour le chasser, ils poursuivaient le mystère et créaient des fantômes[2]. »

Après la seconde guerre mondiale, ce questionnement nous paraît au cœur de l'écriture narrative de Gracq et d'Hardellet. Le personnage principal du *Seuil du jardin* (1958) d'André Hardellet, Stève Masson, est un peintre qui cherche à retrouver dans ses tableaux, par « une subtile déviation des valeurs[3] », une réalité essentielle dont le quotidien ne propose qu'un double pâli. Dans la pension où il habite s'installe le professeur Swaine, inventeur d'une miraculeuse machine, faite de formes géométriques assemblées et animées par un moteur, qui donne accès au spectateur à ce monde authentique. S'enclenche à partir de là une intrigue policière, la machine étant recherchée par le représentant d'une so-

---

[1] Louis Aragon, *Anicet ou le panorama, roman*, *op. cit.*, p. 179.

[2] Philippe Soupault, *Les Dernières Nuits de Paris* [1928], Paris, Gallimard, coll. « L'imaginaire », 1997, p. 110.

[3] André Hardellet, *Le Seuil du jardin* [1958], Paris, Gallimard, coll. « L'imaginaire », 2006, p. 34.

ciété secrète craignant sa force libératrice. La machine est finalement détruite, mais à ce moment, son pouvoir est mis en doute : « Masson s'en rendait plus ou moins compte, parfois même il se demandait si les disques authentiques, reconstitués, auraient suffi pour amener l'hypnose sans la faculté mystérieuse transmise par leur inventeur[1]. » La machine ne suffit pas, il y faut la grâce, comme le souligne le voisin de Stève : « Faire des merveilles, qu'est-ce que ça veut dire ? Des merveilles, on n'en fait pas, on en rencontre, des fois, quand on a de la chance[2]. » En outre, la machine n'est qu'un ersatz, marquant une perte : « "Pourvu qu'il y ait quelque chose *après*", pensa-t-il. Quelque chose après la pourriture et l'effacement, des vacances éternelles où l'on n'aurait plus besoin de machines compliquées et de formules pour reconquérir la pureté primitive[3]. » C'est bien ce qu'indique André Hardellet lui-même dans une lettre à Sim Marty qu'il joint au manuscrit de *Lourdes et lentes…*, roman érotique dont l'origine et l'aboutissement est l'initiation amoureuse du jeune Stève par sa nourrice Germaine : « Pour retrouver l'équivalent, quarante ans plus tard lorsque j'écrirai *Le Seuil*, il me faudra inventer la machine de Swaine – la machine à *rêver vrai*, à remonter le cours de l'impitoyable rivière d'Héraclite[4]. »

La question de la valeur d'une intensité artificielle est posée dans *Le Rivage des Syrtes* de Gracq sous l'espèce cette fois de la machination. L'événement que produit Aldo en franchissant la zone des patrouilles et en provoquant les coups de semonce du rivage ennemi, s'il paraît à la première lecture comme un moment de pure liberté, une transgression par rapport à l'ordre établi dans lequel Orsenna s'endort, se révèle rétrospectivement le résultat d'une manipulation : « J'ai eu envie ce soir de te parler d'homme à homme parce que tu m'es proche, parce que je t'ai suivi de loin d'heure en heure, parce que j'étais la force qui te soutient et qui te pousse – parce que j'étais avec toi sur le bateau[5]… », dit Danielo, le maître d'Orsenna, à Aldo. La lettre du Conseil reçue par Aldo

---

[1] *Ibid.*, p. 150.
[2] *Ibid.*, p. 153
[3] *Ibid.*, p. 122.
[4] André Hardellet, *Lourdes, lentes* [1969], Paris, Gallimard, coll. « L'imaginaire », 2006, p. 112.
[5] Julien Gracq, *Le Rivage des Syrtes* [1951], Paris, Corti, 2004, p. 307.

était bien ainsi une incitation à agir et, plus tôt, le bateau vu au loin et donnant corps une première fois à son obsession était celui de Vanessa, qui joue un rôle d'agent provocateur. Aldo n'est finalement qu'un instrument et son acte n'a pas la qualité morale d'un choix. Mais Danielo lui-même ne choisit pas : « Choisir… Décider… Et le pouvais-je ? Ce qu'elle a maintenant, la ville se l'est donné à elle-même[1]. » La machination est la mise en œuvre d'une fatalité qui traverse ses agents pour se révéler dans l'acte de la transgression, mise en mouvement et mise à mort à la fois de la ville momifiée. Cette machination est tout autant celle de l'auteur, qui distille très tôt les indices créant l'attente de l'événement, promis dès l'arrivée d'Aldo sur le rivage des Syrtes : « Quelque chose m'était promis, quelque chose m'était dévoilé ; j'entrais sans éclaircissement aucun dans une intimité presque angoissante, j'attendais le matin, offert déjà de tous mes yeux aveugles, comme on s'avance les yeux bandés vers le lieu de la révélation[2]. » Si la tension narrative se superpose à l'attente du personnage et conduit à la déflagration émotionnelle censée être ressentie au moment de la transgression d'Aldo, en même temps le caractère très voyant de cette machination narrative crée un effet potentiel de distanciation. Cette artificialité est interrogée nettement par Gracq dans *Un beau ténébreux* que parcourt la métaphore du théâtre. Gérard écrit de la sorte, dans son « Journal » qui compose la plus grande part du roman : « Accoudé à ma fenêtre, cet après-midi, je prenais pour la première fois conscience de ce qu'il y a d'extraordinairement théâtral dans le décor de cette plage[3]. » L'image du décor de théâtre, posée dès le début dans une manière d'avant-propos[4], doit être comprise d'une façon double : elle est une invitation à chercher ce qu'il y a derrière les apparences et une désignation de la mise en scène dans laquelle se complaisent les personnages. Le bal masqué où le beau ténébreux et sa compagne révèlent leur intention de suicide est ainsi un comble de théâtralité où se dit une vérité. L'acte lui-même, le suicide d'Allan,

---

[1] *Ibid.*, p. 312.

[2] *Ibid.*, p. 18.

[3] Julien Gracq, *Un beau ténébreux* [1945], Paris, Corti, 2003, p. 58.

[4] « De même m'est-il arrivé de m'imaginer, la représentation finie, me glisser à minuit dans un théâtre vide, et surprendre de la salle obscure un décor pour la première fois refusant de se *prêter au jeu*. », *ibid.*, p. 13.

se produit hors scène et vient donner *in fine* une épaisseur à ce jeu macabre : « Oui c'est vrai, j'ai joué. Joué avec vous tous, comme en fait le fantôme, la nuit, affublé d'un drap blanc. [...] Je vivais au jour le jour, forcené, rusant avec la chance. Si je peux me pardonner maintenant, – ce soir – cette gaminerie lugubre, c'est que je peux me dire qu'au fond de moi j'ai toujours su que je restais prêt à payer[1]. » Comme chez Hardellet, le moment intense, authentique, vient de la chance, ici de la mauvaise chance, qui mène à la mort. La machine ou la machination alors s'effacent devant la grâce ou la malédiction d'une présence.

L'exhibition de cette artificialité pose cependant question. À la différence du collage de Max Ernst, elle n'est pas un simple dispositif technique de production dont les traces sont effacées, mais, placée au cœur de l'œuvre, elle engendre une lecture en partie distanciée. Si celle-ci fait partie de la « beauté moderne » que recherche Anicet dans le roman d'Aragon, elle paraît dans les romans de Gracq et d'Hardellet une interrogation des pouvoirs du surréalisme lui-même. Il est frappant que ces romans soient envahis par les « moments nuls » que dénonce Breton. Si Gracq, reprenant la formule de Breton, veut lui aussi que l'on se taise quand on cesse de ressentir[2], *Le Rivage des Syrtes* comme *Un beau ténébreux* sont dominés par le sentiment d'un vide de l'existence, décrue de la passion qui prend la forme de la sclérose de la ville d'Orsenna et de l'arrière-saison d'*Un beau ténébreux*. Hardellet, lui, passe son œuvre et sa vie à chercher à renouer avec des moments de présence, situés à la fois dans le passé de l'enfance et dans le rêve d'une communion intemporelle des consciences. Intervenant en outre dans un cadre romanesque, l'intensité construite par la fiction semble un substitut d'une intensité vécue inatteignable, de même que la machine de Swaine remplace l'initiatrice érotique Maimaine : l'artificialité qui doit produire pour Breton l'étincelle signe la perte des moments intenses qui, pour valoir, dans l'orbe surréaliste, se devaient d'être avant tout existentiels. Il est remarquable que ce sentiment de perte s'accompagne d'un tropisme accru de cette queue de comète du surréalisme vers le roman-

---

[1] *Ibid.*, p. 251.
[2] Julien Gracq, « Réponse à une enquête sur le roman contemporain » [1962], *Lettrines*, in *Œuvres complètes*, édition établie par B. Bloie, t. II, Paris, Gallimard, coll. « Bibliothèque de la Pléiade », 1995, p. 176.

tisme, qui conduit à rabattre le surréel sur l'idée d'un arrière-monde : la quête de celui-ci prend alors volontiers l'allure de la quête nostalgique d'un âge d'or, ou d'un rapport plus naturel au monde, qui s'accommode mal de l'artifice d'un dispositif. Si c'est là simplifier l'évolution du surréalisme – les œuvres d'Aragon, Soupault, Crevel incluent dans les années vingt cette interrogation sur l'efficacité du comportement surréaliste et ont aussi des accents nostalgiques –, c'est pointer une nécessaire modification au moment où le surréalisme devient un passé. Son objectif de transformation éthique ayant surtout généré une évolution du champ littéraire, son efficacité est interrogée par ses descendants au sein d'œuvres qui ne semblent plus prétendre à une modification du monde, et les machines infernales surréalistes tendent à devenir objets de musée, prêtant à la citation nostalgique, comme l'est en 2010 l'utilisation autrefois transgressive et passionnelle des romans-feuilletons dans *Rose c'est Paris*, l'exposition de Bettina Rheims, qui fait du Paris des surréalistes un objet de commémoration et délectation pour touristes du passé[1].

---

[1] Ce caractère citationnel et nostalgique des photographies de Bettina Rheims et du film de Serge Bramly qui les accompagne est affiché : « Le Paris de l'entre-deux-guerres, qui a servi de socle à notre imaginaire, est comparable à l'Athènes de Périclès ou à la Florence des Médicis. J'aurais bien aimé pour ma part vivre à cette époque où, sur quelques kilomètres carrés, à Montmartre, Montparnasse, se rencontraient ensemble les génies les plus novateurs de l'art, de la littérature, de la musique, de Picasso à Eisenstein, en passant par Joyce, Stravinsky ou Man Ray. C'est cet instant miraculeux de l'humanité, cet âge d'or révolu, dont notre Paris porte la trace… », Bettina Rheims, propos recueillis par Thierry Grillet, *Rose, c'est Paris*, catalogue de l'exposition présentée à la Bibliothèque nationale de France du 8 avril au 11 juillet 2010, Paris, Bibliothèque nationale de France, 2010, p. 78. La perturbation du réel que produisent les photographies ne vise plus l'avènement à venir d'un réel autre, mais ce geste passé de transgression surréaliste, qui est commémoré et non réitéré.

LIBERTÉ, LIBÉRATION, DÉMOCRATIE : L'ÉCRITURE HYBRIDE DU ROMAN ROMANTIQUE

Lucie Lagardère

« […] ; communiquer la vérité, non simplement la dire : voilà le point de devoir en question […] »[1] Dans tous ses textes, mais plus encore dans *Le Manuel de l'homme d'État*, notamment le premier *Sermon laïque* de 1816, adressé *aux classes supérieures* ainsi que son *Appendice C*, et dans *L'Ami* de 1809-1810, Samuel Taylor Coleridge n'a cessé de rechercher cette communication de la vérité. Il faut bien comprendre la différence qu'il instaure avec la simple diction : communiquer implique une réflexion sur la forme adé-

---

[1] Pour le texte anglais, j'utilise l'édition des œuvres complètes de Coleridge chez Routledge and Kegan Paul et Princeton University Press. Pour le texte français, on peut se reporter à la traduction d'Éric Dayre et de Philippe Beck aux éditions Gallimard, dans la collection « Bibliothèque de philosophie ». Toutes les traductions sont personnelles. En note, je renvoie cependant à ces éditions, désormais notées *The Friend* ou *LS* (*Lay Sermons*) pour l'édition anglaise et *L'Ami* ou bien *SL* (les *Sermons laïques*) pour la traduction française. Samuel Taylor Coleridge, *The Friend*, Barbara E. Rooke (ed.), *in The Collected Works of Samuel Taylor Coleridge* (*CW*), Kathleen Coburn (ed.), London, Routledge & Kegan Paul; Princeton, Princeton University Press, 1969, 2 vols., vol. 4.1 et 4.2. ; *Idem, Lay Sermons*, R. J. White (ed ;), *in CW, éd. cit.*, 1972, vol. 6, ; *Idem, Les Sermons laïques, 1816-1817, suivi de L'ami, 1818 et autres textes*, Philippe Beck et Éric Dayre (éds.), Paris, Gallimard, « Bibliothèque de philosophie », 2002. Pour un aperçu synthétique de l'oeuvre de Coleridge, on se reportera à Samuel Taylor Coleridge, *The Major Works*, H.J. Jackson (ed.), Oxford, Oxford University Press ; 2008. Samuel Taylor Coleridge, *The Friend, in CW, éd. cit.*, vol. 4.1, p. 42 ; *L'Ami, in SL*, p. 326 : « […] to convey truth, not merely to say it ; is the point of duty in dispute : […] ».

quate pour faire passer « la *véracité* […], l'exacte *simplicité* […] c'est-à-dire, la seule vérité et toute la vérité. »[1] C'est donc autant un problème de valeur qu'une question de rhétorique. C'est précisément cette question que j'aimerais reprendre et examiner : quel roman doit être construit pour communiquer les valeurs propres à Coleridge ?

Au lendemain de la Révolution, Coleridge se lance dans une critique du Jacobinisme, du Consulat et de l'Empire, coupables à ses yeux d'avoir subverti les valeurs révolutionnaires, notamment la liberté[2]. Avec Robert Southey, il invente alors le projet politique et théologique de *Pantisocracy*, une communauté égalitaire, pour ensuite s'en détacher et former dans les années 1810-1830 une pensée de l'équilibre des pouvoirs, fidèle au système anglais du *checks and balances*[3] et cherchant dans chaque instance la valeur compensatoire qui permet de faire tenir le tout. Ces réflexions politiques s'accompagnent d'expérimentations littéraires. Coleridge entend en effet trouver la forme qui soit capable de construire et de faire passer ce discours de la valeur. De plus, son influence, ne serait-ce que pour la pensée anglaise, est considérable.

L'Anglais Samuel Taylor Coleridge compte donc si l'on s'intéresse à la question de la valeur dans la période romantique post-révolutionnaire[4], celle, dit-on, de laquelle notre société actuelle est issue. *L'Ami* relève de la prose d'idées et les *Sermons laïques* sont des essais politico-théologiques destinés à être prononcés sous forme de discours. On ne nous raconte pas d'histoires dans ces œuvres. Pourquoi alors parler de roman ? C'est que dans le contexte du début du romantisme, le roman ne recoupe plus le sens de narration

---

[1] *Ibid.* : « *veracity* […] exact *simplicity* […] ; that is, the truth only, and the whole truth. »

[2] John Greville Agard Pocock, *Virtue, Commerce, and History. Essays on Political Thought and History, Chiefly in the Eighteenth Century (Ideas in Context)*, Cambridge, Cambridge University Press, 1985 ; Denise Degrois, « Coleridge critique et philosophe : les Conférences sur la Littérature (1808-1809) », *Critique venue d'ailleurs, in Romantisme*, 1995, n° 89, p. 101-106.

[3] John Locke, *Les Deux traités du gouvernement civil (Two Treatises on Government)*, Gilson B. (éd.), Paris, Vrin, 1997 (1690). En France, le système est plutôt théorisé par Montesquieu dans l'*Esprit des lois*, mais lorsque Chateaubriand écrit *De la Monarchie selon la Charte* en 1816, c'est à la monarchie parlementaire anglaise qu'il pense.

[4] Marilyn Butler, *Romantics, Rebels and Reactionnaries : English literature and its Background 1760-1830*, Oxford, Oxford University Press, 1981.

fictionnelle romanesque. La nouvelle définition du *Roman* par les romantiques du cercle d'Iéna[1] élimine le strict partage entre critique et poïétique, mêle écriture de l'essai, prose, poésie, réflexion sur le langage et thèmes didactiques, montre enfin qu'il n'y a plus de genre stable et défini, mais au contraire une poétique du mélange qui se met en place. Cette *poïesis* qui caractérise désormais le roman romantique[2] vise à la réalisation de ce que Schiller appelle « l'état esthétique », fondement véritable de la valeur et de la liberté pour l'art, mais aussi pour la politique, la société et l'homme enfin[3]. C'est pour prendre en charge ce nouveau rôle qui lui incombe, que le roman change de forme et de définition et ne coïncide plus avec le genre de la fiction romanesque.

Je vais alors examiner ici le roman comme dispositif interne de rapports formels producteur, *en soi*, de valeur. Ce qui m'intéresse particulièrement, et qui fait l'objet principal de cette enquête, est la façon dont le roman mêle prose et poésie et dont leurs différences sont harmonisées par le processus formel de l'imagination. Les proses romantiques se laissent traverser par la fulgurance du poème, l'intègrent, s'y frottent, la combattent et y reviennent comme vers une matrice. Le but sera de bâtir une articulation cohérente. Il me semble que, dans cet effort vers l'accord harmonieux des parties (et partis) contraires sous un même ensemble, celui du roman, nous trouvons une pratique et une théorie de la forme comme valeur. Le roman obtenu parviendrait à créer et à « communiquer » les valeurs recherchées : la vérité, la liberté et la démocratie. Pour Coleridge comme pour beaucoup de romantiques, le constat politique et sociétal est amer : la société est divisée, les idéaux révolutionnaires se sont effondrés dans l'épisode terroriste

---

[1] « Tout comme notre poésie [*dichtkunst* = art du dire] avec le roman, celle des Grecs a pris son essor avec l'épopée, et s'y est à nouveau dissoute. », Antonio alias Friedrich Schlegel, « Lettre sur le roman », *Athenaeum*, *in* Philippe Lacoue-Labarthe et Jean-Luc Nancy, *L'Absolu littéraire. Théorie de la littérature du romantisme allemand*, Paris, Seuil, 1978, p. 321-330. Voir aussi Denis Thouard, *Critique et herméneutique dans le premier romantisme allemand*, Lille, Presses Universitaires du Septentrion, 1996.

[2] À la différence de Jean-Marie Schaeffer dans *Naissance de la littérature. La théorie esthétique du romantisme allemand*, Paris, Presses de l'École Normale Supérieure, 1983, je ne maintiens pas la majuscule à *Roman* mais je le distingue bien de ce que nous appelons ordinairement le roman.

[3] Friedrich Schiller, *Lettres sur l'éducation esthétique de l'homme*, Robert Leroux trad., mise à jour Michèle Halimi, Paris, Aubier, « Bilingue », 2002.

et le retour nostalgique à un état antérieur est autant illusoire que peu souhaitable. Il manque donc à l'époque une littérature et une politique en adéquation avec la société moderne et avec les changements actuels. Les réponses du passé sont anachroniques, les tentatives du présent ont échoué, reste alors à inventer, à imaginer, à produire l'avenir[1]. En effet, on va voir que ce qui relève de la prose imaginative propose également une réflexion sur le sujet social et la communauté politique ; interrogeant les conditions d'un vivre ensemble, le roman apparaît comme le lieu de la théorisation du littéraire, de l'esthétique, de l'éthique et du politique. Mon but est de souligner que la révolution de la forme soutient explicitement un projet politique et un discours de la valeur. Je vais montrer que c'est bien par la mise en forme *dans* et *depuis* le texte que se réalise la bonne forme politique et morale pour Coleridge. Tout au long de mon étude, articulée autour de la question du processus imaginatif, j'examinerai donc les relations de réciprocité entre production de la forme et production de l'éthique. J'esquisserai alors le mouvement d'étude suivant : je présenterai d'abord les défauts, les risques et les insuffisances de chaque forme et de ses implications politiques, pour ensuite en présenter la solution, imaginative bien évidemment, ainsi que religieuse, et j'en étudierai la forme privilégiée — l'écriture mêlée, symbolique et prophétique du roman d'imagination.

Raison et allégorie, entendement et fantaisie : les contre-valeurs politiques et littéraires

En politique : la raison, l'entendement et le despotisme

Coleridge fait correspondre la forme poétique, le fait politique ou historique et la faculté de l'esprit, soit le principe éthique et

---

[1] Ce diagnostic est aussi le point de départ de Ludoviko dans son *Discours sur la mythologie* qui prend place au sein de l'*Entretien sur la poésie* dans l'*Athenaeum* de F. Schlegel : « Je vais droit au but. J'affirme que notre poésie manque de ce centre qu'était la mythologie pour les Anciens, et que tout l'essentiel en quoi l'art poétique moderne le cède à l'antique tient en ces mots : nous n'avons pas de mythologie. Mais j'ajoute : nous sommes sur le point d'en avoir une, ou plutôt il est temps pour nous de contribuer sérieusement à la produire. » Ludoviko alias Friedrich Schelling (?), « Discours sur la mythologie », *Athenaeum, in* Philippe Lacoue-Labarthe et Jean-Luc Nancy, *L'Absolu littéraire. Théorie de la littérature du romantisme allemand*, Paris, Seuil, 1978, p. 311-312.

moral : il met ainsi en concordance le despotisme politique, où ne gouverne qu'un seul de façon absolue, avec un usage excessif de deux facultés, la raison et l'entendement, et de deux notions littéraires et formelles, l'allégorie et la fantaisie[1]. Mais selon quelles modalités ces concordances sont-elles posées ? Posons d'abord quelques définitions paradigmatiques. D'une part, Coleridge définit la Raison comme étant la Morale, égalitaire, universelle, partagée par tous, et d'autre part, il conçoit l'entendement comme étant ce qui relève de l'expérience, c'est-à-dire de la politique et du gouvernement. À l'opposé de la Raison universelle, il s'occupe, lui, du particulier et des activités extérieures de l'homme. Cette opposition en recoupe deux autres, plus formelles, d'abord entre la fantaisie (la *fancy* comme forme primaire de l'imagination) et l'imagination secondaire, et ensuite entre l'allégorie et le symbole. Si aucun de ces éléments n'est mauvais en soi, ils peuvent le devenir s'ils sont utilisés de façon excessive et exclusive. En effet, chacun de ces pouvoirs ou facultés, s'il est pris isolément, ou s'il n'est pas bien équilibré, entraîne un défaut de fond comme de forme, ce qui a d'importantes conséquences poétiques, politiques et sociales. En 1816, Coleridge a en ligne de mire deux systèmes politiques historiques : la Révolution française terroriste et l'Empire napoléonien. Mais ce dernier est lui-même issu des dérives fantaisistes de la politique révolutionnaire : concentrant tous les pouvoirs et visant à l'expansion maximale de son influence, l'empire est une Idée absolue de la raison qui force le réel à se conformer à sa loi toute-puissante. On voit donc le va-et-vient possible entre les fantaisies politiques de l'entendement et les idées transcendantes de la raison. À rebours de la causalité, je vais maintenant examiner le détail de ces dangers politiques, avant d'en voir les fonctionnements poétiques – qui en sont en fait aussi les causes.

La Raison pure et seulement pure risque, par excès d'abstraction morale, de perdre tout contact avec les conditions empiriques de l'existence et donc de produire un monstre théorique, qui peut avoir des conséquences politiques désastreuses. Elle finit

---

[1] Il ne me semble pas nécessaire de commenter en détail en quoi ces notions peuvent être des valeurs : ainsi il va de soi que la démocratie, la mesure et l'accord sont connotés positivement pour Coleridge alors que le despotisme, l'excès et le désordre opèrent comme des contre-valeurs politiques, morales et littéraires.

toujours par mener soit à un état anarchique, sans aucun cadre, où tout serait soumis au règne d'une Idée (par exemple à la reine Égalité, idée qui ne se réalise jamais effectivement), soit à sa conséquence directe, un état despotique, voire totalitaire, centralisant tous les pouvoirs, fonctionnant par grandes Idées et y soumettant le réel et les individus particuliers, de gré ou de force.

> The comprehension, impartiality, and far-sightedness of Reason, (the LEGISLATIVE of our nature) taken singly and exclusively, becomes mere visionariness in *intellect*, and indolence or hardheartedness in *morals*. It is the science of [...] philantropy without neighbourlines or consanguinity, in short, of all the impostures of the French revolution, which would sacrifice each to the shadowy idol of ALL. For Jacobinism is *monstrum hybridum*, made up in part of despotism, and in part of abstract reason misapplied to objects that belong entirely to experience and the understanding.[1]

> « La compréhension, l'impartialité et la prévoyance de la Raison (soit le LÉGISLATIF dans notre nature), pris individuellement et exclusivement, devient une pure capacité visionnaire dans l'*intellect*, et indolence ou dureté de cœur en *morale*. C'est la science de [...] la philanthropie sans bon voisinage ou relation de sang [...], bref de toutes les impostures de cette philosophie de la Révolution française qui sacrifierait chacun à la sombre idole de TOUT et TOUS. Car le Jacobinisme est un *monstrum hybridum*, fabriqué en partie de despotisme, et en partie de raison abstraite mal appliquée à des objets qui appartiennent entièrement à l'expérience et à l'entendement. »

Trop idéaliste, l'excès de Raison raisonnante oublie la part de réel de l'expérience. Jouant de pures abstractions, elle sacrifie le cœur, le sentiment humain fraternel, pourtant essentiel à un rapport intersubjectif. L'union absolue est certes tentante, mais informelle et (trop) totale ; et c'est là le danger le plus grand. Donc un poème ou un roman qui ne traiterait que de concepts moraux, mais abstraits, serait un échec.

L'entendement, lui, par excès de particularisation et de distinction, risque de mener au despotisme, car il ne s'occupe que des conditions empiriques sans prendre en compte les principes mo-

---

[1] Samuel Taylor Coleridge, *LS*, Appendix C., p. 63-64 ; *SL*, Appendice C., p. 156.

raux réglant le fait historique ou l'action politique. En effet, la Politique, fondée sur la propriété qui divise et qui n'est pas universelle, *ne peut pas* être morale. Donc l'entendement ne peut produire que de faux principes, de fausses morales. C'est le règne du mensonge du littéral, c'est-à-dire le règne allégorique, dont Napoléon est l'exemple archétypal. S'introduit ici l'articulation, fondée sur la valeur morale, du poétique et du politique, sur laquelle je reviendrai. Coleridge, dans le *Morning Post*[1], critique la mauvaise figure politique de Napoléon (l'« imperial Jacobin »[2], négatif du bon homme d'état) et la Passion populaire mal dirigée, héritière des ardeurs révolutionnaires, qui s'emballe pour cette figure. Dans un article du *Courier* de décembre 1799, Coleridge vise le système compliqué de représentation mis en place par la Constitution de l'an VIII qui ramène tout à la figure unique de Napoléon :

> [La Constitution établit] divisions and subdivisions even to superfluity [...]. It is indeed mere fraud and mockery. Checks and counterpoises can only be produced by real diversity if interests, of interests existing independent of legislative functions ; but these chambers are all alike filled with the creatures of the Dictator, by him chosen, feeding in his stipends, and acting under his control.[3]

> « [La Constitution établit] des divisions et des subdivisions jusqu'au superflu [...]. Il s'agit en effet de pures fraude et moquerie. Les contrôles et les contrepoids ne peuvent être produits que par une réelle diversité d'intérêts, d'intérêts existant indépendamment des fonctions législatives ; mais ces chambres sont toutes comme remplies par les créatures du Despote, choisies par lui, alimentées par ses salaires et agissant sous son contrôle. »

On voit bien ici le travail délirant de l'entendement qui ne cesse de diviser à l'excès, sans produire un vrai système démocratique, car il ramène toujours tout à l'unique figure du Despote (*Dictator*) tout-puissant. Dans le *Sermon laïque ad clerum* de

---

[1] Samuel Taylor Coleridge, *Essays on His Times. Articles in* The Morning Post *and* The Courier, David V. Erdman (ed.), *in CW, éd. cit.*, 1978, 3 vols., vol. 3.2, article du 7 décembre 1799, p. 315-316.
[2] Samuel Taylor Coleridge, *LS*, p. 34 ; *SL*, p. 139.
[3] Samuel Taylor Coleridge, *Essays on His Times, in CW, éd. cit.*, vol. 3.1, p. 57.

1816[1], l'entendement, surtout dans sa mauvaise utilisation, se rapproche alors bien des délires de la *fancy*[2] en ce qu'il multiplie les distinctions et les associations, parfois sans liens motivés. *Divisions, checks and counterpoises* ne deviennent productifs que si la notion de balance des pouvoirs est respectée. Elle doit correspondre à une vraie diversité d'intérêts indépendants, répartis et mêlés (entre le Roi, les Lords et les Commons, pour ce qui est de l'Angleterre). Le système n'est démocratique qu'en apparence ; ce n'est qu'une allégorie dangereuse du pouvoir despotique, aux mirages duquel se trompe la Passion populaire. Or la question politique et morale se fonde sur un problème de poétique.

En littérature : l'allégorie et la fantaisie

En effet la forme associée au mauvais usage de l'entendement est l'allégorie. Les défauts d'une politique de l'entendement sont donc intimement liés aux risques de l'allégorie, définie par Coleridge comme une forme littérale vide, une pure représentation fantomale, entièrement mécanique et arbitraire [3]. Comme l'allégorie, l'entendement est une « connaissance des superficies sans substance [...] à tel point qu'il s'entortille en contradictions [...]. »[4]

---

[1] Le titre complet est : *The Statesman's Manual, or The Bible the Best Guide to Political Skill and Foresight, a Lay Sermon adressed to the higher classes of Society with an Appendix, Containing Comments and Essays Connected with Study of the Inspired Writings* soit *Le Manuel de l'homme d'État ou la Bible considérée comme le meilleur guide de l'habileté et de la prudence politiques, un sermon laïque adressé aux classes supérieures de la société, avec un appendice contenant commentaires et essais liés à l'étude des écritures inspirées*, in Samuel Taylor Coleridge, *LS*, p. 3 ; *SL*, p. 115-189.

[2] La « primary imagination » ou « *fancy* », que l'on peut traduire par « fantaisie », est un exercice sélectif appliqué à des éléments à l'aide d'associations, sans liens motivés, par juxtaposition, sans loi, forme ou dessein qui les fixe et les assemble. Le problème de la fantaisie, c'est qu'elle ne permet pas l'union sympathique. L'imagination (« secondary »), elle, sera bien cette force sympathique, qui met ensemble (*sym*) les deux amis conversant. Même si la *fancy* est plutôt une forme intermédiaire entre l'intuition, la perception et l'imagination, elle se rapproche, dans le premier *Sermon laïque*, des caractéristiques de l'entendement. Voir Samuel Taylor Coleridge, *Biographia Literaria*, James Engell and Jackson Bate (eds.), *in CW, éd. cit.*, 1983, 2 vols., vol. 7.1, chap. XIII.

[3] Philippe Beck, « De la fantaisie reproductive arbitraire », *in* Samuel Taylor Coleridge, *SL*, p. 106-107.

[4] Samuel Taylor Coleridge, *LS*, Appendix C., p. 69 ; *SL*, Appendice C., p. 160 : « a knowledge of superficies without substance [...] that it entangles itself in contradictions [...]. »

It is among the miseries of the present age that it recognizes no medium between *Literal* and *Metaphorical*. [...] the mechanical understanding, [...] confounds SYMBOLS with ALLEGORIES. Now an Allegory is but a translation of abstract notions into a picture-language which is itself nothing but an astraction from objects of the senses; the principal being more worthless even than its phantom proxy, both alike unsubstantial, and the former shapeless to boot. [...] The other [allegories] are but empty echoes which the fancy arbitrarly associates with apparitions of matter, less beautiful but no less shadowy than the sloping orchard or hill-side pasture-field seen in the transparent lake below. Alas! for the flocks that are to be led forth such pastures! "*It shall even be as when the hungry dreameth, and behold! He eateth; but he waketh and his soul is empty: or as when the thirsty dreameth, and behold he drinketh; but he awaketh and is faint!*" (ISAIAH XXXI. 8.)[1]

« C'est l'une des misères de l'âge présent que de ne reconnaître aucun intermédiaire entre le *Littéral* et le *Métaphorique*. [...] l'entendement mécanique [...] confond les SYMBOLES avec les ALLÉGORIES. Or une Allégorie n'est qu'une traduction de notions abstraites en un langage-image qui n'est rien qu'une abstraction à partir des objets des sens ; l'être principal vaut encore moins que sa procuration fantomale, les deux sont autant insubstantiels, et par-dessus le marché le premier est informe. [...] Les autres [les allégories] ne sont que des échos vides que la fantaisie associe arbitrairement aux apparitions de la matière, échos moins beaux mais non moins sombres qu'un verger en pente ou des pâturages à flanc de colline vus dans le lac transparent en contrebas. Hélas ! pour les troupeaux qui sont sur le point d'être menés vers de tels pâturages ! « *Il en sera de même que quand celui qui a faim rêve, et regardez ! il mange ; mais il se réveille et son âme est vide ; ou que quand celui qui a soif rêve, et regardez : il boit ; mais il se réveille et il est faible.!* » (ISAÏE XXIX, 8). »

L'erreur consiste donc à donner trop de poids à une lecture littérale[2]. Ainsi, comme il est dit dans le second sermon laïque, la démagogie (des prétendus radicaux ou libéraux) consiste à propager des vérités « purement verbales », plutôt que « morales ». Cette démagogie est aisée : il suffit de proférer des vérités indéniables dans un contexte particulier qui conduit à interpréter ces

---

[1] Samuel Taylor Coleridge, *LS*, p. 30-31 ; *SL*, p. 135.
[2] Éric Dayre, « Le Ministère public de Coleridge », *in* Samuel Taylor Coleridge, *SL*, p. 45.

vérités sous un jour incendiaire et passionné. On sort de grandes Idées jargonnantes, qui dissolvent le mot, sa valeur et sa réelle signification. On tord donc le sens et la valeur morale de ces Idées et on en impose le nouveau sens, démagogique. On a alors réussi à faire croire que ces grandes Idées sont connectées au réel alors qu'elles ne le sont pas. Le scandale « littéral » que dénonce le démagogue devient la « métaphore » de la solution qu'il propose, alors que précisément une solution seulement métaphorique n'a pas de réalité.

Il en est ainsi de l'allégorie du Peuple dans les années 1793-1815, allégorie qui reste encore d'actualité. Coleridge nous indique qu'il faut fuir l'écueil du populisme qui se fonde sur le Peuple comme allégorie. Les *Sermons laïques* voudraient ainsi constituer une mise en garde contre l'illusion par laquelle le démagogue constitue le « populaire » en mentant allégoriquement au peuple. On a donc la production de donc deux maux opposés mais corrélés qui sont en fait les versants du même mal. D'une part, le manque de mise en forme conduit à se soumettre aux passions, à la pure diversité non canalisée, au délire antidémocratique. La cible est la Révolution française. D'autre part, la tendance à l'abstraction et à l'unité à tout prix mène à un système unique. La figure visée est celle de Napoléon et de ses dérivés. Ces défauts répondent à la fois à un manque de philanthropie (thèses élaborées dès les *Bristol Lectures* de 1795) et au désir de concentration des pouvoirs (à partir de *l'Ami* de 1809)[1].

Aux défauts de l'allégorie se joignent alors ceux de la fantaisie qui assemble des images dissimilaires sans que celles-ci aient de connexion naturelle ou morale : « – mais quel est le comble et l'idéal d'une pure association ? – Le délire. »[2] Un mauvais vers ou une mauvaise phrase convoque des images incongrues, confondant la cause et l'effet, la chose réelle et la représentation de la chose, ne créant que des contradictions et

---

[1] John Morrow, *Coleridge's Political Thought. Property, Morality and the Limits of Traditional Discourse*, London, Macmillan, 1990.

[2] Samuel Taylor Coleridge, *The Notebooks of Samuel Taylor Coleridge (1794-1808)*, Kathleen Coburn (ed.), London, Routledge & Kegand Paul, 1957, vol. 1, December 1803 : «– but what is the height, and ideal of mere association? – Delirium. » Voir aussi Samuel Taylor Coleridge, *Anima poetae: from the unpublished Notebooks of Samuel Taylor Coleridge, in Letters of Samuel Taylor Coleridge*, Ernest Hartley Coleridge (ed.), London, W. Heinemann, 1895.

des divisions[1]. Il faut donc s'empêcher de cultiver un style dis-harmonieux, abrupt, inconstant, sans transitions ni expositions bien préparées[2]. Un usage défectueux de la *fancy* fait ainsi s'ex-clamer Coleridge : « Hé bien ! ce passage est ce que j'appelle le sublime réduit en pièces : le fougueux attelage a trop serré son virage autour de la borne du non-sens. »[3] Ainsi deux dangers guettent la valeur littéraire et politique : celle de la raison allé-gorique et celle de l'entendement fantaisiste. C'est là que doit intervenir le roman imaginatif et synthétique. Alors la valeur produite par cette nouvelle forme permettra de régler les dé-fauts politiques et poétiques que l'on vient d'examiner. Comment donc sortir de cette impasse et de ces risques ? Par la religion, c'est-à-dire par l'imagination en tant qu'elle prend forme dans le roman.

Lien religieux, synthèse imaginative, équilibre démocratique : la production de nouvelles valeurs

En politique : monarchie parlementaire et démocratie imaginative

La religion devient alors la synthèse des deux formes-pou-voirs que je viens de décrire. La religion en tant que raison est morale et universelle. C'est l'Église. La religion en tant qu'en-tendement est politique et particulière. C'est le Gouvernement. Pour éviter les risques décrits, il est donc nécessaire de penser la religion comme imagination, c'est-à-dire comme union du par-ticulier et de l'universel, et comme lien équilibré entre la morale et la politique, entre l'Église et le Gouvernement[4].

---

[1] Coleridge rejette un vers de Gray « because it conveys incongruous images, because it confounds the cause and the effect, the real thing with the personified representative of the thing; in short, because it differs from the language of good sense » (« car il transmet des images incongrues, car il confond la cause et l'effet, la chose réelle avec sa représentation personnifiée; en bref, car il diffère du langage du bon sens »), Samuel Taylor Coleridge, *Biographia Literaria, in CW, éd. cit.*, vol. 7.2, chapitre XVIII, p. 75.
[2] *Ibid.*, vol. 7.2, chapitre XXII, P. 124-125.
[3] Samuel Taylor Coleridge, *Specimens of the Table Talk of Samuel Taylor Coleridge*, Henry Nelson Coleridge (ed.), London, John Murray Ed., 1835, vol. 2, January 20, 1834, p. 292 : « Well ! that passage is what I call the sublime dashed to pieces by cutting too close with the fiery four-in-hand round the corner of nonsense. »
[4] Samuel Taylor Coleridge, *LS*, Appendix C., p. 70 ; *SL*, Appendice C., p. 161.

Cette union-équilibre passe par le symbole, caractéristique de l'imagination. La forme éthique de l'État est donc une forme imaginative que réalise le roman. Ailleurs, dans ses textes préparatoires (*Notebooks, Marginalia*), Coleridge n'écrit parfois que sous la plume philosophico-juridique, dans une prose conceptuelle et abstraite. Dans certains articles du *Morning Post* ou du *Courier*, il aiguise, au contraire, sa prose journalistique et politique. Mais dans ses proses abouties, telles que le sont celles du *Manuel de l'homme d'État* et de l'*Ami*, sa plume imaginative fait bien la « Tri-Unité » entre le style philosophique abstrait des principes moraux et rationnels, la prose politique et historique de l'entendement et la prose poétique du cœur religieux.

On décèle une sorte d'équivalence entre le lien religieux (quasi pléonasme), l'imagination et le fonctionnement du symbole. Dans la *Biographia Literaria*, surtout au chapitre XIII, l'imagination est bien définie par sa capacité à unir la diversité, tout en la faisant voir[1]. Et le symbole répond à la caractéristique suivante dans le *Manuel de l'homme d'État* :

> On the other hand a Symbol (ὃ ἐστιν ἀει ταυτεγόρικον) is characterized by a translucence of the Special in the Individual or of the General in the Especial or of the Universal in the General. Above all by the translucence of the Eternal through and in the Temporal. It always partakes of the Reality which it renders intelligible; and while it enunciates the whole, abides itself as a living part in that Unity, of which it is the representative.[2]

---

[1] Coleridge insiste sur la faculté de l'imagination à « *eis en plattein* », à donner forme. « The imagination, or esemplastic power» (« L'imagination ou la faculté plastique ») donne son titre au chapitre XIII de la *Biographia Literaria*. C'est un pouvoir synthétique et magique, qui gère et régule les forces contraires. « This power [...] reveals itself in the balance or reconciliation of opposite or discordant qualities: of sameness, with difference ; of the general, with the concrete ; the idea, with the image ; the individual, with the representative ; the sense of novelty and freshness, with old and familiar objects [...]. [Imagination] forms all into one graceful and intelligent whole. » : « Ce pouvoir [...] se révèle lui-même dans la balance ou la réconciliation de qualités opposées ou discordantes : du même avec la différence ; du général avec le concret ; l'idée avec l'image ; l'individuel avec le type ; la sensation de nouveauté et de fraîcheur avec les vieux objets familiers [...]. [L'imagination] donne à chaque chose la forme d'un unique tout, harmonieux et intelligent. » (Samuel Taylor Coleridge, *Biographia Literaria, in CW*, éd. cit., 1983, 2 vols., vol. 7.2, chapitre XIV, p. 16-18).

[2] Samuel Taylor Coleridge, *LS*, p. 30 ; *SL*, p. 135.

> « D'un autre côté, un Symbole (*ὸ ἐστιν ἀει ταυτεγόρικον*) [qui est toujours tautégorique]) est caractérisé par une translucidité du Spécifique dans l'Individuel, ou du Générique dans le Spécifique, ou de l'Universel dans le Générique. Surtout, par la translucidité de l'Eternel dans et à travers le Temporel. Il participe toujours de la Réalité qu'il rend intelligible ; et tandis qu'il énonce le tout, il se conserve lui-même comme une partie vivante de cette Unité dont il est le représentant. »

Ainsi, « le pouvoir complétif qui unit la clarté avec la profondeur, la plénitude de la sensibilité avec le pouvoir de compréhension de l'entendement, c'est l'IMAGINATION [...] un pouvoir vivant. »[1] Avec cette forme synthétique, vivante et totale, on quitte alors l'allégorie vide, morte et sans substance. Or les pouvoirs de l'imagination coïncident avec ceux de la religion en ce qu'elle considère « l'Individuel tel qu'il existe et qu'il a son être dans l'Universel », elle fait donc la synthèse de l'entendement et de la raison pure. La religion « consiste en une union similaire de l'Universel et de l'Individuel »[2]. La religion permet alors d'introduire le sentiment dans la raison, l'image dans le concept, de passer de la raison pure à la raison imaginative[3]. La religion telle que la pense Coleridge est donc bien la synthèse imaginative des principes moraux universels et du fait politique et social particulier. Elle fournit la possibilité d'une bonne communauté politique fondée sur la philanthropie (le respect de l'autre comme autre, comme ami) et l'équilibre des pouvoirs (la mise en place de contrepoids amicaux et non frontaux). Coleridge cherche à penser l'interpénétration organique de la religion et de la raison devenue imaginative. En unifiant le cœur et l'esprit, il sera possible de rendre efficace la morale dans l'espace politique, de faire contrepoids aux risques de délires politiques et à leurs menaces, de synthétiser l'ensemble des pouvoirs séparés.

Le roman, dont la prose fait jouer les mélanges et les équilibres, est alors la forme de cette bonne politique. À partir de là,

---

[1] Samuel Taylor Coleridge, *LS*, Appendix C., p. 69 ; *SL*, Appendice C., p. 160. « The completing power which unites clearness with depth, the plenitude of the senses with the comprehensibility of the understanding, is the IMAGINATION, [...] a living power. »
[2] Samuel Taylor Coleridge, *LS*, Appendix C., p. 62 ; *SL*, Appendice C., p. 156. « [...] the Individual, as it exists and has its being in the Universal [...] » ; « [...] consists in a similar union of the Universal and the Individual. »
[3] Éric Dayre, « Poésie, chose publique, prose commune. De Wordsworth à Coleridge », *La Clé des langues* [En ligne] < http://cle.ens-lyon.fr/08665289/0/fiche___pagelibre/>.

Coleridge élabore la théorie du symbole médiateur, comme ce qui permet l'union différenciée du même et de l'autre. La prose symbolique devient la nouvelle forme du roman romantique. L'imagination et son symbole réalisent donc le roman fantasmé par Schlegel et ses amis. La forme plastique subsume les anciennes catégories génériques et en fait la synthèse imaginative en prose. Elle unifie les opposés afin de revivifier le présent, dépasse les ruptures afin de refonder l'union de la communauté, accorde harmonieusement les différents pôles afin de produire la liberté, réalise la grande œuvre classique de la modernité, pour l'avenir.

En littérature : l'union de la prose et de la poésie dans le roman symbolique

Le roman peut alors être considéré comme *la* forme opérante de l'imagination religieuse car sa prose est bien celle d'un mélange et d'un équilibre des pouvoirs et des formes, mis en place au sein d'un tout organiquement unifié. Elle laisse place à la fulgurance de la vision poétique, image émotive venue du cœur, au sein d'une prose philosophique qui met en place les concepts moraux nécessaires. Le *Sermon laïque* vise donc à la réalisation de la bonne société par la mise en place de la bonne éloquence religieuse, c'est-à-dire imaginative. C'est certainement dans un autre essai de Coleridge que se développe le mieux l'écriture du symbole. Dans *L'Ami*, la prose mêlée et différenciée qui caractérise le roman romantique réalise de manière effective l'union équilibrée. La prophétie devient véritablement efficace au sein d'une prose ouverte à la poésie. Dans un intermède de *L'Ami*, Coleridge décrit le moment de demi-sommeil de Luther comme *le* moment imaginatif et prophétique. Luther, incommodé par un dérangement gastrique, s'assoupit à moitié, mais il dort mal. Pendant ces alternances de semi-veille et de demi-sommeil, provoquées par une cause physique et physiologique, Luther voit l'apparition de Satan et lui jette son encrier au visage.

> [...] he sinks, without perceiving it, into a trance of slumber ; during which his brain retains its waking energies, excepting that what would have been mere thoughts before, now (the action and counterweight of his senses and of their impressions being withdrawn) shape and condense themselves into *things*, into realities! Repeatedly half-wake-

ning, and his eyelids as often reclosing, the objects which really sur-
round him form the place and scenery of this dream. All at once he
sees the Archfiend coming forth on the wall of the room, [...] : the
Inkstand, which he had at the same time been using becomes associa-
ted with it: and [...] he imagines that he hurls it at the intruder, [...]
while yet both his imagination and his eyes are possessed by the
dream, he *actually* hurls it. Some weeks after, perhaps, during which
interval he had often mused on the incident, [...] he discovers for the
first time the dark spot in his wall, and receive it as a sign and pledge
vouchsafed to him of the event having actually taken place.[1]

« [...] il sombre, sans s'en apercevoir, dans un sommeil de transe ;
pendant lequel son cerveau retient les énergies de l'état de veille, sauf
que ce qui aurait été auparavant de simples pensées, désormais (l'action et le contrepoids de ses sens et leurs impressions s'étant retirés)
se forme et se condense en *choses,* en réalités ! Plusieurs fois à demi
réveillé, et ses paupières aussi souvent refermées, les objets qui l'entourent réellement forment l'endroit et la scène de son rêve. Tout d'un
coup, il voit le Démon venir vers lui depuis le mur de la chambre,
[...] ; l'Encrier qu'il avait utilisé en même temps s'y associe : et [...] il
imagine qu'il le lance contre l'intrus, [...] pendant que toutefois à la fois
son imagination et ses yeux sont possédés par le rêve, il le lance *effectivement.* Des semaines après, peut-être, intervalle pendant lequel il aura
souvent réfléchi à l'incident [...], il découvre pour la première fois la
tache noire sur le mur, et la reçoit comme un signe et un gage à lui
accordé que l'événement a effectivement eu lieu. »

La raison pure et abstraite laisse ici place à une imagination qui
remonte du corps. La vision prophétique n'est donc pas totalement coupée de la littérarité. Le poétique est produit par le prosaïque, mais c'est la poésie qui vient donner son sens à la prose.
Luther, traducteur et diffuseur de la Bible est l'archétype du bon
homme d'État : ce prophète imaginatif, qui a su faire la synthèse
du réel et du fantasme (du fantôme), sans céder à l'allégorie. L'i-
magination comme intrusion de la vision poétique et prophétique
est maintenant fondatrice de l'événement prosaïque et politique.
Elle lui donne sa signification, son poids, sa valeur. À partir de

---

faits physiques séparés (un reflet, la lumière, la matérialité d'objets réels et divers), l'imagination donne forme et cohérence à un événement, le seul qui ait réellement lieu et qui prenne une signification – le sens symbolique religieux : Satan –, et ce, dans un temps qui se produit *avant* le réel, et pourtant *à partir* du réel. Ce n'est que « quelques semaines plus tard » que la marque littérale (« la tache noire sur le mur ») est découverte. L'événement a d'abord lieu, « *effectivement* », en prophétie, car Luther « *rêve des choses mêmes* »[1]. L'histoire ne prend sens qu'après son écriture, qu'après sa symbolisation, qu'après sa prophétie, qu'après qu'elle a été rendue possible dans l'imagination. Après coup, l'être de l'entendement est forcé de reconnaître la valeur de l'être imaginaire et du moment symbolique qui a lié les deux. En politique comme dans l'écriture, les impasses de la réalité passée doivent être remplacées par la prophétie visionnaire, par de nouvelles formes d'écriture et d'éloquence. Luther ne se contente pas de figurer, de puiser des images dans un magasin et de les reproduire, mais il les imagine, c'est-à-dire qu'il leur donne forme, sens, activité, vie, et ainsi produit une signification profonde et marque durablement le réel prosaïque du monde. Son artillerie, sa plume imaginative, exerce sa puissance sur la réalité, sur le mur de sa chambre, mais de façon plus générale et symbolique encore, Luther apparaît comme le vrai penseur révolutionnaire, insurrectionnel, qui bouleverse l'ordre du monde et des valeurs.

> Such was Luther [...]. Henceforward then, we will conceive his reason employed in building up anew the edifice of *earthly* society, and his imagination as pledging itself for the possible realization of the structure.[2]

> « Tel était Luther [...]. Dorénavant donc, nous concevrons que sa raison fut employée à la consolidation de nouveau de la société *terrestre*, et que son imagination s'engagea à la possible réalisation de la structure de cette société. »

---

[1] Samuel Taylor Coleridge, *LS*, Appendix C., p. ; *SL*, Appendice C., p. 166. « [...] we *dream the things themselves* [...] ».

[2] Samuel Taylor Coleridge, *The Friend, in CW, éd. cit.*, vol. 4. 1, p. 142-143 ; *L'Ami, in SL*, vol. I, Essai II, p. 416-417.

La Réforme devient donc un programme moral et formel : la Re-Forme, c'est-à-dire l'Imagination. Luther est la figure symbolique de la Réforme à la fois comme religieuse et imaginative. Il permet la réactivation des anciennes valeurs du protestantisme et la divination des formes de vivre-ensemble nécessaires pour l'histoire du temps présent. Son écriture du symbole (son *mythos* en fait) fonde donc le *logos* historique, politique ou social. Pour Coleridge, Luther, homme politique, écrivain, religieux, est le modèle symbolique de la démocratie anglaise. Coleridge ambitionne ainsi d'être le Luther de la Révolution de 1789[1]. Une action politico-théologico-morale efficace, incarnée, religieuse et tautégorique, tels sont le but, les valeurs et la forme du roman d'imagination. Dans la prose du roman, il s'agit de faire sentir cette trouée visionnaire, poétique et prophétique, dans le style et dans la syntaxe mêmes. C'est pour cela qu'il est essentiel que la prose ne soit pas totalement unifiée – sinon on retrouve le travers de la Raison pure. Il faut qu'elle laisse une part à ce poids de la poésie, à cette valeur de la vision. Un passage, tiré cette fois du *Manuel de l'homme d'État*, inscrit bien dans la forme même de la prose, à la fois l'unité et la différence, le lien et la rupture, l'esprit général abstrait et l'émotion particulière.

> Par l'heureuse organisation d'une société bien gouvernée, les intérêts contradictoires de dix millions d'individus de cette sorte peuvent se neutraliser mutuellement, et se réconcilier dans l'unité de l'intérêt national. Mais à l'origine, d'où provint cette heureuse organisation ? — Fut-ce un arbre transplanté du Paradis, un arbre dont toutes les branches étaient lourdes de fruits ? — Ou fut-il semé sous le soleil ? — Fut-ce sous les brises printanières et les pluies douces qu'il prit racine et grandit et s'affermit ? —Que l'Histoire réponde à ces questions ! — Avec le sang il fut planté — il fut ballotté dans les tempêtes ; la chèvre, le bouc, l'âne et le cerf l'ont rongé — le sanglier a affûté ses défenses sur son écorce. Les profondes cicatrices se trouvent encore sur son tronc, et parmi ses plus hautes branches on peut suivre la trace du chemin de la foudre. Et même après que sa croissance s'est achevée, dans la maison de sa force, « quand sa hauteur atteignit les cieux et qu'il fut visible jusqu'aux extrémités de la terre », la tornade a plus d'une fois forcé sa cime majestueuse à tou-

---

[1] Éric Dayre, « Le Ministère public de Coleridge », *in SL*, p. 9-67.

cher le sol ; il a été courbé comme un arc, et il s'est redressé comme une flèche. Des pouvoirs étaient à l'œuvre, plus puissants que ceux que l'Opportunité a jamais pu convoquer ! — oui, plus puissants qu'il n'est compréhensible au simple Entendement ! Vous pourrez trouver une confirmation de cette dernière affirmation dans l'histoire de notre pays, écrite par le même philosophe écossais qui a consacré sa vie à saper la religion chrétienne et qui a dépensé son dernier souffle en un regret blasphématoire de ne point lui avoir survécu ! — le même sophiste sans cœur qui fut, sur notre île, le principal pionnier de cette philosophie athée dont l'effet a été, en France, de tourner la soif naturelle de vérité en une rage de scepticisme sauvage et déraciné — l'Élie de cet Esprit d'Antéchrist qui,

> promettant encore
> La liberté, lui-même trop sensuel pour être libre,
> Empoisonne les amitiés de la vie et trompe l'âme
> De la foi, et l'Espoir silencieux et tout ce qui élève
> Et tout ce qui apaise l'esprit ![1]

Dans ce passage en prose, au cœur d'un essai politique en forme de sermon, laissant souvent la part belle aux théories philosophiques, fait irruption la poésie. Le rythme devient haché et accéléré. Le tiret – coupant et liant à la fois – rompt la continuité de la prose et de la pensée. Les énumérations, les exclamations, les interrogations rhétoriques instaurent un style de l'émotion et un mode d'adresse proche de la prédication, qui s'adresse autant au cœur qu'à l'esprit. Le concept devient imagé et la prose se fait poétique, grâce aux images bibliques et aux citations convoquées. Pourtant le tout est parfaitement unifié sous l'image (biblique) de l'arbre producteur de beaux fruits. En traduction comme en langue originale, les allitérations en sifflantes [f]/[s] font entendre un souffle, à la fois organique (le vent dans l'arbre) et spirituel ; c'est l'*animus*/*anima* divin passant sur le monde et qui vient en unifier les éléments comme le vent de Dieu de la Genèse. Ainsi, ce passage est typique de la *prose symbolique* : il fait sentir la coupure et la différence jusque dans une forme pourtant parfaitement une et cohérent. On y *sent* l'émotion religieuse et l'unité

---

[1] Samuel Taylor Coleridge, *LS*, p. 21-22 ; *SL*, p. 129-130. La version anglaise se trouve en annexe.

symbolique de la prose. L'organisation de la prose symbolique d'imagination modèle alors l'organisation de la société fondée sur l'unité de la religion comme vie totale, car l'enjeu politique et éthique est bien « l'heureuse organisation d'une société bien gouvernée ». On retrouve cette « *impassioned prose* » dans de nombreux passages du *Stateman's Manual*[1]. Le motif organique de l'arbre, de la fleur, de la végétation en général est privilégié pour symboliser le mouvement vital et synthétique de l'imagination et l'union de la forme et du fond.

> I feel it alike, wether I contemplate a single tree or flower, or meditate on vegetation throughout the world, as one of the great organs of the life of nature. Lo! —with the rising sun it commences its outward life and enters into open communion with all the elements, at once assimilating them to itself and to each other. [...] Lo! —how upholding the ceaseless plastic motion of the parts in the profoundest rest of the whole it becomes the visible organismus of the whole *silent* or *elementary* life of nature and, therefore, in incorporating the one extreme becomes the symbol of the other; [...]. We had seen each in its own cast, and we now recognize them all as co-existing in the unity of a higher form, [...] the Mediator of a new and heavenly series.[2]

> « Je le [ce pouvoir de l'imagination] ressens pareillement, que je contemple un seul arbre ou une seule fleur, ou que je médite sur la végétation du monde entier, en tant que celle-ci est l'un des grands organes de la vie de la nature. Voyez ! – avec le lever du soleil, elle commence sa vie extérieure et entre en communion ouverte avec tous les éléments, se les assimilant et les assimilant les uns aux autres tout à la fois. [...] Voyez ! – comment en soutenant l'incessant mouvement plastique des parties dans le plus profond repos du tout, elle devient l'*organismus* visible de l'ensemble de la vie *silencieuse* ou *élémentaire* de la nature, et comment, par conséquent, en incorporant un extrême, elle devient le symbole de l'autre [...]. Nous avions vu chacune dans son

---

[1] Voir par exemple Samuel Taylor Coleridge, *LS*, p. 42-43 ; *SL*, p. 144. Coleridge revient sur la mise en forme de l'enthousiasme : il développe une écriture du cœur, qui donne cohérence et union à l'émotion. Des passages apparemment écrits sous le coup de l'émotion, relèvent en fait d'une écriture non pas immédiate, spontanée comme peut l'être la fantaisie, mais imaginative. Le tout fait donc système. Cependant, l'émotion est maintenue et le doit être : la ferveur est présente et la prose laisse l'espace à des fluctuations rythmiques qui donnent tout son mouvement et sa densité à la forme.
[2] Samuel Taylor Coleridge, *LS*, Appendix C., p. 72-73 ; *SL*, Appendice C., p. 162-163.

> propre moule, et maintenant nous les reconnaissons comme coexistant dans l'unité d'une forme supérieure, […] le Médiateur de séries nouvelles et divines. »

Le particulier (la fleur) et le général (« la végétation du monde entier »), la poésie (« je contemple ») et la philosophie (« je médite ») sont mis ensemble. Tout est uni mais non unifié – la fleur conserve son caractère de fleur unique et particulière : voilà la prose symbolique d'imagination, voilà l'« incessant mouvement plastique » du roman. L'imagination, le symbole et la prose mêlée et agencée du roman représentent donc tous le troisième terme médiateur permettant la résolution de la polémique, du conflit frontal entre politique et morale, entre prose et poésie. Voilà pourquoi aussi, on a cette écriture mêlée, tantôt « source pétillante et bouillonnante », tantôt « silencieuse fontaine de silence »[1], qui soutient le projet social, historique et politique.

On pourrait alors décliner trois modalités poétiques de la prose de Coleridge qui correspondent à trois positionnements éthiques et trois propositions de solution face aux problèmes du monde. Ainsi, Coleridge dit et dénonce des faits réels et prosaïques ; c'est le discours de l'historien, du journaliste, du pamphlétaire. Il relève de l'ordre de l'Entendement, de la Politique, du gouvernement. Il sait ensuite enchanter et prophétiser le monde, et s'ouvrir à l'humanité ; c'est le discours du poète ou du prophète. C'est la prose de l'Imagination, de la Religion et de leurs formes synthétiques. Enfin, Coleridge établit les principes et les lois morales qui conditionnent la forme de la justice politique. Son discours est alors celui du philosophe. Il relève de l'ordre de la Raison, de la Morale et de l'Église. Il est bien évident que c'est la position centrale qui lui sert de synthèse résolutive de toutes les tensions polarisées. Cette hybridation répond donc à une double visée et à une double poétique. Dans les deux cas, il s'agit de produire, par la forme, une efficacité réelle dans l'histoire, dans la société et en politique. Et c'est le style neutre du roman qui soutient et modèle le discours non pas *sur* la valeur, mais le discours *de* la valeur. L'équilibre a donc lieu *depuis* cette une prose mélan-

---

[1] Samuel Taylor Coleridge, *LS*, Appendix C., p. 91 ; *SL*, Appendice C., p. 174. Il y décrit l'amour chrétien comme naissance, unité, harmonie et transfiguration de tous les pouvoirs vitaux (« the sparkling and ebullient spring » et « a silent fountain »).

gée, qui neutralise ses pôles tout en les faisant voir. Est ainsi définie une forme réflexive qui doit se penser comme discours d'éducation afin de fonder le pouvoir de l'éloquence imaginative et religieuse. L'éloquence quitte le discours philosophique (théologique ou spéculatif) pour passer dans le travail poétique, mais sans l'avouer directement. Le roman fait tout basculer dans la *prose* comme *discours* pour rendre l'éducation *commune, partageable*. Le style neutre du mélange prose/poésie, politique/religion, est la forme imaginative de l'éloquence efficace. Il invente une stabilité dynamique où la polémique n'est jamais de l'ordre de l'affrontement et réalise alors la résolution *amicale* des tensions. Il s'agit désormais de s'adresser à l'autre, précisément et en ami[1]. Considérer l'autre, sa présence et son poids compensatoire, c'est bien ce que propose l'imagination. D'où, la différence dans l'adresse à différents publics[2], dans leurs différents rôles à jouer, dans les différents instances et pouvoirs à équilibrer, dans les différentes facultés de l'homme dont aucune ne doit être négligée, dans la différenciation formelle de la prose et de la poésie dans les textes. On peut donc dire que le but du roman tel qu'on vient d'en voir une réalisation particulière chez Coleridge est d'introduire la médiation théologico-imaginative comme mise en forme éthique du politique[3].

La prose du roman romantique se caractérise désormais par le remodelage générique et l'hybridité. Cette nouvelle poétique du mélange met ainsi en place une forme imaginative fondée sur le symbole. C'est là toute la valeur de ce nouveau Roman. En interrogeant la plasticité de la prose et ses jeux internes et en cherchant à la mettre en forme de façon globale, le Roman d'imagination fait acte de libération, en poétique et en politique. Cette redéfinition fait donc jouer ensemble la prose et la poésie et interroge la relation du

---

[1] Clélie Millner et Sylvie Servoise soulignent dans ce volume l'importance de ne pas clôturer, figer ou unifier les choses. L'enjeu est de conserver une dynamique, un mouvement vivant sans gommer les vides et les hiatus : la différence est bien le lieu de l'éthique. Il faut ainsi non pas ignorer le corps étranger ou le phagocyter, mais l'accueillir amicalement dans une adresse et une conversation respectueuses. Chez Coleridge, c'est ce que fait la prose par rapport à son autre poétique.

[2] Le premier sermon est adressé « aux classes supérieures », « aux Savants », *ad clerum* ; le second aux « classes supérieures et moyennes » ; un troisième était prévu, mais non écrit, tourné vers le peuple.

[3] D'autres que Coleridge mettront eux aussi, plus tard et différemment peut-être, l'imagination au pouvoir.

même et de l'autre. Il s'agit toujours de faire sentir la diversité dans l'unité pour éviter toute tentation totalitaire et uniformisante. La solution réside alors dans le symbole en ce qu'il unit la valeur poétique (la religion, la morale) et la concrétude prosaïque (la politique, la réalité). Le Roman assemble bien les deux, organise leurs rapports, les met en forme et dessine la possibilité d'un vivre-ensemble qui est précisément le lieu du collectif. Respect de l'autre dans le même, équilibre des pouvoirs et unification harmonieuse : tel est l'espace obtenu par le roman d'imagination. Il laisse ainsi la place à des sujets libres et indépendants, capables de converser et de se reconnaître mutuellement. En somme, une telle forme, unifiée mais hybride, traduisant la poésie en prose, construit le projet véritablement *poéthique* du Roman.

ANNEXE

Samuel Taylor Coleridge, *Lay Sermons,* White R. J. (ed.), *The Collected Works of Samuel Taylor Coleridge,* Coburn Kathleen (ed.), London, Routledge & Kegan Paul; Princeton, Princeton University Press, 1969, vol. 6, p. 21-22.

"By the happy organisation of a well-governed society the contradictory interests of ten millions of such individuals may neutralise each other, and be reconciled in the unity of the national interest. But whence did this happy organisation first come ? —Was it a tree transplanted from Paradise, with all its branches in full fruitage ? —Or was it sowed in sunshine ? —Was it in vernal breezes and gentle rains that it fixed its roots, and grew and strength ened ? —Let history answer these questions. With blood was it planted—it was rocked in tempests—the goat, the ass, and the stag gnawed it—the wild boar has whetted his tusks on its bark. The deep scars are still extant on its trunk, and the path of the lightning may be traced among its higher branches. And even after its full growth, in the season of its strength, "when its height reached to the heaven, and the sight thereof to all the earth," the whirlwind has more than once forced its stately top to touch the ground : it has been bent like a bow, and sprang back like a shaft. Mightier powers were at work than Expediency ever yet called up! —yea, mightier than the mere Understanding can comprehend! One confirmation of the latter assertion you may find in the history of our country, written by the same Scotch philosopher, who devoted his life to the undermining of the Christian religion ; and expended his last breath in a blasphemous regret that he had not survived it! —by the same heartless sophist who, in this island, was the main pioneer of that atheistic philosophy, which in France transvenomed the natural thirst of truth into the hydrophobia of a wild and homeless scepticism; the Elias of that Spirit of Anti-christ, which

> ——still promising
> Freedom, itself too sensual to be free,
> Poisons life's amities and cheats the soul
> Of faith, and quiet hope and all that lifts
> And all that soothes the spirit !"

Esthétisme et moralité dans quelques romans de la chair

Yves-Michel Ergal, Université de Strasbourg

Dans la mouvance des différents projets naturalistes, la figure de la prostituée a fini par s'imposer comme centrale, à la croisée des chemins entre esthétisme et moralité. Confinée jusqu'alors à un personnage et à un rôle, bientôt, tandis que s'éloigne le naturalisme, elle quitte l'alcôve et les paillettes où on l'avait reléguée, pour contaminer la société civile, et la chair des femmes, jusque-là réservée aux débordements d'un archétype, vibre tout entière aux assauts du mâle, quelle que soit désormais la condition sociale de la femme.

Encore faut-il ici apporter une première nuance : chez la prostituée, ce n'est pas tant à son propre désir que le romancier (homme) est sensible, qu'à celui qu'elle suscite chez l'homme, par conséquent il existe là comme une gêne dans les rapports hommes-femmes que le roman met en scène. Subrepticement, se met en place un nouveau rapport, celui que Proust va instituer dans *Sodome et Gomorrhe*, où la sexualité, devenue un temps homosexualité, va permettre au roman de s'affranchir de la pesante moralité héritée du roman naturaliste, pour enfin porter un regard sans jugement sur la chair, celle-ci étant érigée même en une forme d'esthétisme.

C'est ce moment-charnière où le roman occidental parvient à mettre au centre de sa problématique, non plus l'amour, mais la sexualité, sans l'ombre d'un jugement moral, que nous aimerions tenter de saisir. La brèche, déjà ouverte, à l'insu sans doute de leurs auteurs, dans la forteresse morale, par Balzac et par Zola, et que Proust agrandit considérablement, va déboucher sur la grande plaine carnavalesque d'un roman à l'esthétisme dénué de toute moralité, celui de Beckett. En effet, c'est peut-être, paradoxalement, dans le roman de Beckett, où la chair se réduit à sa plus simple expression, par une chair décharnée, que le roman occidental trouve sa plus grande liberté, dans une esthétique tournant en dérision des siècles de roman d'amour et de récits à l'eau de rose.

Zola publie *Nana*, à grands renforts de publicité, en 1882. Neuvième volume de la fresque des *Rougon-Macquart*, le personnage de Nana n'est pas inconnu des lecteurs de l'époque, puisqu'elle est la fille de Gervaise et de Coupeau, et le roman *L'Assommoir* l'avait déjà présentée comme une petite fille vicieuse destinée à une grande carrière de stupre et de débauches. S'il existe un roman de la chair, *Nana* en est bien, en apparence, le parangon. Il met en scène cette fille grasse et voluptueuse, actrice médiocre mais courtisane accomplie. Malgré sa relative bêtise, elle est sauvée par son « instinct de bête ». Le projet naturaliste n'est pas ici ce qui va retenir notre attention : il est clair que Zola désire dénoncer, comme il l'écrit dans ses notes préliminaires, toute une société « se ruant sur le cul » : « Le sujet philosophique est celui-ci : toute une société se ruant sur le cul. Une meute derrière une chienne, qui n'est pas en chaleur et qui se moque des chiens qui la suivent », et Zola ajoute cette remarque significative (il souligne) : « *Le poème des désirs du mâle*[1] ».

Dans la structure même du roman, les intentions de Zola ne font aucun doute : tandis qu'à la fin du livre le corps de Nana, en décomposition, se meurt dans une chambre du Grand Hôtel, la foule hurle sur le boulevard : « À Berlin ! À Berlin ! », signant à la fois la condamnation morale d'une fille, malgré toute l'affection teintée d'un voyeurisme envieux que Zola ressent pour son héroïne, et d'un régime corrompu, le Second Empire, qui s'effondre en 1870, obligeant le romancier à manipuler la biographie de sa fille.

---

[1] Émile Zola, *Nana, Les Rougon-Macquart,* t. II, Paris, Gallimard, « Bibliothèque de la Pléiade », 1961, p. 1669.

Voilà donc un roman on ne peut plus scandaleux, et qui pourtant est on ne peut plus moral. Sans doute, dans la banalisation de l'acte sexuel tarifé, il existe une avancée vers la tolérance, mais celle-ci n'existe que dans la mesure où le roman de Zola va permettre à ses successeurs, en particulier Proust, de bâtir sur ce terreau un univers dénué de sens moral : mais cette direction part d'un long apprentissage de l'écrivain, elle ne s'est pas imposée d'emblée. Au deuxième chapitre de *Nana*, l'héroïne nous est donnée à voir dans l'intimité de son appartement du boulevard Haussmann, loin des ors factices du théâtre des Variétés qui a ouvert le récit. La tante de Nana, Mme Lerat, a besoin d'argent pour la garde du petit Louis, enfant que Nana a eu après une aventure, sans doute avec un homme de passage, dont nous ne savons rien, peut-être l'élégant au bras de qui Nana se pavanait à la fin de *L'Assommoir*. Il manque trois cents francs à Nana. Comme la providence fait bien les choses, voici que sonne à la porte La Tricon, la matrone entremetteuse : celle-ci a un client dans l'heure pour Nana, une passe rapide, trois cents francs, justement. On voit Nana se sauver par l'escalier de service, comme une petite ouvrière qui irait à l'usine. Pendant ce temps, à l'office, la tante, une amie qui la rejoint, Mme Maloir, et la femme de chambre, discutent comme si de rien n'était, dans l'attente du retour de Nana. Mme Lerat et Mme Maloir jouent aux cartes, Nana revient, avec l'argent.

Dans l'ellipse de la scène où l'on verrait Nana au travail avec son client, se situe la véritable avancée du roman vers la banalisation du discours scandaleux : ce n'est ainsi pas en exposant la chair que le roman s'interdit toute valeur morale, bien au contraire, mais en la dissimulant. La figure de l'ellipse autorise une tolérance bien plus grande que celle de l'hyperbole. C'est lorsque Nana dit, après le repas, alors qu'il lui faut honorer son contrat, et que l'homme l'attend quelque part dans un immeuble voisin, ou un hôtel de passe : « Allons, du courage ! dit Nana, engourdie de paresse, bâillant, et s'étirant de nouveau. Je devrais être là-bas[1] », que le roman fait un bond en avant vers la liberté de représentation, l'acte sexuel intègre ici le quotidien, accompagné certes par une douce ironie de l'auteur, qui fait sourire. Quand Nana se

---

[1] *Ibid.*, p. 1151.

caresse la poitrine avec une délectation troublante devant son miroir, le comte Muffat, chambellan de l'Empire, à ses pieds, et rendu fou par l'érotisme de la scène, cette chair exposée n'est en vérité pas libre, mais elle est enfermée dans le carcan de secrètes réprobations, puisque c'est cette Nana-là qui va conduire la France de Napoléon III à la ruine. Certes, le lecteur parcourt, pour la première fois peut-être dans un roman qui ne relève pas de la littérature libertine en tant que telle, une scène mettant au jour une forme d'onanisme féminin. En ce sens le roman occidental s'aventure sur des terres nouvelles. Mais la modernité du roman du XXᵉ siècle n'est pas dans cette vision, elle ne se tient pas dans cette forme de voyeurisme inconsciemment réprobateur, témoin pour Zola d'une forme de curiosité liée à la théorie des dérèglements nerveux.

Le plus nouveau sans doute dans le personnage de Nana réside dans le fait que celle-ci n'aime pas les hommes, la sexualité suinte l'ennui pour Nana, et il n'est question pour elle ni d'amour (comme pour Manon ou plus tard Marguerite Gautier), ni de sexualité (comme pour lady Chatterley, tout entière vibrante de son corps sous les assauts du jardinier). La courtisane de haute volée de Zola ouvre pourtant la voie à cette chair de transition qui va permettre à la sexualité de s'affranchir du carcan homme-femme pour rejoindre les terres de Sodome et de Gomorrhe. Le comte Muffat en effet s'est ruiné pour installer luxueusement Nana dans un hôtel particulier de l'avenue de Villiers. Nana s'y ennuie. Un soir, rue Montmartre, elle reconnaît Satin, ancienne camarade de trottoir. Nana se laisse alors aller avec Satin à des amours gomorrhéennes : « ça se faisait partout, et elle nomma ses amies, elle jura que les dames du monde en étaient. Enfin, à l'entendre, il n'y avait rien de plus commun et de plus naturel[1] ».

Proust, en écrivant ce petit roman dans le roman qu'est *Un amour de Swann*, partie 2 de *Du Côté de chez Swann*, s'amuse à réécrire *Nana* de Zola. Swann, comme Muffat, interroge Odette, celle-ci avoue également avoir eu des relations avec des femmes, peut-être même avec Mme Verdurin. L'ami du narrateur, le jeune juif Bloch, a une sœur et des cousines qui n'ont rien à envier à Nana et à Satin. Il est vrai que ce thème puise ses racines dans la

---

[1] *Ibid.*, p. 1362.

Genèse, et au chapitre 19, Sodome et Gomorrhe sont les deux villes maudites de la Plaine à cause des mœurs de leurs habitants. C'est pourtant par cet angle dévié de la sexualité évoquée dans le roman, la plus sujette à une condamnation morale, que va venir la rédemption, et que va s'imposer, à ceux qui veulent bien en accepter le message, l'idée de la liberté sans jugement d'aucune sorte.

Cet angle-là de la sexualité n'est pas abordé par Zola de manière frontale, mais c'est au détour d'une problématique différente, celle d'une société décadente et débauchée, que les attirances gomorrhéennes de Nana sont évoquées. Encore celles-ci ne le sont-elles que pour souligner le vice même de Nana, la portée en est encore plus atténuée dans la mesure où il s'agit d'une déviation : Nana n'est pas une héroïne gomorrhéenne, les terres de Gomorrhe ne sont pour elle qu'un champ d'expériences l'aidant à se désennuyer. Par conséquent, il ne s'agit là que d'un fait divers émaillant la carrière de la courtisane, ainsi n'y a-t-il pas lieu d'élever la moindre condamnation morale. De même, Nana n'est pas jugée en criminelle parce que des hommes sont assez fous pour se ruiner et se suicider pour elle. Elle demeure une « bonne fille », et c'est par le prisme de Nana que la sexualité se décriminalise : la chair est innocente, c'est la concupiscence des hommes, leur dérèglement nerveux, qui la rendent délétère, mais en elle-même, elle serait inoffensive si le désir du mâle ne l'activait pas.

Ainsi Proust distille-t-il les différentes facettes de Nana à deux de ses personnages féminins centraux : Odette de Crécy et Albertine. Odette endosse la part de Nana la courtisane, comme si le monde comportait la part immuable d'une histoire qui se répète à l'infini : la grande avancée sociale ici est que Swann épouse (sans que l'on sache pourquoi, tandis qu'il ne l'aime plus) Odette, alors qu'il eût été inconcevable que le comte Muffat épousât Nana, ou Armand Duval, Marguerite. Albertine, à qui le narrateur offre un yacht et une Rolls dans *Albertine disparue*, présentée comme une jeune fille d'un milieu social modeste, peut paraître, à certains égards, une réplique de Nana et d'Odette : on se souvient du narrateur attiré par les grosses joues d'Albertine, cette jeune fille aussi bien en chair que Nana. Toutefois, la chair ici se détache de la sexualité proprement dite, puisqu'elle est objet de contemplation et non d'acte sexuel de la part du narrateur, la chair passe du romanesque à l'écriture, elle intègre un système tout à fait différent : celui de la jalousie, celui de l'amour sans le corps, et c'est de nouveau dans cette forme d'ellipse que les valeurs morales du roman cèdent du terrain. Il faut d'ailleurs attendre les dernières pages écrites par Proust, dans *Albertine disparue*, pour atteindre cet espace de la sexualité sans plus aucun jugement, de quelque nature qu'il soit.

À l'objet sont prêtées toutes sortes de turpitudes : le narrateur enquête sur la vie d'Albertine à Balbec, après la mort de la jeune fille. Un ancien maître d'hôtel lui apprend qu'une doucheuse voyait régulièrement Albertine dans un établissement de bains, et que les femmes se livraient à des séances de lesbianisme échevelé. Mais tout cela est-il vrai ? Le narrateur paie très cher pour obtenir ces révélations : « Le mensonge est essentiel à l'humanité », écrit Proust dans le volume. Dès lors, que cela soit vrai ou non n'importe plus : la sexualité devient carnavalesque, comme Charlus au bordel pour hommes, dans *Le Temps retrouvé*, fouetté par des criminels qui n'en sont pas et qui pensent à envoyer l'argent de leur travail de gigolos à leur vieille mère dans le besoin à la campagne. Paradoxalement, c'est dans ces romans de la chair, où la chair en vérité est tenue à distance par le romanesque, que les valeurs morales se font bientôt les moins pesantes. La pudeur dans le roman est plus liberticide que l'exhibitionnisme, le gigolo est moins à craindre que le puritain. Pensons encore au roman de Zola : la grande ombre morale est incarnée dans cet étrange personnage de M. Venot, dévot jusqu'à la nausée, autre tare que Zola dénonce.

La grande liberté morale du roman passe avant tout par le comique et le grotesque, par l'excès et la démesure. Le tragique condamne, le comique relaxe. Sans doute Zola prend-il trop au sérieux ses archétypes pour être dénué de toute intention morale. Balzac en ce sens est plus libre : quelle différence entre l'extravagant Vautrin, alias l'abbé Carlos Herrera, ancien forçat qui finit par entrer dans la police, et qui aime tant les jeunes hommes qu'après avoir fait la carrière de Rastignac, il est prêt à se tuer pour le beau Lucien de Rubempré, et Labordette, cette ombre quelque peu honteuse qui accompagne parfois Nana quand celle-ci cherche un alibi sans danger pour se livrer aux fantaisies d'une solitude retrouvée : « Ce bon Labordette, tombait-il à propos !

Jamais il ne demandait rien, lui. Il n'était que l'ami des femmes, dont il bibelotait les petites affaires[1] ». Il faut avec Zola bien lire entre les lignes pour traquer l'inverti : il n'avance pas dans ce domaine en comparaison du roman balzacien, et la galerie de tarés des *Rougon-Macquart* n'exhibe aucun « sodomite » en tant que héros d'un des volumes. Pourtant, Saint-Simon, dans ses *Mémoires*, avait donné un bel exemple de persiflage, auquel Proust n'a pas été insensible pour son Charlus, à propos de Monsieur, frère de Louis XIV, dont Charlus dans *Sodome et Gomorrhe* dit « Monsieur, qu'on appelait sans doute ainsi parce que c'était la plus étonnante des vieilles dames[2] » : « C'était un petit homme ventru monté sur des échasses tant ses souliers étaient hauts, toujours paré comme une femme, plein de bagues, de bracelets, de pierreries partout […][3] ». Le portrait par Proust de Charlus à la première apparition du baron dans *Sodome et Gomorrhe*, qui s'achève par un « car ce à quoi faisait penser cet homme […] tant il en avait passagèrement les traits, l'expression, le sourire, c'était à une femme[4] ! ».

Quel bond en avant dans la tolérance, grâce au comique, grâce au carnavalesque, Proust effectue-t-il quand il décide de mettre en scène son flamboyant baron de Charlus! Certes, le romancier tient là un archétype nouveau, aussi puissant que celui de la courtisane : celui de l'inverti qui fait montre de virilité, mais au moment même où il définit enfin les lignes principales de son grand roman, dans les années 1909-1910, paraît, en 1910, le roman *Lucien* de Binet-Valmer. C'est à la lecture de ce roman mettant en scène la figure d'un jeune homosexuel parisien qu'il est possible aujourd'hui de comprendre à quel point Proust a délibérément choisi d'en prendre le contrepied, et de revendiquer clairement la liberté de toute orientation sexuelle.

Proust, à l'heure même où il s'engage dans l'écriture de son œuvre, n'a pu qu'être extrêmement sensible à la parution du roman de Binet-Valmer : le héros est le fils d'un grand médecin psychiatre, respecté du Tout-Paris, il écrit une pièce de théâtre qu'il va faire

---

[1] *Ibid.*, p. 1143.
[2] Marcel Proust, *Sodome et Gomorrhe, À la recherche du temps perdu*, t. III, Paris, Gallimard, « Bibliothèque de la Pléiade », 1988, p. 56.
[3] Saint-Simon, *Mémoires*, t. II, Paris, Gallimard, « Bibliothèque de la Pléiade », Paris, 1983, p. 16.
[4] Marcel Proust, *op. cit.*, p. 6.

représenter aux frais d'une pseudo-fiancée richissime, Marie. Entre-temps, démasqué par son père et au centre d'un scandale que le préfet de police de Paris tente en personne d'étouffer (Lucien aurait participé à une soirée « sodomite » avec son amant, un sculpteur anglais), il rêve de se suicider, appuie sur la gâchette par lâcheté, enfin tous les poncifs sur le sujet sont décrits tour à tour : Lucien et sa mère ont une relation quasi fusionnelle, le père espère une guérison grâce à Marie, car « pour guérir un inverti, il faut une femme[1] ». Le pauvre Lucien a eu des « tentatives affreuses avec les prostituées[2] », mais rien ne peut l'empêcher de courir Paris « à la recherche de l'innommable aventure[3] ». Lucien est bien en chair, lui aussi, comme Nana, comme une femme : « Il avait la peau très fine, blanche, sans une rougeur ni une tache, des formes rondes, la poitrine dépourvue de poils et un peu grasse au niveau des seins, de belles épaules, des reins cambrés[4] ». Le romancier s'écrie : « Est-ce leur faute, s'ils n'ont plus que le courage du mensonge ?... […] Les autres infirmes attirent notre pitié, mais ceux-là, quand ils avouent, ne nous inspire que répulsion et dégoût[5] ».

Binet-Valmer songe-t-il, en créant son personnage, au cadet d'Alphonse Daudet, Lucien, fils lui aussi d'un homme connu de tous, décrit comme fort efféminé par ses contemporains ? Rappelons que le jeune Marcel Proust, au sortir de sa relation amoureuse avec Reynaldo Hahn, vit une aventure passionnée avec Lucien. Proust se bat d'ailleurs à ce sujet en duel avec Jean Lorrain, quand celui-ci, au moment où paraît en 1896 le premier livre de Proust, *Les Plaisirs et les Jours*, insinue dans un article que la préface d'Anatole France aurait été de complaisance, le Maître ne voulant pas déplaire au père de Lucien. De plus, Marie, l'alibi du Lucien de Binet-Valmer, a certainement rappelé douloureusement à Proust sa relation d'amitié avec Marie Nordlinger, au temps des années Ruskin, quand peut-être les parents gardaient un dernier espoir de guérison. Avec le scandale Eulenburg qui a secoué l'Allemagne quelques années plus tôt, quand le prince Philipp von Eulenburg, intime de l'empereur Guillaume II, est accusé, en

---

[1] Binet-Valmer, *Lucien*, Paris, Librairie Paul Ollendorff, 1910, p. 189.
[2] *Ibid.*, p. 89.
[3] *Ibid.*, p. 91.
[4] *Ibid.*, p. 92.
[5] *Ibid.*, p. 113.

1906, ainsi que plusieurs dignitaires de la Cour de l'Empereur, d'être « sodomite », et que les procès se succèdent, mettant au jour de véritables réseaux, c'est alors que naît le terme d' « homosexuel » et que l'homosexualité est décrite comme le « mal allemand », on peut imaginer l'enjeu moral secouant le monde des lettres. Proust choisit d'en rire avec Charlus, Binet-Valmer d'en pleurer avec Lucien : « C'est une tragique destinée que celle de ces jeunes gens qui, pour se garder quelque estime, doivent croire que leur génie les autorise à vivre en dehors des lois humaines[1] ». Proust a la force d'imposer ses propres lois où la moralité commune vole en éclats, et même si le narrateur n'est pas atteint par ce « mal allemand », toute la société proustienne masculine mise en scène dans *La Recherche* semble, à la fin du roman, contaminée par le « charlusisme » , jusqu'au neveu de Charlus, Robert de Saint-Loup, qui, une fois marié avec Gilberte, la fille d'Odette et de Charles Swann, partage avec son oncle le même amant, le violoniste Charles Morel. Mais Robert meurt en héros au front, tué de face par l'ennemi, dans *Le Temps retrouvé*, ce qui montre qu'un immense chemin a été parcouru entre le roman éminemment moral de Binet-Valmer, et l'œuvre totalement libre de Proust.

Ainsi, le thème de l'inversion, à la croisée des chemins entre les ultimes géants des romanciers français, Balzac, Zola ou Proust, est un bon indicateur du poids moral pesant sur l'écriture. Oserait-on dire que Zola demeure le plus timoré d'entre eux, peut-être parce qu'il est le plus sérieux, le plus scientifique ? Aucun sodomite déclaré dans les *Rougon-Macquart*, mis à part le pâle et fugitif Labordette et le maître d'hôtel de Renée dans *La Curée*. Rappelons que le membre de la famille qui est pensé comme un « inverti » (dans le même roman) et dont il est répété que dans le couple il est la femme, est Maxime Saccard – mais il n'est pas homosexuel. C'est dans ce vide que Proust engage son roman, et le narrateur peut dès lors avoir ces paroles qui prouvent, dans les premières années du XXᵉ siècle, que le roman est bien désormais le lieu, par excellence, des tolérances et des absolutions : « Personnellement je trouvais absolument indifférent au point de vue de la morale qu'on trouvât son plaisir auprès d'un homme ou

---

[1] *Ibid.*, p. 86.

d'une femme, et trop naturel et humain qu'on le cherchât là où on pouvait le trouver[1] ».

Et pourtant, plus encore que celui de Proust, où le narrateur-voix narrative demeure l'héritier de héros sur qui a pesé des siècles de carcan moral, le roman le plus libre est sans doute celui de Beckett. L'univers romanesque de Beckett est beaucoup plus cohérent qu'on ne le croit : de *Murphy*, écrit en 1938 et publié en 1947, à *Comment c'est*, qui paraît en 1961, Beckett écrit en tout sept romans, revendiqués en tant que tels. Au cours de chacun de ces sept romans, si l'on suit l'ordre chronologique dans lequel Beckett prétend les avoir écrits, le héros, toujours masculin, qu'il s'agisse de Watt, de Mercier et de Camier, de Molloy, ou de Mahood ou de Worm dans *L'Innommable*, ou d'un certain Pim et de ses variantes (Pim, Bem, Krim, Kram) dans *Comment c'est*, vieillit un peu plus à chacun des récits, tandis que se rétrécit et se fige le corps, jusqu'à n'être plus qu'une tête dans une jarre, tel Mahood. De *Murphy* à *Comment c'est*, chacun des personnages a, ou plutôt, a eu, une aventure avec une femme : les personnages féminins, peu à peu, se décharnent, et dans un roman qui se veut parodie de toute tradition du roman d'amour ou du récit sentimental, le lecteur est témoin de pathétiques scènes de sexualité, hautement comiques dans leur grotesque délibéré, où s'accouplent des corps en voie de délabrement. Mercier (le « grand barbu ») et Camier (le « petit gros ») inaugurent le couple beckettien de vagabonds indissociables, en mémoire certes du couple clownesque que forment Don Quichotte et Sancho Pança : Beckett, toutefois, dans *Mercier et Camier*, mentionne au détour d'une phrase une relation possible entre Mercier et Camier : « Le lendemain, ils restèrent à la maison. Le temps leur semblant long, ils se touchèrent un peu, mais sans se fatiguer[2] ». Plus tard, tandis que ces marginaux dorment chez Hélène, une de leurs amies, à Londres, Mercier demande à Camier : « L'as-tu encore enculée ?/J'ai essayé, dit Camier, mais je n'avais pas la tête à ça[3] ». On apprend par ailleurs, au détour d'une page, que Mercier est marié, et qu'il a des enfants. Tout peu à peu s'entremêle, Beckett abolit les frontières entre toutes les formes

---

[1] Marcel Proust, *op. cit.*, p. 264.

[2] Samuel Beckett, *Mercier et Camier*, Paris, Les Éditions de Minuit, 1970 (écrit en 1946), p. 15.

[3] *Ibid.*, p. 171.

possibles de sexualité : pensons au personnage de Molloy. Il vit dans la chambre de sa mère, sa mère aussi s'appelle Molloy, Molloy est à la fois la mère et le fils, de même que le personnage de Jacques Moran, dans la seconde partie du roman, a un fils qui s'appelle aussi Jacques Moran. Le thème de l'inceste n'est jamais loin : une longue scène décrit Jacques Moran (le père) qui administre un lavement à Jacques Moran (le fils). Homme et femme finissent également par fusionner, brouillant les frontières entre les sexes, le sexe masculin ou féminin n'est plus défini une fois pour toutes. De ces corps délabrés avec lesquels Molloy rencontre l'amour, on ne sait jamais s'il s'agit d'un homme ou d'une femme, ce ne sont que de vieilles parois, des muqueuses effondrées : « Ca devait être une femme quand même, le contraire se serait su, dans le quartier[1] ». Une scène d'amour entre Molloy et la « chose », si l'on peut dire, qui a nom Ruth ou Édith, semble apposer un point final à tout roman d'amour occidental : la rencontre d'ailleurs a lieu sur un tas d'immondices. D'une autre femme, la Lousse, aimée de Molloy, il est écrit : « Lousse était une femme extraordinairement plate, au physique s'entend, à tel point que je me demande encore ce soir […] si elle n'était pas plutôt un homme ou tout au moins un androgyne[2] ». La voix narrative du roman beckettien finit par absorber toute distinction de sexe, il n'y a plus ni homme, ni femme, mais une voix qui s'élève sur les décombres du roman d'amour occidental sans plus aucun jugement moral, comme la voix de la vieillesse même du roman, lestée de toutes les tendresses des anciens romans d'amour, mais allégée de tout jugement. Cette voix beckettienne de l'innommable clame une liberté absolue dont le roman semble être le dernier refuge, le dernier rempart.

---

[1] Samuel Beckett, *Molloy*, Paris, Les Éditions de Minuit, 1951, p. 88 (roman écrit en 1947-1948).

[2] *Ibid.*, p. 84.

VALEURS D'AILLEURS, AILLEURS DES VALEURS

L'ÉTHIQUE DE LA MÉTAFICTION : ÉLÉMENTS POUR UN « POSTRÉALISME » EN LITTÉRATURE ANGLAISE

Eileen Williams-Wanquet, Université de La Réunion

Étant donné que je n'ai jamais pu adhérer à une approche « anti humaniste », qui sépare littérature et vie, percevant le texte littéraire comme un espace coupé du monde, je suis sans doute inconsciemment conditionnée ou, pour reprendre le terme de Louis Althusser, « interpellée »[1], par le « tournant éthique»[2] qu'a pris la critique littéraire occidentale depuis les années quatre-vingts, comme le soulignent de nombreux critiques, que ce soit aux Etats Unis, en France, ou en Grande Bretagne. Effectivement, je me suis souvent posée la question, « À quoi *sert* la littérature ? », me situant ainsi dans une interrogation qui remonte à Platon, en passant par Sartre, Barthes ou Derrida[3].

Il y a deux aspects à mon questionnement : (1) *Que* transmet la littérature ? (2) *Comment* le fait-elle ? Pour répondre à la première question, je postulerai ici que la littérature joue un rôle social parce

---

[1] Louis Althusser, « Idéologie et appareils idéologiques d'état » (1969), *La Pensée*, nᵒ 151 (juin 1970), p. 3-38, voir surtout : p. 29-33.

[2] Voir : Liesbeth, Korthals Altes, « Le tournant éthique dans la théorie littéraire », *Etudes littéraires*, vol. 31, no 3, été 1999, p. 39-56 ; David Parker, « The Turn to Ethics of the 1990s », *in* Adamson J., Freadman R., et Parker D. (éds), *Renegotiating Ethics in Literature, Philosophy, and Theory*, Cambridge, CUP, 1998, p. 1-17.

[3] Voir : Vincent Jouve, *Poétique des valeurs*, Paris, PUF, 2001, p. 6.

qu'elle transmet des valeurs. Si on entend par « valeurs » des normes sociales qui nous dictent nos comportements, le terme est très proche du terme « idéologie » dans le sens où l'entend Louis Althusser, comme des « structures imaginaires » qui nous « interpellent », ou du terme « mythe » tel que le définit Roland Barthes, comme « une parole choisie par l'histoire »[1]. Autrement dit, comme le propose Ronald Shusterman, la littérature est « une voie d'accès à une forme de connaissance morale », elle « écrit le monde », elle nous apprend des choses sur la nature humaine, elle aide à « fabriquer du sens », elle est le « tissu social »[2]. Je postule donc que la littérature, comme, « laboratoire de vie » (pour reprendre la formule de Martha Nussbaum)[3], pose la question éthique fondamentale, « Comment *devons*-nous vivre pour mieux vivre ensemble? ». Elle cherche à imaginer le monde tel qu'il *pourrait* être, tel qu'il *devrait* être. Comme l'affirme Jean-Jacques Lecercle, « l'autre de la littérature »[4] c'est la philosophie. Venons-en maintenant à la deuxième question : « Comment la littérature transmet-elle des valeurs ? ». Il s'agit ici de se demander ce que *fait* la littérature, sur un plan spéculatif et éthique. Le fonctionnement littéraire se situerait *entre* le monde extratextuel et l'espace purement textuel. D'après Jacques Rancière, le texte littéraire n'est ni autotélique ni représentatif ; ce que ce philosophe nomme l'« impropriété propre »[5] de la littérature ouvre une troisième voie, située entre, d'une part, des indices purement internes et textuels, et, d'autre part, des conventions extérieures. Pour Paul Ricœur aussi, la littérature ouvre un monde parallèle, dé-pragmatisé, un métamonde, un monde de « quasi-choses » ou de « comme-si »[6]. En prenant, avec Ricœur, la *mimesis* dans le sens de *muthos,* on comprend mieux comment la littérature n'imite pas les

---

[1] Roland Barthes, *Mythologies*, Paris, Seuil, 1957, p. 182.

[2] Jean-Jacques Lecercle et Ronald Shusterman, *L'Emprise des signes*, Paris, Seuil, 2002, p. 171, 174, 175.

[3] Voir : Martha Nussbaum, *Love's Knowledge. Essays on Philosophy and Literature*, Oxford, Oxford University Press, 1990.

[4] Jean-Jacques Lecercle et Ronald Shusterman, *L'Emprise des signes*, Paris, Seuil, 2002, p. 182.

[5] Jacques Rancière, « L'Inadmissible » in *Aux bords du politique*, Paris, La Fabrique, 1998, p. 130.

[6] Paul Ricœur, *Temps et récit I. L'Intrigue et le récit historique*, Paris, Seuil, coll. « Essais », 1985, p. 93.

données brutes du monde, mais plutôt les mises en intrigue du monde, le sens que nous donnons au réel. Dans cet optique, le *muthos*, qui vient du monde en amont, est *configuré* par le texte, ensuite *reconfiguré* dans le texte, pour *préfigurer* ou renvoyer au monde en aval[1].

Me situant donc, en tant que critique littéraire du début du XXIe siècle, entre la voie philosophique et la voie textualiste, entre la sphère esthétique et la sphère éthique, je vais tenter ici d'illustrer comment la littérature peut avoir une fonction éthique par sa forme même. Si la critique littéraire a pris un « tournant éthique » dans les années 1980, on a pu noter la même tendance dans la littérature anglaise elle-même : on a pu assister, dès les années 1960, et surtout à partir des années 1980, à une véritable explosion d'un type de roman, véritablement paradoxal, car alliant, d'une part, les préoccupations éthiques, religieuses, humanistes ou politiques du roman réaliste traditionnel, et, d'autre part, les abstractions, les jeux langagiers de l'avant-garde moderniste[2]. Pour la critique canadienne, Linda Hutcheon, ce type de texte paradoxal, qu'elle a fameusement nommé « métafiction historiographique », caractérise la littérature de l'époque postmoderne. Une des caractéristiques de ce type de roman paradoxal est la reprise de textes antérieurs. D'où le titre de cet article, « L'éthique de la métafiction » : la « métafiction » — pris dans ses deux sens d'auto-réflexivité et de fiction sur une fiction — véhicule, *par sa forme même*, une remise en cause proprement éthique. Je vais essayer d'analyser le fonctionnement de ce type de texte, en illustrant mon propos par des romans anglais de la fin de siècle, qui réagissent à l'histoire. Ces romans contemporains sont caractérisés par un double ancrage : dans des textes antérieurs, par divers procédés « transtextuels », mais aussi dans le temps et

---

[1] Paul Ricœur, *Temps et récit I. L'Intrigue et le récit historique*, Paris, Seuil, coll. « Essais », 1985, p. 93-94, 108.

[2] Voir : Linda Hutcheon, *A Theory of Parody. The Teachings of Twentieth-Century Art Forms*, London, Routledge, 1985 ; Linda Hutcheon, *A Poetics of Postmodernism. History, Theory, Fiction* (1988), London, Routledge, 1999 ; Susana Onega, « The British Novel in the 80s : Historiographic Metafiction, The Way Ahead ? », *XIV Congreso de Aedean*, Bilbao, *Servicio editorial Universidad del Pais Vasco*, 1992, p. 81-96 ; Susana Onega, « Introduction : 'A Knack for Yarns' : The Narrativization of History and the End, of History », in Onega S., *Telling Histories*, Amsterdam, Rodopi, 1995, p. 9-18 ; Christian Moraru, *Rewriting. Postmodern Narrative and Cultural Critique in the Age of Cloning*, Albany, State University of New York Press, 2001.

dans l'espace, par des procédés « réalistes ». Fondant mon analyse sur les trois temps proposés par Paul Ricœur (configuration, refiguration, préfiguration), je vais d'abord analyser l'ancrage des hypertextes dans des textes antérieurs, avant d'examiner leur re-contextualisation dans l'histoire contemporaine, pour enfin montrer comment cette démarche formelle permet la révision des idéologies véhiculées par les hypotextes.

Ancrage dans des hypotextes

Dans ces réécritures contemporaines, la relation « transtextuelle » privilégiée est ce que Gérard Genette nomme « hypertextualité », *i.e.* une relation unissant un texte contemporain, l'hypertexte, à un texte antérieur, l'hypotexte, « sur lequel il se greffe d'une manière qui n'est pas celle du commentaire ». Ces textes déclarent plus ou moins leur hypertextualité par diverses formes d'intertextualité, terme que Genette réserve à « la présence effective d'un texte dans un autre » sous forme de citations, références, allusions ou paraphrases, etc.[1] Cette relation d'hypertextualité n'est pas une relation d'imitation, mais de transformation. Il s'agit toujours de ce que Linda Hutcheon nomme une « parodie moderne », c'est-à-dire une « répétition étendue avec des différences cruciales »[2]. Le texte contemporain est *greffé* sur un texte antérieur, sans lequel il ne peut exister tel quel, et c'est bien le texte antérieur dans sa globalité qui est repris.

Pour ne citer que quelques exemples d'une longue liste, *Indigo* de Marina Warner (1993) reprend un texte fondateur du XVIIe siècle, *The Tempest* de Shakespeare (1611-12); *Foe* de Coetzee (1986) réécrit le premier roman réaliste anglais du XVIIIe siècle, *Robinson Crusoe* (1719) de Daniel Defoe ; *Wide Sargasso Sea* de Jean Rhys (1966) revisite un texte clé du XIXe siècle, *Jane Eyre* (1847) de Charlotte Brontë… En ce qui concerne la reprise de textes sacrés, on peut citer comme exemple, *Boating for Beginners* de Jeannette Winterson (1985), qui revisite l'épisode biblique du déluge ; et *The Rape of Sita* de Lindsey Collen (1993) qui réécrit l'épopée hindouiste, le *Ramayana*, reprenant aussi *The Rape of Lucrece* de Shakespeare.

---

[1] Gérard Genette, *Palimpsestes. La littérature au second degré,* Paris, Seuil, 1982, p. 8-12.
[2] Linda Hutcheon, *A Theory of Parody. The Teachings of Twentieth-Century Art Forms*, London, Routledge, 1985, p. 7.

Cette hypertextualité est souvent explicite ou « obligatoire »[1]. Outre la reprise d'une même thématique, elle est signalée par la reprise des personnages de l'hypotexte, qui en portent le même nom, ou qui ont les mêmes traits de caractère que leurs homologues. Par exemple, *Indigo* remet en scène les personnages féminins de *The Tempest*, qui se nomment aussi Sycorax et Miranda, et le lecteur reconnaît aisément Caliban et Prospero. L'hypertextualité à l'œuvre peut aussi être signalée par le titre, comme dans *The Rape of Sita* (le viol de Sita), qui fait ouvertement référence au *Ramayana* et au *Viol de Lucrece* de Shakespeare. L'hypotexte est souvent présent sous forme de citations ou d'allusions : ainsi *Boating for Beginners* (canotage pour débutants), par-delà son titre parodique, incorpore des citations de l'épisode biblique de l'Arche de Noé. Parfois aussi l'hypertexte reprend la symbolique de son hypotexte : c'est le cas de *Wide Sargasso Sea*, qui reprend, entre autres, la symbolique de la couleur rouge associée au feu de *Jane Eyre*.

Or, comme nous le dit Vincent Jouve, « la référence à une autre œuvre, par les fonctions qu'elle remplit, ne peut être détachée de la question de valeurs »[2]. On note, en effet, que les hypotextes réécrits sont souvent des textes « interpellatifs », des textes fondateurs de la culture occidentale, et qui transmettent donc des idéologies déterminantes[3]. La critique contemporaine a effectivement tendance à souligner que tous ces hypotextes traitent de la question du pouvoir du sujet humain, de la prise de possession de soi-même et du monde, et du thème de l'impérialisme. Par exemple, *The Tempest*, l'histoire de la prise de possession par Prospéro de l'île de Caliban, a souvent été lue comme étant issu d'un contexte impérialiste et patriarcal. *Jane Eyre* a été interprété comme se pliant finalement à un ordre social Victorien patriarcal, qui est fondé sur la raison, et qui rejette donc tout le « continent noir », tout cet « autre » monstrueux qui doit être refoulé dans l'organisation du monde, et aussi comme un texte qui reflète l'idéologie impérialiste de son époque. Car toute monstruosité, incarnée par le personnage de Bertha Mason, l'étrangère folle enfermée dans le grenier, la mise en scène de l'inconscient inné de *Jane Eyre*, est

---

[1] Voir : Michaël, Riffaterre, « La Trace de l'intertexte », *La Pensée*, n° 215, octobre 1980.
[2] Vincent Jouve, *Poétique des valeurs*, Paris, PUF, 2001, p. 140.
[3] Voir : Chantal, Zabus, *Tempests after Shakespeare*, New York, Palgrave, 2002, p. 1 ; Steven Connor, *The English Novel in History 1950-1995*, London, Routeledge, 1996, p. 168.

symboliquement évacuée par la mort de Bertha. Quant à La Bible, elle a été interprétée comme le texte fondateur du patriarcat (« *the ur-text of patriarchy* »)[1] par de nombreuses féministes. Le *Ramayana* (comme *The Rape of Lucrece*), véhicule le stéréotype/mythe de la femme passive et pure, qui est coupable d'avoir été violée.

Pour résumer, le « système idéologique »[2] global de chacun de ces hypotextes transmet ce que Frédéric Regard définit comme des « intrigues héritées d'une culture se rêvant au centre du monde »[3] autrement dit, les grands « métarécits » de l'Histoire[4]. Le fait de reprendre ces hypotextes serait en réalité une manière de revisiter les mises en intrigues du monde qu'ils véhiculent.

Recontextualisation dans l'histoire contemporaine

Ces réécritures contemporaines sont ancrées non seulement dans des hypotextes, mais aussi dans le monde, par des procédées réalistes. L'ancrage dans le monde est lui-même souvent double : l'hypertexte est ancré, à la fois, dans un présent empirique qui lui est contemporain, et dans un passé empirique qui est contemporain à l'hypotexte. Comme l'a souligné Jacques Derrida, puisque l'écriture rend un texte autonome à l'égard de son origine, elle est « itérable »[5]. Autrement dit, les mêmes personnages, intrigues et thèmes, sont transposés dans un autre contexte, ou, pour reprendre les termes de Paul Ricœur, « décontextualisés » puis « recontextualisés »[6].

La double intrigue de *Indigo*, qui met en scène les indigènes de deux anciennes colonies anglaises des Petites Antilles, ainsi que les descendants des premiers colons anglais de ces îles, se situe alternativement à Londres et aux Antilles, et se déroule à la fois dans le contexte d'un XXe siècle anglais marqué par un sen-

---

[1] Alicia Suskin Ostriker, *Feminist Revision and the Bible,* Oxford, Blackwell, 1993, p. 27.

[2] Vincent Jouve, *Poétique des valeurs*, Paris, PUF, 2001, p. 35.

[3] François Laroque, Alain Morvan et Frédéric Regard, *Histoire de la littérature anglaise*, Paris, PUF, 1997, p. 728.

[4] Jean-François Lyotard, *Le Postmoderne expliqué aux enfants* (correspondance 1982-1985), Paris, Galiliée, 1988, p. 31.

[5] Voir : Jacques Derrida, « Signature, événement, contexte » (1971) *in* Derrida J., *Marges de la philosophie*, Paris, Minuit, 1972, p. 365-393.

[6] Paul Ricœur, *Du texte à l'action. Essai herméneutique II,* Paris, Seuil, coll. « Essais », 1986, p. 125.

timent de culpabilité envers la colonisation, et dans le contexte impérialiste du XVIIe siècle. Ce double ancrage géographique et historique, qui donne lieu à un va-et-vient entre passé et présent, se fait par le biais de nombreuses références, plus ou moins exactes, à des personnages et à des faits historiques. Ainsi, pour la reprise de la thématique impérialiste de *The Tempest*, l'auteur conserve en filigrane une objectivité historique, tout en mélangeant faits historiques et fiction, comme pour souligner que la mise en intrigue des faits historiques comporte une part de fiction. *Wide Sargasso Sea* avance l'histoire de *Jane Eyre* dans le temps : l'histoire de Jane, qui se situe dans l'Angleterre impérialiste entre 1799 et 1809, est resituée aux Antilles des années 1830 et 1840, donc à une époque postcoloniale, et le conditionnement idéologique des personnages est présenté avec une grande vraisemblance psychologique. Dans *Boating for Beginners*, l'histoire biblique du Déluge est resituée dans la culture occidentale des anneés 1980 par une profusion de références culturelles, comme pour souligner la discursivité de l'Histoire, donnant lieu à des anachronismes et à des superpositions spatiales surprenantes. *The Rape of Sita* décontextualise l'histoire du viol de Sita de l'ancienne épopée sacrée hindoue, le *Ramayana*, dans le temps et dans l'espace, pour le recontextualiser dans un contexte de lutte des classes de la société mauricienne des années 1980. Le contexte idéologique patriarcal de cette société est signalé par l'intertextualité avec le poème moderniste, *The Waste Land*, de T.S. Eliot, qui est lu par l'auteur comme étant « patriarcal dans sa vision de l'ordre social ». L'ancrage dans le monde se fait aussi par de nombreuses références, en créole, à un mode de vie au quotidien, ainsi que par des références à l'histoire de la colonisation de l'île et de la naissance des partis politiques de gauche.

Cette manière d'enraciner les histoires dans le monde sert donc à donner un air de vraisemblance, comme dans le roman réaliste traditionnel. Mais les conventions du réalisme sont subverties de l'intérieur, afin se souligner que la réalité est *muthos*, que nous sommes conditionnés par les discours qui nous entourent, en d'autres termes, que *le monde est texte*.

Révision des idéologies véhiculées par les hypotextes

Ces réécritures d'hypotextes semblent relever de ce que Gilles Deleuze nomme « une répétition ontologique », qui appelle un « renversement complet du monde de la représentation »[1] les mêmes faits étant soumis à un éclairage nouveau, les faits du passé étant recomposés à la lumière d'une logique différente. Le *muthos* ou la mise en intrigue de faits similaires, sera différent dans un contexte différent. Perçus d'un autre point de vue, les faits vont avoir un autre sens, vont « re-signifier »[2]. Les personnages qui illustrent une même thématique mais dans un contexte différent vont affirmer des « options idéologiques » différentes. Leurs actions, interprétées et évaluées d'un autre point de vue, vont être soumises à des sanctions – ou à une « justice poétique » – différentes. Car la voix qui « fait autorité » et qui transmet au lecteur le « message » du texte « déconstruit » l'idéologie de l'hypotexte, et imagine une *autre* façon d'être pour l'avenir. Plusieurs procédés formels sont employés pour ré-écrire les intrigues du passé, la façon dont « le roman structure les événements et les personnages » signifiant « indépendamment de tout commentaire explicite »[3].

Par exemple, *Indigo*, pour déconstruire les mythes dont nous héritons, en mettant au jour leur fonctionnement violent, reprend la thématique impérialiste de *The Tempest*, mais utilise l'ironie et la parodie pour déconstruire l'Histoire officielle de la colonisation : (i) la parodie sert à souligner la subjectivité et l'hypocrisie des sources documentaires, afin de montrer à quel point l'Histoire écrite est celle des vainqueurs ; (ii) le point de vue est ironiquement inversé entre colons et colonisés, le roman faisant aussi appel aux sentiments du lecteur pour qu'il s'identifie aux indigènes. Ainsi le mythe de la colonisation n'apparaît plus comme une entreprise héroïque, mais comme une tyrannie violente motivée par l'appât du gain. Le style de la tradition orale et le réalisme magique servent ensuite à réécrire l'Histoire de l'autre point de vue, rendant ainsi une voix aux minorités silencieuses que sont les femmes et les colonisés. Les fables transmises par Sycorax de sa

---

[1] Gilles Deleuze, *Différence et répétition*, Paris, PUF, 1968, p. 374.
[2] Judith Butler, *Excitable Speech. A Politics of the Performative*, New York, Routledge, 1997, p. 14.
[3] Vincent Jouve, *Poétique des valeurs*, Paris, PUF, 2001, p. 35, 91, 94.

188

tombe, et enchâssées à des moments clés de l'histoire, relèvent de la « mise en abyme », s'appropriant la totalité du récit en le condensant afin de l'éclairer moralement de l'intérieur[1]. Les personnages signifient alors différemment, ils portent, pour reprendre les termes de Vincent Jouve, des « points-valeurs » différents : par exemple, Sycorax, la sorcière de Shakespeare, devient une grande guérisseuse ; Prospéro survit comme une mentalité tyrannique incarnée par trois siècles de personnages de colons. La justice poétique marie Miranda et Caliban, l'héroïne vertueuse épouse le monstre, lui rendant symboliquement son île. Mais le message final du roman va au-delà de la réparation des fautes commises dans le passé : des images liées aux huîtres, aux perles et à la mer, symboles féminins de transformation et de renaissance spirituelle, appellent à rebâtir le monde à partir d'une vision nouvelle. Si la violence et le pouvoir font partie intégrante de l'histoire des hommes, l'écrivain peut se poser en « conscience » qui « s'oppose comme *éthique* au cours *historique* »[2].

Wide Sargasso Sea, qui redonne corps et vie à Bertha Mason, cette étrangère oubliée, ce monstre en trop, dont la fin tragique est déjà écrite au siècle précédent, donne l'illusion de précéder *Jane Eyre*. Ce roman est surtout une ré-vision du roman de Brontë, afin de libérer tout ce qui, dans *Jane Eyre*, aura été refoulé, tout « l'autre » de la raison. La technique narrative rappelle celle du rêve, où tout est toujours réversible, défiant les lois d'un ordre eurocentrique fondé sur la raison. Le roman refuse de mettre en scène la mort de Bertha. Les choses sont imaginées autrement, *Wide Sargasso Sea* rêvant un futur antérieur.

Boating for Beginners affiche d'emblée son ambition de nous révéler ce qui est écrit entre les lignes du texte biblique du Déluge, en nous expliquant qu'il y a « tellement plus entre les lignes » (12). Noé et ses fils sont transposés dans les années 1980 en Occident, et de nombreux procédés comiques sont mis en œuvre pour déconstruire l'image biblique du noble patriarche, et présenter les choses du point de vue des femmes marginales oubliées par le texte, afin de mettre à jour à quel point l'histoire du

---

[1] Lucien Dällenbach, *Le récit spéculaire. Essai sur la mise en abyme*, Paris, Seuil, coll. « Poétique », 1977, voir p. 52.

[2] Paul Ricœur, *Histoire et vérité*, Paris, Seuil, coll. « Esprit », 1955, p. 240.

monde est celle des vainqueurs, de ceux qui sont au pouvoir manipulant le discours à leur propre avantage. La sexualité est révélée n'être qu'un effet de techniques de pouvoir, « déterminée par un ensemble de discours, tenus par les hommes sur les femmes ». Elle « ne serait rien d'autre qu'un effet discursif, de nature secrètement politique »[1]. Le mythe est non seulement déconstruit, mais sa répétition métafictionnelle produit un sens nouveau, et ce roman burlesque se clôt sur une question envoyée au lecteur sous la forme d'une bouteille à la mer : « Dieu seul sait où est la vérité ! »

La technique narrative, choisie par *The Rape of Sita* pour revisiter le mythe patriarcal de la femme vertueuse et passive rendue coupable de son viol, est fondée sur la tradition orale, forme dialogique, qui va à l'encontre de toute rhétorique dominatrice en mettant l'accent sur l'ouverture à l'autre,[2] et qui se situe entre mémoire et invention[3]. L'histoire est contée par un narrateur, Iqbal, qui « contre-interpelle » le rôle assignée à la femme dans le mythe patriarcal. Le point de vue bascule de celui des dieux à celui des hommes opprimés. Sita, la déesse vertueuse du *Ramayana*, qui doit payer pour un viol qui n'a pas été commis, devient chez Collen une jeune femme ouvrière issue d'une longue ligne de rebelles contre l'oppression coloniale, et qui, elle, est effectivement violée. Faits et fiction s'entremêlent : des incidents politiques violents réels déclenchent chez Sita le souvenir de ce viol qu'elle avait enfoui dans son subconscient. Le viol devient ainsi une métaphore pour la colonisation, un parallèle est établi entre toute forme d'abus de pouvoir, et la violence secrète du patriarcat est révélée. Plutôt que de rester passive ou de tuer son agresseur, Sita décide d'écrire l'histoire du viol en le reconfigurant, en inversant les points de vue, histoire que le narrateur Iqbal renvoie au lecteur à la fin du roman, en l'invitant à pendre ses responsabilités, en l'appelant à écrire l'Histoire autrement à l'avenir. Iqbal, à la fois homme et femme, est un exemple de la manière dont le trope de l'androgyne est utilisé pour remettre en cause toute opposition dualiste, fondée sur l'opposition fondamentale entre soi et l'autre, génératrice de violence.

---

[1] Frédéric Regard, *L'Ecriture féminine en Angleterre,* Paris, PUF, 2002, p. 106.

[2] Andrew Gibson, *Postmodernity, Ethics and the Novel,* London, Routledge, 1999, voir p. 59.

[3] Voir : Nicole Belmont, *Poétique du conte,* Paris, Gallimard, 1999.

En conclusion, on notera que la plupart de ces hypotextes canoniques sont issus du contexte historique de la Modernité, auquel est lié ce que Michel Foucault appelle une « attitude » philosophique[1] (et Georg Lukàcs une « vison du monde ») [2] et dont le roman est une manifestation : au centre du monde se trouve un sujet humain raisonnable et « autonome » (c'est-à-dire, origine du sens) ; il existe un monde stable à l'extérieur de lui, monde qu'il peut maîtriser et refléter par son esprit tel un miroir, et qu'il peut imiter par un langage « transparent » ou objectif. Cette période de notre histoire correspond à l'impérialisme européen, à l'eurocentrisme, au patriarcat, et est fondée sur une culture chrétienne. Comme l'a montré Jacques Derrida, le pouvoir s'organise autour de la logique dualiste de la différence hiérarchisée entre le moi et l'autre[3]. Il semblerait que ce qui est réécrit à travers la reprise « postmoderne » d'hypotextes précis, c'est l'hypotexte diffus des « métarécits » de la Modernité, à une époque où la primauté du signifié sur le signifiant est inversée, le sujet étant perçu comme le produit des discours qui l'entourent. Si le monde en amont nous est transmis par le filtre de textes qui nous façonnent, si le monde est langage, il peut être réécrit et retransmis au monde en aval. Le texte réaliste classique, fondé sur les présupposés philosophiques de la Modernité et né de l'opposition entre l'individu et la société, visait à consolider le consensus social. Ces métafictions postmodernes, par leur forme même, remettent en cause les valeurs qui fondent le consensus. Le terme « postréalisme »[4], qui allie l'humanisme du réalisme et les abstractions de l'avant-garde moderniste, a l'avantage de situer ce type de roman paradoxal, à la fois, dans la lignée du réalisme traditionnel, et dans une époque postmoderne « posthumaniste », où le roman doit trouver d'autres manières de dire le monde, puisque les fondements philosophiques du roman réaliste traditionnel ont été remis en question.

---

[1] Voir : Michel Foucault, « Qu'est-ce que les Lumières ? » (1984), *in* Foucault M., *Dits et écrits IV*, Paris, Gallimard, 1994, p. 562-578.

[2] Georg Lukàcs, *La Signification présente du réalisme critique* (1957), trad. de l'allemand par Maurice de Gandillac, Paris, Gallimard, coll. « nrf », 1960, p. 21.

[3] Voir : Jacques Derrida, « La Pharmacie de Platon », *in* Derrida J., *Phèdre*, Paris, Flammarion, 2004, p. 257-287.

[4] Voir : Eileen Williams-Wanquet, « Towards Defining 'Postrealism' in British Literature », *Journal of Narrative Theory*, vol. 36, nᵒ 3, nᵒ spécial *Realism in Retrospect* (Fall 2006), p. 389-419.

PROLÉGOMÈNES À UNE « POÉTHIQUE » DU ROMANESQUE : LES VALEURS DANS *L'AMOUR BLUES* D'ARTHUR FLOWERS

François Guiyoba, ENS de Yaoundé, Cameroun

Notre propos s'inscrira dans le cadre de l'esthétique münchéenne[1]. Un fait majeur se dégage de celle-ci, à savoir la fondation de l'autonomie de l'Esthétique par rapport aux autres disciplines auxquelles elle a jusque-là emprunté pour évaluer la beauté de l'œuvre littéraire. Nous voudrions, en ce qui nous concerne, montrer que cette distanciation de cette discipline par rapport à d'autres implique l'idée de valeurs intrinsèques à l'œuvre littéraire, c'est-à-dire de valeurs « engendrées par le faire littéraire » sans référence à une éthique sociale préétablie. Pour ce faire, nous allons nous appuyer sur le roman *L'Amour blues*[2] de l'Américain Arthur Flowers. Ce faisant, nous aurons recours à la perspective productologique de la théorie de Marc-Mathieu Münch, perspective selon laquelle les auteurs de tous les cieux et de tous les temps s'accordent pour dire qu'une œuvre d'art réussie est celle qui, en entraînant le lecteur dans un monde imaginaire autre, produit dans sa psyché un « effet de vie » durable. Il en découlera, selon nous, que cet effet de vie cristallise

---

[1] *Cf.* Marc-Mathieu Münch, *L'Effet de vie ou le singulier de l'art littéraire*, Paris, Champion, Bibliothèque de littérature générale et comparée, 2004.

[2] Arthur Flowers, *L'Amour blues*, Paris, Balland, 1996. Édition originale en anglais : *Another Good Loving Blues*, New York, Ballantine Books, 1994.

les valeurs dans l'œuvre, celles-ci n'étant pas « parasitées » par une éthique extrinsèque à celle-ci, mais étant plutôt obtenues par diverses modalités compositionnelles telles que le « jeu de mots », les « procédés de plurivalence », l'« ouverture artistique » et la « cohérence » thématique, pour reprendre la terminologie münchéenne. En sorte que, du point de vue des fonctions de la littérature, les auteurs du monde ne semblent guère s'accorder, qui rejettent manifestement les fonctions socialement « correctes » de cet art. Ce qui nous confortera dans l'idée que les valeurs de l'œuvre ne sont pas à trouver hors d'elle, mais *en* elle, et ce à travers l'effet de vie qu'elle suscite chez le lecteur.

Les valeurs de l'éthique sociale

Dans une perspective sociologique, l'éthique disciplinaire qui est le cadre de la réflexion à ce niveau de la démonstration appelle la question de savoir ce que sont les valeurs de l'éthique sociale. Cette question principale se décline en quatre questions secondaires : qu'est-ce que l'éthique ? À quoi réfère l'éthique sociale ? À quoi correspond la notion de valeur ? Quelles seraient alors les valeurs de l'éthique sociale ? On posera que ces dernières sont celles imposées par la société pour sa cohésion, sa cohérence et, donc, sa pérennité. Il en découlera alors que l'éthique est une attitude morale par rapport à une norme préétablie, que l'éthique sociale réfère à un paradigme d'attitudes morales dictées par la société, que ces attitudes correspondent, en conséquence, à des valeurs élaborées et archivées par la conscience collective, et que ces dernières sont d'ordre politique, religieux, économique, juridique, artistique…, suivant les différents domaines de la vie sociale. Des considérations philosophiques et sociologiques aideront à le montrer.

En une première acception, l'éthique est effectivement synonyme de la morale. L'on parlera ainsi d'éthique politique, religieuse, médicale, juridique, etc. D'où, en une seconde acception, le fait qu'elle désigne « l'une des plus anciennes disciplines théorique qui étudie la morale »[1]. En sorte que, dans son histoire, elle a paru « comme science "pratique" de la manière de régler sa conduite, à la

---

[1] Et sq., *Cf. Dictionnaire philosophique*, Moscou, Éditions du Progrès, 1980 (1985 pour la traduction française).

différence de la connaissance purement théorique de la réalité ». Or, l'on ne peut régler sa conduite que par rapport à une norme. Celle-ci a généralement correspondu à un « principe extra-historique, Dieu, la nature humaine ou les lois de l'univers », à « un principe établi *a priori* », à « une idée absolue qui se développe en soi », ou à « une quelconque autorité ». La norme morale est donc de l'ordre du transcendantal, c'est-à-dire du préexistant ou du préétabli relativement à la praxis qu'elle régit. En sorte que l'éthique puisse se subdiviser en catégories suivant les déclinaisons spécifiques de cette norme, c'est-à-dire suivant sa nature et celle de ses fondements et objectifs. Ainsi, par exemple, distinguera-t-on l'« éthique approbative », « autonome et hétéronome », « conséquentielle », « de la réalisation de soi », « évolutionniste », « théologique », etc. Toutes se ramènent, en réalité, à l'« éthique normative ». En effet, « toute conception éthique, en traduisant l'idéal moral de groupes sociaux déterminés, est, en dernière analyse, normative ».

Dès lors, l'éthique sociale, et donc socio-approbative, est englobante par rapport à tous les types d'éthique qui en constituent alors le paradigme. Que l'autorité approbative soit Dieu, l'individu ou la nature, entre autres, elle reste de l'ordre sociologique, c'est-à-dire une émanation, une vision ou une conception du groupe social.

L'éthique, en général, est, en définitive, d'essence sociale. C'est en vertu d'elle que l'on sanctionne positivement ou négativement les comportements au sein de la société, et ce sur les plans religieux, civique, juridique, etc. Dans ces conditions, les comportements moraux se veulent des concrétisations de valeurs socio-consensuelles. En effet « les valeurs [sont des] définitions [...] *des objets d'un monde ambiant mettant en évidence leur portée positive ou négative* »[1]. Ce sont « *le bien et le mal, le beau et le laid* ». Or, ces définitions sont « *sociales* », cette portée l'est « pour *l'homme et la société* », et ces catégories de valeurs « appartiennent aux *phénomènes de la vie sociale* et de la nature ». Même la valeur des objets matériels est mesurée à l'aune du social, aussi bien sur le plan individuel que collectif :

> Par rapport au sujet (l'homme), *les valeurs sont des objets de ses intérêts*, et jouent, pour sa conscience, le rôle de *points de repère quotidiens dans la*

---

[1] Et sq. Nous soulignons.

réalité objective et sociale, de définitions de ses différents rapports pratiques aux objets et aux phénomènes environnants. Par exemple, *le verre*, qui sert à boire, *se montre utile en tant que valeur d'usage, en tant que bien matériel.* Produit d'un travail et objet d'un échange de marchandises, le verre joue le rôle de valeur économique. Si le verre est un objet d'art, *il acquiert une valeur esthétique, la beauté.* Toutes *ces propriétés* définissent ses différentes fonctions dans le système de l'activité vitale humaine et *sont des signes matériels, des symboles de certains rapports sociaux dans lesquels agit l'individu.*

S'il en est ainsi des valeurs matérielles, à plus forte raison des valeurs morales qui semblent même être au principe de ces dernières ou, tout au moins, les subsument :

> À côté de ces valeurs matérielles [...], *il y a des valeurs constituées par certains phénomènes de la conscience sociale, exprimant ces intérêts sous une forme idéale (notions de bien et de mal, de justice et d'injustice, idéaux, normes et principes moraux).* Ces formes de la conscience ne font pas qu'exprimer des phénomènes réels ou imaginés de la réalité, mais *leur donnent une appréciation, exigent leur réalisation ou leur évincement, les approuvent ou les condamnent.*

Point donc de salut moral, sapientiel et praxéologique hors de la sphère socio-normée dans toutes ses dimensions ou tous ses domaines. En sorte que les valeurs de l'éthique sociale se rapportent, non seulement aux objets des intérêts collectifs, mais aussi aux idéaux sous-tendant ces intérêts et qui se résument en des catégories telles que le bien et le mal, le beau et le laid, l'utile et l'inutile..., celles-ci traduisant le besoin essentiel de la société de se conserver.

Les valeurs de l'éthique artistique

Or, dans la perspective de l'esthétique münchéenne, les valeurs de l'éthique sociale ne recouvrent pas nécessairement celles de l'œuvre artistique. Cette esthétique se résume en une théorie d'un « effet de vie » que suscite « une œuvre d'art littéraire réussie [...] dans la psyché du lecteur-auditeur »[1] :

---

[1] Marc-Mathieu Münch, *L'Effet de vie ou le singulier de l'art littéraire, op. cit.,* p. 35.

Prolégomènes à une « poéthique » du romanesque

Avant l'instant où l'on commence la lecture d'un texte littéraire, on est occupé et préoccupé par les mille circonstances de la vie réelle. *Dès qu'on a commencé à lire, les préoccupations réelles s'estompent puis disparaissent plus ou moins complètement tandis que le texte réussit, s'il est bon, à fabriquer progressivement une autre vie dans la psyché du lecteur. Cette nouvelle vie apporte d'autres lieux, d'autres situations, d'autres personnes et d'autres événements ; elle apporte aussi des pensées, des images, des sentiments nouveaux.* Elle crée dans l'esprit une activité, voire un remuement et parfois même un bouleversement de tout l'être. Elle tend à envahir de proche en proche toutes les facultés sans en oublier une seule[1].

En sorte que, selon Hélène Marcotte :

> *L'œuvre d'art littéraire réussie serait celle qui [...] libère le [lecteur] de la vie réelle* non seulement pour le faire entrer dans l'univers de la fiction mais aussi *pour renouveler sa perception du monde et de lui-même* en tant que lecteur, en tant que sujet participant à la création du sens[2].

Or, les préoccupations réelles de la vie quotidienne qui s'estompent pendant la création et la réception de l'œuvre littéraire ont partie liée avec les valeurs contraignantes de l'éthique sociale. Dès lors, elles incitent aussi bien le démiurge que le lecteur à renouveler sa perception du monde et, en conséquence, à s'évader de celui-ci pour des cieux meilleurs, fussent-ils fictionnels. L'imaginaire s'en trouve ainsi tendu entre le pôle de l'« intégration » et celui de la « subversion », pour emprunter l'idée et la terminologie ricœuriennes[3]. Dans le sens de cet auteur, l'intégration est assurée par l'ancrage de l'œuvre dans le terreau de l'éthique sociale, alors que la subversion est assurée, quant à elle, par le désir de s'arracher de ce terreau. Malgré la puissance, *hic et nunc*, de la fonction intégrative de l'œuvre, c'est la fonction subversive qui l'emporte toujours, sinon dans les faits, du moins potentiellement, et sinon maintenant, du moins avec le temps, car c'est elle qui constitue le fondement de la création artistique. Elle cristallise donc les engagements en tous genres contre les valeurs socio-normatives, qu'ils se manifestent

---

[1] *Ibid.* Nous soulignons.
[2] Hélène Marcotte, « Parodie et effet de vie : l'*Orphée aux enfers* d'Offenbach », in François Guiyoba et Pierre Halen (dir.), *Mythe et effet de vie littéraire. Une discussion autour du concept d'« effet de vie » de Marc-Mathieu Münch*, Strasbourg, Le Portique, 2008, p. 101.
[3] *Cf.* Paul Ricœur, *Essais d'herméneutique*, Paris, Seuil, 1982.

sous des formes larvées comme dans les iconoclasmes, les nihilismes et les satires, ou sous des formes iréniques comme dans les œuvres relevant de la théorie de l'art pour l'art.

L'œuvre d'art réussie serait donc celle qui jouerait essentiellement dans le registre de la subversion, et l'effet de vie qu'elle susciterait de ce fait serait proportionnellement important relativement à ce jeu qui gagnerait alors à être génial au point d'arracher littéralement le lecteur-spectateur-auditeur de la réalité pendant la réception de l'œuvre, et même longtemps après, ici et maintenant, mais aussi ailleurs et toujours.

Mais comment se joue ce jeu de la subversion bénéfique ? Selon Marc-Mathieu Münch, il se joue sur une partition à quatre invariants qui, ensemble, constituent justement la manifestation de cette subversion dans la psyché du récepteur. Ces invariants sont l'« effet de vie », la « cohérence », les « formes » et le « concret des mots ». Le premier invariant subsume les trois autres qui « précisent le fonctionnement de l'effet de vie »[1]. Deux corollaires le caractérisent, à savoir la « plurivalence » et la « co-création ». Marc-Mathieu Münch présente le premier comme suit :

> *Pour obtenir l'effet de plénitude de l'œuvre d'art, les textes littéraires ont recours à des procédés qui dispersent la chose dite dans l'esprit.* C'est évidement le cas de la comparaison et de la métaphore [...]. Mais, en fait, toutes les figures jouent ce rôle de coordonner deux ou plusieurs domaines de l'esprit. *Il s'agit de connecter des domaines distincts dans l'espoir de toucher, pour finir, l'ensemble de l'esprit. Et quand on y regarde de près, on découvre que les figures ne sont pas les seules en jeu, mais que les procédés qui associent deux ou plusieurs domaines sont nombreux. Il y a d'abord le concret qui est en lui-même pluridisciplinaire parce qu'il n'est jamais univoque, il y a l'association du sens des mots au son, au rythme, à la graphie et enfin les images, toutes les formes, toutes les sortes d'images. Ainsi fonctionne la plurivalence.* Le style, dit Jean-Paul Sartre, «est d'abord une manière de dire trois ou quatre choses en une[2].

La plurivalence a donc partie liée avec la connotation au travers des cinq sens humains.

---

[1] *Cf.* Marc-Mathieu Münch, « Le mythe et la littérature, deux effets de vie parallèles mais spécifiques », in François Guiyoba et Pierre Halen (dir.), *Mythe et effet de vie littéraire*, *op. cit.*, p. 17.
[2] *Ibid.* Nous soulignons.

En ce qui concerne la co-création, Marc-Mathieu Münch la définit comme « la rencontre d'un lecteur et d'un texte qui réussit »[1] :

> *L'effet de plénitude de l'esprit ne peut être vraiment fort si celui-ci n'est pas sollicité de collaborer à la création. [...]. Le bon texte est ouvert au potentiel de ses lecteurs. Or, comme pour la plurivalence, on s'aperçoit très vite en comparant les arts poétiques que sont nombreux les procédés qui suscitent la participation de la vie psychique du lecteur. Ce sont principalement la suggestion, l'ambiguïté, l'ironie, la distance, l'incomplétude textuelle, l'appel au jugement de valeur ou au jugement moral et quelques autres encore. Si, dans un texte d'idées, un certain flou est une faiblesse, en littérature cela peut devenir une qualité qui encourage la co-création[2].*

Le second invariant münchéen « insiste sur la nécessité de la *cohérence* dans l'œuvre d'art ». En effet, « si [...] une œuvre n'est pas cohérente, si elle n'a pas d'unité, elle ne peut être réussie » :

> Une œuvre, [...], qui utilise avec force la plurivalence, prend le risque du désordre. *Trop de dispersion peut mener au chaos. Il faut donc une règle qui agisse comme un cadre pour préserver l'unité.* C'est-à-dire qu'il faut que l'esprit puisse voir comme un tout l'ensemble des choses qu'on lui montre ou qu'on lui suggère. *La dispersion et la cohérence doivent devenir paysage intérieur[3].*

Se rapportant aux *formes*, « le troisième invariant [...] montre que l'œuvre d'art littéraire a besoin d'une forme d'ensemble évidente, subsumant, dominant des forces secondaires ». Ce qui implique que « cet ensemble de formes imbriquées s'obtient par le *jeu* ». En effet, « c'est en jouant avec les mots, en combinant par jeu leurs formes, leurs places, leurs rapports que l'artiste, à force d'essais, apprend à combiner les mots en vue d'un effet de vie ».

Le quatrième et dernier invariant porte « sur la nécessité de donner aux mots leur valeur concrète »[4], ce qui va à l'encontre de la théorie linguistique, notamment celle de Ferdinand de Saussure :

> La linguistique moderne a dit que les mots sont abstraits, qu'ils ne sont pas motivés, que leur sonorité et leur forme sont indépendantes du sens qui est le résultat d'une simple convention. Mais il s'agit là d'une vérité

---

[1] *Ibid.*

[2] Et sq., *ibid.*, p. 16-17. Nous soulignons.

[3] Et sq., *ibid.*, p. 17-18. Nous soulignons.

[4] Et sq., *ibid.*, p. 19. Nous soulignons.

> linguistique qui ne se hausse pas jusqu'à la vérité artistique. [...]. *La diffé-*
> *rence entre l'art qui vise un effet de vie et le système de la langue qui vise seulement la*
> *transmission d'un sens, réside justement en ceci que les écrivains jouent à remotiver les*
> *mots. Ils font comme si leur forme, leur rythme, leur longueur, leur sonorité, voire leur*
> *silence étaient nécessaires.*

En sorte donc, en définitive, que « la règle la plus globale de l'œuvre littéraire réussie est de savoir créer dans l'esprit du lecteur-auditeur-spectateur un effet de vie par le jeu cohérent des mots ».

L'esthétique münchéenne montre ainsi que les valeurs de l'œuvre sont bel et bien engendrées par le faire littéraire sans référence à l'éthique sociale. Ces valeurs se résument en un effet de vie que Münch considère, à juste titre, comme une plus-value par rapport aux valeurs de la réalité sociale et environnementale. Elles sont intrinsèques à l'œuvre parce que cette réalité n'a aucune emprise sur elles, qui peuvent même, au contraire, l'influencer. Le faire littéraire dont elles procèdent se rapporte à la cohérence interne de l'œuvre, au jeu des mots et à leur concret. Sont remises en cause, dans ce faire, les valeurs liées aux réalités d'ordre sociologique et linguistique, notamment. Se substituent à celles-ci des valeurs d'ordre démiurgique telles que la motivation des signes et, en conséquence, leur signifiance, au sens riffaterrien de ce terme. Contrairement aux valeurs de la réalité, celles-ci ne sont pas contraignantes, mais seulement entraînantes ou captivantes.

Le cas de *L'Amour blues*

Telles se présentent les valeurs dans le roman flowersien *L'Amour blues*. Celui-ci porte sur une idylle entre un « bluesman », Lucas Bodeen, et une « sorcière », Melvira Dupree, idylle qui, après avoir connu des hauts et des bas, se termine sur une note heureuse.

Histoire plutôt banale, donc, que celle de cette idylle. Il n'y a pas, en littérature, de sujet plus galvaudé que celui de l'amour. Les romans de la série Arlequin, par exemple, l'attestent, qui font la fortune de leurs auteurs et éditeurs. Rien donc, *a priori*, qui puisse susciter un effet de vie essentiel et durable chez le lecteur moyennement instruit et habitué à ce type de roman, et *a fortiori* chez l'universitaire, si celui-ci s'en tient à ce contenu manifeste de l'œuvre. Cependant, l'illusion réaliste sur laquelle joue cette dernière « appâte » même le lecteur averti au point de susciter chez lui, ne serait-ce qu'un début ou un ersatz d'effet de vie. Y contribuent des références à la réalité, à l'instar de personnages, de lieux et des époques ayant existé et, pour certains, existant encore. Ce sont des *bluesmen* de renommée des années 1920, ainsi que des lieux mythiques du *blues* et du *jazz* tels que le Delta du Mississipi, Memphis, le Tennessee, et Beale Street.

À ce niveau de la dominante sémantique manifeste telle qu'elle est présentée en quatrième de couverture du roman, commencent à jouer la plurivalence, la co-création, la cohérence, le jeu des mots ainsi que leur valeur concrète, ne serait-ce que de manière diffuse. Le seul mot *amour* nous entraîne déjà, même inconsciemment, dans l'univers fictionnel de l'œuvre, univers constitué des prestations musicales de Bodeen, des prouesses magiques de Dupree, et de l'Amérique des années 1920. Nous nous laissons d'autant plus entraîner que nous co-créons l'œuvre par anticipation avec nos réminiscences de l'époque évoquée, ces réminiscences étant de nature visuelle, sonore, olfactive, tactile et même gustative. Résumant à lui seul l'intrigue, le mot *amour* assure déjà la cohérence de l'œuvre, c'est-à-dire son unité, sans laquelle ces réminiscences seraient, au mieux diffuses et, au pire, chaotiques. L'amour est une des thématiques les plus récurrentes du *blues* d'hier et d'aujourd'hui dans un contexte américain spécifique que l'on peut reconstituer par nos cinq sens et notre intellect. En un jeu de métonymies complexes sur ce seul mot, se révèle un univers flowersien, certes fictionnel, mais concret par sa ressemblance « sublimante » avec une certaine Amérique.

S'il en est ainsi de l'effet de vie au niveau de l'intrigue du roman, à plus forte raison au niveau de la structure narratologique de celle-ci. Cette structure se présente schématiquement comme suit :

Péripéties de l'histoire Paradigme de l'histoire	Situation initiale	Nœud	Tournant décisif	Apogée	Dénouement
Noyaux	Luke Bodeen vivant sa vie dissolue de *bluesman*	Rencontre de Luke Bodeen avec Melvira Dupree	Luke Bodeen tombe amoureux de Melvira Dupree	Séparation des deux amoureux	Retrouvailles et mariage des deux amoureux

Catalyses	Drogue, alcool et femmes	Résistance de Dupree aux avances de Bodeen	- Bodeen s'accroche à Dupree - Dupree succombe aux avances de Bodeen	- Disputes entre les amoureux - Bodeen va vers le nord où le jazz l'appelle - Dupree va vers le sud à la recherche de sa mère	Mariage traditionnel suivant un rite vaudou traditionnel.
Indices	Joie de Bodeen	La fierté de Bodeen prend un coup	Bodeen ensorcelé et assagi par Dupree	Tristesse de Bodeen	Joie des retrouvailles
Informants	Delta du Mississipi au printemps de 1918	Delta du Mississipi	Beale street Sweetwater Arkansas	En Louisiane ; Memphis	« le long des vieilles routes poudreuses du delta »

Ce schéma vient étayer et expliciter les premières impressions données par l'histoire en quatrième de couverture du roman. Sur le plan syntagmatique, et ce au niveau des noyaux de l'histoire, la relation métonymique de l'amour avec l'univers américain du *blues* se confirme, ce qui, dans la perspective paradigmatique, se perçoit plus encore dans les détails de l'histoire que livrent les catalyses, les indices et les informants. En Amérique des années 1920, le *blues* rime avec la drogue, l'alcool, la magie, les femmes et, surtout, avec la joie et la déception amoureuses. Notre co-création de cette atmosphère se poursuit ici à l'aide de nos connaissances en narratologie qui nous permettent de réorganiser plus rationnellement cette atmosphère et, par conséquent, de mieux la vivre. De même, ce biais narratologique montre la cohérence de cet univers qui, *a priori*, est chaotique en raison de l'incompatibilité apparente de ses constituants. Comment, en effet, peut-on réussir à créer, à comprendre et à se laisser entraîner dans un univers où le bas et le sublime, le trivial et le merveilleux, le réel et le fictif, le passé et le présent, le triste et le joyeux…, se côtoient consubstantiellement, si ce n'est par le truchement de l'alchimie démiurgique et hermésienne.

Il nous semble que c'est au niveau formel que le roman de Flowers dégage le plus de vitalité esthétique, au sens münchéen de ce substantif, et ce sur le triple plan aspectuel, modal et temporel. C'est une œuvre dont on peut dire qu'elle ressortit beaucoup plus à l'orature qu'à l'écriture, c'est-à-dire à une oralité patente qui est fixée par l'écriture. Elle se présente globalement comme un conte à l'africaine, avec des formules d'ouverture et de clôture, une interpellation du lecteur et de nombreux intermèdes musicaux, et plus précisément cantologiques. Flowers invite le lecteur à « ouvr[ir] la barrière » et à le suivre dans les péripéties de son histoire. Cette invitation se précise trois pages plus loin, qui est précédée par une présentation de Flowers-le-conteur par lui-même :

> *Je suis un Flowers, du clan des Flowers du delta, lignée O'killen. Je suis Vaudou, je suis griot, je suis homme de pouvoirs. Mon histoire est une histoire vraie, mes mots sont de vrais mots, mon mensonge un mensonge vrai — une belle histoire du delta qui parle d'un pianiste fou de blues et d'une sorcière de l'Arkansas en mission vaudoue.* Lucas Bodeen et Melvira Dupree. *Me propose de vous montrer comment ils ont découvert LE bon truc. L'amour vrai.* Celui qu'arrive qu'une seule fois. Peu de gens le trouvent, le bon truc ; la plupart se débrouillent avec la vie : on peut apprendre à aimer quasi n'importe qui, tant que c'est des gens bien. Et en vérité, c'est sans doute mieux ainsi, car quand tu tombes sur l'amour vrai mon ami, c'est strictement à la vie à la mort[1].

L'histoire terminée, Flowers referme la « barrière » avec ces mots : « Tel est mon mythe/et tel il est écrit/J'ai dit/C'est ainsi/Et voilà tout »[2]. Quant aux ponctuations musicales du récit, elles sont constituées d'airs de *blues* chantés par Lucas Bodeen sur un ton qui est fonction de l'état de son idylle avec Melvira Dupree. Leur distribution dans les péripéties de l'histoire est homogène, qui est la suivante :

Situation initiale

- « I' ll bring you sweet southern loving/in a old tin cup/pour it on your body baby/then I' ma lap it all up/everyday/Show you how much I love being your man » (p. 16).

---

[1] Arthur Flowers, *L'Amour blues*, *op. cit.*, p. 13. Nous soulignons.
[2] *Ibid.*, p. 231.

Noeud et tournant décisif

- « Oh my strange strange stangarce baby/Just as strange as she can be … » (p. 31).
- « But when she love me, oh how she love me/cant nobody love me like my stangarce do/my strange strange stangaree baby/you sweet sweet stangaree you » (p. 32).
- « Oh Lord I love this delta/I love this delta so/It's been a long hard life Lord/But I sho do hate to go » (p. 46).
- « Rest me Lord, rest me easy/I'm laying this burden down » (p. 47).
- « I'm laying this burden down » (p. 47).
- « I been born in real hard times/my road been long and hard » (p. 49).
- « Every good man need a real good woman/Every good woman need a real good man » (p. 67 et 73).
- « Trouble O Trouble, stay away from me/Trouble O Trouble wont let me be/Look like I got trouble, sweet trouble,/stalking me … » (p. 89).

Apogée

- « Go on way from me woman/don't want you no more/go on way from me woman/take your good thing and go » (p. 110).
- « Go on way from me woman/Go on and let me be/Taught me the name of love/But now your name is misery » (p. 111).
- « Woke up this morning/with the blues walking round my bed/Went to eat my breakfast/and the blues was all in my bread » (p. 116).
- « I been born in real hard times,/roads been long and hard… » (p. 163).
- « been a long hard run/but I had my fun/I dared to be me » (p. 164).

Dénouement

- « I've come a long way/to get to where I am/I've walked naked/through the fire and the storm » (p. 171).

- « And the one thing I've learned/is a good woman must be earned » (p. 172).
- « I'm man enough to keep you warm » (p. 173).
- « I come a long long way to get where I am/I've walked naked through the fire and the storm [...]/and the one thing I've learned/is a good woman must be earned/I want to be your man/ I'm man enough to keep you warm » (p. 202)[1].

---

[1] Ces airs sont en anglais dans l'édition de l'œuvre que nous utilisons et à laquelle renvoie la pagination entre parenthèses. Leur traduction ci-après, en français, se trouve en bas de pages de l'œuvre :

Situation initiale
- « Jvais t'apporter le doux amour du sud/dans une vielle tasse d'étain/le verser sur ton corps/et le laper baby/et chaque matin/jvais te montrer comme j'aime être ton homme ». (p. 16)

Nœud et tournant décisif
- « Oh mon drôle de bébé tendre/aussi bizarre qu'on peut s'attendre... » (p. 31)
- « Mais quand elle m'aime oh ce qu'elle m'aime/y'a personne qui peut m'aimer comme elle/mon drôle de drôle de bébé tendre/ma douce de douce de bébé tendre ». (p. 32)
- « Oh Seigneur j'aime ce delta/j'aime ce delta à en mourir/la vie a été dure Seigneur/ mais ça me fait mal de partir ». (p. 46)
- « Prends-moi Seigneur/prends-moi avec douceur/je dépose mon fardeau ». (p. 47)
- « Je dépose mon fardeau ». (p. 47)
- « Jsuis né en des temps vraiment durs/ma route a été longue et dure ». (p. 49)
- « Tout homme bien a besoin d'une femme bien/toute femme bien a besoin d'un homme bien ». (p. 73)
- « Ennuis Oh Ennuis approchez pas de moi/Ennuis Oh Ennuis, y me laissent pas/on dirait que j'ai des ennuis, de doux ennuis,/qui me poursuivent... ». (p. 89)

Apogée
- « Va-t'en bonne femme/je veux plus de toi/va-t'en bonne femme/prends ton bon truc et va ». (p. 110)
- « Va-t'en femme/va t'en et me laisse/tu m'as appris le nom de l'amour/mais maintenant ton nom c'est tristesse ». (p. 111)
- « Msuis réveillé ce matin/et le blues se promenait autour de mon pieu./Suis allé déjeuner/et le blues avait tartiné mon pain ». (p. 116)
- « Une femme a le cafard/elle penche le front et chiale./Un homme a le cafard/il saute dans un train et part ». (p. 119)
- « Je suis né par des temps vraiment durs,/ma route a été longue et dure... ». (p. 163)
- « Ma route a pas été facile/mais je msuis pas fait de bile/j'ai osé être moi ». (p. 164)

Dénouement
- « j'ai parcouru une longue route/ pour arriver où je veux./j'ai traversé nu/la tempête et le feu ». (p. 171)
- « La seule chose que j'ai apprise/c'est qu'une femme bien ça se mérite ». (p. 172)
- « Jsuis assez homme pour te garder au chaud ». (p. 173)
- « J'ai parcouru une longue longue route pour arriver où je veux/j'ai traversé nu la tempête et le feu. [...] et la seule chose que j'ai apprise/c'est qu'une femme bien ça se mérite/je veux être ton homme/oui, jsuis suffisamment homme pour te garder au chaud ». (p. 202)

On remarquera ici, comme dans le reste du texte, le registre généralement familier et parfois argotique de la langue flowersienne, ce qui participe largement à l'oralité de celle-ci. Cette oralité est poussée à l'extrême où elle est entretenue par l' « interartialité », c'est-à-dire au prix du brouillage des frontières génériques entre la littérature et la musique cantologique. Au point où l'on peut dire, en s'appuyant sur le titre original, en anglais, de l'œuvre, que celle-ci relève plus du cantologique que du littéraire, et donc plus de l'oralité que de l'écriture. Toutes ces propriétés formelles ont pour effet d'entraîner le lecteur dans un univers merveilleux et de l'y maintenir durablement, même après la lecture de l'œuvre. S'y manifestent donc pleinement la plurivalence, la co-création, le jeu de mots et, par conséquent, leur concret. L'expression flowersienne se veut essentiellement incantatoire, qui s'adresse à tous nos sens, à laquelle nous répondons favorablement grâce à notre concret prédisciplinaire d'Africain, et qui fait que nous soyons sensible à son oralité et à sa motivation spécifiques. Il ne peut en être autrement quand tout n'y est qu'interartialité et intergénéricité. Ce qui fait, non seulement voir les choses, mais aussi les faits entendre et, au-delà, ce grâce à la co-création, éveille tous les autres sens du lecteur afin que soient vécus totalement les choses. C'est là le résultat d'un jeu de mots dont on sait que l'idéal est de l'ordre du musical ou de l'incantatoire. L'on sait qu'il n'y a pas meilleur vecteur d'un tel effet que la musique ou, plus généralement, la poésie. Les hypnotiseurs, les charmeurs de serpent, les musiciens et les religions, par exemple, le savent, qui s'en servent pour atteindre leurs objectifs. Le parler *swinguant* et le *blues* de Bodeen ony eu le même effet envoûtant sur nous. Et nous nous sommes retrouvé dans un univers afro-américain véritablement féerique que nous revisitons toujours avec joie. C'est là le résultat du concret des mots flowersiens, c'est-à-dire leur poéticité dont le point culminant est la musicalité incantatoire et, donc, enchanteresque. En somme, Flowers joue avec les mots de manière à faire de son roman un authentique *blues* susceptible de se faire écouter et, en conséquence, d'entraîner le lecteur à la suite des protagonistes de l'œuvre. Ce jeu, qui confère leur concret aux mots, consiste, en dehors des procédés stylistiques déjà évoqués, en des sonorités suggestives telles que les rimes, les allitérations, les répétitions, les rythmes, etc. Le relevé ci-dessus de la distribution des airs de blues dans l'œuvre le montre.

Si c'est dans ses manifestations formelles qu'il est le plus spectaculaire, c'est dans la symbolique de l'œuvre que l'effet de vie se cristallise. Au-delà de l'idylle qu'il raconte, le roman de Flowers est un manifeste authentique de la spiritualité africaine en Occident, et plus particulièrement en Amérique, spiritualité devant avoir le vaudou comme pierre angulaire. Melvira Dupree rencontre Lucas Bodeen et en tombe amoureuse, mais elle en n'oublie pas pour autant qu'elle est en mission en tant que sorcière vaudoue. Et c'est pendant une des crises que connaît son couple, dont elle profite, qu'elle va remplir sa mission. Celle-ci consiste à se parfaire auprès d'un maître, le Hibou, pour maintenir vivante la flamme du vaudou, aux fins du renouvellement de la spiritualité afro-américaine, ce renouvellement devant être au principe de la renaissance du peuple noir en Occident et dans le monde, pour une meilleure intégration de ce peuple dans le concert des nations. D'où ces propos du Hibou lors d'une discussion avec des personnes de son entourage, dont Melvira Dupree :

> Le mode vaudou est notre tranche de la maison de Dieu. Ce qui nous reste de notre âme africaine, c'est grâce au vaudou que nous l'avons gardé. L'âme d'une race née en Afrique. Et la seule manière de la faire grandir, en même temps que le mode de vie africain, de la faire évoluer afin qu'elle continue de nous être utile, c'est de décider de la servir, pour ceux d'entre nous qui sont dotés de pouvoirs[1].

Touché sur toutes ses facettes par l'histoire de Bodeen et Dupree, notre esprit s'est laissé atteindre et émouvoir par la *sous-jacence* idéologique ainsi exprimée de l'artefact flowersien, et ce progressivement et à son corps défendant. Conditionné par le concret prédisciplinaire de sa propre africanité et par la puissance incantatoire du propos de cet auteur afro-américain, cet esprit s'est laissé convaincre, avec enthousiasme, de la nécessité d'une renaissance de la nation noire qui passerait par une revitalisation de la spiritualité de cette nation par ses religions originelles, et qui permettrait alors l'intégration harmonieuse de celle-ci dans le concert des nations d'aujourd'hui. Un certain charme est rompu après la formule de

---

[1] Arthur Flowers, *L'Amour blues, op. cit.*, p. 135.

clôture du « mythe » de Flowers, mais un autre se substitue durablement à lui dans notre esprit, à savoir celui lié à l'idéologie auctoriale et qui constitue, pour nous, non pas une vie seconde, mais plutôt une seconde vie, une valeur ajoutée à la vie réelle.

Telles sont donc les valeurs dans *L'Amour blues*. Se trouvant à tous les niveaux d'expression et d'analyse de l'œuvre, divisées en valeurs patentes et latentes, et hiérarchisées sur la base d'un principe herméneutique ricœurien, elles sont générées par le faire *poéthico*-littéraire de Flowers et n'appartiennent donc pas à la réalité extra-romanesque. L'amour entre Bodeen et Dupree, l'interartialité enchanteresque de l'œuvre, le vaudou manifestaire du Hibou, et l'effet de vie qui les subsument tous sont des valeurs romanesques, c'est-à-dire fictives parce que fictionnelles. Mais, ces valeurs n'en sont pas moins transcendantales par rapport à celles de la réalité sociale et enrironnementale. En sorte que, même dans leur patence qui les rapproche de cette réalité sans vraiment la toucher, elles tendent toujours vers une latence fondamentalement sublimante. D'où leur hiérarchisation des plus triviales aux plus éthérées, ces dernières occupant la position la plus élevée de cette hiérarchie, puisqu'ayant les faveurs des muses. Plus le contenu du romanesque est éthéré ou transcendantal, c'est-à-dire éloigné de la réalité ici et maintenant, plus il a de la valeur. En somme, les valeurs du romanesque se mesurent à une double aune : leur immanence à l'œuvre et leur transcendantalité par rapport à la réalité.

En définitive, les valeurs de l'œuvre romanesque lui sont effectivement immanentes. Elles ne se trouvent pas hors d'elle, mais *en* elle, ce que montre l'effet qu'elles génèrent chez le lecteur, même si cette œuvre s'ancre dans une réalité qui ne lui sert que de matériau ou de modèle à parfaire. Ces valeurs se trouveraient hors de l'œuvre que celle-ci ne serait que pâle imitation de la nature, et non œuvre d'art, c'est-à-dire imitation créatrice. La réalité n'aurait alors aucune emprise sur l'œuvre la plus réaliste, dès lors que cette dernière ressortirait à l'art. On peut, de ce fait, comprendre que Paul Ricœur dise que l'imaginaire est tendu entre deux pôles, celui de l'« intégration » et celui de la « subversion »[1], le premier se rapportant à la réalité environnementale et de l'éthique socio-

---

[1] *Cf.* Paul Ricœur, *Essais d'herméneutique, op. cit.*, p. 321.

approbative, et le second se rapportant à l'idéologique ou au symbolique, c'est-à-dire au rejet iconoclaste ou nihiliste de cette réalité dans tous ses aspects. En poussant sa réflexion un peu plus loin, Ricœur aurait peut-être ajouté que le pôle de la subversion l'emporte toujours sur l'autre dans l'œuvre d'art authentique, puisqu'il révèle la symbolique de l'œuvre comme visée ultime de celle-ci. Les valeurs du romanesque sont donc de l'ordre de la signifiance riffaterrienne[1]. Le signe poétique ne tire pas son sens de sa référence arbitraire à la réalité extra-poétique, mais de procédés de composition stylistique concourant à sa motivation, la visée de cette dernière étant d'émouvoir le lecteur et de le faire rêver à d'autres mondes. C'est précisément le cas du signe romanesque dont la poéticité, au sens étymologique de ce terme, constitue une référence, tous genres littéraires confondus. Il est, par essence, densément motivé et ne réfère pas à la réalité extra-romanesque, mais il en n'émeut pas moins le lecteur dont l'esprit se trouve, malgré lui, arraché d'une réalité perfectible et transporté dans un univers de tous les rêves. On reconnaît, là, la valeur romanesque ultime, à savoir l'effet de vie produit dans la psyché par le roman réussi. Par conséquent, en affranchissant l'Esthétique des autres disciplines, Marc-Mathieu Münch contribue, par ricochet, à montrer que l'œuvre littéraire est un univers caractérisé par son autonomie axiologique. Perçue sous le prisme philosophique, sociologique, économique, juridique, politique…, l'œuvre voit ses valeurs intrinsèques occultées par les valeurs socio-approbatives à l'aune desquelles ces disciplines la jugent plus qu'elles ne l'analysent objectivement.

---

[1] *Cf.* Michael Riffaterre, *Sémiotique de la poésie*, Paris, Seuil, 1983.

LE MONSTRUEUX LITTÉRAIRE DANS LE ROMAN FRANCOPHONE POSTMODERNE

Christine Ramat, Université d'Orléans

Les années 1970-1980 ont mis au jour, dans la poétique africaine, une tendance très marquée à mettre l'accent non plus sur les valeurs idéologiques des œuvres, mais sur des complexes structurels ou narratifs produisant un renouvellement parfois radical du genre romanesque et de ses valeurs. La critique universitaire souligne la part d'innovation et de rupture voire de subversion qui s'inscrit au cœur de ces nouvelles écritures. Anticonformistes, les pratiques romanesques d'un Sony Labou Tansi, d'un Henri Lopès, d'un Mohamed Alioum Fantouré, du côté de l'Afrique noire francophone, ou bien d'un Frankétienne, d'un Raphaël Confiant, d'un Edouard Glissant, du côté des écritures antillaises, signalent, en effet, une forme de fascination pour le bizarre, l'hétérogène, l'hybridité, qui, poussés à l'excès, confinent au monstrueux.

Quels sont les principaux traits de ce que l'on conviendra de désigner sous l'appellation probablement périlleuse d'*esthétique(s) monstrueuse*(s) ? Comment opèrent-t-elles ? Pour produire quels effets et défendre quelles valeurs (po)éthiques ? Voici quelques questions auxquelles nous nous proposons de répondre.

Métaphore de l'écriture, le monstrueux littéraire est souvent jugé caractéristique de la modernité ou de la postmodernité. À l'époque des avant-gardes des années 70, il se confond avec ce qu'on appelait « les grandes irrégularités du langage ». Dans le contexte postmoderne, il désigne bien souvent de nouvelles pratiques textuelles, chaotiques, multidirectionnelles et ludiques. Il participe alors d'un travail d'invention et d'intervention tant sur le langage que sur le corps du projet romanesque pour produire des formes narratives « é-normes », à la fois hétérogènes, hybrides et hétéroclites.

La fabrique du difforme ou l'esthétique de la chimère

Cette fabrique du difforme se signale d'abord par des récits multiformes fortement fragmentés dont la nature hybride et composite pourrait rappeler le monstre de la chimère. Le morcellement du récit en petites unités narratives est d'abord illustré par *Les Soleils des indépendances*[1] (1968) d'Ahmadou Kourouma. Dans ses brisures narratives à grand renfort de titres fortement performatifs n'entretenant parfois aucun rapport entre eux, ce roman s'apparente à un recueil de textes épars. L'impression de coq-à-l'âne qui se dégage de la lecture crée un effet de répétition-variation qui met en évidence le désordre sociopolitique à l'œuvre dans le récit. L'écriture reprend à son compte la pluralité informe des événements pour créer une difformité de fragments où se mêlent espoir et angoisse face à l'avenir d'une Afrique mal indépendante.

Avec *Le Pleurer-rire*[2], Henri Lopès donne un exemple extrême de cette esthétique du difforme. Le principe du composite et de l'altérité est en effet poussé à l'extrême. Matériellement dense (trois-cent-quinze pages), traversé par plusieurs séquences narratives indépendantes où non seulement les voix narratives se relaient, mais créent un concassement de trames événementielles à l'emporte-pièce, le roman ressemble à un collage de matériaux épars faits de bric et de broc. On repère bien, pourtant, quatre grandes unités narratives. Le récit central porte sur la vie politique du Pays, un pays imaginaire d'un coin d'Afrique sur lequel règne un bouffon sanguinaire. À cette trame principale, se greffent trois

---

[1] Ahmadou Kourouma, *Les Soleils des indépendances*, Le Seuil, 1970.
[2] Henri Lopès, *Le Pleurer-rire,* Présence africaine, 1982.

autres récits. Le premier est une somme de détails provenant du journal intime du narrateur, maître d'hôtel bien capricieux qui livre les fantasmes libidineux que lui inspirent sa femme et ses maîtresses. Le deuxième, qui raconte l'histoire de l'infortuné capitaine Yabaka, déchu sous le règne de l'ancien régime, couvre huit chapitres du livre, disséminés dans le cours du récit principal comme des faits divers. Le troisième présente quelques tranches de vie d'un révolutionnaire pacifique du nom de Tiya dont les idées sont partagées par la jeunesse. Par la complexité des lignes narratives qui se brisent, se tordent et se multiplient, le récit finit par s'apparenter à une structure labyrinthique dont le Minotaure pourrait être à la fois le seigneur et l'emblème.

Cette structure mosaïque et circulaire sans début ni fin pourrait trouver son pendant dans la structure spiralaire du roman *Ultravocal* de Frankétienne[1]. Non seulement le spiralisme rejette le cloisonnement générique et la linéarité, mais la spirale est cette structure progressive en création permanente qui se développe à l'infini. Comme l'hydre de Lerne dont les têtes repoussent aussitôt qu'elles ont été coupées, le corps textuel d'*Ultravocal* est susceptible à tout moment de permutation, de translation, d'extrapolation et de prolifération comme le souligne l'auteur dans son avant-dire.

Mac Abre, est l'incarnation du mal. Il est le centre de tout, mais ce centre n'est nulle part. Figure monstrueuse, dont on ne peut saisir ni le centre ni la tête, il incarne la présence dérobée d'une inquiétante étrangeté. Au fil du récit, il ne fait que passer, sans jamais trépasser. Chaque fois que Vatel pense pouvoir s'en être débarrassé, il ressurgit. Le texte semble alors construit sur le mouvement spiralaire des déplacements inexpliqués des personnages qui ne peuvent ni fuir ni se rapprocher. Vatel est toujours en retard sur son ennemi et ne peut que constater chacun de ses forfaits.

L'éclatement du texte dans la prolifération d'une multitude de fragments disparates : (digressions poétiques, réflexions politiques, insertions médiatiques) marque une propension délibérée pour le mélange des genres mais aussi pour le spectaculaire. Le monstre est aussi celui qui se montre. D'où les processus de théâtralisation à l'œuvre dans ces écritures romanesques.

---

[1] Frankétienne, *Ultravocal* (spirale), Port-au-Prince, Imprimerie Gaston, 1972, Paris, Hoëbeke, 2004.

Le Récit du cirque de la Vallée des Morts de Mohamed Alioum Fantouré[1] inaugure, avec son roman-théâtre, un récit tentaculaire jouant sur le romanesque pour inventer un lieu de représentation de la vie dans ses sens et contresens. Le récit se joue dans une salle de spectacle où vient de commencer la représentation d'une pièce écrite et mise en scène par Saibel-Ti. Au cours du spectacle, un spectateur proteste contre le genre de théâtre proposé au public. De la salle retentit un coup de feu. Le protestataire est abattu. Le public refuse de livrer l'assassin et il s'ensuit un démêlé. Tout le projet du metteur en scène s'effondre. Son rôle ne sera plus d'inventer une histoire pour le plaisir du lecteur, mais d'inviter tous les habitants de ce pays dominé par le « Rhinocéros-Tacheté » à exprimer ce qu'ils ont vu et vécu. À partir de là, le lecteur est mis dans la position d'un spectateur aux prises avec un foisonnement narratif qui imbrique dans une superposition graphique, saccadée de majuscules et de minuscules : scènes de coulisse et représentation, voix *off*, effets scéniques, réactions du public, effets de théâtre dans le théâtre, textes déroulant sur un écran géant et plages de silence transcrites par de nombreux points de suspension. Le procédé de dilatation polymorphe exhibe un dédoublement des formes et des figures dans un contexte où le pouvoir politique est devenu immaitrisable et irrationnel.

Des voix monstrueuses : la poétique des sirènes

Face à un tel chaos, les voix se font elles aussi monstrueuses. Le dialogisme et la polyphonie sont poussés à l'excès. C'est par exemple, dans le roman africain, la mise en scène de nombreuses instances narratives concurrentielles et dédoublées. Les romans de Sony Labou Tansi, de W. Sassine, de K. Efoui jouent des effets de polyphonie discordante qui confinent souvent à la cacophonie.

De même l'utilisation des accents, le métissage linguistique contribuent à créer dans le roman des Caraïbes des mésalliances cocasses. La concaténation de syllabes et mots inusités pour les oreilles françaises crée un degré d'incongruité pas seulement

---

[1] Mohamed Alioum Fantouré, *Le Récit du cirque de la Vallée des Morts,* Buchet-Chatel, 1975.

déterminé par leur caractère exotique ou bizarre, mais aussi par un excès du signifiant sur le signifié.

Dans ses récits, Kourouma opère toute une série de greffes de la parole malinké sur son propre discours narratif. La langue est alors le lieu de tous les foisonnements, de tous les registres, un espace de fécondation de tous les codes possibles. Henri Lopès joue sur les décalages et les mésalliances des registres : Tonton manie le parler sous-officier de la coloniale alors que son maître d'hôtel, sous l'influence de sa compagne antillaise, verse davantage dans l'emploi des créolismes.

Sony Labou Tansi procède lui aussi à un débridement de la langue. Il s'agit pour lui de faire éclater « cette langue frigide qu'est le français », dans le brassage de discours hétérogènes, alliant le plus raffiné et le plus trivial, le plus sérieux et le plus grotesque. Loin de masquer la diversité des voix qu'il recueille, il expose ses bruitages, ses télescopages jusqu'à la confusion. Emerge alors une parole tératologique, une parole faite de fragments, de discours prélevés, d'affabulations, de citations, une parole hybride dont les mots s'altèrent et se transforment. Les romans de Sony Labou Tansi exhibent une langue monstre faite de torsions et de créations lexicales. On repère chez lui un gout affirmé pour l'inflation verbale, les énumérations et l'hyperbole. C'est par exemple dans *La Vie et demie*[1], l'onomastique qui engendre, à une vitesse incroyable, une quantité d'hybrides monstrueux pour désigner la lignée des guides providentiels qui se succèdent à la tête de la Katamalanasie depuis Henri-au-cœur-tendre et Jean-Oscar-Cœur-de-Père jusqu'à Jean-Sans-Cœur et Félix-Le-Tropical en passant par Maillot-l'enfant-du-tigre.

Autre inventeur de langues monstres, Frankétienne, l'auteur d'*Ultravocal.* Lui aussi affectionne les néologismes. La langue semble en effet prise dans un mouvement de tératogenèse. On assiste à un travail de morcellement, de démembrement qui débouche sur une prolifération de monstres sonores. Ce sont par exemple : « les rattus, les musrattus, les ténesmes, les orthopètères, les anophèles et surtout « les taratropouvermouchiques[2] ». Chaque monstre engendre d'ailleurs dans le récit, une succession

---

[1] Sony Labou Tansi, *La Vie et demie,* Seuil, 1979.
[2] Frankétienne, *Ultravocal, op.cit.,* p. 103.

dense de paragraphes, comme de brèves éclosions de poésie pure, surgies de la laideur et de la pestilence.

Comment comprendre ces monstres poétiques ? Quelles valeurs donner à cette poétique de la tératologie romanesque qui affectionne le mélange des genres, l'hybridité des discours en exhibant au final une propension pour la démesure et l'excès grotesque ? On pourrait comparer la stratégie de ces écritures monstrueuses aux sirènes qui dans *L'Odyssée* d'Homère attirent le lecteur, le séduisent et l'égarent pour le faire sombrer dans les gouffres de l'opacité. C'est en effet à une expédition extrême que le lecteur est convoqué. L'avant-dire d'*Ultravocal*, qui fait du lecteur un complice au jeu terrible de l'écriture, annonce par exemple un voyage au fond des abîmes où il s'agit de forer et de suer pour surmonter les risques nombreux de chaos du sens. La tératologie romanesque offre ainsi au lecteur ou au spectateur une prolifération d'images et de scénarios qui relève d'une poétique de la submersion. En noyant les perspectives du sens, elle exhibe alors le miroir d'un réel déformé.

Le monstrueux : un point de vue anamorphosant

On pourrait rapprocher cette distorsion du processus de l'anamorphose. Jurgis Baltrusaitis[1] définit l'opération de l'anamorphose comme un jeu sur les lois optiques qui affecte les lignes organisées en dessin et disqualifie toute vision frontale, toute saisie monoculaire encodées par les lois de la perspective classique. Or cette contorsion des lignes et des figures vient déranger de manière inquiétante la structure de la représentation et la posture monocentrée de l'œil. La logique anamorphotique est en effet une manière de récuser la réduction de la vision vers un point de résorption totalisateur. C'est ce geste anamorphosant qui semble constituer une figure sous-jacente à bien des aspects des écritures africaines et caribéennes contemporaines. Sa valeur est d'abord négative. Ce qui est nié, c'est le principe de clôture résolutive et de suture auto-satisfaisante. Comme le rappelle E. Glissant dans son *Discours antillais*[2], l'écriture engage une poétique du

---

[1] Jürgen Baltrusaitis, *Anamorphoses et perspectives curieuses*, Paris, O. Perrin, 1995.
[2] Édouard Glissant, *Discours antillais* (1981) Paris, Gallimard, 1997.

divers qui n'a d'autre vocation que de transcrire les phénomènes de métissage et d'hétérogénéité inscrits au cœur du réel. Or cette « vue négative », qui s'inscrit dans une esthétique de la métamorphose, opère comme un trompe-l'œil qui révèlerait les choses par défaut, dans le mouvement qui les fait décoller de ce qu'elles sont. Une opération qui, poussée à l'excès, engendre, dans la prolifération des formes et l'accélération des perspectives, une sorte de chaos vertigineux. C'est pourquoi elles donnent à voir la fin des perspectives, comme si les choses ne pouvaient apparaître qu'en se défigurant. Ce qu'elles exhibent alors, c'est un réel polycentrique et monstrueusement contradictoire qui ne ressemble à rien de ce qu'on appelle communément réalité. Car l'enjeu de ces écritures n'est pas simplement l'expérimentation de formes excentriques, mais bien celui de l'affrontement au réel. Or ce qu'elles engendrent, c'est un réalisme inversé, en ce sens qu'il va contre la vraisemblance, la mimèsis de la représentation, un réalisme paradoxal qui entend nier la réalité en l'excédant, procédant simultanément à sa distorsion, son grossissement et sa recréation.

C'est ce renversement, on le sait, qu'opère le réalisme grotesque défini par M. Bakhtine dont on pourrait trouver des échos dans les écritures romanesques qui sont abordées ici. A cet égard, le réalisme paradoxal de ces entreprises romanesques n'exclut pas une visée critique. La dénonciation de la monstruosité des pouvoirs politiques est au cœur des écritures africaines, mais celle-ci ne peut se faire que de manière inversée. C'est pourquoi la valeur de ce réalisme paradoxal passe nécessairement par une non-valeur. En fait, elle met en scène cette aporie métaphysique : l'effet–idéologie qui se dégage des textes, pour reprendre une formulation de Ph. Hamon, sujet a priori sérieux, ne peut se faire que sur le mode du non-sérieux, celui de la dérision et du monstrueux grotesque.

Écriture politique et politique de l'écriture

Un point commun entre ces écritures romanesques est la monstruosification des chefs d'état. Les montres poétiques sont à cet égard des monstres politiques. L'assemblage d'identités recouvre une thématique grotesque : la bestialité humaine.

Dans *Le Récit de cirque*, c'est le rhinocéros tacheté, fruit de l'accouplement d'une panthère et d'un rhinocéros, qui caractérise la tyrannie sanguinaire du Président. Dans *Allah n'est pas obligé*, le bestiaire métaphorique, auquel recourt le romancier Kourouma, ne fait que souligner la barbarie des guerres tribales. Les enfants soldats sont assimilés à des lycaons (animal qui tient à la fois du loup et de la hyène) tandis que les chefs deviennent des molosses trépignant d'impatience.

Dans *Le Pleurer rire*, le général Bwakamabé Na Sakkadé répond au prénom très connoté d'Hannibal Ideloy. Il relève à la fois du sanglier et de la panthère. Il ne se sépare jamais de sa queue de lion et porte un collier formé de dents humaines. Toutes les identités animalières relatives à Bwakamabé se synthétisent dans l'appellation « Guinarou ». Personnage essentiel dans les contes de l'Afrique de l'ouest, le guinarou est un monstre lacustre de très haute taille qui fait aussi jaillir du feu.

Dans *L'État honteux* de Sony Labou Tansi, Lopez se révèle monstre composite, son être se découvre comme un assemblage d'anatomies et de propriétés d'animaux sauvages. « Il dort son sommeil de lion, les poings fermés, la braguette ouverte comme un vrai caïman[1] ». De même dans *La Vie et demie*, la monstruosité physique des guides se signale encore par leur laideur physique. Tous les guides ont en commun le masque simiesque. Ce sont généralement de grands singes difformes. Leur corps couvert de poils de chèvre achève de leur donner un aspect zoomorphe bipède. Les personnages féminins n'échappent pas à la monstruosité, mais elles ne portent pas le masque simiesque. En général, elles se caractérisent par un excès de viande. Généreuses, plantureuses et aguichantes, elles exhibent une beauté qui conduit à l'horreur et à la monstruosité. La beauté satanique de Chaïdana oscille entre la nymphe et le vampire. Sa monstruosité se confond avec l'obscène. L'obscène, étant ici ce que l'on voudrait éviter de voir, le sexuel qui se livre à une suractivité écœurante.

Dans ces romans, la monstruosité physique implique une monstruosité morale. Le faciès monstrueux des guides providentiels est saisi dans des états et comportements excessifs, que ce soit la fureur ou la férocité ou bien la cruauté. De manière générale, le monstre est une figure de l'excès. Tous ces monstres politiques opèrent un glissement sur l'échelle du quantitatif. Ils

---

[1] Sony Labou Tansi, *L'État honteux*, *op.cit.*, p. 44-45.

synthétisent une hyperactivité qui associe hypersexualité, hyperphagie, anthropophagie, scribomanie, volubilité et verbosité.

Or on le sait, l'excès gâte tout ce qu'il touche. Ces monstres de tous les extrémismes qui incarnent le mal absolu, ne suscitent pas pour autant chez le lecteur un sentiment de révolte ou d'indignation. Le choix systématique de la démesure et du monstrueux grotesque installe d'emblée le lecteur dans un univers qui exclut le tragique et le sérieux.

Le récit politique prend en effet une forte tonalité carnavalesque. Les procédés de rabaissement parodique, les rituels d'intronisation et de détronisation, qu'a bien mis en évidence M. Bakhtine à propos de l'œuvre de F. Rabelais, trouvent un écho dans les romans africains. Véritables ballons de baudruche, les généraux, ministres, guides, femmes de guides, mères de guide sont des figures bouffes. Leur monstruosité, loin d'être inquiétante, est placée sous le signe du ridicule.

Sony Labou Tansi use abondamment du rabaissement parodique. Le bas corporel règne en maître et sape le pouvoir d'en haut. Dans *Les Yeux du volcan*, la révolution est sans cesse différée à cause des hémorroïdes dont souffre Ignacio Bandia. Et Estérico Pemba meurt dans les cabinets « une jambe, on ne sait comment, s'était coincée dans le trône ». On remarquera bien évidemment la polysémie comique du mot trône qui « détrônise » comiquement le pouvoir des tortionnaires. Mais au-delà de sa visée ludique, l'obscène, qui surgit dans la sexualisation ou la fécalisation du pouvoir[1], n'exclut pas une forte valeur satirique.

Même transposée dans un cadre imaginaire fantaisiste, celui de la Katamalanasie, la charge contre les monstres politiques dans le roman de Sony Labou Tansi est considérable. Tous les guides et dictateurs politiques sont « des barbares tardifs », non plus le barbare des premiers temps, qui représente l'innocence, le primitivisme d'une origine vierge, le héros du « retour à la nature » ou la version radicale de « l'homme nouveau », selon la terminologie de Manfred Schneider[2]. Il s'apparente au contraire à un barbare tardif, c'est-à-dire à un barbare de la fin des temps qui incarne

---

[1] Voir à ce sujet Jacques Chevrier, *Littératures francophones d'Afrique noire*, Les écritures du Sud, EDISUD, 2006, p. 197-199.

[2] Voir le concept de « rebarbarisation » dans le texte de Manfred Schneider, *Der Barbar. Endzeitstimmung und Kultur recycling*, Hanser, 1997.

« négativité et destruction ». S'ils ont une quelconque valeur, c'est sur le mode de l'inversion ironique, celle de nous faire éprouver un monde où l'humain est devenu une non-valeur.

À ce titre, l'obscénité monstrueuse entend provoquer, faire scandale. Dans *Ultravocal*, les nombreuses scènes de carnage, les accouchements macabres et les nombreux défilés « de monstres glapissants qui sont nos vices », déclare Frankétienne, s'inscrivent dans une poétique du choc. Frankétienne pose un double constat : le monde meurt lentement d'oubli et d'apathie, la violence se banalise. Il s'agit alors, par le biais du grossissement et de l'excès monstrueux, de réveiller ce troupeau de dormeurs oublieux que sont les haïtiens. « Qui a prétendu que le langage demeure une arme archaïque ? [1]» lance Frankétienne. Comme Césaire, il entend redonner à la parole la force du cri. Il faut choquer, réveiller, heurter. On pourrait donner à l'esthétique du monstrueux littéraire une valeur démonstrative, presque didactique de réveil du peuple endormi. Écrire, disait Sony Labou Tansi, « c'est choisir le scandale comme moyen d'expression. Il y a scandale », précisait-il, « parce que l'écrivain voit plus loin que sa main, plus loin que son temps, plus loin que les choses[2] ».

Mais au-delà de la critique idéologique, se profile une question d'ordre po-éthique car l'écriture du politique engage d'abord une politique de l'écriture. Au spectacle d'un monde chaotique, violent et déshumanisé qui peut caractériser l'Afrique et qui est aussi un trait de la postmodernité, les romanciers répondent par la subversion des langages, la démesure et la transgression des codes ordinaires de la littérarité et de la lisibilité. Le volume verbal et la dimension tératologique des univers romanesques construits par un Sony Labou Tansi, un Kourouma, un Fantouré ou un Frankétienne sont hantés d'une expérience réelle, d'une émotion et d'une morale qui la saturent. La valeur de ses écritures est de manifester quelque chose comme un savoir du mal. Or le mal, parce qu'il relève de l'impensable, de l'irreprésentable et de l'inhumain, est indicible dans une frontalité assujettie à la norme linguistique et aux codes de la dignité littéraire. C'est pourquoi

---

[1] Frankétienne, *Ultravocal, op.cit.,* p. 257.

[2] Sony Labou Tansi, « Réinventer la logique à la mesure de notre temps », *Equateur*, n°1, novembre 1986, p. 33-35.

elles exigent le détour de l'anamorphose biaisée du style, de l'écart monstrueux que constitue l'obscène par rapport aux normes de l'assentiment social.

L'horreur monstrueuse inverse le sens de la visibilité et de l'esthétique en général. Au lieu de motiver ce que l'on montre par la nécessité d'un contenu, la torsion excessive des formes semble montrer le contenu comme manque. Le monstre a bien quelque chose à voir avec la révélation. Mais cette révélation est paradoxale. D'une part, elle révèle qu'il n'y a pas d'ordre à révéler, il n'y a que de la révélation. Le monstre donne à voir le regard lui-même, l'excès du spectacle politique. Inversement d'autre part, les monstres politiques suggèrent autre chose comme un retournement de la formule, comme si tout spectacle était intrinsèquement à la fois monstrueux et illusoire. Donc risible et réversible.

L'éthique du monstrueux littéraire pourrait donc tenir en trois mots : ne rien imposer. C'est-à-dire tout nier, tout affirmer. Tout nier, c'est affirmer que le monde n'est pas. Il est donc à venir. Tout affirmer, c'est dire qu'il est en souffrance. Reste donc sa délivrance. L'esthétique monstrueuse se joue des limites. Elle entend opérer un détachement de tout : valeur, humanité, sens même. C'est pourquoi elle postule un renversement possible.

Au plan éthique, le monstre questionne les limites de l'humain en allant jusqu'au point inhumain. Au plan esthétique, le monstre signale une singularité qui désigne l'étrangeté inhérente à toute représentation artistique. Au plan linguistique, ces écritures monstrueuses développent une pensée de la résistance tant à l'uniformisation croissante qu'à l'exacerbation différentialiste des particularismes pour dessiner au creux du singulier « une éthique de la Relation », pour reprendre la formule d'E. Glissant, autrement dit, une po-éthique de l'altérité qui soit la reconnaissance de l'autre dans sa différence singulière.

À partir de là, il est possible de postuler une po-éthique du monstrueux dont la valeur serait à la fois cathartique et thérapeutique. Face à l'entropie, à la déroute ou au désenchantement, continuer coûte que coûte à triompher du ratage et à l'excéder pour le renverser. Tel est l'objectif de ces écritures monstres : sauver ce qui nous reste encore : l'énergie d'être encore humain dans l'échauffement de l'imaginaire, de la fiction et du style. Autrement dit, articuler éthique du monstrueux grotesque et invention formelle dans une même affirmation de liberté et de création. Rien de plus jubilatoire, rien de plus nécessaire, rien qui donne une idée plus exigeante de la Littérature.

Pour une « Poéthique » du roman postcolonial

Yves Clavaron, Université de Lyon, UJM-Saint-Étienne (CELEC, EA 3069)

Possible réponse à la littérature de l'épuisement décrite par John Barth, la conception de la « fiction » littéraire comme espace autonome et autarcique est remise en cause par le « tournant éthique » pris par la critique. Dans un ouvrage récent, Janet Wilson va jusqu'à parler d'un « tournant vers l'affectif » qui reconnecterait l'éthique et le politique à l'esthétique[1]. Même les déconstructivistes comme Joseph Hillis Miller rejettent les accusations d'anti-humanisme et revendiquent un « essential ethical moment », bref un *éthos* textuel[2]. Désormais, le texte ne se réduit plus à un pur jeu apolitique et l'illusion textualiste semble passée[3].

A priori, les littératures postcoloniales semblent échapper à cette question car elles sont loin de ce que l'on a pu appeler des littératures « intransitives ». L'esthétique « pure », l'art pour l'art, n'ont guère droit de cité chez des auteurs, qui ont souvent proclamé la

---

[1] Janet Wilson, Cristina Sandru, Sarah Lawson Welsh (éds.), *Rerouting The Postcolonial*, London & New York, Routldege, 2010, p. 2.
[2] Joseph Hillis Miller, « Is There an Ethics of Reading ? », in Phelan J. (éd.), *Reading Narrative : Form, Ethics, Ideology*, Columbus, Ohio State University Press, 1989, p. 79-101.
[3] Voir Jacques Bouveresse, *La Connaissance de l'écrivain*, Marseille, Agone, 2008, par exemple, le §18 « Illusion "textualiste" et indifférence au contenu éthique des romans », p. 128.

nécessité d'un engagement politique et social, que ce soit lors des luttes pour l'indépendance ou de la difficile construction des nations issues des empires coloniaux. À George Orwell qui, dans un essai de 1940, affirmait que l'écrivain devait rester, comme Jonas, dans le ventre de la baleine et adopter une philosophie quiétiste, Salman Rushdie répond que la passivité n'est ni souhaitable, ni possible d'ailleurs car « il n'y a pas de baleine » et que, désormais, nous sommes « tous irradiés par l'Histoire[1] ». À ce titre, Salman Rushdie pose l'exigence d'une action et d'une axiologie tout en refusant une écriture « cétacée ». Les littératures postcoloniales ont donc vocation à produire des valeurs, « ce type de modèles-valeurs qui sont en même temps esthétiques et éthiques, et essentiels pour tout projet d'action, spécialement politique » comme le dit Italo Calvino[2].

Certes, il faut distinguer ce qui relève de la production littéraire postcoloniale, anglophone, francophone, lusophone etc., et de la théorie postcoloniale, surtout anglo-saxonne, ensemble pluridisciplinaire d'origine poststructuraliste qui interroge les discours (notamment sur l'Histoire), les représentations et les identités, individuelles et collectives, et revendique un droit d'inventaire sur le legs de la colonisation. Il s'agira de voir comment, par-delà une théorie postcoloniale hostile *a priori* à une éthique universaliste, se construit une poétique du roman postcolonial, qui permet de repenser l'éthique dans une configuration littéraire particulière, celle des littératures dites émergentes.

Théorie postcoloniale et éthique

Dans la critique littéraire européenne a longtemps couru un préjugé marxiste contre l'éthique, qui se confondrait avec l'idéologie bourgeoise, et sous laquelle se dissimulerait la légitimation, l'universalisation ou la naturalisation du politique et de l'économique. Ce préjugé d'une certaine critique littéraire européenne à l'encontre de l'éthique est repris et retourné par la théorie postcoloniale contre la critique occidentale. Tout comme Paul Nizan dans *Les Chiens de*

---

[1] Salman Rushdie, « Hors de la baleine » in *Patries imaginaires* (*Imaginary Homelands*, 1991), traduction Aline Chatelin, Paris, Christian Bourgois, 1993, p. 97-113.
[2] Italo Calvino, *La Machine littérature*, Paris, Seuil, 1984, p. 82.

garde (1932) s'en prenait à l'idéalisme des philosophes tels Henri Bergson ou André Lalande, suspects de perpétuer les valeurs de la classe bourgeoise, ainsi qu'à la morale kantienne en tant que noyau d'une morale faussement universelle, les théoriciens postcoloniaux s'attaquent aux valeurs occidentales qu'il s'agit de débusquer en raison de leur prétention à l'universalité.

La théorie postcoloniale, anti-humaniste, rejoint d'une certaine manière la critique déconstructiviste pour laquelle il n'y a pas de sujet kantien, autonome et rationnel, préalable. Toutefois, elle ne revendique pas un textualisme pur, selon lequel le sujet n'existe que dans et par le système linguistique tandis que le moi et ses intentions ne forment que des traces. Bien qu'elle évite l'aporie linguistique des philosophies qui l'ont souvent inspirée, la théorie postcoloniale privilégie l'acte d'énonciation, replacé dans son espace culturel, et passe par des textes, par l'analyse des discours pour étudier les questions de domination et d'exploitation. C'est d'ailleurs le sens de la critique formulée par Achille Mbembe, qui regrette que « les interrogations portent sur le langage, la production des arguments, les conditions de vérité des énoncés » au point de faire croire qu'il n'existe « pas de réalité ni de faits mais seulement des récits[1] ».

Les théoriciens postcoloniaux posent un refus des valeurs supposées universelles dans la mesure où elles émanent de la culture dominante, occidentale, et dénoncent la violence produite par leur vocation totalisante et normative : d'où le contre-discours de Dipesh Chakrabarty, qui cherche à « provincialiser l'Europe », à montrer que les valeurs qu'elle promeut sont « régionales » et qu'elles ont été imposées au monde[2]. L'éthique est rejetée dans la mesure où elle élève en universaux — le bien et le mal, le juste et l'injuste — des valeurs particulières contingentes, les nôtres, contre celle des autres. Par ailleurs, l'éthique dissimule des rapports de force, travestit la volonté de puissance d'un groupe. Contre la prétention à l'universalisme, les théories postcoloniales privilé-

---

[1] Achille Mbembe, *De la postcolonie : essai sur l'imaginaire politique dans l'Afrique contemporaine*, Paris, Karthala, 2000, p. 29.

[2] Dipesh Chakrabarty, *Provincializing Europe, Postcolonial Thought and Historical Difference* [2000], Princeton (N. J.), Princeton University Press, 2007 ; *Provincialiser l'Europe. La pensée postcoloniale et la différence historique*, traduction Olivier Ruchet et Nicolas Vieillescazes, Paris, Éditions Amsterdam, 2009.

gient le localisme, même si le local peut constituer une métonymie de l'universel tandis que Homi Bhabha envisage un « cosmopolitisme vernaculaire mesurant le progrès global dans une perspective minoritaire[1] ».

Le discours éthique, comme tous les discours occidentaux, y compris les plus favorables par leur « tiers-mondisme », sont suspects de paternalisme et de posture hégémonique. La théorie postcoloniale met à nu des relations entre l'idéologie qui sous-tend la colonisation et les productions culturelles occidentales. Après Michel Foucault, elle dénonce l'alliance pernicieuse entre savoir et pouvoir, qui conduit à une violence politique[2], économique mais aussi épistémique. Le grand travail d'Edward Saïd dans *Orientalism* a été de déconstruire l'épistémologie occidentale, de contester les représentations hégémoniques de l'Autre et de contrarier les grilles de lecture influencées par l'historiographie européenne[3]. Tout ce discours théorique revient pourtant à poser une question éthique : qu'est-ce qui définit le champ de l'humain dont sont *a priori* exclus les absents de l'Histoire et/ou les ressortissants de cultures dont les valeurs sont considérées comme marginales[4] ? Que valent les prétendus droits universels de l'homme ?

Cette question se pose avec encore plus d'acuité pour la femme colonisée, cette subalterne, dont Gayatri Spivak se demande si elle peut parler dans un système politique patriarcal qui exclut toute parole du sujet colonisé. La mutité va de pair avec l'invisibilité, *a fortiori* chez la subalterne. Si le discours éthique est suspect dans la théorie postcoloniale, il retrouve une certaine vertu chez les historiens subalternistes, qui cherchent une alternative à l'historicisme eurocentré en se plaçant du point de vue du sujet

---

[1] Homi K. Bhabha, *The Location of Culture*, London, Routledge, 1994 ; *Les Lieux de la culture. Une théorie postcoloniale*, traduction François Bouillot, Paris, Payot, 2007, p. 16. Ce cosmopolitisme vernaculaire se caractérise par un « droit à la différence dans l'égalité ».

[2] Voir Anna Arendt, *Qu'est-ce que la politique ?*, Paris, Seuil, 1995. Elle marque l'opposition entre l'autorité légitime qui prévaut dans le règne politique et l'empire de l'arbitraire où se déploie la domination sans limites.

[3] Edward Said, *Orientalism: Western Conceptions of the Orient*. London, Routledge & Kegan Paul, 1978 [*L'Orientalisme. L'Orient créé par l'Occident* [1980], traduction Catherine Malamoud, Paris, Seuil, 2005].

[4] Voir le « passage à l'éthique » dont parle Jackie Assayag dans « Les études postcoloniales sont-elles bonnes à penser ? » *in* Smouts Marie-Claude (éd.), *La Situation postcoloniale. Les* postcolonial studies *dans le débat français,* Paris, Presses de la fondation nationale des sciences politiques, 2007, p. 257.

colonisé et de sa capacité à agir (*agency*), en adoptant un regard de l'intérieur. C'est, par exemple, en Inde la voix de la paysannerie, absente de l'historiographie coloniale, mais aussi de l'historiographie nationale après l'indépendance. Cette posture a permis de mettre en lumière un certain nombre d'injustices liées à la culture. Rhajiv Bhargava[1] en dénombre trois : une absence d'accès des subalternes à leur propre culture, une perte d'autonomie (les changements sont imposés) et l'interruption de la transmission culturelle d'une génération à l'autre, le colonialisme ayant endommagé la capacité collective à transmettre un héritage.

Il ne faut sans doute pas sous-estimer la dimension éthique des écrits subalternistes qui rétablissent les principes de justice et de droit, que les intellectuels occidentalisés ont tendance à minimiser et à noyer dans les grands paradigmes comme émancipation ou libération. Est posée une exigence morale de disposer de soi, de conduire son histoire comme on le souhaite, d'être reconnu dans sa dignité. Derrière le carcan théorique, souvent inspiré par la *French Theory*, peut néanmoins se lire un discours éthique, devenu presque militant, sur la place du subalterne. Loin d'être purement descriptives ou simplement déconstructivistes, les théories postcoloniales ont une fonction normative, produisent des valeurs, même si c'est dans un contre-discours[2]. Il reste à voir dans quelle mesure les romans, eux, prennent en compte cette dimension dans leur poétique.

La mise en place d'une poét(h)ique

Le style a pu être récusé en tant que norme bourgeoise (et occidentale)[3], mais la force du style est de créer une médiation qui permet de distancer la lecture, de suspendre provisoirement le jugement moral face à un espace littéraire configuré selon des normes éthiques et esthétiques particulières.

---

[1] Rajeev Bhargava, « Les subalternistes et la morale », in *ibid.*, p. 222-226.
[2] Ronald Shusterman considère, lui, la théorie littéraire comme « méta-éthique » : elle comporte « sa propre portée morale » dans la mesure où son effort est « comme une leçon de civisme et de solidarité ». Jean-Jacques Lecercle & Ronald Shusterman, *L'Emprise des signes. Débat sur l'expérience littéraire*, Paris, Seuil, « Poétique », 2002, p. 227.
[3] Voir Antonio Rodriguez, « Le style et sa valeur éthique dans la modernité », in Quinche F. & Rodriguez A. (éds.), *Quelle éthique pour la littérature ?*, Genève, Labor & Fidès, 2007, p. 25-37.

Les valeurs dans *le roman*

La force du récit

À la manière du postmodernisme, la théorie postcoloniale démystifie les grands récits, c'est-à-dire les narrations à fonction légitimante. Nul récit n'est plus crédible[1], d'où l'apparition d'une multitude de petits récits qui édictent leur propre norme, abolissent les références uniques dans une nouvelle ère de la relativité. Cette position se retrouve dans les romans de Salman Rushdie, qui adoptent une attitude irrévérencieuse envers l'Histoire et la déstructurent en une multitude d'histoires. Malgré — ou en raison de — cette méfiance affichée envers les « grands récits », le récit demeure le vecteur principal de la formation romanesque postcoloniale et il n'a rien de « gratuit ». Le roman postcolonial raconte une histoire, refuse les jeux abstraits du roman européen tout en inscrivant le débat — moral ou politique — au cœur du récit[2]. Homi Bhabha parle d'un « droit à raconter comme moyen d'atteindre [sa] propre identité nationale ou de communauté dans un monde global[3] ». Cela revient à dire que toute narration est le lieu d'un procès éthique et produit un « effet-valeur[4] ».

En introduction à son cours sur les « morales de Proust », Antoine Compagnon pose également un lien entre morale et récit : « La dimension éthique la plus évidente de la littérature tient au récit, c'est-à-dire à l'exposition narrative ou dramatique de problèmes moraux, incarnés dans des personnages, des subjectivités inventées et fictives[5] ». Paul Ricœur considère, lui, le récit comme un langage en action, exigeant une réponse du lecteur. L'herméneutique littéraire, qui a pour objet la manière dont l'œuvre figure le monde et dont le lecteur à son tour s'approprie le monde du texte, possède ainsi une teneur éthique. Dans la mimésis qu'accomplit l'œuvre littéraire, Paul Ricœur distingue trois niveaux, et à propos de la première phase qu'il appelle *Mimésis I*, il affirme

---

[1] Jean-François Lyotard, *Le Postmoderne expliqué aux enfants*, Paris, Galilée, 1988.

[2] Tel est le sens du Manifeste pour une « Littérature-monde en français » publié dans le journal *Le Monde* du 16 mars 2007.

[3] Homi K. Bhabha, *op. cit.*, p. 19.

[4] Voir Vincent Jouve, *Poétique des valeurs*, Paris, Puf, « écritures », 2001, p. 9. Il insiste sur la dimension idéologique de l'interaction texte/lecteur.

[5] Cours « Morales de Proust » d'Antoine Compagnon au Collège de France, 2008, consulté le 25/04/2010, http://vehesse.free.fr/dotclear/index.php?2008/04/20/927-antoine-compagnon-au-college-de-france-en-2008.

qu'avant même le récit, il y a déjà dans notre vie quotidienne une « précompréhension » des actions humaines. Nos actions se trouvent prises dans un cadre d'intelligibilité et de valeurs appartenant à un savoir commun[1].

Se pose une question de réception et il faut préciser la situation particulière du lecteur européen face à un roman postcolonial. Sur quelle précompréhension peut-il s'appuyer ? Les difficultés paraissent nombreuses : grille de lecture imprégnée de l'idéologie colonialiste qui survit sous les espèces d'un néo-colonialisme, sensibilité à la victimisation et risque de sombrer dans le misérabilisme, travers auquel prédisposent certains textes, fétichisation de la différence, etc. L'éventail des choix – et des choix éthiques – paraît encore plus large. En tout cas, le roman postcolonial élabore des expériences inédites et modélise des situations et des jugements qui sont étrangers au lecteur européen – voire à tout lecteur –, ce qui favorise l'exercice spéculatif et participe du rôle formateur de la fiction dont parle Martha Nussbaum[2].

Poétique de l'hybridité

On peut sentir une contradiction entre la pensée radicale de la subversion des règles et des normes qu'affiche la théorie postcoloniale et une promotion de l'hybridité qui trouverait son écho dans les conventions du multiculturalisme politique, dans une dérive vers une pensée de la globalisation et, finalement, dans la poétique des romans. La théorie postcoloniale se veut un refus de la pensée binaire et tend au dépassement des oppositions du bien et du mal, du juste et de l'injuste pour atteindre une forme de dialectique ou de synthèse plus ou moins irénique. Ainsi selon Homi Bhabha, les systèmes culturels sont construits dans ce qu'il appelle le « Tiers-espace de l'énonciation[3] », caractérisé par l'importance des espaces de liminalité, des passages interstitiels où se négocient les chevauchements et les déplacements des différences culturelles. L'identité culturelle émerge de cet espace ambivalent, qui rend intenable toute volonté de se réclamer d'une hiérarchie

---

[1] Paul Ricœur, *Temps et récit*, « La triple mimésis », vol. 1, Paris, Seuil, 1982, p. 105-162.
[2] Martha C. Nussbaum, *Poetic Justice : The Literary Imagination and Public Life*, Boston, Beacon Press, 1995.
[3] Homi K. Bhabha, *op. cit.*, p. 76-80.

dans la pureté des cultures. Il s'agit, selon Homi Bhabha, de dépasser l'exotisme de la diversité culturelle en faveur de la reconnaissance d'une hybridité réellement efficiente (*empowering*) au sein de laquelle la différence culturelle peut opérer. L'hybridité comporte une dimension subversive car elle contient une « moqueuse imitation[1] » de l'autorité et elle est donc à distinguer de l'acculturation servile, de l'abâtardissement culturel dont souffrent les imitateurs du nouveau monde mis en scène par Vidiadhar Surajprasad Naipaul dans son roman *The Mimic Men*[2].

Cette théorie de l'hybridité est sans doute aussi une philosophie morale car elle vise à réfléchir sur la détermination historique des rapports humains, sur la possibilité de transcender les différents traumas historiques (esclavage, colonisation) pour négocier une nouvelle distribution des pouvoirs et reconstruire un monde autre. L'éthique peut se réaliser alors dans une poét(h)ique comme celle du « Tout-monde » d'Édouard Glissant, qui obéit à « l'utopie d'un vivre-ensemble débarrassé de la domination[3] » et offre une série de relations entre les lieux selon une poétique de l'archipel et du rhizome, poétique de la relation et du divers. La matrice en est le *middle passage* tandis que les Caraïbes forment le foyer de la créolisation, où les éléments hétérogènes changent et s'échangent, s'intervalorisent ; c'est pourquoi Édouard Glissant privilégie l'identité-rhizome[4], relation éthique à l'altérité par rapport à l'identité-racine, plus exclusive et plus fermée[5]. En tant qu'écrivain de la diaspora, Salman Rushdie affiche lui aussi une méfiance pour l'ancrage et les racines, « un mythe conservateur ayant pour but de nous faire tenir en place[6] », et refuse toute forme de consensus sans contradictions vivifiantes.

---

[1] *Ibid.*, p. 190, « L'exhibition de l'hybridité – sa « réplication » particulière – terrorise l'autorité par la *ruse* de la reconnaissance, par sa mimique, sa moqueuse imitation ».

[2] Vidiadhar Surajprasad Naipaul, *The Mimic Men* [1967], London, Picador, 2002 ; *Les Hommes de paille*, traduction Suzanne Mayoux, Paris, 10/18, 1991.

[3] Denis-Constant Martin, « Au-delà de la postcolonie, Le Tout-Monde ? », in Smouts M. C (éd.), *op. cit.*, p. 138.

[4] Voir sur la notion de rhizome, Gilles Deleuze et Félix Guattari, *Capitalisme et Schizophrénie, tome 2, Mille Plateaux*, Paris, Minuit, 1980.

[5] Édouard Glissant, *Traité du Tout-monde, Poétique IV*, Paris, Gallimard, 1997, p. 21.

[6] « Roots, I sometimes think, are a conservative myth, designed to keep us in our places », Salman Rushdie, *Shame*, London, Jonathan Cape, 1983, p. 86 ; *La Honte*, traduction Jean Guiloineau, Paris, Stock, 1984, p. 98.

Pour une « poéthique » du roman postcolonial

Dans *The Satanic Verses* de Salman Rushdie, l'hybridation affecte la nation et le récit qui en est fait : Rosa Diamond incarne l'histoire de la nation anglaise depuis la bataille originelle de Hastings, tandis que Gibreel Farishta, le migrant tombé dans son jardin depuis un Boeing d'Air India, qui mime les postures coloniales en revêtant le costume de feu Sir Henry Diamond, figure le retour des colonisés et leur incorporation à l'histoire britannique. L'hybridation correspond en fait à l'expérience active du migrant qui entre dans de nouvelles combinaisons d'identité et de culture dans les sociétés multiraciales des grandes métropoles. L'écriture de Salman Rushdie, qui « oscille entre la fusion harmonieuse des influences et l'hétérogénéité de leur mélange[1] », donne une couleur éthique à l'hybridité en la mettant au service d'une pensée iconoclaste, qui promeut la bâtardise et exprime sa peur de l'absolutisme de la pureté[2]. Le roman *The Moor's Last Sigh* traduit cependant une inflexion et souligne la vanité des mélanges dans un passage à valeur métaréflexive : « Apparemment, Aurora avait décidé que les idées d'impureté, de métissage culturel qu'elle avait considérées pendant l'essentiel de sa vie créatrice comme ce qu'il y avait de plus proche de la notion de Bien, étaient, elles aussi, susceptibles de distorsion, porteuses d'autant d'obscurité que de lumière[3] ».

Insertion de formes éthiques : proverbes et contes

Le roman postcolonial n'a pas nécessairement cherché à révolutionner la forme romanesque, mais a souvent tenté de récupérer la tradition orale comme les proverbes, qui constituent une grammaire morale régissant les comportements par des préceptes de conduite ou des interdits. Le lecteur européen les reçoit comme

---

[1] Marc Porée, Alexis Massery, *Salman Rushdie*, Paris, Seuil, « Les Contemporains », 1996, p. 111.

[2] Voir Salman Rushdie, *Patries imaginaires* (*Imaginary Homelands*, 1991), traduction Aline Chatelin, Paris, Christian Bourgois, 1993, notamment l'essai « De bonne foi », p. 418-440.

[3] « Aurora had apparently decided that the ideas of impurity, cultural admixture and *mélange* which had been, for most of her creative life, the closest things she had found to a notion of the Good, were in fact capable of distortion, and contained a potential for darkness as well for light », Salman Rushdie, *The Moor's Last Sigh*, London, Jonathan Cape, 1995, p. 303 ; *Le Dernier soupir du Maure*, traduction Danielle Marais [1996], Paris, Gallimard, « Folio », 2009, p. 486.

l'expression d'une sagesse populaire ancestrale, qu'il perçoit globalement comme africaine, sans distinguer nécessairement les spécificités culturelles de chaque ethnie. Ainsi « les codes de référence », selon la terminologie de Roland Barthes, transmis par une voix narrative qui fait autorité, sont perçus comme décentrés ou décalés par le lecteur occidental[1].

Le recours aux proverbes s'inscrit dans un système de narration aux intentions didactiques. Le proverbe, forme sapientale, vaut à la fois comme amorce stylistique à partir de laquelle le récit peut se déployer et comme lieu d'une accroche sociale[2]. Chinua Achebe, qui tient à illustrer le haut degré de civilisation de l'ethnie ibo, insiste sur l'art de vivre de cette société dans laquelle « les proverbes sont l'huile de palme qui fait passer les mots avec les idées[3] ». Le narrateur fait entendre la voix de la tradition en procurant des explications d'ordre ethnologique dans des propositions incises : « La nuit, on n'appelait jamais un serpent par son nom, car il l'aurait entendu. On l'appelait ficelle[4] ». Le proverbe joue parfois un rôle de métacommentaire en apportant une intelligibilité supplémentaire à un acte ou à un sentiment. Dans le roman *Mhudi* de Solomon Tshekisho Plaatje, le chef Moroka prononce un discours « où foisonnaient allégories, dictons et proverbes, conformes à la tradition ou de son cru[5] », et le narrateur précise que la fabrication d'aphorismes est un privilège de la caste aristocratique. Le proverbe a valeur de régulateur social et il est parfois convoqué pour désactiver un conflit naissant ou pour éviter de lui donner une tournure trop personnelle. Ahmadou Kourouma en fait un large usage dans *En attendant le vote des bêtes*

---

[1] Roland Barthes, *S/Z,* Paris, Seuil, Points, 1970, p. 25.

[2] Voir les analyses de X. Garnier à propos de l'usage des proverbes dans le roman gikuyu, « matrice narrative » et « ancrage social », *in* Garnier, X. & Ricard, A. (éds.), *L'Effet roman. Arrivée du roman dans les langues d'Afrique*, « Introduction », Paris, L'Harmattan, 2006, p. 19.

[3] « Among the Igbo the art of conversation is regarded very highly, and proverbs are the palm-oil with which words are eaten », Chinua Achebe, *Things Fall Apart* [1958], London, Heinemann, 1996, p. 5 ; *Le Monde s'effondre* [1966], traduction M. Ligny, Paris & Dakar, Présence africaine, 1972, p. 13.

[4] « A snake was never called by its name at night, because it would hear. It was called a string », *ibid.* p. 7, trad. p. 18.

[5] Solomon T. Plaatje, *Mhudi, an Epic of South African Native Life a Hundred Years Ago* [1930] ; London, Heinemann, 1978 ; *Mhudi,* traduction Jean Sévry, Paris, Actes Sud, 1997, p. 161.

sauvages car le genre épique du *donsomana*, le chant des chasseurs, requiert tout un système proverbial qui illustre une sorte de condition humaine universelle (« La vérité n'est souvent qu'une autre façon de dire un mensonge[1] »). Mais Ahmadou Kourouma leur donne souvent une tournure africaine en choisissant des comparants dans le bestiaire local : « Dans un bief, il ne peut exister qu'un hippopotame mâle » (EV 103 et 173). Dans *Monnè, outrages et défis*, les titres de chapitre ont presque tous une allure proverbiale et Ahmadou Kourouma semble donner une version africaine du mythe de Sisyphe : « Celui qui s'est engagé à tisser un coutil pour couvrir la nudité des fesses de l'éléphant s'est obligé à réussir une œuvre exceptionnelle[2] ». L'authenticité des proverbes pose question et il est vraisemblable qu' Ahmadou Kourouma invente certains adages, à la fois pour procurer sa dose d'exotisme au lecteur européen, pour ironiquement se conformer à ce que ce dernier attend d'un roman issu d'un continent où la primitivité s'exprime aussi dans ces formes de sagesse élémentaires et, enfin, pour donner à penser sur des énoncés parfois énigmatiques tels que « Le palétuvier d'eau douce danse mal parce qu'il a de trop nombreuses racines » (MO 308).

Par ces jeux avec la tradition des proverbes et par l'intégration du conte au genre romanesque, la littérature postcoloniale exprime une éthique, traduit une expérience morale sans être édifiante. Les romans africains utilisent abondamment la figure du griot et Chinua Achebe, dans *Anthills of the Savannah*, réfléchit sur le rôle politique des conteurs qui défient l'autorité. En effet, le conte est utilisé par les opposants au régime pour contester de manière détournée et figurée la dictature qui pèse sur le Kangan, pays fictif représentant le Nigeria[3]. Mais on observe aussi une utilisation du conteur comme schème narratif dans le roman indien de langue anglaise, notamment chez Salman Rushdie pour lequel le conte a valeur expérimentale. Salman Rushdie réunit la

---

[1] Ahmadou Kourouma, *En attendant le vote des bêtes sauvages*, Paris, Seuil, 1998, p. 184 [abrégé EV].

[2] Ahmadou Kourouma, *Monnè, outrages et défis*, Paris, Seuil, 1990, titre du chapitre 6 [abrégé MO].

[3] Voir Chinua Achebe, *Anthills of the Savannah*, London, Heinemann, 1987, p. 153 ; *Les Termitières de la savane*, traduction Etienne Galle, 10/18, p. 212. Ikem affirme : « les conteurs constituent une menace. Ils menacent les champions de l'autorité » ; « Storytellers are a threat. They threaten all champions of control », p. 153.

tradition britannique du roman – notamment le *Tristram Shandy* de Lawrence Sterne – et celle des contes orientaux[1] ; dès lors, la référence aux *Mille et une nuits* s'impose au narrateur de *Midnight's Children*, qui s'identifie à Schéhérazade[2], d'autant plus que l'art du récit peut être une question de vie ou de mort. C'est le cas à la fin du roman *The Moor's Last Sigh*, où le peintre Miranda somme le héros de rédiger l'histoire de la famille Zogoiby : « Chaque jour, ensuite, il m'apporta du papier et un stylo. Il m'avait transformé en Schéhérazade. Tant que mon histoire éveillerait son intérêt, il ne me tuerait pas[3] ». Pour Salman Rushdie l'identité se construit sur les histoires qui nous ont été racontées : « À la fin, il ne nous reste que les histoires, nous ne sommes que les quelques histoires qui subsistent[4] ». En cela, il n'est pas loin de partager la position de Paul Ricœur, pour qui l'identité est essentiellement narrative. La réalité ne nous est accessible que de manière médiatisée, à travers des représentations langagières, si bien que la fiction, un monde de signes et de significations, apparaît comme « un laboratoire du jugement moral[5] ». Intégré au roman, le conte perd sa dimension purement didactique et participe à la construction des valeurs à travers l'élaboration d'un monde possible.

Pour conclure, au-delà des rapports conflictuels des théories postcoloniales avec l'éthique, les enjeux socio-politiques font que le roman postcolonial, suivant de près les bouleversements géopolitiques des pays décolonisés et participant à la fondation des nations indépendantes, ne peut demeurer enfermé dans un cénacle. Il ne peut non plus rester neutre et son auteur est supposé s'engager. La réhabilitation des cultures traditionnelles à travers la reprise de genres didactiques et sapientaux et le dialogue critique

---

[1] Voir l'ouvrage de Catherine Pesso-Miquel, *Salman Rushdie, L'écriture transplantée*, Presses universitaires de Bordeaux, 2007, p. 23 *sq.*

[2] Salman Rushdie, *Midnight's Children* [1981], New York, Random House, 2006, p. 20-21 ; traduction française de Jean Guiloineau, *Les Enfants de Minuit* [1983], Paris, Plon, Livre de Poche, 2008, p. 32.

[3] « Every day, after that, he brought me pencil and paper. He had made a Scheherazade of me. As long as my tale held his interest he would let me live », Salman Rushdie, *The Moor's Last Sigh*, *op. cit.*, p. 421 ; *Le dernier soupir du Maure*, *op. cit.*, p. 670-671.

[4] « In the end, stories are what's left of us, we are no more than the few tales that persist », Salman Rushdie, *The Moor's Last Sigh*, *op. cit.*, p. 110 ; traduction., p. 181.

[5] Paul Ricœur, *Soi-même comme un autre*, Paris, Seuil, 1990, p. 167.

avec les cultures héritées de l'Occident ont conduit à promouvoir des valeurs, notamment morales, par le biais d'une poétique fondée sur l'hybridité, tendue entre tradition et modernité. Mais il ne s'agit en aucun cas de créer de nouveaux universaux, des impératifs catégoriques qui se substitueraient aux principes européens dans une littérature qui ne saurait se réduire à la mise en scène de choix éthiques et socio-politiques. Même s'il n'est pas une simple propédeutique à la vie, le roman postcolonial est politique autant qu'éthique dans le sens où il pose avec force la question de la manière d'être ensemble dans la nation nouvelle.

« POÉTHIQUE » DE LA MÉMOIRE

LE ROMAN DES FILS OU LE RENOUVEAU DU ROMAN ENGAGÉ :
TU, MIO, D'ERRI DE LUCA ET *DORA BRUDER*, DE PATRICK
MODIANO

Sylvie Servoise, Le Mans-Université

« Trahison des clercs[1] » pour certains, impératif lancé par d'autres aux écrivains au lendemain de la Seconde Guerre mondiale, « notion périmée[2] », voire honnie durant les décennies formalistes et structurales, la « littérature engagée » aura été le nom donné tout au long du vingtième siècle à une certaine forme d'exercice de responsabilité de la part de l'écrivain : responsabilité morale, idéologique ou politique. Or, on sait que tout un discours désenchanté de la fin (de la modernité, des idéologies, de l'histoire, de l'art…) provenant de la philosophie, de l'esthétique et de la critique littéraire elle-même, a proclamé, ces dernières années, la fin de l'engagement. La littérature aurait perdu ce rapport essentiel à l'histoire et au politique qui définissait le projet des écrivains engagés, des avant-gardes à Sartre. Dans un contexte où il était de bon ton d'enterrer les grands récits et de se détourner, comme autant d'erreurs de jeunesse, des agents collectifs porteurs de l'émancipation à venir et des grandes espérances, on ne pouvait – ou ne voulait – plus voir en la « littérature engagée » qu'une re-

---

[1] J. Benda, *La Trahison des clercs* [1927], Paris, Grasset, « Les Cahiers rouges », 1990.
[2] A. Robbe-Grillet, *Pour un nouveau roman* [1961], Paris, Minuit, « Critique », 1996, « Sur quelques notions périmées », p. 25-44.

lique ou une forme subsistante de naïveté[1]. Cette analyse reste cependant tributaire à nos yeux d'une conception trop étroite de l'engagement qui, réduisant celui-ci à sa dimension idéologique, empêche de saisir certaines tendances de la littérature contemporaine pourtant fortement liées à la définition de l'engagement évoquée plus haut : un exercice de responsabilité, en vertu duquel un sujet – l'auteur – s'engage à l'égard d'un autre sujet – le lecteur, la société en général – qui est le témoin, le destinataire ou l'éventuel juge de l'engagement pris.

Ce sous-bassement éthique de l'engagement nous semble rendre particulièrement bien compte de l'entreprise menée par un certain nombre d'auteurs contemporains qui, tout en refusant d'endosser le rôle de guide spirituel ou moral, invitent le lecteur à se « situer » dans son époque, c'est-à-dire à prendre position dans le temps, dans l'espace, mais aussi sur le plan éthique, en le confrontant à son histoire récente ; une histoire dont il hérite, mais qui le construit aussi. Se donnerait alors à voir une forme spécifiquement contemporaine de l'engagement, caractérisée par la reconfiguration des rapports entre le politique et l'éthique et par la reformulation de la question qui était au cœur de l'engagement à l'époque de sa théorisation sartrienne dans les années 1945 : non plus « comment faire l'histoire[2] ? » mais « que faire de l'histoire ? ». L'œuvre engagée contemporaine pourrait ainsi se définir comme une « forme-sens[3] », qui associe à certaines pratiques d'écriture, ou plutôt de transcription de l'histoire, une certaine façon de penser notre

---

[1] Nous renvoyons notamment à L. Ruffel, *Le Dénouement,* Paris, Verdier, coll. « Chaoïd », 2005.

[2] J.-P. Sartre, *Qu'est-ce que la littérature ?* [1947], Paris, Gallimard, « Folio », 1985, p. 237 : « Ainsi le monde et l'homme se révèlent par les *entreprises*. Et toutes les entreprises dont nous pouvons parler se réduisent à une seule : celle de *faire l'Histoire*. Nous voilà conduits par la main jusqu'au moment où il faut abandonner la littérature de l'*exis* pour inaugurer celle de la *praxis*. »

[3] Nous désignons par ce terme, à l'origine proposé en poétique par Henri Meschonnic (dans *Pour la poétique, I.* Paris, Gallimard, coll. « Le Chemin », 1970), autre chose, ou plutôt davantage, que la conjonction qui existe entre l'écriture (la forme) et le sens entendu ici comme « message », politique ou social de l'écrivain engagé. Pour nous, le « sens » auquel renvoie l'œuvre engagée relève autant de la conception que l'auteur possède de son propre rapport, en tant qu'écrivain, à la sphère publique (et plus particulièrement à la sphère politique et sociale) que d'une certaine façon de penser l'agir humain, dans le temps et dans l'histoire.

rapport au passé, qui est aussi une nouvelle manière pour les individus de penser leur liberté individuellement et collectivement.

Deux romans écrits à la fin des années 1990, *Dora Bruder*, de Patrick Modiano, et *Tu, mio*, de l'écrivain italien Erri De Luca (1998), posent avec une force toute particulière[1] la question des rapports que notre société entretient avec un passé paradoxalement omniprésent et dont l'exploration – expiation ou simple désenfouissement – est présentée comme nécessaire, pour l'individu comme pour la collectivité. Notre hypothèse est que, au-delà du devoir de mémoire, c'est à un exercice de responsabilité et à un devoir de réponse que nous assignent ces deux œuvres. Un devoir de réponse dont il s'agit cependant de bien mesurer la portée : « romans de fils », mettant en scène des figures d'héritiers, tenus de répondre *des* actes de leurs pères, ces textes valent aussi eux-mêmes comme réponse *aux* fantômes du passé, par le biais d'un récit qui vise moins à dire ce qui a été (reconstituer l'histoire) qu'à dénoncer le scandale passé d'une absence et d'un oubli volontaire au présent. Néanmoins, dans la mesure où l'engagement des auteurs ne consiste pas seulement à rappeler le lecteur au devoir de mémoire dont notre société a fait un impératif moral et citoyen depuis une vingtaine d'années et qu'il vise à une réappropriation de ce passé sur un mode actif, il convient de laisser toute sa place à la responsabilisation du lecteur telle qu'elle est programmée par les textes : à son tour, le lecteur se voit amené à répondre *du* et *au* passé.

Le roman des fils : répondre des actes des pères

Patrick Modiano, né en 1945, et Erri De Luca, né en 1950, appartiennent, comme leurs personnages, à cette génération qui a grandi sur les ruines d'une guerre qu'elle n'a pas connue et qui se définit par cet héritage, tant à l'égard des pères qui le leur ont transmis (ou pas), qu'à l'égard des petits-fils qui, au contraire,

---

1 Ces deux romans sont emblématiques d'une tendance qui se manifeste à l'échelle européenne depuis une trentaine d'années. Nous renvoyons notamment à E. Bouju, *La Transcription de l'histoire. Essai sur le roman européen de la fin du XXe siècle*, Rennes, Presses Universitaires de Rennes, 2006 ; S. Servoise, *Le Roman face à l'histoire : la littérature engagée en France et en Italie dans la deuxième moitié du XXe siècle*, Rennes, Presses Universitaires de Rennes, 2011.

tendent à l'oublier ou le refusent. L'héritage transmis, par lequel s'illustre le rapport des pères aux fils, se traduit, dans les deux œuvres, par la déclinaison d'un motif commun – la dette – qui cependant donne lieu à des réceptions distinctes de la part des deux auteurs.

Tu, mio de De Luca retrace, à la première personne, l'éducation sentimentale et historique d'un jeune Italien venu passer, au milieu des années cinquante, les vacances d'été sur l'île d'Ischia, au large de Naples. Il y fait la connaissance d'une jeune fille mystérieuse, Caïa, dont il apprend progressivement qu'elle est juive et que ses parents sont morts en déportation. Le garçon part alors à la recherche du passé de la jeune fille et se heurte au silence de la génération précédente qui n'a de cette époque qu'une mémoire amputée : ses parents évoquent les courses aux abris lors des bombardements, l'entrée des Américains à Naples, mais se dérobent aux questions plus douloureuses, et en tout premier lieu la Shoah. À l'amnésie volontaire de la génération des pères, s'oppose la soif de connaissance du jeune narrateur. Celle-ci fait de lui le réceptacle idéal de l'âme du père de Caïa, mort dans les camps, et c'est à une véritable « possession » du narrateur par le fantôme de la victime que l'on assiste au cours de ce roman qui mêle histoire et surnaturel. La figure paternelle, dédoublée, est alors à l'origine d'un héritage également double : si le père de Caïa, en entrant dans le corps du narrateur, lui a transmis l'héritage des victimes, son propre père lui a légué le sentiment d'une dette impayée, le remords d'un geste non-accompli : « Je ne savais pas quoi faire pour résister au mal. Je l'ai su après et encore je ne peux parier que j'aurais agi en conséquence. J'habitais Rome, je savais que rue Tasso on torturait des résistants. Je ne suis jamais passé du côté de cette rue[1] », confie le père du narrateur.

Questionné, en partie révélé, ce double héritage est perçu par le jeune homme comme une responsabilité à assumer, ou, plus

---

[1] E. De Luca, *Tu, mio*, trad. de l'italien par D. Valin, Paris, Payot & Rivages, « Rivages poche/Bibliothèque étrangère », 2000, p. 133/*Tu, mio* [1998], Milano, Feltrinelli, « Universale Economica Feltrinelli », 2000, p. 109 : « *Io non sapevo cosa fare per contrastare il male. L'ho saputo dopo e ancora non so scommettere che avrei agito di conseguenza. Abitavo a Roma, sapevo che a via Tasso torturavano i partigiani. Non sono mai passato vicino a quella via.* » Nous emploierons dorénavant les abréviations « *T,M*, trad.fr » et « *T,M* » pour désigner respectivement ces ouvrages.

exactement, comme une dette qu'il lui revient de payer. À Caïa sur le point de partir à la fin du livre, il dit mentalement ceci : « J'hérite de ton deuil ainsi que du geste qu'un autre père ne fit pas en son temps. J'hérite de sa dette, un feu entre les mains d'un fils[1] ». Cet héritage appelle donc une réponse qui prendra la forme d'un acte de vengeance contre les anciens bourreaux, les touristes allemands qui, sous les yeux de Caïa et du narrateur, ont un soir entonné l'hymne SS : le jeune homme, à la fin du récit, met ainsi le feu à la pension où ils logent.

Sans doute, ce geste est vain et n'effacera en rien les horreurs de l'histoire : « Je courais au gré du vent, rapide, léger [...] et derrière moi explosait un feu qui ne pouvait corriger le passé[2] », reconnaît le narrateur. Mais il constitue une étape essentielle — littéralement un baptême du feu — dans le cheminement personnel du jeune homme, qui le fait accéder à la conscience d'être-au-monde et lui révèle plus précisément son être-dans-le-temps, son historicité : « j'ai grandi derrière ta douleur, mais avant de te rencontrer j'ai passé un an à demander aux livres en quel siècle je vivais et sur quelle terre je mettais les pieds. [...] Tu as fait pousser une autre enveloppe sous la mienne, tu m'as donné une entrée dans le monde en me déclarant tien[3] », reconnaît-il dans son discours adressé à Caïa absente.

Remarquons qu'à l' « excitation d'urgence à répondre » que manifeste le jeune homme font directement écho les propos de l'auteur : « l'héritage que j'ai reçu de mon père est un sentiment d'impuissance face à l'impossibilité d'avoir été responsable de cette histoire : ma génération est celle de la réponse[4] »; « nous enracinions notre âge sur les ruines du leur [celui des pères]. Nous étions fils pour cela : pour assumer leurs torts, leurs fai-

---

[1] *Ibid.*, p. 122/*T, M*, p. 100 : « *Eredito il tuo lutto insieme al gesto che un altro padre non fece nel suo tempo. Eredito il suo debito, un fuoco in mano a un figlio.* »

[2] *Ibid.*, p. 140/*T, M*, p. 114 : « *correvo a favore di vento, svelto leggero [...] e dietro di me esplodeva un fuoco che non poteva correggere il passato.* »

[3] *Ibid.*, p. 122/*T, M*, p. 100 : « *sono cresciuto dietro al tuo dolore, ma prima d'incontrarti ho passato un anno a chiedere ai libri in che secolo stavo e su che terra mettevo i piedi. [...] Mi hai fatto crescere un'altra buccia sopra la mia, mi hai dato ingresso al mondo chiamandomi tuo.* »

[4] Notre traduction d'E. De Luca, dans C. Lardo e F. Pierangeli (a cura di.), *L'ultima lettera : scrittori a « Tor Vergata », interventi ed interviste*, Roma, Vecchiarelli, 1999, p. 64 : « *L'eredità che ho avuto da mio padre è un sentimento d'impotenza di fronte all'impossibilità di esser stato responsabile di quella storia : la mia generazione è la generazione della risposta.* »

blesses et en tenter le rachat. On ne se sent vraiment héritier que d'une dette[1] ».

Le motif de la dette est également très présent dans *Dora Bruder*, mais donne lieu à une saisie fort différente : dans ce récit, le narrateur, qui n'est autre que Modiano lui-même, cherche à retrouver la trace de Dora Bruder, jeune fille juive de quinze ans qui a réellement existé et dont la fugue avait poussé les parents à publier un avis de recherche dans *Paris-Soir*, le 31 décembre 1941. Dans ce texte, l'écrivain rompt avec la mise à distance de l'histoire à laquelle il se livrait dans sa première trilogie consacrée à l'Occupation[2], au moyen de l'euphémisation, du brouillage des repères chronologiques, ou encore de la dérision et de l'humour. Il adopte ici un ton grave et, pour reprendre une heureuse expression de Baptiste Roux, « adulte[3] » afin d'évoquer le martyr subi par les juifs. De fait, le narrateur de *Dora Bruder* n'est plus un jeune homme en conflit avec l'histoire comme il l'était du temps de *La Place de l'Étoile*, le premier roman de Modiano, paru en 1968 : à cette époque, comme il le rapporte dans *Dora Bruder*, il « prenait à son compte le malaise [de son père] pendant l'Occupation » et cherchait à « répondre » aux antisémites qui avaient blessé son père. Portant un regard rétrospectif sur cette « urgence à répondre » qui caractérisait aussi l'adolescent de *Tu, mio*, il en mesure, comme le narrateur du récit italien, la vanité : « Je sens bien aujourd'hui la naïveté enfantine de mon projet [...]. Oui, malheureusement j'arrivais trop tard[4] ». Mais contrairement à De Luca qui met en scène la réponse hâtive d'un jeune homme à l'histoire, Modiano privilégie dans *Dora Bruder* le lent travail d'enquête qui vise à rendre la vie aux disparus de l'histoire.

C'est que l'héritage d'un passé douloureux confère aux fils une responsabilité qui n'est pas tout à fait la même selon les deux auteurs. Dans les deux cas, les héritiers ont bien le sentiment d'avoir une dette à l'égard de l'histoire. Mais s'il s'agit essentiellement

---

[1] E. De Luca, *Alzaia* [1997], trad. de l'italien par D. Valin, Paris, Payot & Rivages, « Bibliothèque Rivages », 2002, « Générations » [p. 83-84], p. 84.

[2] Il s'agit de *La Place de l'Étoile* (1968) ; *Ronde de nuit* (1969) ; *Les Boulevards de ceinture* (1972), tous publiés chez Gallimard.

[3] B. Roux, *Figures de l'Occupation dans l'œuvre de Patrick Modiano*, Paris, L'Harmattan, 1999, p. 299.

[4] P. Modiano, *Dora Bruder* [1997], Paris, Gallimard, « Folio », p. 71. Nous emploierons dorénavant l'abréviation *DB* pour désigner cette œuvre.

pour De Luca de régler des comptes que les parents n'ont pas payés, Modiano s'estime en revanche redevable à ceux qui ont épuisé toutes les souffrances possibles pour permettre aux générations à venir de vivre heureuses. Évoquant le destin tragique d'écrivains morts pendant la Seconde Guerre (Friedo Lampe, Roger Gilbert-Lecomte, Albert Sciaky, dit « le Zébu », Robert Desnos), le narrateur de *Dora Bruder* dit en effet ceci :

> Ainsi, dans l'appartement où [Maurice] Sachs se livrait à ses trafics d'or, et, où, plus tard, mon père se cachait sous une fausse identité, "le Zébu" avait occupé ma chambre d'enfant. D'autres, comme lui, juste avant ma naissance, avaient épuisé toutes les peines, pour nous permettre de n'éprouver que des petits chagrins[1].

Autrement dit, il ne s'agit pas d'accuser les pères, mais bien de reconnaître ceux qui, dans cette génération, ont été des victimes, et de leur rendre hommage. On assiste du reste ici à une sorte de réhabilitation de la figure paternelle, souvent malmenée dans les autres textes de Modiano, ou du moins à une pacification des rapports entre le père et le fils, qui coïncide précisément avec le mouvement d'identification du père comme victime. À l'instar de Dora qui a fugué ou encore d'Hena, arrêtée pour avoir cambriolé un appartement avant de quitter la France pour « échapper aux menaces qui pesaient sur sa vie », le père du narrateur a tenté de survivre alors qu'on lui imposait un « statut de pestiféré[2] » et c'est bien cela qui est admirable pour son fils :

> Hena : je l'appellerai par son prénom. Elle avait dix-neuf ans. [...] Je me sens solidaire de son cambriolage. Mon père aussi, en 1942, avec des complices, avait pillé les stocks de roulement de la société SFK avenue de la Grande-Armée, et ils avaient chargé la marchandise sur des camions, pour l'apporter jusqu'à leur officine de marché noir, avenue Hoche. Les ordonnances allemandes, les lois de Vichy, les articles de journaux ne leur accordaient qu'un statut de pestiférés et de droit commun, alors il était légitime qu'ils se conduisent comme des hors-la-loi afin de survivre. C'est leur honneur. Et je les aime pour ça.

---

[1] *Ibid.,* p. 99.
[2] *Ibid.,* p. 117.

Le narrateur se reconnaît donc « solidaire » des souffrances du passé et ce rapport à l'histoire des pères placé sous le signe de la compassion fait la spécificité de la posture de l'héritier modianien.

La solidarité à l'égard des victimes du passé s'exprime ainsi dans les deux romans sous les signes distincts de la colère (ou de la vengeance) et de la compassion, renvoyant à deux modes essentiels de réception du passé, selon que l'on s'adresse aux bourreaux ou aux victimes. On aurait tort cependant de s'arrêter à la dimension passive de la réception : en effet, ce qui est mis en scène dans ces romans, c'est certes une figure d'héritier, mais d'héritier qui revendique cette position chronologique en la transformant en posture éthique, celle de la responsabilité. Celle-ci consiste non seulement à prendre acte du passé, mais à en répondre : elle signifie assumer sa part, cette dette qu'il faut solder d'une façon ou d'une autre. Mais il est encore un niveau supérieur de responsabilité convoqué par nos œuvres, tenant au fait de « raconter » le passé ou, plus modestement, d'en rendre compte. Il s'agit alors non seulement de répondre aux pères, « raconter » témoignant d'une exigence de fidélité à l'égard du passé, mais d'appeler les contemporains à partager ce passé ou, plus précisément, à l'affronter. Entre l'action et l'oubli, le temps des pères et celui des petits-enfants, la génération des fils tire donc de sa situation objective d'héritière son historicité mais aussi sa tâche spécifique : un travail d'inventaire – dire ce qui a été, combler les lacunes du passé ou en corriger les relectures et réécritures.

Raconter : la réponse des auteurs

Le devoir d'inventaire auquel se livrent Modiano et De Luca est étroitement lié à la vive conscience qu'ils ont de la fragilité des traces. Aucun des deux auteurs ne prétend reconstituer l'histoire et c'est une représentation lacunaire, trouée, du passé qui nous est offerte. Recourant au paradigme de l'enquête, qui articule remontée des traces et remontées dans le temps, les récits cherchent moins à reconstituer ce qui fut qu'à montrer ce qui reste. C'est là une manière efficace de dire l'absence et, plus profondément, de dénoncer une entreprise qui fut celle de l'anéantissement des hommes – le génocide – mais aussi des preuves de cet anéantissement. De fait, l'enquête à laquelle se livrent les narrateurs est, dans les deux cas, un échec. Certes, le narrateur de *Dora Bruder* parvient, à la suite de recherches minutieuses, à remonter la trace de Dora jusqu'à son enfance, à obtenir des informations sur ses parents, sur l'internat où elle a vécu, sur les dates exactes de sa fugue. Mais tout se passe comme si les réussites de certaines démarches et les données recueillies, citées avec un soin méticuleux, presque fétichiste, étaient *toujours* insuffisantes et que la prétention de tirer des indices matériels des informations sur la vie, l'histoire, l'identité des disparus était vaine. « Ce que l'on sait [des « anonymes », comme les parents de Dora] se résume souvent à une simple adresse. Et cette précision topographique contraste avec ce que l'on ignorera pour toujours de leur vie – ce blanc, bloc d'inconnu et de silence[1] », constate le narrateur. La visite des lieux fréquentés par Dora, quand ils existent encore, renvoie systématiquement le narrateur à un sentiment de vide, la trace signifiant alors moins ce qui a été que ce qui a disparu : « On se dit qu'au moins les lieux gardent une légère empreinte des personnes qui les ont habités. Empreinte : marque en creux ou en relief. Pour Ernest et Cécile Bruder, pour Dora, je dirai : en creux. J'ai ressenti une impression d'absence et de vide, chaque fois que je me suis trouvé dans un endroit où ils avaient vécu[2] ».

Le narrateur de *Tu, mio*, lui, n'a pas recours aux archives et aux documents pour remonter les traces du passé, mais plutôt aux témoignages oraux. Parti à la recherche du passé de Caïa, il se heurte au silence de la génération précédente qui n'a de cette époque qu'une mémoire amputée. Pas un mot sur les déportations et la Shoah, dont l'adolescent apprend l'existence dans les livres auxquels l'ont renvoyé ses parents exaspérés. Mais là encore, c'est au vide qu'il est confronté : les livres d'histoire sont des récits de morts, qui disent l'absence et qui contrastent avec les « manuels qui, expliqu[ant] le passé et le rend[ant] logique », donnent à celui-ci une forme pleine. « Il est étrange d'apprendre la géographie pour découvrir les villes et les régions des morts : Volhynie, Bucovine, Podolie, Lituanie, un cimetière de plaines

---

[1] *Ibid.,* p. 28.
[2] *Ibid.*

s'était ouvert au cœur de l'Europe et un garçon de Naples le cherchait au milieu des nations confiées à l'Union soviétique[1] », note le narrateur. Comme dans *Dora Bruder*, le recours aux traces « matérielles » – documents d'archives ou témoignages oraux – s'avère donc à la fois indispensable et insuffisant pour répondre aux attentes du narrateur.

En ce sens, le devoir d'inventaire auquel se consacrent les auteurs relève moins du « dire » que du « dire quand même » et est étroitement lié à une forme paradoxale qui, au lieu d'affirmer une présence pleine, expose les manques. À cet égard, la fin de *Dora Bruder* est exemplaire, le narrateur disant ressentir le vide qu'a laissé Dora dans Paris et rendant l'absence en quelque sorte palpable :

> Le samedi 19 septembre, le lendemain du départ de Dora et de son père, les autorités d'occupation imposèrent un couvre-feu en représailles à un attentat qui avait été commis au cinéma Rex. Personne n'avait le droit de sortir, de trois heures de l'après-midi jusqu'au lendemain matin. La ville était déserte, comme pour marquer l'absence de Dora.
>
> Depuis, le Paris où j'ai tenté de retrouver sa trace est demeuré aussi désert et silencieux que ce jour-là. Je marche à travers les rues vides. Pour moi elles le restent, même le soir, à l'heure des embouteillages, quand les gens se pressent vers les bouches de métro. Je ne peux pas m'empêcher de penser à elle et de sentir l'écho de sa présence dans certains quartiers. L'autre soir, c'était près de la gare du Nord[2].

Mais dénoncer l'absence en la donnant à éprouver, dans le texte, au lecteur n'est pas le seul geste des écrivains. Ce que combattent les narrateurs de Modiano et De Luca, c'est plus précisément l'effacement des traces et l'amnésie volontaire. « J'étais la seule personne que ces histoires intéressaient[3] » dit le narrateur de *Tu, mio*, auquel fait écho le narrateur modianien : « J'ai l'impression d'être tout seul à faire le lien entre le Paris de ce temps-là et

---

[1] *T, M*, trad. fr., p. 20/*T, M*, p. 17-18 : « *Strano imparare la geografia per cercare le città, le regioni dei morti : Volinia, Bucovina, Podolia, Lituania, un cimitero di pianura si era spalancato in piena Euopa e un ragazzo di Napoli lo cercava in mezzo alle nazioni assegnate all'Unione Sovietica.* »

[2] *DB*, p. 144.

[3] *T, M*, trad. fr., p. 22/*T, M*, p. 19 : « *Ero la sola persona cui interessavano quelle storie.* »

celui d'aujourd'hui, le seul à me souvenir de tous ces détails[1] ». Si le personnage de De Luca dénonce le silence de ses parents, l'ignorance de ses congénères, et l'oubli complaisant des habitants d'Ischia qui s'échinent à prononcer quelques mots d'allemand pour satisfaire les touristes, le narrateur de *Dora Bruder* condamne aussi fermement le refoulement du passé, qui semble avoir été institutionnalisé par une administration pressée de cacher une histoire honteuse, comme le montre ce passage :

> Je me suis dit que plus personne ne se souvenait de rien. Derrière le mur un no man's land, une zone de vide et d'oubli. […] Et pourtant, sous cette couche épaisse d'amnésie, on sentait bien quelque chose, de temps en temps, un écho lointain, étouffé, mais on aurait été incapable de dire quoi, précisément. C'était comme de se trouver au bord d'un champ magnétique, sans pendule pour en capter les ondes. Dans le doute et la mauvaise conscience, on avait affiché l'écriteau « Zone militaire. Défense de filmer ou de photographier »[2].

Or le narrateur est précisément celui qui cherche à capter les ondes du passé, ces échos volontairement étouffés, symbolisés par la destruction des édifices anciens et la reconstruction en béton, « le béton de la couleur de l'amnésie », qui transforme Paris en « village suisse dont on ne [peut] mettre en doute la neutralité[3] ».

On comprend alors que la responsabilité des écrivains peut être définie comme un engagement de et par la mémoire : elle consiste d'abord à rappeler ce qui n'est plus (le devoir d'inventaire), en donnant à voir l'absence ; mais cet engagement de la mémoire est aussi un engagement au présent, par la mémoire, qui donne lieu à une dénonciation double, de l'histoire comme tissu de forfaits et du présent comme temps du refoulement. On est donc loin du simple « devoir de mémoire » dont notre société a fait un impératif moral et citoyen depuis une vingtaine d'années : se souvenir, ce n'est pas se livrer à « un culte de la mémoire » qui, comme le souligne T. Todorov, peut nous amener à nous détourner du présent, tout en nous procurant les bénéfices de la bonne

---

[1] *DB*, p. 50.
[2] *Ibid.*, p. 131.
[3] *Ibid.*, p. 136.

conscience[1] ; c'est au contraire établir des liens toujours vivants entre passé et présent, en empêchant que le souvenir des disparus ne se fige dans un « récit plein », qui les constituerait en objet clos de mémoire.

Or de ce temps de l'amnésie volontaire qui est aussi, paradoxalement, celui du « devoir de mémoire », le lecteur est contemporain, et c'est à lui que s'adresse cet appel à tisser des liens entre passé et présent, devoir et travail de mémoire. Il s'agit donc à présent de voir comment nos textes engagés se font aussi engageants, c'est-à-dire comment la transcription de l'histoire, envisagée jusqu'ici exclusivement du côté de l'auteur qui la met en œuvre, qui y engage sa propre personne en même temps qu'il en fait l'objet même de son engagement, s'offre à l'appréhension, au jugement, à l'appropriation, voire à la reprise du lecteur.

La responsabilisation du lecteur

Le paradigme de l'enquête historique, qu'illustrent exemplairement *Dora Bruder* et *Tu, mio*, a la particularité d'associer les figures rétrospective du récit historique et prospective du récit d'enquête : en ce sens, il fait de la reconnaissance au présent des traces du passé son enjeu majeur et fait vivre au lecteur une double expérience de remontée vers le passé et de récognition au présent. Cette double expérience s'effectue notamment par le biais de la dialectique absence/présence : dans le récit de Modiano, le lecteur, confronté, par le biais du narrateur enquêteur, à l'absence de traces, est conduit à reconnaître dans l'absence même le signe d'une présence passée. À l'inverse, la présence du passé, dont le narrateur du roman de De Luca fait l'expérience dans son corps même, a pour fonction de dire la disparition, d'en témoigner. Dans les deux cas, c'est au cours de la lecture que s'opère cette réversibilité de l'absence en présence et réciproquement.

Dans l'analyse qu'il consacre à *W ou le souvenir d'enfance* de George Perec [1975] en tant que « repère littéraire » qui « tient lieu de modèle aux inquiétudes de notre période[2] », E. Bouju délivre un

---

[1] T. Todorov, *Les Abus de la mémoire*, Paris, Arléa, 1995.
[2] E. Bouju, *op. cit.*, p. 26.

certain nombre de remarques que l'on pourrait appliquer au roman modianien. Notons d'abord que dans les deux œuvres, l'écriture naît d'un « manque » : celui du « souvenir d'enfance » pour Perec, celui créé par la disparition – fugue et déportation – de Dora pour Modiano. Les parents du premier, comme Dora, ont disparu « sans laisser de traces », tout se passant comme si « le seul héritage du passé résid[ait] dans l'absence de traces » et que cette absence « n'était autre que la marque même de l'extermination des Juifs[1] ». De la même façon que, dans le roman de Perec, l'« écriture de cette absence est la seule énonciation possible de l'origine[2] », le récit d'une enquête qui échoue faute de traces suffisantes est la seule façon de rendre compte de la présence de Dora dans ce monde pour Modiano. S'opère ainsi le passage de l'écriture *des* traces, absentes, à l'écriture *comme* trace. C'est le livre même qui devient trace de la présence de Dora et de tous les autres déportés. « Si je n'étais pas là pour l'écrire, il n'y aurait plus aucune trace de la présence de cette inconnue et de celle de mon père dans un panier à salade en février 1942, sur les Champs-Elysées[3] », dit le narrateur. Le lecteur est ainsi non seulement le destinataire de la diégèse mettant en scène la remontée des traces, mais encore le destinataire du récit tout entier comme trace.

Placée au principe de l'écriture du texte, la disparition s'établit donc également, comme l'indique E. Bouju cette fois-ci au sujet de *Dora Bruder,* en tant que « structure de lecture[4] ». On notera que la position du lecteur comme récepteur d'un récit qui est lui-même trace est en quelque sorte mise en abyme dans les passages où le lecteur est mis en situation de destinataire des traces qui permettent au récit d'enquête d'avancer. C'est le cas notamment lorsque le texte livre directement la copie de quelques-unes des lettres adressées au Préfet de Police par ceux dont les proches ont disparu[5]. Le lecteur est explicitement invité par le narrateur à se substituer au destinataire historique (le Préfet, agent de la disparition) ainsi qu'au lecteur d'archives (gardien du souvenir de la disparition) qu'est le

---

[1] *Ibid.,* p. 27.
[2] *Id.*
[3] *DB,* p. 65.
[4] E. Bouju, *op. cit.,* p. 28.
[5] *DB,* p. 84-86.

narrateur lui-même[1]. Mais comme le note E. Bouju, en lisant ces lettres, nous sommes plus que leurs destinataires : nous sommes aussi leurs « destinateurs », car « nous répétons ces mots demeurés, littéralement, "lettre morte", et n'entendons pour toute réponse que le silence de la page blanche. Ce faisant, nous reproduisons, dans la lecture, le geste de l'auteur : nous définissons le manque, nous désignons l'absence ; et par cette transcription, nous contribuons à éclairer de l'intérieur la nuit de la déportation[2] ». Au-delà de l'expérience de la remontée des traces que lui permet l'identification avec le narrateur, le lecteur est donc amené à mesurer, l'espace d'un instant, la place laissée vacante par les disparus.

Une autre façon de relever le défi d'une histoire définie comme disparition et absence et de faire vivre cette expérience au lecteur au présent même de la lecture consiste à rendre tangible non pas l'absence mais au contraire la présence des hommes du passé. C'est ce qui advient dans *Tu, mio* et on notera que c'est ici encore par le biais de la citation de la parole du témoin que s'opère le glissement de la remontée des traces à la restitution (fantastique) du passé. Le même procédé technique, la citation des voix du passé, opère ainsi un passage inverse, de l'enquête vers la désignation de l'absence (*Dora Bruder*) et de l'enquête vers la restitution de la présence (*Tu, mio*).

Par le biais de la possession, le narrateur non seulement s'approprie intimement l'expérience du père de Caïa, mais encore la fait revivre, en l'ancrant dans son présent, qui est aussi le temps du récit et de l'interlocution. Or le lecteur, en vertu du processus d'identification narratoriale, est amené à s'approprier, lui aussi, l'histoire des victimes, et ce sur un mode qui est celui du héros lui-même : il ne s'agit pas de se transformer complètement en un autre, ni de s'en tenir à distance en écoutant simplement son histoire, mais de l'accueillir en soi, de le faire sien, d'en être le porte-parole. En ce sens, on peut dire que l'expérience de possession du narrateur, limitée dans le temps comme l'est celle de la lecture et ayant lieu dans un espace particulier, à l'écart du monde ordinaire (l'île d'Ischia), est une métaphore de l'expérience de lecture : le

---

[1] *Ibid.*, p. 86 : « et maintenant, c'est nous, qui n'étions pas encore nés à cette époque, qui en sommes les destinataires et les gardiens ».

[2] E. Bouju, *op. cit.*, p. 28.

lecteur s'approprie le récit – l'histoire du narrateur et celle du fantôme qu'il abrite – comme le fait le narrateur pour l'histoire du père de Caïa. Ajoutons que le récit est construit, comme on l'a vu précédemment, à la manière d'un roman d'apprentissage : après avoir mesuré l'insuffisance des manuels scolaires et des témoignages des contemporains, le narrateur comprend que seule l'expérience vécue dans son propre corps (la possession) lui permet d'appréhender réellement le passé. Cette leçon était déjà indiquée entre les lignes de l'*incipit* du récit, directement adressé au lecteur : « Le poisson n'est poisson qu'une fois dans la barque. Il est faux de crier que tu l'as pris quand il vient juste de mordre et que tu sens son poids danser dans la main qui tient la ligne. Le poisson n'est poisson qu'une fois à bord. Tu dois le faire remonter du fond par une prise régulière, rapide et sans à-coups. Sinon, tu le rates[1] ».

Il en est de la pêche comme de l'histoire : elle n'existe que lorsqu'elle est remontée des profondeurs du passé pour être intégrée au présent. Sa vérité, nous dit De Luca rejoignant par-là les thèses développées par W. Benjamin dans *Sur le Concept d'histoire*, ne réside que dans le choc de sa rencontre avec le présent[2]. C'est ce qu'a révélé l'expérience de la possession au narrateur et c'est ce que révèle, au second degré, l'expérience de la fiction au lecteur. La fiction fait sortir le lecteur de lui-même, exactement comme la magie de l'incarnation dédouble le narrateur et rend ainsi possible une deuxième réalisation de l'histoire. Le lecteur est ainsi invité à reprendre à son compte la position d'héritier qui est celle des narrateurs eux-mêmes. Mais, comme ces derniers, c'est un récepteur actif, critique, questionnant l'histoire que refigurent nos textes.

L'attention au texte perdu du passé se double ainsi, dans ces récits contemporains, d'une volonté farouche de ne pas archiver l'histoire, c'est-à-dire de ne pas considérer le passé sous l'angle de l'achevé, de l'inchangeable, du révolu. Rouvrir le passé, raviver en

---

[1] *T,M*, trad. fr., p. 9/*T, M*, p. 9 : « *Il pesce è pesce quando sta nella barca. È sbagliato gridare che l'hai preso quando ha solo abboccato e senti il suo peso ballare nella mano che regge la lenza. Il pesce è solo pesce quando è a bordo. Devi tirarlo all'aria dal fondo con presa dolce e regolare, svelta e senza strappi. Altrimenti lo perdi.* »
[2] W. Benjamin, *Sur le concept d'histoire* [1940], repris dans *Écrits français,* Paris, Gallimard, « Folio essais », 2003, p. 425-455.

lui des potentialités inaccomplies, empêchées, voire massacrées, ouvre l'horizon d'un engagement nouveau, plus éthique que politique, pour la génération des héritiers. Elle pourrait même constituer le seul moyen de transformer en action ce qui apparaît en premier lieu comme simple réception, de résister à l'effet paralysant d'un présentisme qui confond passé, présent, futur dans un même immobilisme, et finalement de donner sens à la belle formule de P. Ricœur selon laquelle « être affecté [par le passé] est aussi une catégorie du faire[1] ».

---

[1] P. Ricœur, *Temps et récit, III. Le temps raconté* [1985], Paris, Seuil, « Points Essais », 1991, p. 374.

L'ÉCRITURE ENQUÊTEUSE : UNE ÉTHIQUE SCEPTIQUE DANS *LE FIL DE L'HORIZON* D'ANTONIO TABUCCHI ET *L'ABSENCE* DE PETER HANDKE

Clélie Millner, Institut Catholique de Paris

Antonio Tabucchi et Peter Handke sont des auteurs assez différents que réunit cependant - outre leur naissance au cœur d'une Europe en guerre (Tabucchi est né en Italie en 1943 et Handke en Autriche en 1942) – un certain goût pour la représentation de quêtes existentielles qui ne proposent pas au lecteur d'apaisante résolution mais qui s'attachent au contraire à entretenir son inquiétude. *Le Fil de l'horizon* et *L'Absence*[1], récits publiés à très peu de temps d'intervalle (1986 pour le premier, 1987 pour le second) sont des exemples paradigmatiques de cette « intranquillité »[2] commune aux deux écrivains.

Le Fil de l'horizon d'Antonio Tabucchi est le récit de l'enquête de Spino. Employé de la morgue d'une ville portuaire italienne (qui

---

[1] Nous nous appuierons sur les éditions suivantes: Antonio Tabucchi, *Il Filo dell'orizzonte*, Milano, Feltrinelli, 2004/*Le Fil de l'horizon*, traduit de l'italien par Jean-Baptiste Para, Paris, Christian Bourgois Ed., 1988; Peter Handke *Die Abwesenheit*, Frankfurt am Main, Suhrkamp Verlag, 1987/*L'Absence*, traduit de l'allemand par Georges-Arthur Goldschmidt, Paris, Gallimard, 1991.

[2] Antonio Tabucchi ayant étudié et traduit en italien Fernando Pessoa, nous nous permettons d'emprunter ce néologisme à la traduction française de l'ouvrage de l'écrivain portugais (*O Livro do desassossego por Bernado Soares*, Lisboa, Ed. Ática, 1982/*Le Livre de l'intranquillité*, traduit par Françoise Laye, Paris, Christian Bourgois Ed., 1999).

ressemble étrangement à Gênes sans qu'aucun nom ne soit donné), il voit arriver sur son lieu de travail le cadavre d'un jeune inconnu. Les enquêtes de la police ne permettent pas de l'identifier ni de connaître les circonstances précises de sa mort. Spino va se sentir investi de la responsabilité de cette découverte et, à partir de « trace(s) trop insignifiantes pour mener quelque part »[1]. il va tenter de remonter la piste de l'inconnu qui a pour nom d'emprunt l'énigmatique et épique « Nobodi ». Cette recherche de l'autre inconnu va progresser par associations et sauts épistémologiques sans aboutir à une identification du corps. Ne pouvant l'identifier, Spino va *s'identifier* à lui, et la fin du récit montre le personnage, venu à un dernier rendez-vous dont il espérait une révélation, qui se perd dans l'obscurité de la darse, laissant planer le doute de son suicide. L'enquête policière se sera transformée au cours du récit en quête identitaire.

L'Absence de Peter Handke raconte la rencontre de quatre personnages (le vieil homme, la femme, le soldat et le joueur) qui sont absents aux autres et à eux-mêmes et partent pour la quête d'un lieu énigmatique. Ils se rencontrent dans un train puis traversent des paysages sans jamais s'y arrêter trop longtemps. Chacun d'entre eux parle en quelques mots de son passé et de sa solitude. Le narrateur emploie tour à tour la troisième et la première personne du pluriel, le « nous » semblant sous-entendre qu'il est le groupe tout entier, non un de ses membres. Le vieil homme est considéré comme le guide de l'expédition : il est à la fois écrivain et « déchiffreur », il sait interpréter les signes et les traces parsemés dans le monde sensible et choisit la trajectoire du groupe. Mais il disparaît aux deux tiers du roman et la quête des trois « survivants » se transforme alors en quête de l'Absent. La fin du texte n'est pas close : le vieil homme reste introuvable, les personnages font une halte dans leur recherche qu'ils peuvent reprendre. Ici, c'est la quête existentielle qui semble se transformer en enquête lorsque disparaîtra le guide.

Ces deux récits résistent à l'interprétation : l'absence de résolution des intrigues font d'eux des « œuvres ouvertes » pour re-

---

[1] « una traccia troppo insignificante per arrivare a qualcosa » (*Il Filo dell'orizzonte*, p .60 ; *Le Fil de l'horizon*, p. 53). La traduction est légèrement modifiée car le terme de « trace » bien présent dans le texte italien disparaît de la version française qui fait de « la veste [de Nobodi] » le sujet qui a pour attribut l'adjectif « insignifiante ».

prendre la terminologie d'Umberto Eco[1]. La quête de sens suit la ligne géométrique de l'horizon, qui, pour citer Tabucchi, « s'éloigne à mesure qu'on s'en approche »[2]. Ces récits de quête ou d'enquête peuvent ainsi être interprétés comme la figuration d'une démarche heuristique et éthique toujours relancée, qui ne trouve de raison d'être que dans l'irréductible écart que suppose l'asymptote. Sans se réduire à une simple allégorie du lien entre littérature et connaissance, ces œuvres confirment l'hypothèse de Jacques Rancière selon laquelle la littérature est un « art sceptique »[3], art de la contradiction qui opposerait à toute tentative d'assertion la confrontation des points de vue. Le récit semble donc une mise en exergue de l'écart, que celui-ci soit la conséquence de l'impossible accès à la résolution, ou l'interstice structurel qui permet l'opposition sans cesse recommencée des contraires. Les enquêtes menées par les personnages de Tabucchi et de Handke semblent suivre dans une certaine mesure la modalité de la pensée sceptique qui, pour toute tension à la connaissance, propose la perpétuation de l'infime et infinie béance du possible.

Paradigme indiciaire et enquête policière

Les deux récits adoptent certaines des caractéristiques du roman policier tout en prenant leurs distances avec le genre. Spino enquête sur un crime, le jeune Nobodi a été assassiné et la police n'a pu résoudre l'énigme. Les personnages de *l'Absence*, eux, forment équipe pour retrouver le vieil homme disparu. Dans les deux récits, les personnages se penchent sur des traces infimes, métonymiques du passage ou du passé des disparus. Que ce soit une bague, une veste ou le cliché miniature jauni retrouvé dans la poche du défunt dans le cas du *Fil de l'Horizon* ou les feuilles d'un carnet, l'empreinte d'un pas sur un passage

---

[1] Umberto Eco, *Opera aperta, forma e indeterminazione nelle poetiche contemporanee.* [2a edizione], Milano : V. Bompiani, 1967 / *L'Œuvre ouverte*, traduit de l'italien par Chantal Roux de Bézieux, avec le concours d'André Boucourechliev, Paris, Éd. du Seuil, 1965.

[2] « si sposta mentre noi ci spostiamo » (*Il Filo dell'orizzonte*, p. 107 ; *Le Fil de l'horizon*, p. 95).

[3] Jacques Rancière, *La Parole muette. Essai sur les contradictions de la littérature*, Hachette Littérature, 1998, p. 175.

clouté dans *L'Absence*, ils remontent une piste en considérant la trace selon ce que Carlo Ginzburg a nommé le « paradigme indiciaire »[1]. La trace entre dans une certaine forme de schéma causal, elle se présente comme le vestige sensible d'un passage qui permet d'accéder à l'objet recherché. Cependant, c'est précisément l'accès à la totalité, c'est-à-dire aux retrouvailles ou à la simple résolution de l'énigme, qui est refusé dans nos récits. La fin, au lieu de se présenter comme un éclaircissement, redouble l'opacité chez Tabucchi (Spino se retrouve seul au rendez-vous qui lui a été proposé et s'éloigne dans le noir), et la quête est relancée chez Handke par l'apparition d'une injonction et de verbes conjugués au futur (« nous irons à la recherche du disparu » dit le soldat de façon solennelle[2]).

Contrairement au roman policier classique qui propose un ordonnancement logique des indices qui permet d'accéder à un récit épistémologiquement clos, la marge d'incertitude est ici désignée comme telle, intégrée à l'enquête, notamment par l'intermédiaire des nombreuses ellipses disséminées dans le roman qui empêchent le lecteur de considérer la quête comme un parcours proprement linéaire. Ainsi, on ne sait comment Spino retrouve la trace de certains mystérieux témoins, les détails de sa trajectoire se font de plus en plus obscurs au fil du récit; dans *L'Absence*, les pérégrinations des trois personnages orphelins de leur guide ne suivent plus aucune logique apparente. Cependant le paradigme indiciaire est toujours présent à titre de référence implicite, le récit bénéficie d'une forme de pacte de confiance avec son lecteur, puisque chacune de ses séquences est en quelque sorte justifiée par la présence d'un indice. La découverte de traces relance la quête et par-là même le récit. C'est sur cet aspect du paradigme indiciaire qu'insiste Antoine Compagnon à propos de l'essai de Carlo Ginzburg : le paradigme indiciaire se proposerait comme une alternative à l'idée d'une *mimèsis* fondée sur la seule imitation pour lui substituer un modèle qui rend indissociables le récit et la tension vers la connais-

---

[1] Carlo Ginzburg, *Miti, emblemi, spie*, Torino, Einaudi, 1987/*Mythes, emblèmes, traces, Morphologie et histoire*, traduit de l'italien par Monique Aymard, Christian Paoloni, Elsa Bonan et Martine Sancini-Vignet, Paris, Gallimard, Flammarion, 1989.

[2] « Wir werden den Verschwundenen suchen » (*Die Abwesenheit*, p. 218 ; *L'Absence*, p. 150).

sance[1]. Le paradigme cynégétique confirmerait la pensée humaniste d'une connaissance accessible par la seule littérature. Le récit de l'enquête dans ces courts romans pourrait être lu comme une intégration, dans la diégèse, de ce processus heuristique. Le récit reste une quête existentielle et identitaire, même si les traces sont insignifiantes et que la quête ne peut s'effectuer qu' « à tâtons »[2] pour citer le personnage de Tabucchi.

Cependant, si le paradigme indiciaire est dans une certaine mesure adopté dans ces deux œuvres, les traces se présentent moins comme les relais d'une tension vers la résolution que comme les objets mêmes du récit. L'observation du réel dans les romans met en lumière les creux de l'absence, le monde sensible est saturé de traces de la disparition.

L'attention à la trace provoque un véritable trouble existentiel : en effet, celle-ci est une image dialectique, pour reprendre le vocabulaire de Walter Benjamin, de la présence et de l'absence. La trace est en effet le vestige d'un passage : elle ne se constitue que parce qu'il y a eu présence et perte de cette présence. Figurons-nous un exemple précis, celui de l'empreinte, phénomène qui appartient génériquement à la trace. L'empreinte du pas sur le sable, par exemple, naît du passage du pied, de son contact avec le sable et de son départ même, de son absence effective. Pour que naisse l'empreinte, il faut qu'il y ait eu présence et absence de la forme première. Le résultat rappelle sans cesse le processus : la contre-forme atteste tout à la fois de la présence de la forme passée et de son absence actuelle[3]. De même, la trace présente donc sans cesse l'absence, elle répète à l'infini l'instant de la séparation, provoquant chez l'observateur le double sentiment du deuil et du désir : douleur de la perte, et désir d'un retour.

---

[1] Antoine Compagnon, *Le Démon de la théorie. Littérature et sens commun*, Paris, Editions du Seuil, 1998, p. 140.

[2] « È tutto buio, bisogna andare a tentoni » (*Il Filo dell'orizzonte*, p. 80) ; « Tout n'est que ténèbres, il faut avancer à tâtons » (*Le Fil de l'horizon*, p. 71).

[3] Pour une analyse détaillée du pouvoir de l'empreinte, voir Georges Didi-Huberman, *La Ressemblance par contact. Archéologie, anachronisme et modernité de l'empreinte*, Paris, Les Éditions de Minuit, 2008.

L'image dialectique de la présence-absence

C'est une image dialectique de cet ordre qui contamine les récits dans leur ensemble, *Le Fil de l'horizon* s'interrogeant sur le jeu infime qui sépare la vie de la mort, qui entretient leur perpétuelle réversibilité; et le récit de Handke mettant à mal l'idée même de présence, celle-ci ne pouvant s'envisager, comme le laisse entendre le titre lui-même, que dans le battement dialectique de la présence-absence.

Le récit du *Fil de l'horizon* se constitue en lieu liminaire, de passage entre vie et mort. L'action débute dans une morgue qualifiée d' « entrepôt » (*magazzino*) où les cadavres sont considérés comme des « rebuts de la scène » (*i detriti della scena*) qui font leur dernière halte avant leur « disparition définitive » (*definitiva scomparsa*). La morgue se présente donc comme le lieu secret qui nie la stricte opposition entre vie et mort : c'est un lieu de mort où la disparition, l'absence, n'est pas pour autant effective. Spino qui y est employé se demande si la distance entre la vie et la mort et si grande, sans trouver de réponse à cette question, et pour lui, les cadavres qu'il côtoie ont « une manière lointaine d'être présents » (*loro remoto essere presenti*)[1], l'absence se définissant ici comme une approximation de la présence. Ces « résidus » ont donc une capacité de survivance, ils proposent un jeu de l'envers entre vie et mort qui empêche de penser ces deux notions dans le cadre d'une polarisation.

La quête de Spino en tant que telle est placée sous la même ambivalence : le mort est un double identitaire du personnage et à tous ceux qui lui demandent les raisons de son intérêt pour ce mort anonyme, il répond par le sentiment d'identification dans l'opposition : « parce qu'il est mort et que je suis vivant. »[2]. Une scène est particulièrement intéressante à ce titre : Spino observe le journal où est reproduite une photo d'identité du défunt. Sara, sa compagne, se penche par-dessus son épaule et fait alors une remarque qui le plonge dans le désarroi : « avec une barbe et vingt ans de moins, ça pourrait être toi »[3]. Dans ce jeu de reflet et de renversement (Spino

---

[1] Les termes cités entre guillemets sont empruntés à l'incipit du *Fil de l'horizon* (*Il Filo dell'orizzonte*, p. 9-10 ; *Le Fil de l'horizon*, p. 9-10).

[2] « "Perché lui è morto e io sono vivo" » (*Il Filo dell'orizzonte*, p. 46 ; *Le Fil de l'horizon*, p. 41).

[3] « "Con la barba e venti anni di meno, potresti essere tu" » (*Il Filo dell'orizzonte*, p. 32 ; *Le Fil de l'horizon*, p. 29).

260

est en effet face à la photo comme face à un miroir), les deux hommes, le vivant et le mort, se superposent.

Cette dialectique trouve également son expression dans une phrase involontairement ironique de Spino, qui ne peut être rendue dans la version française. Quand Spino se rend à la morgue, il demande plusieurs fois à son collègue si personne ne s'est manifesté, il entend par là si personne n'est venu reconnaître le corps. Or l'expression italienne employée est la suivante : « nessuno si è fatto vivo? », la signification est bien celle de la traduction française, on perd cependant toute l'ironie du sens littéral (« personne ne s'est fait vivant? ») de cette question posée dans une morgue qui évoque la possibilité de renversement du mort en vif, manifestation de hantise de la présence-absence.

Si le mort ne pourra revenir à la vie, c'est le vivant qui sera peu à peu contaminé par la ressemblance cadavérique : dans la dernière scène du récit, Spino se présente au rendez-vous qui lui a été fixé par un message anonyme dans sa boîte aux lettres. Il pense venir à la rencontre d'une résolution, c'est-à-dire qu'il croit découvrir l'identité cachée du mort. Or, il est seul dans le hangar désaffecté de la darse. Il s'annonce une première fois : « C'est moi, je suis venu »[1]. Puis répète cette phrase un peu plus fort. L'écho donne le sentiment du premier échange d'une présentation de soi à soi. Venu à la rencontre du mort, Spino ne trouve que sa propre ombre et avance sur le port, en quête d'une mort hypothétique.

C'est une image dialectique similaire qui est au cœur du récit de Peter Handke. Le titre même de *L'Absence* révèle la question essentielle du roman. Chaque personnage se dit à sa manière absent aux autres et à lui-même. Mais c'est plus particulièrement le personnage du soldat en qui se condense cette relation dialectique au monde. Sa mère lui adresse en effet de longs reproches : « Tu es là et en même temps tu n'es pas là. Ton absence nous chasse d'auprès de toi. (…) Tu nous fais peur avec ton absence. »[2]. Cette dialectique propre à chaque personnage – qui dicte sans doute leur rencontre fortuite dans un train qu'ils ne prennent que dans le but de s'en aller du lieu de leur absence – est en quelque sorte

---

[1] « "Sono io, sono venuto" ». *Il Filo dell'orizzonte*, p. 105 ; *Le Fil de l'horizon*, p. 93.

[2] « Du bist da und zugleich nicht da. Dein Abwesendsein vertreibt uns aus deiner Nähe. (….) Du machst mir mit deiner Abwesenheit angst. ». *Die Abwesenheit*, p. 32 ; *L'Absence*, p. 27.

dédoublée lors de la disparition du vieil homme. Il est appelé « le mort » et il est investi d'une forme de présence spectrale, dans l'apparition-disparition : à la manière du spectre, il peut surgir à l'improviste, « il n'arrêt[e] pas de [leur] tomber dessus »[1].

Cependant, la recherche du disparu n'est qu'une des modalités de la quête d'un lieu dialectique. Avant de disparaître, le vieil homme dit ne croire qu'en des lieux intermédiaires, lieux vers lesquels il conduit ses compagnons de fortune :

> Je crois en ces lieux qui ne sonnent pas et n'ont pas de noms, désignés peut-être par le seul fait qu'il n'y a rien pendant que partout autour il y a quelque chose. Je crois à la force de ces lieux parce qu'il ne s'y passe plus rien et rien encore. Je crois aux oasis du vide, non pas à l'écart, mais ici au milieu de la plénitude. Je suis sûr que ces lieux, même si on ne s'y rend pas vraiment, redeviennent sans cesse fertiles par la seule résolution de se mettre en route et d'avoir le sens du chemin.[2]

Dans ce passage, le vieil homme donne pour la première fois un objectif à la quête du groupe, objectif qui est tout à la fois existant (l'emploi des temps présents et futurs donnent valeur de vérité) et fugitif, qui s'éloigne tel le point géométrique de l'horizon dont parle Tabucchi à la fin du *Fil de l'horizon*, puisque le lieu ne prend de sens que dans le fait de « se mettre en chemin ». L'objet de la quête est donc un lieu-seuil qui est aussi un lieu temporel, interstice entre le « *plus* rien » et « le rien *encore* ». La construction de la phrase allemande sur laquelle se calque très exactement la traduction française (« nichts *mehr* und *noch* nichts »), structure chiasmique soulignée par l'usage typographique des italiques, possède un fort pouvoir de figuration, le lieu semblant se concentrer dans le « et » (« und »), à la fois intervalle et pivot temporels. L'élément d'un couple spatial antagonique et dialectique – espace de vide dans la profusion – et

---

[1] « [Er] hör[t] nicht auf, auf [sie] loszufahren ». *Die Abwesenheit*, p. 209 ; *L'Absence*, p. 143.

[2] « Ich glaube an jene Orte, ohne Klang und ohne Namen, bezeichnet vielleicht allein dadurch, daß dort *nichts* ist, während überall ringsherum *etwas* ist. Ich glaube an die Kraft jener Orte, weil dort nichts *mehr* und *noch* nichts geschieht. Ich glaube an die Oasen der Leere, nichts abseits, sondern inmitten der Fülle hier. Ich bin gewiß, daß jene Orte, auch gar nicht leibhaftig betreten, immer neu fruchtbar werden, schon mit dem Entschluß des Aufbruchs und mit dem Sinn für den Weg ». *Die Abwesenheit*, *op.cit.*, p. 82-83 ; *L'Absence*, *op.cit.*, p. 60.

l'interstice temporel entre le passé et le futur proches se super-posent donc de façon explicite dans cette description du guide. Le lieu recherché est donc celui du « plus rien » et du « rien encore », l'interstice entre disparition et apparition, le lieu d'une suspension ontologique nécessaire à la relance de la quête puisque c'est grâce à ce lieu qu'on peut se « remettre en route ».

Ainsi pourrait-on interpréter ces narrations comme des mises en récits de cette image dialectique qui intervient de façon répétée. Elles se feraient le lieu d'une réflexion ontologique : si le monde se manifeste dans la présence-absence, alors l'être ne peut pas être fixe et unique et l'idée même de présence, dans sa plénitude, est mise à mal. L'apparence du monde se joue dans la dialectique sans cesse relancée entre apparition et disparition[1]. Nos œuvres paraissent mettre à jour une forme de déficience ontologique.

L'objet même de la quête pourrait se définir comme l'approche asymptotique du lieu lacunaire de la déficience ontologique, comme nous l'avons vu pour *L'Absence*. Cette analyse peut s'étendre au *Fil de l'horizon* : l'épigraphe que Tabucchi emprunte à Jankélévitch est la suivante : « L'avoir été appartient en quelque sorte à un "troisième genre" radicalement hétérogène à l'être et au non-être. ». « L'avoir été », qui est une présence-absence, est bien ce qui met à mal l'ontologie en tant qu'opposition entre être et non être. Et c'est l'avoir été, en tant que lieu de battement de la pré-sence-absence, qui est objet réel de la quête de Spino : en quête du passé secret de « Nobodi », de l' « avoir été » inaccessible de ce « personne », d'un être qui n'a pas de nom, Spino se perd dans ce troisième terme entre être et non-être, il pénètre dans le jeu qui re-met en cause la présence elle-même et qui la rend irréconciliable.

Une quête sceptique?

Or l'idée même d'une quête heuristique qui propose le phéno-mène (c'est-à-dire le battement rythmique de l'apparition et de la disparition) comme mesure de toute chose n'est pas sans rappeler la pensée sceptique. En quelques mots, dans la philosophie scep-

---

[1] On pourrait à ce titre convoquer une belle formule de Jean-François Lyotard : « l'ap-parition, c'est l'apparence marquée du sceau de sa disparition » (Jean-François Lyotard, « traces diffractées » *in Bracha Lichtenberg Ettinger Halala- Autistwork,* Cité du Livre, Aix en Provence, The Israel Museum, Jerusalem, 1995, p. 10).

tique, l'être n'est qu'apparence, il est donc instable et ne permet pas de formuler des assertions. La pensée se doit de suivre cette instabilité même de l'apparence, toujours en mouvement, jamais figée. Cette modalité de pensée se traduit, pour paraphraser Montaigne en une « écriture enquêteuse et non résolutive »[1]. Si nous lui avons emprunté cette formule pour le titre de cet article, ce n'est en aucun cas dans l'objectif de comparer l'écriture des œuvres contemporaines que nous étudions avec celle des *Essais*, mais parce qu'elle fait directement écho à la forme même de nos récits, celle d'une quête heuristique qui ne prend sens que dans son impossible accomplissement, la tension vers la connaissance dessinant sans cesse sa propre ligne de fuite. L'écriture enquêteuse du scepticisme est une conséquence du processus de l'isosthénie, c'est-à-dire la confrontation des contraires et des points de vue qui pourrait mener à la suspension du jugement, source de la tranquillité de l'âme (nommée ataraxie). Or cet idéal de suspension ne peut jamais être atteint comme tel, il reste présent comme un idéal régulateur, mais son accès pourrait condamner à une stabilité, être l'équivalent d'une affirmation, même brève, ce qui est refusé par la philosophie sceptique.

Il semble possible d'instaurer un parallèle entre l'image dialectique de Benjamin et le scepticisme, en tant qu'ils sont tous deux confrontation des contraires (enchevêtrement et déchirement) sans cesse relancée. L'image dialectique ne peut elle non plus véritablement accéder à un résultat, c'est-à-dire au moment de la synthèse, elle est considérée par Benjamin dans sa tension même, c'est-à-dire dans son mouvement d'enchevêtrement et de déchirure sans cesse recommencé.

Dans le cadre de la quête heuristique, cette division nécessaire à l'isosthénie a lieu au sein même de la conscience : il s'agit d'un mouvement de réflexivité qui s'apparente au dialogue, une confrontation intérieure.

On peut alors approfondir cette réflexion dans les deux romans et postuler que cette identité ou cette conscience différentielle est représentée à travers la confrontation avec un autrui absent, le Nobodi de Spino ou le guide des personnages de Handke. Dans le va-et-vient entre ces deux figures (le moi – qu'il soit singulier, ou

---

[1] Michel de Montaigne, *Les Essais*, Livre III, PUF, Paris, 2002, p. 1030.

pluriel dans le cas de *L'Absence* – et l'autre) se trame le différend essentiel de la conscience qui est condition même de la quête éthique. Dans cette perspective, les récits d'enquête intégreraient l'irréconciliable faille au sein même de la représentation. *Le Fil de l'horizon* proposerait une réflexion sur l'image, sur sa constitution dans le va-et-vient de la quête, tandis qu'on peut trouver dans *L'Absence* une métaphore de l'écriture sceptique.

Dans *Le Fil de l'horizon*, par le dialogue symbolique instauré entre les deux personnages, le récit laisse entrevoir l'image d'une conscience unique qui se tisse dans le va-et-vient entre le vivant et le mort. Les liens qui se tissent entre Spino et Nobodi sont des liens de ressemblance dans la mort (Nobodi est pour Spino à la fois une image de sa jeunesse – puisque sa compagne trouve qu'il lui ressemble avec vingt ans de moins – et une image de sa propre mort) et d'héritage. En effet, dans le cimetière où il attend en vain quelque indice, Spino comprend qu'il a « pris en charge un mort, un mort qui n'était pas là, auquel il n'était même pas attaché par les liens d'une vie passée »[1]. L'expression de « prendre en charge » place bel et bien Spino dans une relation d'*héritage* avec le mort. Le fait que celui-ci ne soit pas un des « siens », qu'il ait pour nom « Nobodi » accentue le caractère purement éthique de la relation : il s'agit d'une relation d'héritage sans que puisse se poser la question de la transmission d'un objet matériel ou symbolique, ni même celle de la transmission du nom, puisque le mort en est dépourvu.

Cette ressemblance dans la mort et ce « jeu de l'envers »[2] entre les deux personnages paraissent tisser entre eux une *imago*[3], empreinte du visage du mort, masque de cire que l'on fait à partir du

---

[1] « aveva acquisito un morto non suo, che però non era lì, al quale lo legavano neppure ricordi di vita passata. » (*FO*, p. 90 ; *FH*, p. 81).

[2] Nous empruntons ici le titre d'une nouvelle célèbre de Tabucchi qui a donné son nom à un recueil paru pour la première fois en 1981, quelques années avant *Le Fil de l'horizon*. (*Il Gioco del rovescio*, Milano, Feltrinelli, 1988; *Le Jeu de l'envers*, traduit de l'italien par Lise Chapuis, Paris, Christian Bourgois Ed., 1988)

[3] Jean-Luc Nancy, pour définir l'image, se réfère précisément à l'étymologie du terme « imago » en filant la métaphore du tissage : « Elle tisse, elle image l'absence. Elle ne la représente pas, elle ne l'évoque pas, elle ne la symbolise pas, bien qu'il y ait aussi de tout cela. Mais essentiellement, elle présente l'absence. Les absents ne sont pas là, ne sont pas "en images". Mais ils sont imagés : leur absence est tissée dans notre présence. » (Jean-Luc Nancy, *Au fond des images*, Paris, Galilée, 2003, p. 128).

visage du défunt et qui est conservé par les proches, comme une présence au-delà de toute absence. L'*imago* est une empreinte, le souvenir d'un contact, celui de la cire avec le visage, et d'une perte. Le récit est le lieu de l'avènement de l'image dans un sens étymologique qui rétablit sa qualité essentiellement dialectique. L'imago, en tant qu'empreinte, est résurgence du vif dans le mort, intrication de la présence-absence. L'image que donne à voir le récit, qui se construit au fil de la quête, est celle d'une conscience différentielle qui ne peut se constituer que dans le va-et-vient entre les contraires.

Cette quête heuristique dans le va-et-vient dialectique est plusieurs fois thématisée dans *L'Absence*, à travers une réflexion sur l'écriture qui se rapproche métaphoriquement d'une démarche sceptique. Le vieil homme se trouve dès le début qualifié d'écrivain, il fait apparaître les éléments du monde en traçant des hiéroglyphes sur un carnet. *In fine*, l'objectif de la quête est moins de retrouver le vieil homme disparu que de déchiffrer ce cahier qu'il emporte partout avec lui. Dans les prophéties du soldat, la quête aboutira à une double découverte : l'Absent sera mort, et les mots qu'il aura tracé seront effacés par les années. Retracer les mots évanouis sera « l'aventure la plus excitante et la plus merveilleuse des temps présents »[1]. Dans ce passage conclusif du discours du soldat, l'écriture et la lecture sont perçues dans une relation essentiellement dialogique : le texte est tout au plus un palimpseste sur lequel le lecteur retrace les termes qu'il croit discerner. Écriture et

---

[1] « Dort im hohen Gras an einem Maschenzaun wird das Merkbuch des Gesuchten liegen, aufgeschlagen, von weitem schon sichtbar, wie unversehrt. Doch durch das Jahr unter dem freien Himmel werden die Eintragungen ausgebleicht und verwischt sein; wird der Bleistift verwittert sein. Es wird trotzdem schreiben, und wir werden die Linien nachziehen können, die ins Papier gedrückt worden sind. Auch wenn dabei nur einzelne, unzusammenhängende Wörter und Umrisse ohne große Bedeutung zum Vorschein kommen werden – das Entziffern für sich, unser gemeinsames Gebeugtsein über das Heft, wird das aufregendste und herrlichste Abenteuer der Gegenwart sein » (*Die Abwesenheit*, p. 220-221) ; « Là-bas, dans l'herbe haute, le long d'une clôture en fil de fer nous trouverons le carnet de celui que nous cherchions, ouvert, visible déjà de loin, apparemment intact. Pourtant une année en plein air en aura pâli et effacé les notes prises, aura délavé le crayon. Il n'en écrira pas moins, et nous pourrons retracer les lignes qui auront marqué le papier. Même si le déchiffrement fait apparaître quelques mots et quelques contours sans rapport, seulement – le fait de le faire ensemble penchés sur le carnet, ce sera l'aventure la plus excitante et la plus merveilleuse des temps présents » (*L'Absence*, p. 150-151).

lecture deviennent une « aventure » que l'on pourrait qualifier de « sceptique », une quête dialogique intégrant une part irréductible d'incertitude. Or le vieil homme est dès le début caractérisé comme un écrivain et son comportement peut à lui seul être analysé comme la métaphore d'une écriture sceptique, sans recours à la figure postérieure d'un lecteur. Avant de disparaître, il suit les trois autres comme une ombre, mais il semble se multiplier, allant et venant en sens opposés :

> Le seul à se comporter, comme s'il était aux moissons, c'était le vieil homme. Il s'était d'abord laissé dépasser, comme si on n'avait plus besoin de lui comme guide, et il n'arrêtait pas de se baisser, il oscillait comme s'il marchait dans des sillons de labour, revenait en arrière en courant, comme pour glaner, tournait en marchant autour de lui-même ou marchait à reculons, comme pour ne rien laisser échapper (...) Chaque fois qu'on se retournait pour voir où il était, c'était une autre silhouette qu'on voyait se déplacer à travers la contrée, non pas *à la place* mais *derrière* celle qu'on venait de voir et qui, elle, continuait à marcher là comme auparavant : le passage de ce seul être humain s'étirait sur des kilomètres en une procession qui avançait par bonds[1].

Le vieil homme écrivain semble ici redonner son sens étymologique à l'écriture boustrophédon[2], c'est-à-dire l'écriture qui, comme l'écriture grecque primitive, change alternativement de sens ligne après ligne (de gauche à droite puis de droite à gauche).

---

[1] « Der einzige, der sich wie bei einer Ernte benahm, war der Alte. Er hatte sich, als würde seine Führung vorerst nicht mehr gebraucht, zurückfallen lassen und bückte sich ständig, pendelte hin und her wie auf Ackerfurchen, lief immer wieder zurück wie zur Nachlese, drehte sich im Gehen um die eigene Achse oder schritt zeitweise rückwärts, wie um sich nichts entgehen zu lassen, (...). Jedesmal, wenn man sich nach ihm umschaute, bewegte sich so eine andere Gestalt durch das Land, nicht *anstelle*, sondern *hinter* der zuvor gesehenen, welche zugleich noch immer da ging, bis dieser einzige Mensch dahinzog als eine kilometerlange Springprozession » (*Die Abwesenheit, op.cit.*, p. 143-144 ; *L'Absence, op.cit.*, p. 100).
[2] Mireille Calle-Gruber évoque l'écriture boustrophédon à propos du *Fil de l'horizon* de Tabucchi : elle perçoit en effet ce même mouvement de va-et-vient au sein de la quête même de Spino, l'enquêteur étant lui-même une figure d'attelage entre le Moi et son Ombre. (Mireille Calle-Gruber, « Le polar à revers : une trame policière pour rendre la nuit présente. Énigmes, malentendus et autres obscurités chez Antonio Tabucchi », *La Licorne*, UFR Langues et Littératures de Poitiers, Textes réunis et présentés par Denis Mellier et Gilles Menegaldo, n°44, 1998, p. 128).

Le mot de « boustrophédon » se réfère au mouvement du bœuf sur la charrue, au moment où l'attelage dessine les sillons des champs. L'écriture semble ici métaphorisée dans cette référence aux moissons, aux sillons parcourus dans un sens puis dans l'autre par le personnage et dans la référence au personnage lui-même qui devient attelage de plusieurs être humains qui se divisent, se superposent, opèrent des déplacements.

L'écriture est ainsi à l'image d'une confrontation intérieure : elle témoigne d'une identité différentielle, et d'une responsabilité vis-à-vis d'un autre absent, qui est toujours l'objet de la quête. L'éthique se loge d'une part dans la fidélité à une forme de quête heuristique, qui refuse l'assertion et suit le mouvement dialectique, et d'autre part dans la relation à l'Autre qui se loge précisément dans cet interstice.

Éthique sceptique et adresse au lecteur

Emmanuel Lévinas a considéré le scepticisme comme seule démarche heuristique capable de préserver la relation éthique à autrui[1]. En effet, à la fin de *Autrement qu'être ou Au delà de l'essence*, il évoque le scepticisme, spectre que la philosophie ne saurait chasser, comme la pensée à même de préserver la signifiance de ce qu'il appelle *l'un-pour-l'autre*. Le scepticisme ne serait pas une nouvelle négation qui entrerait dans l'ordre du discours philosophique, mais, par son refus de l'assertion, il constituerait bien une faille, une mise à mal de cet ordre même. Or cette faille maintiendrait le hiatus essentiel, le différend entre ce qu'il nomme le Dit et le Dire, qui est aussi condition d'une éthique comme ouverture à l'autre. Le Dit est le contenu du discours. Le Dire en est le geste même, l'ouverture à l'autre, l'adresse. Or ce Dire n'est pas thématisable dans un Dit : il ne s'agit pas d'un discours virtuel qui trouverait sa réalité dans la métamorphose en paroles, mais d'une ouverture qui doit rester telle, perpétuant son différend essentiel avec le Dit, ce que Lévinas appelle la *diachronie*. La relation à autrui se loge dans ce que Lévinas nomme « la trace du Dire » pour souligner son impossible réalisation, l'éthique est dans la perpétuation de ce hiatus diachronique.

---

[1] Emmanuel Lévinas, *Autrement qu'être ou Au-delà de l'essence*, Paris, Martinus Nijhoff, [1974], Le livre de Poche 1990, p. 257-266.

Le Fil de l'horizon et *L'Absence* proposeraient une réflexion sur la responsabilité vis-à-vis de l'absent à travers la quête de l'autre disparu. Mais, au-delà de la diégèse, le roman se construit comme une forme éthique, dessinant en creux la place d'un autre : le lecteur. C'est le lecteur qui dans la lecture se fait témoin du battement dialectique de la présence-absence. Mais surtout, la relation au lecteur se construit comme cette faille introduite par le scepticisme qui maintient le Dire, elle trouve sa place dans l'absence d'imposition du sens. La diachronie essentielle entre le Dire et le Dit est préservée, relancée dans le mouvement de la quête qui ne permet aucune assertion. Le récit dans son ensemble ne propose pas au lecteur d'identifier clairement l'intention de l'auteur, celle-ci reste multiple, ouverte. Le récit est lieu du Dire, comme un appel, une adresse à cet autre-lecteur.

Les fins des deux récits sont à ce titre particulièrement intéressantes. Nous avons déjà évoqué l'absence de clôture de ces courts romans : Spino s'avance sur la darse dans le noir et les trois compagnons de *L'Absence* se reposent avant de reprendre leur quête. Cependant, un élément hétérogène de même nature intervient dans les deux textes.

Le Fil de l'horizon ne se clôt pas *véritablement* sur cette errance dans l'obscurité. Tabucchi a ajouté un bref appendice appelé « Note » dans lequel l'auteur prend la parole à la première personne pour commenter très brièvement certains éléments du livre. Cette demi-page se termine sur un commentaire du titre : « En fait, le fil de l'horizon est un lieu géométrique qui se déplace à mesure que nous nous déplaçons. J'aimerais bien que, par sortilège, mon personnage ait pu l'atteindre, car il était également dans son regard[1]. » Cet ajout crée une impression insolite. D'abord pour le doute qu'il instaure sur les intentions de l'auteur : le conditionnel sous-entend qu'il ne sait pas lui-même si son personnage a atteint ou non l'inaccessible horizon. Ensuite, parce que cette glose métadiscursive ne présente aucune information nouvelle. Cependant, tout se passe comme si l'opacité de la fin du récit était encore trop assertive, qu'elle pouvait se confondre avec une

---

[1] « Il Filo dell'orizzonte, di fatto, è un luogho geometrico, perché si sposta mentre noi ci spostiamo. Vorrei molto che per sortilegio il mio personaggio lo avesse raggiunto, perché anche lui lo aveva negli occhi » (*Il Filo dell'orizzonte*, p. 107 ; *Le Fil de l'horizon*, p. 95).

affirmation d'opacité et qu'il était besoin de la corriger ultérieure-
ment, de proposer une épanorthose, c'est-à-dire une autocorrec-
tion. Alors l'auteur fait entendre une voix hétérogène au récit, sa
propre voix qui dit « je », pour qu'après la nuit de la darse appa-
raisse encore une fois l'horizon, pour que s'ouvre une dernière
fois l'intention.

Un procédé similaire se trouve à la fin de *L'Absence* de Handke,
cette fois-ci au sein même du récit. Alors que les personnages se
reposent avant de reprendre leur quête, un « je » intervient là aussi
pour la première fois, qui précise : « Je pourrai écrire tout un livre
sur notre recherche. Mais auparavant nous eûmes encore le droit de
nous accorder du repos »[1]. Celui qui parle fait donc partie du
groupe sans être aucun des personnages, on pourrait supposer qu'il
est *l'un pour l'autre* des personnages et il évoque le récit comme une
hypothèse, un récit en creux sur lequel s'ouvre une dernière fois le
récit réel, lui conférant par contamination sa virtualité même, sa
simple qualité d'adresse au lecteur.

Les récits que sont *Le Fil de l'horizon* et *L'Absence* ont donné lieu
à de nombreuses interprétations : enquêtes policières inabouties, ils
laissent le lecteur seul juge et témoin d'une possible découverte.
Dans la perspective d'une démarche sceptique, ils tendraient à
confirmer la légitimité même de la quête du sens, mais seulement
dans la mesure où celle-ci ne pourrait être pensée qu'à partir d'une
déficience ontologique, qui va de pair avec une scission du sujet lui-
même : l'identité différentielle se confronte sans cesse à elle-même
comme à un autre. Ces courts récits d'enquête au crépuscule du
vingtième siècle proposent ainsi une éthique en tissant des espaces
liminaires qui laissent le soin au lecteur de trouver dans la maille
même, c'est-à-dire dans l'absence d'imposition du sens, l'habitacle
où loger, sans les clore, ses propres intentions.

---

[1] « Ein ganzes Buch könnte ich über unsere Suche schreiben. Vorerst aber durften wir
uns noch eine kurze Ruhe gönnen ». *Die Abwesenheit*, p. 224 ; *L'Absence*, p. 153.

ÉTHIQUE DU RÉCIT ET VIOLENCE HISTORIQUE : LA COLLECTION COMME PARADIGME « POÉTHIQUE » (WG SEBALD)

Raphaëlle Guidée, Université de Poitiers

Raconter/réparer : impasses éthiques de la représentation narrative

Paul Ricœur consacre la dernière partie de *Temps et récit* au troisième et dernier temps de la *mimèsis*, la « refiguration de l'expérience temporelle »[1] par le récit. L'opération narrative y est présentée, au terme de la démonstration, comme une « "solution", non pas spéculative, certes, mais *poétique* »[2] aux apories de la temporalité mises en évidence par la lecture du XIᵉ livre des *Confessions* d'Augustin[3]. Cette idée s'appuie chez Ricœur sur la notion de la *narrativité* comme synthèse de l'hétérogène : en s'ordonnant dans un récit, la représentation permettrait de réparer les déchirements de l'expérience temporelle.

---

[1] Paul Ricœur, *Temps et récit 3. Le temps raconté*, Paris, Éditions du Seuil, coll. « Points Essais », 1991 [1985], p. 9.

[2] *Ibid.*, p. 11.

[3] « Les apories de l'expérience du temps : Le livre XI des *Confessions* de saint Augustin », *in* Paul Ricœur, *Temps et récit 1. L'intrigue et le récit historique*, Paris, Éditions du Seuil, coll. « Points Essais », 1991 [1983], p. 21-65.

On peut objecter à ce modèle herméneutique, comme le fait Jean-François Hamel dans son essai sur la narrativité moderne, la façon dont, en n'admettant ni l'historicité des expériences du temps, ni les limites de la puissance de concordance de la mise en intrigue, il conduit nécessairement à « minimiser les variations qui modulent les arts du récit au cours de l'histoire »[1]. Dans la perspective d'un modèle transhistorique du récit qui est celle de *Temps et récit*, les métamorphoses de la narrativité moderne ne sont que des variations accidentelles et finalement mineures sur le modèle aristotélicien du *muthos*, dont la puissance de concordance demeure intacte quelle que soit la violence de la rupture temporelle prise en charge par le récit, et quelles que soient, finalement, les formes mêmes de la narration. C'est tout l'objet de l'essai de Jean-François Hamel de tenter de montrer, au contraire, en quoi les métamorphoses de la narrativité moderne répondent à une nouvelle expérience du temps, fondée sur un sentiment de fracture irréparable entre passé, présent et avenir.

De fait, cette hypothèse se vérifie particulièrement dans les récits qui prennent en charge la violence de l'histoire contemporaine. On connaît bien la façon dont Claude Simon, par exemple, fonde sa poétique romanesque sur le refus d'une mise en forme narrative inadéquate à la diction de l'expérience fondamentalement « informe » de la guerre. Ainsi, dans cet extrait de *L'Acacia*, où le narrateur explique son incapacité à transmettre son expérience au retour de la guerre de 1940 :

> plus tard, quand il essaya de raconter ces choses, il se rendit compte qu'il avait fabriqué au lieu de l'informe, de l'invertébré, une relation d'événements telle qu'un esprit normal (c'est-à-dire celui de quelqu'un qui a dormi dans un lit, s'est levé, lavé, habillé, nourri) pouvait la constituer après coup, à froid, conformément à un usage établi de sons et de signes convenus, c'est-à-dire suscitant des images à peu près nettes, ordonnées, distinctes les unes des autres[2].

L'ordre narratif ne trahit pas seulement le désordre présent des souvenirs, il rend signifiante la description d'une expérience

---

[1] Jean-François Hamel, *Revenances de l'histoire*, Paris, Éditions de Minuit, coll. « Paradoxe », 2006, p. 216 et sq.

[2] Claude Simon, *L'Acacia*, Paris, Éditions de Minuit, 1989, p. 286.

historique présentée comme en tous points absurde. Même quand le récit historique n'est pas chronologique, sa clôture et sa continuité traduisent en effet une mise en ordre de l'expérience qui fait ressortir des liens de cause à effet et, partant, postule la possibilité de donner sens aux événements représentés. Autrement dit, le problème de la représentation narrative est double : l'ordre du récit est impropre à représenter l'expérience informe de la guerre et la survivance anachronique des événements dans la mémoire (problème mimétique) ; mais il est également impropre, selon Simon, à traduire le non-sens cruel d'une machine historique dont les « pièces détachées » ne forment qu'« un engrenage grinçant ne servant à rien, sinon à détruire et à tuer »[1] (problème éthique). Écrire l'histoire, ce n'est donc pas seulement être fidèle à ce qui a été, c'est bien, par cette fidélité même à un chaos qu'aucun ordre narratif ne devrait masquer ou justifier, *rendre justice* au passé.

C'est exactement cette articulation entre une critique d'ordre mimétique – inadéquation de la représentation au réel – et une critique d'ordre éthique – incapacité de la représentation à rendre justice au passé – que l'on retrouve sous la plume de l'écrivain allemand W.G. Sebald dans le récit *Les Anneaux de Saturne*, paru en 1995. L'écrivain raconte sa visite du mémorial de Waterloo, et plus précisément de la salle où se trouve exposée l'immense peinture circulaire réalisée par le peintre français Louis Dumontin en 1912. Devant ce panorama de la bataille, le narrateur réfléchit à la perspective qui gouverne traditionnellement la représentation de l'histoire :

> C'est donc cela, se dit-on en marchant lentement en rond, l'art de la représentation de l'histoire. Il repose sur une perspective faussée. Nous, les survivants, nous voyons les choses de haut, toutes en même temps, et cependant, nous ne savons pas comment c'était. Alentour s'étend le champ désolé où, un beau jour, cinquante mille soldats et dix mille chevaux ont péri en quelques heures. Dans la nuit, après la bataille, on devait entendre ici un chœur polyphonique de râles et de gémissements. Aujourd'hui il ne reste qu'une surface de terre brune. Qu'ont-ils bien pu faire à l'époque de cette multitude de cadavres et d'ossements ? Sont-ils enfouis sous la coupole du mémorial ? Nous

---

[1] Claude Simon, *Les Géorgiques*, Paris, Éditions de Minuit, 1981, p. 312.

tenons-nous ici sur une montagne de morts ? Est-ce là notre poste d'observation ? Est-ce de pareille place que l'on a le point de vue historique tant vanté ?[1]

La représentation de l'histoire suppose traditionnellement une position de surplomb dont Sebald montre ici, après d'autres[2], qu'elle ne permet en rien de donner une idée fidèle de la réalité du chaos guerrier : la synthèse du regard opérée par le tableau, comme la synthèse des temps dans le récit, relève nécessairement de l'artifice. Mais la critique, comme chez Simon, ne porte pas seulement sur l'infidélité de ce mode de représentation synthétique : en suggérant que le poste d'observation de l'histoire pourrait être constitué, littéralement, d'« une montagne de morts », c'est bien le problème éthique de cette représentation surplombante qui est posé.

On voit bien, dans ces deux exemples, comment ce qui était chez Jean-François Hamel essentiellement un problème relatif à la transcription de l'expérience moderne du temps s'enrichit et se déplace quand il s'agit de transmettre dans l'ordre d'un récit le chaos d'un événement catastrophique. Pour Simon et Sebald, le récit a bien le pouvoir de réparer les distensions de l'expérience temporelle, de donner sens à la catastrophe, mais c'est précisément cette efficacité de la mise en intrigue qui devient, d'un point de vue éthique, une véritable menace. Le continuisme, l'ordre et la clôture du récit ne sont donc pas inopérants face à l'expérience de la violence ; au contraire, la force de la tradition rend les narrateurs particulièrement enclins à cette diction réparatrice de l'expérience, et leurs auditeurs ou leurs lecteurs symétriquement sensibles à cette mise en forme du récit. Mais c'est d'un point de vue indissolublement éthique et mimétique que l'ordre narratif est refusé.

---

[1] WG Sebald, *Les Anneaux de Saturne*, traduit de l'allemand par Bernard Kreiss, Arles, Actes Sud, 1999 [1995], p. 151.

[2] À cet égard il n'est bien sûr pas indifférent que Sebald ait choisi le mémorial de Waterloo comme lieu de sa réflexion sur la représentation des batailles. On cite en effet souvent l'arrivée de Fabrice, le héros de *La Chartreuse de Parme* de Stendhal (1839), sur la plaine de Waterloo, comme le premier exemple d'un récit refusant tout point de vue surplombant au profit de la description décevante, dans les yeux du jeune homme, d'un chaos dans lequel il ne distingue rien. Sebald cite d'ailleurs, immédiatement après ce passage, son souvenir de l'errance de Fabrice sur le champ de bataille, plus apte à lui donner une vision juste du combat que la peinture historique qu'il a sous les yeux.

Tout le problème est de passer de ce constat relativement commun d'une crise de la mimesis traditionnelle à l'élaboration de formes poétiques qui permettent de représenter et transmettre l'expérience historique sans pour autant lui donner sens et la justifier. On voit bien la difficulté d'une telle entreprise quand un personnage d'un texte ultérieur de Sebald, *Austerlitz*, publié en 2001, s'essaye à faire le récit d'une autre grande bataille napoléonienne, la bataille d'Austerlitz. Hilary est un professeur d'histoire passionné par l'épopée napoléonienne, capable de parler pendant des heures des événements du 2 décembre 1805 et de faire revivre à ses élèves toutes les étapes du combat. Extrêmement détaillé et vivant, le récit virtuose du professeur d'histoire échoue pourtant, de son propre aveu, à représenter les choses telles qu'elles se sont effectivement passées :

> si l'on avait réellement voulu, dit-il plus d'une fois, relater, mais on ne pouvait y songer, sous une forme un tant soit peu systématique ce qui s'était passé en un tel jour, qui, exactement, en quel lieu et de quelle manière, avait péri ou avait eu la vie sauve, ou bien encore montrer à quoi ressemblait le champ de bataille à la tombée de la nuit, donner à entendre les cris et les gémissements des blessés et des mourants, il aurait fallu y consacrer un temps infini. Au bout du compte, il ne restait d'autre recours que de résumer ce dont on ne savait rien par la phrase ridicule "La bataille était indécise" ou quelque expression du même genre, embarrassée et inutile. Nous tous, même ceux qui pensent avoir pris en considération les détails les plus infimes, nous ne faisons qu'utiliser des éléments de décor que d'autres avant nous ont déjà plus d'une fois disposés ici ou là sur la scène. Nous essayons de rendre la réalité mais plus nous nous y efforçons, plus s'impose à nous ce qui de tout temps a meublé le théâtre de l'histoire : le tambour tombé, le fantassin en embrochant un autre, l'œil du cheval qui se ternit, l'empereur invulnérable entouré de ses généraux, au milieu de la mêlée figée des combattants[1].

Le récit de bataille traditionnel suppose une triple synthèse : *synthèse du regard* dans la perspective unifiée du narrateur ou du peintre, *synthèse des temps* dans l'ordre et la chronologie du récit, *synthèse des acteurs et victimes* dans l'usage de personnages-types représentés comme

---

[1] WG Sebald, *Austerlitz*, Arles, Actes Sud, 2002, p. 88-89.

exemplaires. À ce système synthétique traditionnel, le professeur d'histoire oppose une autre narration systématique, prenant en compte la souffrance singulière de chacun des combattants, donnant à voir les particularités sensibles de chaque instant de la bataille, faisant entendre, sans en négliger aucun, « les cris et les gémissements des blessés et des mourants ». Encore une fois, il s'agit de « rendre la réalité » (« *die Wirklichkeit wiederzugeben* ») dans toute sa complexité, une réalité qui ne peut être saisie que depuis le cœur de la bataille, dans une histoire dénuée de tout centre, et telle que la vit chaque individu, singulièrement. Mais un tel récit, constate avec amertume le professeur d'histoire, nécessiterait d'y consacrer « un temps infini » : au système synthétique qui autorise la représentation historique, Hilary oppose ainsi une méthode dont la dimension systématique, précisément, interdit d'espérer jamais achever le récit de l'histoire, et condamne le narrateur à revenir aux poncifs du théâtre historique traditionnel. Alors que la conception traditionnelle du système conduit non seulement à laisser dans l'ombre toute une partie du réel, mais substitue aux lacunes de la représentation les images figées d'un décor immémorial, la seconde défait par son nécessaire inachèvement toute possibilité de faire œuvre, c'est-à-dire de rassembler les pièces éparses de la réalité historique dans la clôture d'un récit.

Formes poéthiques : le paradigme de la collection dans l'œuvre de WG Sebald

« Les hommes d'aujourd'hui, d'où peuvent-ils regarder l'histoire qui les fait hommes et les détruit sans cesse ? »[1], demandent Catherine Coquio et Irving Wolfahrt dans « l'avant-propos » d'une vaste réflexion collective sur l'écriture de l'histoire des camps (et après les camps). De fait, tout le problème de la représentation de la violence historique dans un récit est finalement de définir une position éthique *juste* qui soit en même temps une position *possible*, c'est-à-dire de trouver une *perspective narrative* et un *mode de composition* du récit qui, tout en prenant en compte les critiques adressées à la représentation traditionnelle de l'histoire, échappent à l'impasse que nous venons d'évoquer.

---

[1] Catherine Coquio, Irving Wolfahrt, « Avant-propos », *in Parler des camps, penser les génocides*, Paris, Albin Michel, 1999, p. 12.

Les contraintes éthiques qui pèsent sur la mise en forme du récit sont en effet contradictoires : il s'agit, d'une part, de donner une place à chaque expérience individuelle de la violence, non seulement parce que chaque souffrance est singulière et mérite d'être rappelée dans son unicité, mais aussi parce que le propre de la violence, comme le souligne régulièrement Sebald, est d'isoler ceux qui la subissent, de les délier de toute communauté. Il s'agit, d'autre part, de proposer une forme poétique qui opère un rassemblement malgré tout de ces expériences singulières, à la fois parce que c'est la condition *sine qua non* de la transmission et de la lisibilité du récit, et parce que rendre justice consiste aussi à replacer la souffrance individuelle dans une communauté, à réfléchir à ce qui la lie à d'autres expériences humaines, sans quoi il n'est pas d'empathie possible. La visée éthique qui détermine la composition du récit engage ainsi une tension entre la représentation mimétique de l'unité perdue des êtres et des choses, et la lisibilité d'un texte qui ne peut renoncer complètement à toute idée d'un ordre commun.

La description du bazar de Terezin, dans *Austerlitz*, offre une image concrète de cette tension entre solitude et rassemblement, absence de tout système et sentiment diffus d'une concordance entre les êtres et les choses. Le passage se trouve au cœur du récit de la visite du personnage principal dans le ghetto de Theresienstadt, dernier lieu où a séjourné sa mère avant sa disparition. Errant dans la petite ville désertée, le personnage-narrateur s'arrête longuement devant la vitrine d'un bazar, offrant un spectacle hétéroclite d'objets qui lui semblent pourtant mystérieusement reliés, à la fois entre eux et à lui-même :

> Quel secret recelaient les trois mortiers de laiton de différentes tailles, qui semblaient vouloir rendre oracle, quel secret bien gardé dans les coupes de cristal, les vases de céramique et les cruches en terre, le panneau de réclame en tôle peinte portant l'inscription *Theresienstädter Wasser*, le coffret en coquillages, l'orgue de barbarie miniature, le presse-papiers en forme de boule, sulfure où flottaient dans des bulles transparentes de merveilleuses fleurs marines, le modèle réduit de bateau, une sorte de corvette aux voiles gonflées, la vareuse de costume folklorique en toile de lin légère et estivale, les boutons en corne de cerf, la casquette surdimensionnée d'officier russe et la veste d'uniforme vert olive assortie, avec des épaulettes dorées, la canne à pêche, la gibecière, l'éventail japonais, le paysage peint à fins traits tout autour d'un abat-jour,

> bordant un fleuve indolent de Bohême, à moins que ce ne soit du Brésil ? [...] Intemporels ils l'étaient tous, ces ustensiles, ces bibelots et souvenirs échoués dans le bazar de Terezin, qui en raison de circonstances restées inconnues avaient survécu à leurs propriétaires et avaient été épargnés de la destruction, de sorte qu'au milieu d'eux, maintenant, je pouvais discerner, vague, à peine visible, l'ombre en reflet de ma propre image[1].

Devenus traces, mais traces d'un passé qu'ils portent en eux sans pouvoir le rappeler, les centaines d'objets rassemblés dans la vitrine évoquent la disparition anonyme des Juifs de Terezin dont la ville, d'après Austerlitz, ne conserve en rien le souvenir. Coupés du passé et de l'avenir, arrachés à leur lieu d'origine, les objets du bazar n'ont d'autre point commun que celui d'avoir survécu à la destruction, mais c'est précisément cette expérience partagée de l'exil et de la séparation qui permet au narrateur d'imaginer les fondements d'une identité commune. Il faut insister sur la particularité de cette identité : l'ordre qui les relie n'a plus rien d'un lien logique, chronologique ou généalogique. Ce n'est ni un projet rationnel commun qui les rassemble (à la façon des collectivités politiques modernes dans lesquelles des individus choisissent de se rassembler en vue d'un projet) ni une ascendance commune qui les relie (à la façon des communautés traditionnelles, soudées par une origine). Apparaît alors un autre type d'assemblage, qu'on pourrait qualifier de trois façons : tout d'abord, la communauté des objets du bazar est fondamentalement *hasardeuse* : à l'inverse d'une communauté traditionnelle, elle se compose au gré des dépossessions, déterminant un récit lui-même erratique ; elle est également *provisoire* : les objets du bazar présentés dans la vitrine, destinés à être vendus, n'ont aucune vocation à rester rassemblés ; enfin, cette communauté est *anachronique*, présentant la collection des objets dans un ordre qui ne respecte en rien la chronologie de leur apparition. En ce sens, le bazar offre bien la possibilité d'un agencement reliant entre eux des êtres et des choses isolés sans nier la crise de la tradition dont leur rassemblement est justement la conséquence.

Quel serait l'équivalent formel d'un tel agencement ? À quoi ressemblerait un récit en forme de bazar ? Quelle forme prendrait

---

[1] WG Sebald, *Austerlitz, op. cit.*, p. 232-34 ; *Austerlitz, op. cit.*, p. 279-81.

une narration hasardeuse, provisoire, anachronique ? On aperçoit très vite, en comparant quelques pages de Simon et de Sebald, la difficulté d'apporter une réponse simple à cette question. Car leurs œuvres montrent clairement, par la diversité des solutions poétiques qu'elles proposent, l'absence de tout modèle unique pouvant se substituer à la logique classique du récit historique. À l'intérieur de l'œuvre d'un même auteur, le refus de la synthèse narrative peut d'ailleurs conduire à des propositions formelles elles-mêmes très différentes. Ainsi, chez Sebald, la composition du récit emprunte, de façon explicite, à la fois aux paradigmes du bricolage (au sens de Lévi-Strauss[1]), des airs de famille (en référence à Wittgenstein) ou encore de la collection, emprunté à Walter Benjamin. À la recherche d'un ordre qui n'est jamais « qu'un état de suspens au-dessus de l'abîme »[2], le collectionneur, décrit par Walter Benjamin dans son très bel essai sur l'art de la collection, abandonne tout souci de la valeur fonctionnelle des choses pour « ren[dre] justice aux objets eux-mêmes »[3] et voir en chacun d'eux le destin singulier qui fait son prix. La magie de la collection, l'*aura*[4] qui entoure chaque objet collectionné, tient à la vie propre de chaque exemplaire que le collectionneur, bondissant au secours des choses délaissées, aura « dispens[é] de la corvée d'être utile »[5]. Dans la perspective éthique

---

[1] Sebald, dans une interview, fait explicitement référence à la définition que donne Lévi-Strauss du bricolage dans *La Pensée sauvage* : « Je travaille d'après le système du "Bricolage", au sens que lui donne Lévi-Strauss. C'est une forme de travail sauvage, de pensée pré-rationnelle, dans laquelle on fourrage dans des objets trouvés accumulés au hasard, jusqu'à ce qu'ils s'accordent d'une manière quelconque » (« *Sebald im Gespräch mit Sigrid Löffler : "Wildes Denken"* », *Profil*, 19.4.1993, repris dans Franz Loquai (dir.), *W. G. Sebald, Porträt 7*, Eggingen, Éditions Isele, 1997, p. 136, ma traduction).

[2] Walter Benjamin, « Je déballe ma bibliothèque. Un discours sur l'art de collectionner », *in Je déballe ma bibliothèque. Une pratique de la collection*, traduit de l'allemand par Philippe Ivernel, Paris, Éditions Payot et Rivages, coll. « Rivages Poche/Petite Bibliothèque », 2000, p. 42.

[3] *Ibid.*, p. 54.

[4] Le terme lui-même n'est pas employé dans le texte de Benjamin, mais l'idée que le collectionneur, devant les objets de sa vitrine, « semble les traverser du regard pour atteindre leur lointain » (*ibid.*, p. 43) reprend presque terme à terme la définition bien connue de l'aura comme « unique apparition d'un lointain, si proche soit-il » (« Petite histoire de la photographie », *in Œuvres II*, traduit de l'allemand par Maurice de Gandillac, Rainer Rochlitz et Pierre Rusch, Paris, Gallimard, coll. « Folio Essais », 2000, p. 311).

[5] Walter Benjamin, « Paris, capitale du XIXe siècle », dans *Œuvres III*, traduit de l'allemand par Maurice de Gandillac, Rainer Rochlitz et Pierre Rusch, Paris, Gallimard, coll. « Folio Essais »,2000, p. 57.

du collectionneur, ni l'achèvement de la collection ni la valeur typique de certains objets n'ont donc de sens. C'est au contraire en restituant à chaque objet la singularité de son destin qu'il lui rend justice, et en rassemblant progressivement des objets, au hasard de rencontres presque toujours incidentes, qu'il constitue un paysage unique, ne trouvant de cohérence que dans le sujet qui en est l'artisan.

Dans un texte consacré à l'écrivain Gottfried Keller, Sebald insiste à son tour sur la valeur politique de la passion de la collection, du bric-à-brac et de la brocante. Paraphrasant Benjamin, il suggère que « contrairement au capital sans cesse en mouvement, ces objets obscurs sont retirés de la circulation, ils ont depuis longtemps perdu leur caractère de marchandise et sont pour ainsi dire entrés dans l'éternité »[1]. Et de fait, les exemples de personnages collectionneurs et les descriptions en forme de cabinets de curiosités abondent dans ses récits. Mais la pratique de la collection éclaire également en profondeur les choix poétiques de l'écrivain : accumulant indéfiniment un matériau biographique, historique et archival dont la synthèse n'est ni possible ni désirable, le récit sebaldien est sans cesse en train de redéfinir les formes suivant lesquelles des bribes du passé peuvent être sauvées de la destruction et transmises, sans que cette transmission ne dénature le caractère informe de la réalité historique et la singularité irréductible des individus et des choses qui en font partie. La logique de la collection informe dès lors le choix des objets narratifs : comme d'autres collectionnent les timbres ou les papillons, Sebald rassemble dans ses livres des « destinées dépaysées »[2], des photographies dont le référent est perdu, des lieux abandonnés et des objets hors d'usage. À l'opposé de la tradition d'exemplification qui gouverne l'invention et le choix des personnages dans le roman historique, l'écrivain collectionneur n'accorde d'importance à chacun de ces éléments que parce qu'il est singulier, et même, le plus souvent,

---

[1] WG Sebald, *Séjours à la campagne*, traduit de l'allemand par Patrick Charbonneau, Arles, Actes Sud, 2005, p. 100 ; *Logis in einem Landhaus*, Fischer Taschenbuch Verlag, 2000 [1998], p. 105.

[2] L'expression est empruntée par Sebald au père de Joseph Conrad, dans une citation qui pourrait aisément rendre compte du projet sebaldien dans son ensemble : « *C'est un livre sur les destinées dépaysées, dit-il un jour à Konrad, sur des individus expulsés et perdus, sur les éliminés du sort, un livre sur ceux qui sont seuls et évités* », (*Les Anneaux de Saturne*, op. cit., p. 132/ *Die Ringe des Saturn*, p. 136, en français dans le texte).

franchement excentrique. Dans ces conditions, la collection narrative ne peut que prendre la forme d'un bric-à-brac infini, constitué au fil des rencontres que le narrateur effectue pendant ses différents déplacements. De ce point de vue, plus encore que la forme du recueil qui ordonne, par exemple, les biographies rassemblées dans *Les Émigrants* ou *Séjours à la campagne*, c'est la figure de la marche à pied structurant *Les Anneaux de Saturne* qui donne sans doute la plus juste image de la forme du récit, à la fois linéaire et digressive, continue et inachevable, ordonnée par le trajet du marcheur et pourtant imprévisible, livrée au hasard des personnes, des monuments et des paysages rencontrés en chemin. L'évident sentiment de concordance qui surgit pourtant à la lecture de ces récits d'errance ne doit rien, en revanche, au hasard : il gît moins dans la parenté objective des êtres rassemblés dans le livre que dans la singularité du regard mélancolique portant sur eux l'ombre de la destruction. Ainsi se dessine en creux, d'œuvre en œuvre, le portrait d'un narrateur-collectionneur à la façon dont le personnage d'Austerlitz voyait son ombre se refléter indistinctement dans la vitrine du bazar de Terezin[1]. Dans une perspective éthique autant que poétique, indissolublement, la collection permet ainsi chez Sebald de penser la synthèse de l'hétérogène et l'unité du point de vue sans céder à la logique unitaire du sens qui préside à la composition des récits traditionnels.

Il faut pourtant insister pour finir sur les limites de cette solution aux apories de la diction traditionnelle de la violence. L'humeur « nullement élégiaque, mais au contraire impatiente »[2] que Benjamin veut faire partager au lecteur lorsqu'il déballe sa bibliothèque trouve un prolongement fondamentalement mélancolique dans la poétique de Sebald. La collection du bazar est en effet une réplique désenchantée de la collection benjaminienne : elle n'est pas constituée par une pratique singulière lui donnant ordre et forme, mais par une accumulation de dépossessions dont l'histoire est perdue. En outre, le caractère inépuisable de la collection donne lieu, dans la perspective éthique de Sebald, à ce qu'il faut bien appeler un véritable sentiment d'échec de l'écrivain. Car,

---

[1] La description du bazar citée plus haut est illustrée par une photographie dans laquelle on reconnaît, quoi qu'il soit très flou, le visage de WG Sebald lui-même.

[2] Walter Benjamin, *Je déballe ma bibliothèque, op. cit.*, p. 41.

quand le bonheur du collectionneur tient dans sa capacité de rendre justice à ce qu'il possède, la mélancolie du narrateur surgit précisément d'un sentiment d'obligation sans limites, envers ce qu'il retient comme envers ce qui lui échappe. Quand le collectionneur ne sauve que ce qu'il reconnaît comme lui revenant, et opère sans cesse des choix qui font la singularité de sa collection, l'écrivain semble refuser d'opérer un tri dans le champ du représentable et avoue son désespoir lorsqu'il « songe à tout ce qui sombre dans l'oubli chaque fois qu'une vie s'éteint, [...] que le monde pour ainsi dire se vide de lui-même à mesure que plus personne n'entend, ne consigne ni ne raconte les histoires attachées à tous ces lieux et ces objets innombrables qui n'ont pas, eux, la capacité de se souvenir [...] »[1]. Suivant une éthique qui interdit de négliger certains éléments comme insignifiants, et qui promeut même l'importance des détails, des à-côtés, des marges dont l'oubli est en principe nécessaire pour assurer la cohérence du regard historique, la représentation ne peut plus être pensée que comme une entreprise de restauration infinie, mais nécessairement dérisoire, d'un passé inépuisable menaçant autant la lisibilité de l'œuvre que l'unité du sujet qui l'entreprend.

Nous avons essayé ici, avec l'exemple de la collection, de donner un aperçu d'une forme « poéthique » de diction de la violence historique. C'est bien, chez Sebald, le souci de rendre justice au passé qui détermine le choix d'une forme narrative pensée sur le modèle pratique et théorique de la collection benjaminienne. Réfutant toute idée de système et de clôture, la collection, « régie par une tension dialectique entre les pôles de l'ordre et du désordre »[2], est une réponse à la double exigence de justice et de lisibilité qui surgit lorsque l'écrivain entreprend de rendre compte de la dimension catastrophique de l'histoire contemporaine. C'est dans cette tension entre ordre et chaos, héritage et transmission, hétérogénéité des éléments rassemblés et unité du sujet qui les rassemble, que la collection retrouve les modèles du bricolage et des airs de famille. L'art de bricoler tel qu'il est analysé par Claude Lévi-Strauss consiste en effet à reprendre pour les assembler de

---

[1] WG Sebald, *Austerlitz, op. cit.*, p. 32-33 ; p. 35.
[2] Walter Benjamin, *Je déballe ma bibliothèque, op. cit.*, p. 42.

façon plus ou moins aléatoire des « résidus culturels » hétéroclites « recueillis ou conservés en vertu du principe que "ça peut toujours servir" »[1]. Si la liberté de création du bricoleur est limitée par l'ensemble fini des pièces et des instruments dont il dispose, c'est justement dans cette contrainte que réside toute la « poésie du bricolage »[2], à la fois parce que chaque objet employé, envisagé singulièrement, est un « résid[u] d'ouvrages humains »[3] et porte en lui, à ce titre, « une certaine épaisseur d'humanité »[4], et parce que le bricoleur, « par les choix qu'il opère entre des possibles limités »[5] met toujours quelque chose de lui-même, de son caractère et de sa vie, dans les réalisations au moyen desquelles il s'adresse à nous. Placée au centre de la philosophie du langage de Wittgenstein, la notion d'airs de famille est également un instrument approximatif pour penser l'analogie entre des éléments hétérogènes sans postuler l'existence d'une unité fondamentale les reliant. Réfutant le système logique des propositions du *Tractatus logico-philosophicus* (1921), le texte posthume des *Recherches philosophiques* (1953) s'organise autour de l'idée désormais fameuse suivant laquelle « la signification d'un mot est son emploi dans le langage »[6]. En rupture avec la conception traditionnelle d'un substrat de sens commun à tous les emplois d'un terme, Wittgenstein propose de relier ces différents emplois par la notion d' « air de famille »[7]. On retrouve ainsi, dans les trois paradigmes, non seulement un principe d'analogie entre des matériaux chargés d'humanité par leur usage, mais l'unité d'un paysage subjectif dans lequel peut s'opérer leur rassemblement. Suggérant l'existence de liens entre les êtres et les époques autres que ceux dont l'histoire a montré la caducité, l'ordre du récit, qu'il soit pensé comme collection de vies dépaysées, bricolage de matériaux traditionnels ou ressemblance diffuse entre les emplois d'un mot, peut finalement réfléchir les modalités de l'*être ensemble* dans le temps du déracinement.

---

[1] Claude Lévi-Strauss, *La Pensée sauvage*, Paris, Plon, coll. « Agora », 1990 [1962]. p. 31.

[2] *Ibid.*, p. 35.

[3] *Ibid.*, p. 33.

[4] *Ibid.*, p. 34.

[5] *Ibid.*, p. 35.

[6] Ludwig Wittgenstein, *Recherches philosophiques*, traduit de l'allemand par Françoise Dastur, Maurice Élie, Jean-Luc Gautero, Dominique Janicaud, Élisabeth Rigal, Paris, Gallimard, coll. « nrf/Bibliothèque de Philosophie », 2004, § 43, p. 50.

[7] *Ibid.*, § 67, p. 64.

« D'UNE RESPONSABILITÉ DE LA FORME »

ENCHANTEURS ROMANESQUES

François Rastier, CNRS

> *La lecture de Don Quichotte rectifie continuellement*
> *ce qui arriverait à Don Quichotte dès qu'on le laisserait*
> *courir sans recours à Cervantès.*
> Ferdinand de Saussure, *Leg.*, p. 193.

> *Who sayes that fictions onely and false hair*
> *Becomes a verse ? Is there in truth no beauty ?*
> George Herbert, *Jordan* (I, v. 1-2.).

Genre littéraire récent, le témoignage a trouvé sa forme classique au milieu du siècle précédent, avec l'extermination. Il connaît à présent un essor international. Si ses préoccupations éthiques sont en général reconnues, ses qualités esthétiques semblent d'autant moins perçues qu'elles s'éloignent des standards du roman, genre privilégié par les études littéraires. Formulons quelques hypothèses préparatoires pour anticiper un parallèle conflictuel avec le roman, haut lieu de l'esthétique, tout en sachant qu'une (ré)conciliation de l'éthique et de l'esthétique sera d'autant plus difficile que la toute-puissance du bon plaisir du texte justifie celui de l'écrivain, voire du critique.

— Le témoignage n'est pas réputé l'œuvre d'écrivains professionnels et le témoin n'écrit pas pour faire carrière. Bien des auteurs de témoignages se sont dits à l'écart de la vie littéraire ; par exemple, Levi intitule *Le Métier des autres* le recueil de ses écrits sur la littérature, Chalamov se déclare « anti-littéraire ». Leur fortune critique s'en ressent naturellement. Avant leur déportation cependant, la plupart des auteurs de témoignages importants étaient déjà écrivains ou avaient une activité littéraire : ainsi, Chalamov vivait de sa plume quand il a été arrêté en 1937, Levi écrivait des poèmes, Gradowski avait publié des nouvelles, Klüger écrivait depuis l'âge de huit ans. Mais l'on citera plus naturellement Cayrol et Antelme parce qu'ils ont fait carrière dans l'édition.

— Les témoignages n'entrent pas dans l'histoire littéraire des mouvements, des influences, des siècles, des concours. Leur esthétique propre reste insaisissable pour la vulgate vingtiémiste, sa *koïné* blanchottienne, son irrationalisme désirant.

Comme la fascination pour la violence et le goût de « l'extrême » font grandement préférer Sade et Bataille à Antelme ou Cayrol, ils finissent par servir comme grille de lecture pour toute œuvre portant sur l'extermination, voire comme organon d'écriture, dans le cas des *Bienveillantes* de Littell.

— Le témoignage engage une esthétique aux antipodes du pathos et de l'ironie, bref de l'antinomisme si prisé par la stylistique contemporaine. On préfère Céline à Levi, car Céline fait du style, Levi en a ; or, par leurs gros effets, les écrivains qui font du style restent plus faciles à expliquer que ceux qui en ont. La mission d'éducation qu'assume le témoignage, son exigence interne, détermine une esthétique classique dont la nouveauté reste si peu aperçue que l'on pourrait lui appliquer cette réflexion de Proust : « Que les novateurs dignes de devenir un jour classiques obéissent à une sévère nécessité intérieure, et soient des constructeurs avant tout, on ne peut en douter. Mais justement parce que leur architecture est nouvelle, il arrive qu'on reste souvent sans la discerner »[1].

— Non seulement le témoignage n'appartient pas à la catégorie sociologique du *littéraire*, mais il demeure bien loin des réflexions

---

[1] Marcel Proust, « Classicisme et romantisme » [1921], in *Essais et articles*, Paris, Gallimard, 1994, p. 313-314.

essentialistes sur la *littérarité* et reste ainsi insaisissable pour les deux courants de pensée qui, en France notamment, se partagent le domaine des études littéraires. Aussi, l'on renonce souvent à parler à son propos de littérature, pour évoquer par exemple des « écritures » testimoniales.

— Le témoignage reste insaisissable pour une poétique tributaire des catégories de la philosophie du langage, comme la référence, la fiction, etc. Il n'est guère descriptible avec le mélange ordinaire de néo-rhétorique genettienne (répertoire de procédés) et de sociologie énonciative (pragmatique, esthétique de la réception). La pragmatique, par exemple, ne peut distinguer la destination et l'adresse, alors même que le témoignage s'adresse aux vivants mais se destine aux morts.

Comprendre le témoignage engage à une analyse de genre, nécessairement objectivante, alors que les études littéraires vingtiémistes, encore tributaires du romantisme tardif, sont demeurées subjectivantes. Évoquer même la notion de genre semble un propos normatif, aux antipodes du discours anomique sur le « bon plaisir du texte »[1]. Quand on fait malgré tout une lecture objectivante du témoignage, on le lit plutôt comme un document que comme une œuvre. On considère qu'il est déterminé par l'événement : comment alors saisir l'évolution du genre entre la première guerre mondiale, l'extermination, la guerre d'Algérie, alors même qu'il connaît un nouvel essor dans des pays comme le Cambodge, l'Argentine, la Tunisie ? La question n'est pas encore clairement posée. Enfin, dans l'opinion, l'auteur reste si bien rivé à l'événement dont il témoigne que l'on se dispense généralement de lire le reste de son œuvre, par exemple les poèmes de la hantise chez Levi, ou ceux des *Cahiers de la Kolyma* de Chalamov.

— Alors que la « littérature engagée » est réputée depuis longtemps dépassée, l'engagement éthique et politique du témoignage n'est plus aisément compréhensible — il n'a d'ailleurs rien de commun avec l'engagement sartrien. Certes, Cayrol, Améry, Levi, Rousset, Antelme, Tillion, ont été arrêtés pour faits de résistance ; Chalamov fut déporté une première fois pour diffusion d'un tract « trotskiste », le testament de Lénine.

---

[1] Le néo-mandarinat d'aujourd'hui l'a d'ailleurs emporté sur l'ancien en tenant le discours antinormatif qui est de règle aujourd'hui dans la société ultralibérale.

Or l'heure n'est plus aujourd'hui à la résistance mais à la victimisation.

Faute de pouvoir penser la spécificité des témoignages, on la dilue dans un corpus de romans faussement autobiographiques dont le pathos souvent douteux correspond mieux aux attentes du public voire de la critique. On considère en effet les classiques du témoignage comme un « canon » déjà dépassé, dont il faudrait naturellement s'écarter. Des auteurs comme Celan ou Benjamin sont ici requis malgré eux, alors que leurs projets esthétiques et leur situation historique sont bien différents de ceux des témoins survivants.

Dans un défi amical, Enrique Ballón Aguirre me suggéra naguère de développer une référence allusive, dans le dernier chapitre de *Arts et sciences du texte*, au propos du curé du *Don Quichotte* sur les romans ; je saisis alors l'occasion de formuler des thèmes comme ceux de la narration, de l'impression référentielle, de la responsabilité historique. Je ne prétends pas les aborder sur le mode du traité, mais dire adieu à trois illusions qui troublent encore les débats sur la littérature : la maîtrise transparente de l'auteur, la référence du texte (fût-ce à des mondes possibles), la liberté artistique comme absence de responsabilité historique de l'auteur comme du lecteur.

Avec la philologie et l'herméneutique, les sciences du texte sont sans doute nées du commentaire de l'épopée, quand les bibliothécaires d'Alexandrie entreprirent établir le corpus homérique. Or l'épopée, dont les romans de chevalerie ne furent qu'un tardif avatar, n'a pas véritablement de commencement ni de fin : les personnages principaux peuvent se succéder, devenir secondaires, et, dans ces renouvellements incessants, la matière même devient l'héroïne, appelle et permet mille continuations. C'est bien ce que reproche aux romans de chevalerie le chanoine de Tolède (*Don Quichotte*, I, XLVII), dans sa discussion littéraire avec le curé, devant l'Ingénieux Hidalgo mis en cage.

Comme les épopées qu'elles commentent, les sciences du texte semblent n'avoir ni commencement ni fin, et c'est pourquoi elles sont véritablement saussuriennes (la pensée de Saussure a été marquée par ses études de corpus épiques, notamment les *Nibelungen*). L'épistémologie qui les fonde, formulée par Saussure, n'a rien par elle-même d'axiomatique et ne prétend pas trouver de commencement absolu. Elle marque une rupture fondamentale avec la métaphysique, toujours à la recherche d'axiomes, de postulats, d'universaux, de catégories *a priori*.

Le défi que je dois relever m'engage à revenir à la littérature, même si le *Don Quichotte* la dépasse par sa réflexion sur le langage. Dans son activité critique, la littérature éclaire aussi les textes non littéraires. On ne saurait d'ailleurs opposer simplement les textes et les œuvres, encore moins faire des textes un domaine d'objectivité scientifique suggérant que la notion d'œuvre n'est qu'idéologique — comme le font en France les programmes scolaires en vigueur quand ils indiquent que les œuvres sont des textes « perçus comme littéraires ».

Les sciences de la culture sont des sciences des valeurs, sans être pourtant normatives (car décrire des interprétations n'est pas en imposer). Les sciences du texte doivent donc élucider ce qui fait la valeur des textes et à quelles conditions certains deviennent des œuvres : ainsi les œuvres littéraires se distinguent-elles des simples produits de librairie, fussent-ils goncourisés, parce qu'elles requièrent des interprétations, exigent un recul critique et recrutent la collectivité de leurs interprètes.

L'auteur incertain

Dans le *Quichotte*, les figures de l'auteur et du lecteur se multiplient, depuis le célèbre chapitre (I, IX) où le narrateur découvre, sur un marché de Tolède, le manuscrit arabe du *Don Quichotte*, dont la traduction par un Morisque s'étend jusqu'à la fin de l'œuvre.

D'Alonso Quijano à l'énigmatique auteur arabe Cid Hamet ben Engeli, le doute s'étend aussi bien sur les narrateurs que sur les personnages et l'identité de l'auteur. Or une grandeur linguistique quelconque, *a fortiori* un texte, ne se résume pas à un contenu et une expression qui déterminent sa teneur. Il met en jeu deux instances, le point de vue et la garantie, qui déterminent sa portée (l'auteur, 2011b) : la multiplication des points de vue et la mise en doute des garanties problématisent, parfois indéfiniment, la portée d'un texte. Dans le discours littéraire, et tout particulièrement dans le roman moderne qu'inaugure le *Don Quichotte*, la fonction critique du genre se traduit par l'indétermination *a priori* du point de vue comme de la garantie.

La mise en doute du point de vue nous écarte de toute littérature édifiante, les romans de chevalerie en premier lieu. Cervantès le souligne, quand l'un des personnages du *Don Quichotte* fait ce commentaire de la *Galatée* : « Il y a bien des années, reprit le curé [Pedro Perez], que ce Cervantès est de mes amis, et je sais qu'il est plus versé dans la connaissance des infortunes que dans celle de la poésie. Son livre ne manque pas d'heureuse invention, mais il propose et ne conclut rien. » (I, VI, p. 53). C'est bien ce que lui reprochera encore Montherlant, dans sa préface : « Quoi ! [...] pas une simple phrase de deux lignes pour dire que, quoiqu'il fût, c'est don Quichotte qui avait raison, et que ce sont les drilles triomphants qui le bernent qui sont les tenants certains de la vulgarité et de la médiocrité ! » (1962, p. 12). Ici la touchante solidarité des hobereaux fait obstacle à toute compréhension.

Le *Quichotte* contient pourtant sa propre poétique. Comme tout personnage mémorable, Alonso Quijano, le modeste hidalgo devenu Don Quichotte et bientôt le Chevalier aux Lions, erre à l'aventure dans les étendues de la Mancha à la recherche de son auteur comme de ses lecteurs, comme l'œuvre à la recherche de sa valeur et de notre plaisir.

Le protagoniste est souvent une figure du lecteur, il découvre sa vie au fil du récit. Déjà Ulysse entendit raconter son histoire à la cour des Phéaciens, avant même qu'on l'ait invité à dire son nom. Lecteur suprême, Don Quichotte n'est plus qu'un personnage et sa vie devient livre. Dès la fin de la première partie, il rencontre un chanoine de Tolède qui a déjà lu ses aventures, avant lui et avant nous. Ce chanoine s'était essayé aux vers héroïques du roman de chevalerie et s'impose comme une des figures de l'auteur. Dans le débat littéraire qui s'élève autour de la cage du Quichotte, le curé adopte le point de vue du critique, le chanoine, celui, plus subtil, de l'écrivain. S'il regrette qu'ils soient souvent mal composés, il ne condamne pas d'un bloc les romans. En rappelant les règles (aristotéliciennes) de la bonne facture, le chanoine veut-il faire revenir à lui l'extravagant, enfermé dans une cage roulante, à claire-voie, entre des barreaux qui semblent des biffures ? Le chanoine admet certes que les figures héroïques ne manquent pas de charme, mais il engage enfin Don Quichotte à lire des livres d'histoire.

Pourquoi nos contemporains, critiques en tête, ne gagneraient-ils pas à suivre ce conseil avisé ? Les inlassables échanges de horions qui ont fini par discréditer les romans de chevalerie, nous les retrouvons dans les jeux vidéo, les *shoot them up*,[1] qui reprennent d'ailleurs la topique de l'*heroic fantasy*, issue de ce que l'on appelait la matière de Bretagne, celle des Amadis et des Gaules. Animées par les enchanteurs du virtuel, ces péripéties répétitives figurent la violence d'un manichéisme infantilisant et moralisent sans relâche. Ces produits de communication, dans une surenchère enchanteresse de pathos et d'hémoglobine, nous écartent de la fonction critique de l'art. Pendant que les combats continuent sans fin dans les divertissements de masse, comme *Worlds of Warcraft*, qui réunit des millions de *warriors*, l'on oublie d'autant plus volontiers les massacres de l'histoire contemporaine, quitte à en préparer de nouveaux avec des jeux de simulation militaire comme *Modern Warfare* ou *Blackwater*. La déresponsabilisation générale est favorisée par l'anonymat et le pseudonymat.

Comment parler alors de responsabilité ? L'écrivain semble devenu tout-puissant et décline toute responsabilité, même quand il révise l'histoire, appelle au meurtre (Céline, Dantec) ou porte atteinte à la mémoire des résistants et des victimes de l'extermination (Littell, Haenel). Hors de son éventuelle figure médiatique, un auteur ne trouve cependant d'autre identité que sa responsabilité éthique et secondairement juridique. Sa responsabilité esthétique varie avec ses œuvres. Le reste demeure inconnu, conjectural ou oiseux.

La grande illusion référentielle

Don Quichotte est frappé d'une folie qui ressemble bizarrement au gros bon sens des sémanticiens contemporains inspirés par philosophie du langage. Il accorde une confiance aveugle à la théorie du langage qui fut celle de la scolastique de son temps (Suarez) et demeure sous une forme souvent simplifiée et dogmatique dans le nôtre : les mots réfèrent à des choses et leur réfé-

---

[1] Jonathan Littell reprend la vision subjective de ces jeux de tuerie dans sa description du massacre de Babi Yar (*cf.* l'auteur, 2009).

rence est gagée sur une ontologie[1]. Par le biais de la philosophie du langage, cette croyance enchanteresse informe la narratologie contemporaine tant par la distinction capitale mais erronée entre fiction et non-fiction que par l'application de la théorie des mondes possibles. Or, elle n'est pas seulement compatible avec une magie évocatoire, elle est au fondement même de toute magie, puisqu'elle relie imaginairement deux ordres disparates de réalité, les mots et les choses. La référence somme ces deux principes : une relation de similitude qui est celle de la représentation voire de l'iconicité ; et une relation d'imposition ostensive qui continue à agir alors même que le référent a disparu (la rigidité du nom propre selon Kripke en est un exemple éclatant)[2].

Les théories de la référence fictionnelle ont connu un essor considérable ces dernières décennies. Dans une version cognitive, elles s'appuient sur des notions de scène ou scénario – il est vrai que les images mentales sont traitées dans les mêmes zones que les perceptions effectives. Dans leur version la plus populaire, elles s'appuient sur la notion informelle de monde possible – alors que la théorie des mondes possibles est une logique modale appliquée à des propositions dénombrables et décidables, et qu'un texte ne peut aucunement être transcodé en une série de telles propositions.

Leibniz a créé la théorie des mondes possibles dans une réflexion sur la Providence appliquée à l'ontologie, pour résoudre notamment le problème du statut des romans[3] — ils sont ce qui

---

[1] Ne pouvant détailler ici plus avant, nous nous permettons de renvoyer le lecteur trop curieux à quelques études récentes sur l'illusion référentielle, la vériconditionnalité, l'ontologisme (l'auteur, 2001, 2005 b, d, 2008).

[2] « Si nous analysons, résume Frazer, les principes de la pensée sur lesquels est basée la Magie, nous trouverons qu'ils se résolvent à deux : le premier c'est que tout semblable appelle son semblable, ou qu'un effet est similaire à sa cause ; le second, c'est que deux choses qui ont été en contact à un certain moment continuent d'agir l'une sur l'autre, alors même que ce contact a cessé. » (Frazer, 1981, p. 41). Frazer nomme le premier principe *loi de similitude* et le second *loi de contact (ou de contagion)* ; ils seront repris par Freud et Mauss. Par la représentation, le mot reste en contact avec son référent, et la contagion demeure. « La peur d'un nom ne fait qu'accroître la peur de la chose elle-même », note justement Joanne K. Rowling dans *Harry Potter à l'école des sorciers*. Notre critique de la référence relève de la tradition saussurienne, dans ce qu'elle a de plus nécessairement sceptique.

[3] « On ne saurait nier que des romans comme ceux de Mademoiselle de Scudéry ou l'Octavia ne soient possibles », *Théodicée*, § 173.

peut un jour advenir, mais qui n'advient pas ou pas encore, car Dieu a voulu que nous vivions dans le meilleur des mondes possibles. Utiliser la théorie des mondes possibles pour étudier les romans, comme l'a fait par exemple Thomas Pavel (1988), n'est alors qu'un retour à des sources implicites ou ignorées. La capacité descriptive d'une telle entreprise reste énigmatique : on projette l'œuvre dans le monde de l'œuvre que l'on postule à partir d'elle, mais la relation entre l'œuvre et son monde reste purement tautologique. Le seul effet de cette projection est de sauver le dogme de la référence en le déclinant dans tous les mondes.

Pour Don Quichotte dans sa cage, les enchanteurs ont brouillé la référence des mots, si bien que l'expérience empirique apparente n'est qu'une falsification de la vérité romanesque. Aussi le monde actuel, tel que nous croyons le voir, ne serait-il que le pire des mondes. Jadis, jusqu'à Descartes et Leibniz, l'Intellect archétype garantissait la vérité de nos pensées et la référence de nos mots. Mais de nos jours, la référence est devenue inscrutable, comme l'a reconnu Quine, et le problème de la référence des textes à leurs « mondes » reste entier.

La preuve de la vérité toute référentielle des romans n'est pas pour autant la Providence, mais elle dépend de l'opinion commune. Don Quichotte use à merveille de l'argument d'autorité en répondant au chanoine : « Des livres publiés avec l'autorisation du souverain et l'approbation de leurs examinateurs, des livres également bien accueillis des grands et des petits, des pauvres et des riches, des lettrés et des ignorants, des plébéiens et des nobles, en un mot, de tous les lecteurs, quelle que soit leur condition et leur caractère, ne seraient que des mensonges […] ? » (I, ch. L ; tr. fr. p. 474). Don Quichotte décèle ainsi le fondement doxal de la théorie de la référence.

La référence reste en effet affaire de doxa, c'est-à-dire de préjugé : le réalisme est toujours un conformisme que l'on prend pour une conformité référentielle. Don Quichotte, figure du lecteur conformiste que nous sommes à nos heures, n'a pas compris la fonction critique du roman où il figure, mais ses propos la mettent obliquement en évidence.

L'impression référentielle reste un leurre, mais il reste nécessaire d'en décrire les conditions, de décliner les régimes mimétiques selon les discours, littéraires ou non, et, en littérature, selon les champs génériques (théâtre, poésie, roman, etc.), les genres, les styles et les œuvres. Les arts ont de longue date mis à profit les leurres qui nous lient avec notre environnement, et ils en ont créé d'autres qui s'y sont intégrés. Si ces leurres doivent à leur substrat physiologique de leur capacité d'illusion, ils ne s'y réduisent aucunement. Un mot peut déclencher une représentation que nous croirons son référent, tout comme la grenouille prend une tache noire pour une mouche.

Loin d'être des leurres, les arts sont des jeux réflexifs avec les illusions. La fonction critique du roman (et plus généralement de la littérature) aura été d'en critiquer les conditions et de les lier aux questions majeures de l'herméneutique (le point de vue) comme de la philologie (la garantie). Puisque la mode est aux *making of*, j'avoue donc que ce texte prend sa source dans un ouvrage encore inachevé sur le réalisme en linguistique et en littérature. Les œuvres ne créent pas des mondes, elles questionnent notre désir de prendre des évocations pour des réalités. Définir la distance, c'est refuser l'illusion. Dans une formule célèbre, Coleridge définissait la lecture littéraire comme *a voluntary suspension of disbelief*. Cette suspension est un acte de *déprise* et ne saurait se confondre avec la croyance référentielle. Volontaire, elle est révocable à tout moment.

La dimension critique de l'entreprise artistique ouvre une réflexion sur la fascination et la référence troublée : comme toute mise en cause de l'ontologie, elle destitue les sujets et la société de leurs croyances identitaires. L'identité énigmatique des personnages problématise la nôtre, ce qui reste loin d'une identification voire de cette empathie communiante qu'on a nommé l'*Einfühlung*.

En matière de critique, les scientifiques gagneraient peut-être à se mettre à l'école cervantine. L'illusion théorique n'est pas sans rapport avec l'illusion référentielle. La « science normale » tend sans cesse à réifier ses concepts et les décideurs priment le conformisme : pour la recherche (et le formatage) des informations, on construit aujourd'hui à grands frais les ontologies du « web sémantique », fondées sur une sémantique référentielle qui exclut toute dimension critique. Les linguistes d'ailleurs n'ont jamais été en reste. Les phrases analysées, censées représenter le réel par des propositions décidables, comme *The cat is on the mat*, ne sont pas moins fantomatiques que le serait par exemple *Dulcinée sale les porcs*.

Au Quichotte qui croyait que les livres étaient le monde, nous concéderons certes qu'ils sont notre monde, mais avec cette restriction en forme d'à-peu-près : le monde de la référence est un monde de références (bibliographiques) et l'ontologie une anthologie. Comme le refus de la référence permet de constituer une sémantique autonome à l'égard des spéculations métaphysiques sur le monde des choses, la linguistique peut achever de se constituer en science. Elle assume alors une dimension critique qu'elle hérite de la philologie comme de l'herméneutique. Comme dans les autres sciences humaines, la dimension critique de la connaissance s'accommode fort bien d'un scepticisme sans résignation – celui-là même qui selon Kelsen reste le fondement inébranlable de toute démocratie.

Ruines de la fiction

Dans le romantisme tardif où nous sommes encore, la littérature a cru s'éloigner du monde social, mais elle n'y parvint pas car elle lui appartient. Sa vigueur critique lui évite cependant toute détermination unilatérale et fait pièce aux prétentions du sociologisme.

En 1531, un édit royal interdit dans les Indes l'impression et l'exportation de romans de chevalerie et de toutes autres formes de fiction littéraire. Certes, les cavaliers de Cortez et Pizarre et leurs mâtins nourris de chair humaine avaient mis fin à tout idéal chevaleresque. Avec le premier génocide moderne, le principe de réalité l'emportait. La colline des Muses se peuple chaque jour de victimes sans sépulture.

En 1555, les Cortes de Valladolid demandèrent que cette interdiction soit étendue à l'Espagne. Il est vrai que, dans toute l'Europe, le renouveau de la poétique aristotélicienne – et la suspicion de l'Église, illustrée à la fin du Quichotte par le curé comme par le chanoine, demandaient d'en finir. De l'*Orlando furioso* au *Don Quichotte*, le héros devient fou, le comique l'emporte, le genre connaît une évolution radicale.

La question de l'histoire, d'abord révoquée par l'allègre invraisemblance de l'Arioste, ne sera posée qu'*in petto* par les multiples romans fantastiques et critiques, comme les récits de voyages utopiques de Cyrano de Bergerac. Mais elle est posée tout autrement par Cervantès. Son manuscrit est l'œuvre d'un *historien* arabe. Il s'intitule *Histoire de don Quichotte de la Manche, écrite par Cid Hamed Ben-Engéli, historien arabe*. Or les arabes étaient alors réputés menteurs, mais ici par objectivité : « Si l'on pouvait élever quelque objection contre la sincérité de celle-ci, ce serait uniquement que son auteur fût de race arabe, et qu'il est fort commun aux gens de cette nation d'être menteurs. Mais, d'une autre part, ils sont tellement nos ennemis, qu'on pourrait plutôt l'accuser d'être resté en deçà du vrai que d'avoir été au delà. C'est mon opinion : car, lorsqu'il pourrait et devrait s'étendre en louanges sur le compte d'un si bon chevalier, on dirait qu'il les passe exprès sous silence, chose mal faite et plus mal pensée, puisque les historiens doivent être véridiques, ponctuels, jamais passionnés, sans que l'intérêt ni la crainte, la rancune ni l'affection, les fassent écarter du chemin de la vérité, dont la mère est l'histoire, émule du temps, dépôt des actions humaines, témoin du passé, exemple du présent, enseignement de l'avenir. » (I, IX, p. 75). Borges, dans son *Pierre Ménard, auteur du Quichotte*, voit justement dans la fin de cette période un pur éloge rhétorique de l'histoire. Mais cet éloge, si paradoxal au regard du début de la même période, qui évoque un silence somme toute mensonger, cache une antique rivalité : celui de la poésie (dramatique) et de l'histoire, au neuvième chapitre de la *Poétique* d'Aristote.

L'éloge de l'histoire est repris par le chanoine, qui y voit un excellent antidote aux mauvais romans, car non seulement elle est véridique, mais elle a une portée éthique et enrichit le lecteur d'enseignements moraux. Après une énumération de hauts faits des grands hommes de guerre depuis Viriato et César, le chanoine conclut : « Le récit de leurs vaillants exploits suffit pour amuser, pour instruire, pour ravir et pour étonner les plus hauts génies qui en fassent la lecture. Voilà celle qui est digne de votre intelligence, mon bon seigneur don Quichotte ; elle vous laissera, quand vous l'aurez faite, érudit dans l'histoire, amoureux de la vertu, instruit aux bonnes choses, fortifié dans les bonnes mœurs, vaillant sans témérité, prudent sans faiblesse ; et tout cela pour la gloire de Dieu, pour votre propre intérêt et pour l'honneur de la Manche, d'où je sais que Votre Grâce tire son origine. » (I, ch. XLIX, p. 546).

Or, aujourd'hui, le débat antique paraît reprendre de plus belle, dans des conditions nouvelles, car il intéresse la catégorie de la fiction comme le rapport de la littérature à la vérité. D'une part, la littérature institutionnelle se réduit presque au genre du roman, seul genre commercialement rentable, les autres genres, notamment poétiques, restant marginalisés. D'autre part, elle est assimilée à la fiction et la distinction bibliographique entre fiction et « non-fiction » semble intangible. Elle reste fondée sur la conception positiviste de la référence, qui caractériserait la « non-fiction », notion plus énigmatique encore que celle de fiction. En s'appuyant sur la distinction entre « discours » et « récit », par laquelle Benveniste opposait le récit romanesque (une nouvelle de Balzac) et l'histoire (un traité de Glotz), la narratologie contemporaine a cherché des « marques » linguistiques qui différencieraient ces deux régimes : elle en a trouvé, bien entendu, mais ces marques énonciatives restent évidemment superficielles, dépendant de conventions génériques évolutives et sans rapport déterminable avec la véridicité des textes[1].

Cependant, la valeur propre aux témoignages littéraires ébranle ces certitudes. Le témoignage littéraire est un genre dont la poétique, presque ignorée, peut beaucoup nous apprendre. Né de la première guerre mondiale, élaboré dans la seconde, notamment par des survivants de l'extermination, ce genre littéraire a été développé dans les littératures du tiers monde, de l'Algérie au Cambodge, au Rwanda, comme dans celles de l'Amérique latine. Par son ambition éthique, il va au rebours des conceptions cyniques ou décoratives de l'art. Il bouleverse les catégories de la philosophie du langage : les faits deviennent inséparables des valeurs, la stylisation de la recherche de la vérité. Ainsi le « devoir de mémoire » devient-il un devoir d'éducation. Par l'éventail universel de ses destinataires, il refonde humblement la notion de littérature mondiale autour des valeurs que portent les droits de l'homme (*cf.* l'auteur, 2005, 2010a et b).

---

[1] La question des régimes mimétiques peut trouver des sanctions empiriques par la comparaison systématique de corpus étiquetés, différenciés en discours, champs génériques et genres (cf. l'auteur 2011a). Un indice parmi d'autres : les faux témoignages et les romans historiques priment le *je*, alors que les témoignages authentiques priment le *nous* (l'auteur doit en général sa survie à une solidarité, et témoigne pour les autres survivants comme pour les camarades disparus).

Il ébranle l'édifice théorique de la poétique contemporaine qui s'accommode d'une esthétique anesthésiée, dont tout jugement de valeur est exclu. S'appuyant sur la philosophie du langage anglo-saxonne, Genette estime que les livres relevant de genres « factuels » comme le témoignage sont des textes et non des œuvres et n'appartiennent qu'à une littérature « conditionnelle »[1]. En somme, ne relevant pas de la littérature institutionnelle, un témoignage ne peut être défini que comme un texte simplement documentaire. Faute de correspondre aux catégories qui définissent la fiction, notamment romanesque, ni à celles que l'on accorde à l'histoire, il demeure incompris.

On l'a donc généralement négligé car il demeurait impensable, sinon par certains critiques en littérature comparée ou dans les *Holocaust Studies*. On l'a aussi délégitimé, soit en le déclarant impossible pour mille raisons blanchottiennes (Derrida), soit en affirmant que l'extermination était un « événement sans témoin » (Shoshana Felman)[2].

Il restait à priver le témoignage de sa valeur historique, et, dans un deuxième temps, à affirmer la supériorité du roman sur l'histoire. Les éloges de romans historiques manipulateurs n'ont pas manqué, de Virgil Georghiu à Robert Merle, de Jean-François Steiner à Jonathan Littell, dont le best-seller primé a marqué en 2006 une sorte de basculement des rapports entre roman et histoire. Affichant un professionnalisme à l'américaine, Littell a compilé la documentation classique pour attester que son roman est historiquement fondé. La revendication historique lui a valu les *satisfecit* d'historiens comme Pierre Nora, Christian Ingrao, Max Gallo. Même Claude Lanzmann a décerné à Littell un brevet d'historien. Tous saluent l'exactitude et la

---

[1] « À cette différence d'extension (un texte et une œuvre littéraire) correspond l'opposition entre les deux régimes de littérarité : le constitutif, garanti par un complexe d'intentions, de conventions génériques, de traditions culturelles de toutes sortes, et le conditionnel, qui relève d'une appréciation esthétique subjective et toujours révocable » (1991, p. 87).

[2] Derrida a théorisé l'impossibilité du témoignage (2007). D'autant plus embarrassée avec l'histoire que son maître à penser Heidegger a porté le nazisme au stade théorique pour l'introduire en philosophie et que certains de ses inspirateurs comme Blanchot et Bataille furent à tout le moins ambigus avec l'hitlérisme, la déconstruction réduit volontiers l'histoire à une morne fiction narrative (*cf.* le confus mais illustre *Metahistory* de Hayden White, 1975).

parfaite information. Le leurre a parfaitement fonctionné et ces historiens ont traité d'un roman historique sans se demander si l'histoire en question n'était pas un simple décor pour une fiction vendeuse.

L'histoire est-elle une accumulation de petits faits vrais ou un effort de compréhension, d'objectivation à partir de tous les documents disponibles ? Littell reprend trois moyens éprouvés de dégrader l'histoire des historiens : n'en retenir que des faits ; s'en servir comme décor ; la faire régresser vers le témoignage de ceux qui ont tout intérêt à la travestir, en premier lieu les bourreaux. En contredisant tous les critères éthiques et esthétiques du témoignage, son narrateur, nazi belge-circoncis-SS-scatophage-hypocondre-homosexuel-incestueux-matricide-exterminateur-sauveur-ubiquiste-ommiscient s'égale au témoin et le roman historique devient ainsi tout à la fois un témoignage imaginaire, un faux témoignage et un plaidoyer à décharge. Il en résulte une radicale déréalisation de l'extermination, devenue simple maté-riau, comme jadis la matière de Bretagne qui fascinait tant le Quichotte.

Brouillant les frontières entre victimes et bourreaux, Littell va bien au-delà d'une simple inversion des valeurs. Même s'ils divergent, l'historien et le témoin se rencontrent dans la même volonté d'établir les faits et les responsabilités. Mais les témoi-gnages des bourreaux imaginaires et des victimes réelles ne peuvent évidemment être mis sur le même plan.

À présent, certains voudraient que la mission du témoignage passe des survivants à leurs bourreaux. Dans un compte-rendu favorable des *Bienveillantes*, un historien écrit : « Les lecteurs sont fascinés parce qu'ils sentent bien que, si l'on veut comprendre les massacres, les atrocités, il faut en passer par le discours des bourreaux, pas par celui des victimes, innocentes par défini-tion » (Christian Ingrao, *Libération*, 7.11.2006). On voit mal pourquoi la culpabilité serait une garantie historique ; selon cette thèse de la vérité dans le Mal, seuls les criminels diraient la vérité. L'aboutissement de ce processus est l'usurpation par le bourreau fictif de la fonction tenue jusqu'alors par les témoins réels. La délégitimation du témoignage est accomplie quand on prend pour réalité l'histoire vue par un personnage de roman. La confusion est ainsi consommée quand Susan Suleiman présente Aue comme un *témoin historique fiable*, confondant personne et personnage, anachronisme et science historique[1].

Deux voies complémentaires s'ouvrent alors pour les historiens : affirmer la supériorité du roman et élaborer une histoire virtuelle. La supériorité du roman tiendrait à ses capacités d'évocation d'une « vérité de l'histoire » paradoxalement inaccessible aux historiens. Ainsi, après qu'un avant-propos anonyme ait réaffirmé « la force intrinsèque de la distinction entre vérité et fiction » (2011, p. 3), selon Pierre Nora, Littell permettrait : « *à travers la vérité romanesque*, l'évocation sensible d'une vérité de l'histoire que les historiens *n'avaient pas les moyens d'atteindre* » (2011, p. 12, je souligne). La deuxième voie intéresse l'histoire contrefactuelle, qui mobilise une ontologie possibiliste d'ascendance leibnizienne pour décrire ce qui aurait pu se passer. Relancée en 1991 par Geoffrey Hawthorn, dans son ouvrage *Plausible Worlds: Possibility and Understanding in History and the Social Sciences*, elle inspira le programme de l'histoire contrefactuelle formulée par Niall Ferguson dans le recueil *Virtual History: Alternatives and Counterfactuals* (1997). Les auteurs se demandent gravement ce qui serait advenu si Hitler avait débarqué en Angleterre en 1940 ou gagné la bataille de Stalingrad en 1943. Cette curieuse entreprise transforme le contrefactuel en plausible, en s'appuyant sur la théorie des mondes possibles[2].

On comprend parfaitement que le principe de réalité embarrasse les contemporains ; mais l'Arioste avait génialement anticipé l'histoire contrefactuelle ; dans un article grave contre le négationnisme, Levi en cite ironiquement ces vers,

---

[1] « A reliable witness to the Holocaust » (Golsan & Suleiman, 2009, p.196). Peu importe alors que ce nazisme soit historiquement fabuleux, puisqu'il s'agit de fait de le rendre actuel, désirable et vendeur, en s'attirant de surcroît les suffrages des intellectuels et des universitaires. La boucle est bouclée quand la revue de la Fondation Auschwitz reprend ses propos.

[2] Dans cette veine, Pavel affirme : « En affirmant, par exemple : « si le traité de Versailles avait divisé en deux l'Allemagne au lieu de démanteler l'Autriche-Hongrie, il n'y aurait pas eu de seconde guerre mondiale », nous projetons un monde où cette proposition est vraie. [...] La logique des mondes possibles plaisent (sic) à ceux qui aiment la liberté, la religion et la littérature. Il va de soi que je rejette le déterminisme historique. » (2006). L'argument pro-liberté et anti-déterminisme en dit long sur les enjeux hédoniques (*plaisent, aiment*) de l'histoire contrefactuelle.

qui parodient Dante : « Et si tu veux que le vrai ne te sois celé,/Tourne l'histoire en son contraire :/Les Grecs furent vaincus, et Troie victorieuse,/Et Pénélope fut maquerelle. »[1]

L'histoire réelle apparaît en somme comme une forme incomplète de l'histoire fictive, elle-même inférieure au roman historique. Toujours plus moderne qu'il ne semble, Don Quichotte pourrait passer même pour déconstructionniste, puisqu'il ne croit pas à la non-fiction. Comme naguère Hayden White (1975), il ne parvient pas à distinguer le roman de l'histoire. La fiction romanesque contemporaine revendique la liberté et refuse toute responsabilité[2]. Or le principal obstacle à la liberté reste la croyance dans la toute-puissance irresponsable de l'auteur, corrélat de l'autotélisme de l'œuvre, que Genette nomme son *intransitivité* : ce pourrait être un des sens symboliques de la cage qui renferme Don Quichotte pendant le débat sur la poétique des romans.

L'histoire contrefactuelle, la supériorité du roman historique sur l'histoire, tout cela doit être mis en perspective en fonction de l'essor économique du secteur du déni, dont la croissance accompagne celle d'internet et des industries de la communication. Il ne suffit pas de rappeler que le négationnisme historique se développe en temps réel dans le tohu-bohu complotiste du web, si bien que la réalité des faits est contestée dès qu'ils surviennent, des attentats du 11 septembre à la mort de Ben Laden. Les États ne sont pas en reste sur les internautes et les enchanteurs de la CIA n'ont pas manqué de diffuser les merveilleuses images des caches romanesques, à la Jules Verne, de ce magicien islamiste. En 2004, Karl Rove, conseiller spécial de George Bush, expliquait le fondement théorique de la souveraineté impériale : « Nous sommes un empire et nous créons notre propre réali-

---

[1] « E, se tu vuoi che 'l ver non ti sia ascoso,/Tutta al contrario l'istoria converti :/Che i Greci rotti, e che Troia vittrice,/E che Penelopea fu meretrice. » La source n'est pas citée, c'est l'*Orlando furioso*, XXXV, 27, 4-8 ; cf. *L'assimetria e la vita*, Turin, Einaudi, 2002, p. 101.

[2] « Il n'y a ni morale ni responsabilité en littérature », déclarait naguère Christine Angot (*Libération*, 29 juin 1999). L'autofiction revendiquée est bien entendu une couverture pour d'inlassables récits à clef qui lui ont valu des poursuites judiciaires et ne nous laissent rien ignorer de ses sodomies avec un *rapper* sarkozyste.

té »[1]. La souveraineté consisterait-elle à défaire l'histoire pour affirmer la toute-puissance de l'empire… et du roman ?

Étrangement, nous restons dans l'espace de discussion du *Quichotte*, car à la Renaissance la question des rapports entre les armes et les lettres, *arma et litterae*, de la rivalité entre *Ars* et *Mars* prit un remarquable essor. Cervantès, soldat jusqu'à l'âge mûr, incarne ce débat dans le personnage même de l'Ingénieux Hidalgo. En outre, en son temps, un autre débat artistique portait sur la représentation de la nature ou sur son dépassement. Kantorowicz résume ainsi : « L'art devait-il imiter la nature ou la surpasser […] Pour ce faire, quel était le rôle de la fiction, quel était son rapport avec la vérité ? » (1984, p. 35). L'enjeu était évidemment la puissance de la liberté humaine ; pouvait-elle dépasser le constat de Saint Augustin : la créature ne peut créer (*creatura non potest creare*) ?

Ici revient, par un tout autre biais, la notion de fiction, qui nous vient du droit romain. Elle permettait de dire le droit hors de Rome, alors que les formules ritualisées se référaient à l'*Urbs* même, comme de conférer une personnalité juridique à des entités abstraites telle une corporation. Au Moyen-Âge, dans sa rivalité avec l'Empereur, le pouvoir juridique du Pape va jusqu'à modifier l'ordre ontologique, ce qui est un pouvoir divin (Tancrède écrit ainsi vers 1220, dans une glose aux décrétales d'Innocent de 1198 : « De nichilo facit aliquid ut deus » [Comme Dieu, il peut faire quelque chose de rien]). Henri de Suse va encore plus loin que ce pouvoir de création : « Ens non esse, non ens fore » ([il peut faire que ce qui est ne soit pas, et que ce qui n'est pas soit], cf. Kantorowicz, *op. cit.*, pp. 42-43). Un juriste français, Gui Pape (mort en 1497), transféra ce pouvoir au souverain temporel : « Il [l'empereur] peut légalement rendre vivante

---

[1] « The aide [Karl Rove] said that guys like me were "in what we call the reality-based community," which he defined as people who "believe that solutions emerge from your judicious study of discernible reality." I nodded and murmured something about enlightenment principles and empiricism. He cut me off. "That's not the way the world really works anymore." He continued "We're an empire now, and when we act, we create our own reality. And while you're studying that reality – judiciously, as you will – we'll act again, creating other new realities, which you can study too, and that's how things will sort out. We're history's actors… and you, all of you, will be left to just study what we do. » (Suskind, Ron Faith, Certainty and the Presidency of George W. Bush. *The New York Times Magazine,* 17. 10. 2004).

une personne morte et donner dispense au-delà du droit ». Il restait, pour donner tout pouvoir à l'artiste, à l'égaler au souverain. Quand Pétrarque, revêtu du manteau de pourpre du Roi de Naples, fut couronné au Capitole, on put y voir la première étape de cette *equiparatio*. Panofsky a parfaitement retracé les étapes de la divinisation de l'artiste à la Renaissance, qui obtient avec le pouvoir de créer, le titre de divin, d'abord donné à Michel-Ange — et dont héritèrent les fantasques *divas*. Mais le thème de la toute-puissance de l'Artiste reste malgré tout un thème contemporain.

Le Romantisme a en effet radicalisé la mission de l'Art et l'artiste a pris la figure trop familière du Surhomme dont la mission est de transgresser voire d'inverser les valeurs. À lui d'écrire l'histoire, comme le héros de Littell, familier de Blanchot, pétri de Sade et de Bataille. Nous avons relevé dans son livre des falsifications qui sont autant d'offenses à la mémoire de résistants (Wolf Kieper, Zoïa Kosmodemianskaïa, cf. l'auteur, 2009). Plus radicalement encore, Yannick Haenel, dans un roman primé, prête au grand résistant Jan Karski le propos que l'année 1945 est la pire dans l'histoire du XXe siècle, et qu'il n'y a eu alors « que des complices et des menteurs » (2009, p. 115)[1]. Il est vrai que pour Haenel « la littérature est un espace libre où la « vérité » n'existe pas » (*Le Monde*, 26.01.10, p. 19). La pièce adaptée de son roman s'intitule *Jan Karski (Mon nom est une fiction)* et le dossier pédagogique ministériel affirme à ce propos : « Yannick Haenel ouvre une nouvelle perspective pour la transmission de la Shoah. »[2]

Si, en bon enchanteur, le romancier peut « recréer » l'histoire, il ne peut toutefois éluder sa responsabilité. Quand en 1966, dans

---

[1] Thème nazi par excellence, car Nuremberg aurait été un mensonge des vainqueurs responsables de tout. Haenel délégitime la notion même de crime contre l'humanité : « Prétendre que l'extermination est un crime *contre* l'humanité, c'est épargner naïvement une partie de l'humanité, c'est la laisser naïvement en dehors de ce crime » (p. 167, voir aussi 165 et passim). Si toute l'humanité est coupable, comment différencier victimes et bourreaux ?

[2] Jan Karski (Mon nom est une fiction), *Pièce (dé)montée*, n° 134 juillet 2011, p. 3. Mise en scène et adaptation : Arthur Nauzyciel. Les dossiers pédagogiques « Théâtre » et « Arts du cirque » du réseau SCÉRÉN en partenariat avec le Festival d'Avignon. Selon Philippe Sollers, le livre de Yannick Haenel, prix Interallié 2009, est « un très bon roman qui ouvre des perspectives nouvelles à la fiction contemporaine dans sa manière même de repenser l'Histoire. », http://www.pileface.com/sollers/article.php3?id_article=972.

son *Treblinka* préfacé par Simone de Beauvoir, Jean-François Steiner décrivait la mort de Demjanjuk, meurtrier de masse, il le protégeait, car Demjanjuk se cachait alors aux États-Unis. Ce bourreau fut condamné en 2011 — et d'ailleurs libéré sur le champ[1].

Les romans historiques et les faux témoignages sont écrits avec un même pathos qui les rend fort séduisants : *Les Bienveillantes* se vendit 3.000 fois plus vite que la première édition de *Se questo è un uomo*. En outre, les faux, quand ils sont décelés, comme *Fragments d'une enfance*, de Binjamin Wilkomirski, ou *Survivre avec les loups*, de Misha Defonseca, poursuivent tout uniment leur carrière internationale. Le pathos, toujours irréfutable, reste quoi qu'il arrive un puissant facteur de déréalisation qui soustrait les faussaires à tout jugement critique.

Avec le Romantisme, la littérature a été abusivement assimilée à la fiction : poursuivant une mission angélique ou satanique, l'art littéraire se définissait en opposition avec l'horrible réalité du monde (Flaubert). Mais le mythe veut sans cesse faire retour dans l'histoire. Or, comme l'a bien vu Cassirer dans sa critique du romantisme nazi, le *stahlernes Romantik* de Goebbels, le mythe fait irruption dans un bain de sang. Si bien que même les tueurs revendiquent aujourd'hui les pouvoirs de la fiction[2], pour plaider évidemment non-coupable.

Dans le monde de la consommation — dont la communication fait partie — on prime naturellement le principe de plaisir. La réalité reste invendable. Pour l'individualisme du consommateur souverain, *c'est mon choix* devient un critère de vérité. L'église de scientologie recrute ainsi avec le slogan : « Si c'est vrai pour toi, c'est vrai ! » Misha Defonseca éclaire parfaitement les conséquences littéraires de ce principe : « De tout mon être, j'ai ressenti, jour après jour, que mon histoire est vraie. Mes nuits

---

[1] Jean-François Steiner, auteur d'un livre à la gloire des paras en Algérie, témoigna en 1977 en faveur de Maurice Papon, un ancien ministre convaincu de complicité de crimes contre l'humanité, et, en octobre 1979, participa au réseau qui organisa la fuite de Papon en Suisse.

[2] Dans le prologue de son mémorandum de 1518 pages, *2083, une déclaration d'indépendance européenne*, Anders Breivik, tueur de masse norvégien, se réclame de la fiction : « L'auteur, amateur de science-fiction, a voulu créer un nouveau style complet d'écriture qui ait le potentiel de choquer [...] avec un incroyable complot qui est œuvre de fiction. »

ont été peuplées de cauchemars, la réalité s'y mêlait [...] pour moi ce n'était pas une fiction. Mon avocat m'a dit que c'était « ma » vérité. Il a raison, c'est ma vérité » (*Le Figaro*, 29 février 2008).

L'individualisme n'est qu'un argument pour l'ultralibéralisme prônant la déréglementation au nom de la liberté. Pour ses partisans conséquents, la réalité même paraît une réglementation insupportable. On l'a vu avec la crise des *subprimes*, résultat d'une manipulation colossale. Avec l'essor des préoccupations de santé publique et d'environnement, le secteur économique du déni est en plein essor, comme l'a montré par exemple le *climategate* : on y retrouve les mêmes acteurs, les mêmes éléments de langage, les mêmes types d'argumentation, qu'il s'agisse de l'industrie chimique et pharmaceutique, des pétroliers, du nucléaire, de l'industrie du tabac et de celle de l'armement[1].

Quand elle unit ces deux principes, le principe de plaisir et le déni de réalité, la littérature institutionnelle devient un des secteurs de l'industrie de la désinformation. Maintenant que les enchanteurs ont pris le pouvoir sur les romans, Don Quichotte a changé de camp, il s'est réfugié dans la réalité : en France, une association humanitaire s'est fièrement nommée *Les enfants de Don Quichotte*. Autant dire que l'Ingénieux Hidalgo ne croit plus aux enchanteurs. Il a compris que la vérité est, en dernière analyse, une notion éthique : elle émerge non de l'adhésion, du sentiment intime, de la certitude ou de la croyance, mais de la critique, entendue comme rupture du consensus et combat contre le mensonge et l'aveuglement. Puissent donc les arts et sciences du texte, par leur vigueur critique, nous éduquer à la réalité.

Bibliographie

Cervantes Saavedra, Miguel de (1911-1913) *El ingenioso hidalgo Don Quijote de la Mancha*, Madrid, Ediciones de La Lectura.
Cervantes Saavedra, Miguel de (1959) *L'ingénieux hidalgo don Qui-*

---

[1] Il faut noter d'ailleurs que les techniques stylistiques du déni transcendent les domaines empiriques : nous avons constaté de remarquables parentés linguistiques entre les sites racistes et les sites protabac, tant entre les sites « scientifiques » (qui utilisent les phraséologies négationnistes) qu'entre les blogs, où des mots comme *tabou* ou *ayatollah* reviennent pour vouer aux gémonies toute réglementation.

chotte de la Manche, Paris, Club français du livre (traduction de Louis Viardot).

Cervantès Saavedra, Miguel de (1962) *Don Quichotte de la Manche*, Paris, Gallimard (traduction de Francis de Miomandre ; préface de Henri de Montherlant).

Derrida, Jacques (2005) *Poétique et politique du témoignage*, L'Herne, coll. Carnets, Paris.

Ferguson, Niall, ed. (1997) *Virtual History: Alternatives and Counterfactuals*, New York, Basic Books.

Frazer, J. G. (1981 [1890-1915]) *Le Rameau d'or, Le roi magicien dans la société primitive, Tabou et les périls de l'âme*, Paris, R. Laffont, Bouquins.

Genette, Gérard (1991) *Fiction et diction*, Paris, Seuil. [rééd. *Fiction et diction* précédé de *Introduction à l'architexte*, Paris, Éditions du Seuil, 2004].

Genette, Gérard (1999) Du texte à l'œuvre, *Le Débat*, 103, Paris, Gallimard.

Golsan, Richard E. & Suleiman, Susan (2009) *Suite française* and *Les Bienveillantes*, two literary exceptions, *Témoigner*, 113, p. 191-200.

Haenel, Yannick (2009) *Jan Karski*, Gallimard, 2009.

Hawthorn, Geoffrey (1991) *Plausible Worlds: Possibility and Understanding in History and the Social Sciences*, Cambridge, Cambridge University Press.

Kantorowicz, Ernst (1984) La souveraineté de l'artiste. Notes sur quelques maximes juridiques et les théories de l'art à la Renaissance, in *Mourir pour la Patrie et autres textes*, Paris, Fayard, pp. 31-55.

Lebow, Richard Ned (2007) Counterfactual Thought Experiments: A Necessary Teaching Tool, *The History Teacher*, 40, 2.

Littell, Jonathan (2006) *Les Bienveillantes*, Paris, Gallimard.

McDonald, Margaret (1992 [1954]) Le langage de la fiction, in Genette, éd., *Esthétique et poétique*, Paris, Éditions du Seuil, collection Points Essais.

Nora, Pierre (2011) Histoire et roman : où passent les frontières ? *Le Débat*, L'histoire saisie par la fiction, n°165, mai-août 2011, pp. 6-12.

Nunez Ronchi, Ana (2005) "Así se escribe la historia": verdad y verosimilitud en Los trabajos de Persiles y Sigismunda: historia septentrional, *Didáctica (Lengua y Literatura)*, 17, pp. 217-234.

Pavel, Thomas G. (1975) Possible Worlds, *Literary Semantics. Journal of Aesthetics and Art Criticism* 34, 2, pp. 165-176.

Pavel, Thomas (1988) *Univers de la fiction*, Paris : Seuil, coll. « Poétique », 1988.

Pavel, Thomas (1996) *L'art de l'éloignement, Essai sur l'imagination classique*. Paris, coll. Folio Essais (inédit), Gallimard.

Pavel, Thomas (2006) Mondes possibles, normes et biens, http://www.fabula.org/atelier.php?Mondes_possibles,_normes_et_biens

Rastier, F. (2001) L'Être naquit dans le langage : un aspect de la mimésis philosophique, *Methodos*, I, Lille, Presses du Septentrion, pp. 103-132.

Rastier, F. (2005a) *Sémantique interprétative*, Paris, PUF, troisième édition augmentée.

Rastier, F. (2005b) Les mots sans les choses ? Questions sur la référence, in Murguiá, A. éd. *Sens et référence*, Tübingen, Narr, pp. 223-255.

Rastier, F. (2005c) *Ulysse à Auschwitz — Primo Levi, le survivant* (Paris, Editions du Cerf).

Rastier, F. (2005d) Analyse sémique et référence, in Elena Auraujo Carreira, éd. Des universaux aux faits de langue et de discours — Hommage à Bernard Pottier, Travaux et documents, Presses de l'Université Paris VIII, 27, pp. 19-40.

Rastier, F. (2008) Obscure référence, in P. Frath, éd., *Zeitschrift für Französische Sprache und Literatur*, 35, pp. 91-108.

Rastier, F. (2009) Euménides et pompiérisme. Refus d'interpréter, *Témoigner*, 103, pp. 171-190.

Rastier, F. (2010a) Littérature mondiale et témoignage, in Samia Kassab, éd., *Altérité et mutation dans la langue — Pour une stylistique des littératures francophones*, Louvain, Academia Bruyland, pp. 251-272.

Rastier, F. (2010 b) Témoignages inadmissibles, *Littérature*, 117, pp. 108-129.

Rastier, F. (2011a) *La mesure et le grain. — Sémantique de corpus*, Paris, Champion, coll. Lettres Numériques, 266 p.

Rastier, F. (2011b) Du texte à l'œuvre. La valeur en questions, in Christine Chollier, éd. (2011) *Qu'est-ce qui fait la valeur des textes ?*, Reims, Éditions et Presses universitaires de Reims, pp. 11-74.

Ronchi Ana Nunez (2005) "Así se escribe la historia": verdad y verosimilitud en Los trabajos de Persiles y Sigismunda: historia septentrional, *Didáctica (Lengua y Literatura)*, 17, pp. 217-234

Saussure, Ferdinand de (1986) *Le leggende germaniche*, a cura di Anna Marinetti et Marcello Meli, Este, Libreria editrice Zielo, 511 p.

Schaeffer, Jean-Marie (1999) *Pourquoi la fiction ?*, Paris, Éditions du Seuil, coll. Poétique.

Tucker, Aviezer (2004) *Our Knowledge of the Past*, Cambridge, CUP.

White, Hayden (1973) *Metahistory: The Historical Imagination in Nineteenth-Century Europe*, Baltimore, John Hopkins University Press.

Wieviorka, Annette (2010) « Faux témoignage », *L'Histoire*, 349, pp. 30-31.

D'UNE RESPONSABILITÉ DE LA FORME AUJOURD'HUI

Pauline Laroche-Vachaud, Université Grenoble Alpes

Les traverses génériques empruntées par la littérature contemporaine sont légion, et le roman, pour nombre d'écrivains, ne semble plus à même d'accueillir le mouvement d'une écriture aux prises avec le monde d'aujourd'hui. « Non, plus de roman, mais le dispositif même des voix qui nomment la ville et tâchent de s'en saisir. » Cette formule désormais fameuse de François Bon[1] manifeste une dynamique qui dépasse largement le travail de cet auteur. Pourtant, certains textes du même François Bon, de Marie Depussé, Maryline Desbiolles, Nicole Malinconi, Jacques-Henri Michot et Jane Sautière mettent en oeuvre une démarche éminemment « poéthique » – où la dimension éthique prend corps dans l'écriture même et non en amont ou en aval. Dès lors, le propos que nous voudrions dérouler en réponse à la question des « valeurs *dans* le roman » ne saurait tenir qu'une place ambivalente quant à l'axe de réflexion de ce recueil, puisque nous apprécierons l'éthique telle que la littérature peut y être intéressée à partir d'un corpus non romanesque *a priori*.

---

[1] François Bon, *Impatience*, Paris, Minuit, 1998, p. 23.

« Des mots de vous qui me feraient écrire. »[1]

Avant de développer les conditions de la « poéthique » singulière en jeu chez ces six auteurs – une réactualisation de la responsabilité de la forme –, sans doute est-il nécessaire de présenter brièvement les textes retenus.

Les plus connus sont *C'était toute une vie* et *Prison*, de François Bon, parus chez Verdier, respectivement en 1995 et 1997. Dans ces deux ouvrages, la création littéraire est redevable à la pratique d'ateliers d'écriture dans laquelle François Bon est engagé : elle se déploie à partir de textes produits par les détenus de la prison de Gradignan (dans *Prison*) et par un groupe de Lodevois marginalisés (dans *C'était toute une vie*). *Prison* est constitué de sections autonomes, reliées non par quelque fil narratif commun, mais par un procédé d'écriture hautement citationnel. Quant à *C'était toute une vie*, il se fonde lui aussi sur une pratique citationnelle forte, au gré d'une forme plus homogène, où une voix narrative s'emploie à tisser, dans un récit lacunaire, l'histoire d'une jeune toxicomane ayant eu l'occasion de participer aux ateliers et demandé explicitement à F. Bon de se faire son porte-voix.

Dans le même ordre d'idées, *C'est pourtant pas la guerre*, de Maryline Desbiolles[2], est fondé sur une expérience de terrain : ayant rencontré dix habitants de la cité de l'Ariane (dans la banlieue de Nice), M. Desbiolles a procédé au tissage de leur « 10 voix + 1 »[3] – celle du « je » écrivain. À l'instar de ce que propose l'ensemble des textes convoqués ici, une voix subjective réellement investie se donne à lire dans la résonance qu'opèrent en elle les voix des autres – voix réellement investies, elles aussi, et d'autant plus autres que socialement marginales.

Hôpital silence quant à lui[4], s'inscrit dans la droite ligne de l'engagement social qui fut celui de Nicole Malinconi, pendant plusieurs années, à l'hôpital gynécologique de Namur, dont le statut était très particulier en Belgique : le médecin responsable du service avait mis en place un étage pour les avortements, à une époque où cette

---

[1] Nicole Malinconi, *Vous vous appelez Michelle Martin*, Paris, Denoël, 2008, p. 21.

[2] Maryline Desbiolles, *C'est pourtant pas la guerre,* Paris, Seuil, « Fiction & Cie », 2007.

[3] Comme le précise le sous-titre de l'ouvrage.

[4] Nicole Malinconi, *Hôpital silence*, Paris, Minuit, 1985 (édition de référence ici : Bruxelles, Labor, 1996).

pratique était encore illégale dans ce pays. Au terme de cette expérience d'autant plus marquante qu'il s'agissait d'être témoin des violences propres à une telle situation, Nicole Malinconi a souhaité « rassembl[er] les mots perdus de l'hôpital »[1]. Depuis, elle a pris ses distances avec ce type d'action sociale, cependant, son intérêt pour « l'humain » reste prégnant, sans quoi elle n'aurait pas accepté la rencontre demandée par Michelle Martin, l'ancienne compagne de Marc Dutroux, aujourd'hui incarcérée à la prison de Namur. Écrit au gré des échanges tenus durant un peu plus d'un an entre l'auteur et cette détenue tristement célèbre, *Vous vous appelez Michelle Martin*[2] poursuit à sa manière le souci de réel qui détermine l'écriture de Nicole Malinconi en général.

De même, *Fragmentation d'un lieu commun*[3], de Jane Sautière, est directement issu de l'expérience de l'auteur comme éducatrice spécialisée en milieu carcéral : le texte déroule cent fragments évoquant telle ou telle scène marquante de ce lieu du monde, à partir des mots qui traversent ce lieu.

Avec *Dieu gît dans les détails*[4], par ailleurs, nous pouvons appréhender l'engagement de Marie Depussé dans la clinique psychiatrique La Borde. Après trente ans passés auprès des « fous » accueillis par cette institution atypique[5], elle s'est lancée dans l'écriture d'« un livre qu'on pourra[it] lire, sur La Borde »[6], dépeignant les « heures »[7] du lieu et les paroles des pensionnaires qui l'habitent. Et si les treize nouvelles qui composent *Là où le soleil se tait*[8] n'ont pas toutes trait à cet attachement de l'auteur pour « les lieux de douleur »[9], deux d'entre elles relèvent néanmoins de son expérience d'enseignement en prison, quand deux autres évoquent son amitié avec la « folle »[10] Laurence et Henry et Billy, deux « clodos de vocation »[11].

---

[1] *Ibid.*, p. 62.

[2] Nicole Malinconi, *Vous vous appelez Michelle Martin*, Paris, Denoël, 2008.

[3] Jane Sautière, *Fragmentation d'un lieu commun*, Paris, Verticales/Le Seuil, 2003.

[4] Marie Depussé, *Dieu gît dans les détails*, Paris, POL, 1993.

[5] Créée par Jean Oury en 1953, cette clinique fut l'un des premiers lieux mettant en œuvre la psychothérapie institutionnelle.

[6] *Dieu gît dans les détails, op. cit.*, p. 147.

[7] « Décrire les heures de La Borde, dans la minceur de maintenant. », *Ibid.*, p. 116.

[8] Marie Depussé, *Là où le soleil se tait*, Paris, POL, 1998.

[9] *Dieu gît dans les détails, op. cit.*, p. 58.

[10] *Là où le soleil se tait, op. cit.*, p. 57.

[11] *Ibid.*, p. 161.

Enfin, le dernier texte de cette liste non exhaustive, sans doute, mais significative d'une certaine démarche contemporaine, est un ouvrage paru chez Al Dante, en 1998 : il s'agit de *Un ABC de la barbarie*[1], de Jacques-Henri Michot. Dans ce « Bréviaire des bruits »[2] régi par un dispositif complexe, l'auteur ne s'occupe pas de relayer les voix marginales, mais, au contraire, la voix dominante. Il s'emploie à réunir, sous forme alphabétique, la liste des expressions typiques du « nauséeux consensus »[3] actuel – le « discours médiatique à prétention hégémonique »[4]. Dans la ligne du philologue Viktor Klemperer, Michot rappelle alors combien les mots peuvent être « porteur[s] de mort »[5]. Apposée comme « contre-liste »[6] à cet usage aliénant de la langue, une multitude de « titres, pincées, plages »[7] empruntés à la littérature, la philosophie, l'histoire, la musique, et les arts en général vient cependant entamer le « déferlement du tintouin »[8], en proposant un autre type de socialité langagière.

Une littérature engagée ?

L'ensemble de ces neuf textes est certes hétérogène : leurs auteurs sont plus ou moins connus, ils travaillent dans des voies qui leur sont propres, et parfois fort divergentes, ils ne font pas école, ne constituent pas une famille d'écriture assumée comme telle. Cependant, malgré les spécificités de chacun, une préoccupation commune les anime : la nette dimension éthique, très singulière, de leur démarche.

---

[1] Jacques-Henri Michot, *Un ABC de la barbarie*, Marseille, Al Dante, 1998.

[2] Sous-titre de l'ouvrage.

[3] Jacques-Henri Michot, *De l'Entaille*, Lyon, Horlieu, 2000, p. 6.

[4] *Ibid.*, p. 5

[5] « Les mots peuvent être comme de minuscules doses d'arsenic : on les avale sans y prendre garde, elles semblent ne faire aucun effet, et voilà qu'après quelque temps l'effet toxique se fait sentir. », Victor Klemperer, *LTI, La Langue du IIIe Reich. Carnets d'un philoplogue* de Victor Klemperer [Aufbau, 1947], Paris, Albin Michel, « Agora Pocket », 1996, p. 40, cité par J.-H. Michot, *De l'entaille, op. cit.*, p. 5, ainsi que dans la préface de l'*ABC, op. cit.*, p. 20.

[6] Expression de Jean-Marie Gleize, reprise par J.-H. Michot, entretien accordé par l'auteur.

[7] *Un ABC de la barbarie, op. cit.*, p. 14.

[8] *Id.*

S'intéresser aux voix marginales et à la voix doxique implique en soi une lecture critique du monde actuel. Dans une certaine mesure, l'intérêt porté au refoulé du social que représentent les voix marginales ou encore la mise en résonance critique des formules du discours courant sont des pratiques que l'on pourrait mettre au compte du versant plus traditionnel de l'engagement – de la littérature engagée. Et il est vrai que, chez M. Depussé et J.-H. Michot, l'écriture vise une certaine efficacité. Michot, par exemple, propose de lire son travail comme une « mobilisation des citations » en vue de provoquer, chez le lecteur, un choc semblable à cette « hache qui brise la mer gelée en nous »[1]. Quant à Marie Depussé, la question de l'efficacité conserve, pour elle, une acuité remarquable :

> Reste […], encore une fois, cette question douloureuse, matérielle, de l'efficacité disons, politique, d'un livre. Un livre sur les prisons par exemple, les gens à qui ça pourrait faire du bien ne le liront pas, alors que lorsqu'on va voir ces gens, qu'on leur parle directement, on sait qu'ils peuvent vous entendre et que, par-là même ils peuvent s'entendre, et répondre. Ça, vous le savez quand vous quittez la prison, aussi déchirant que ce soit. Vous, vous êtes très mal, mais eux sont un peu mieux. Évidemment, il y a cela aussi dans l'écriture. Quand on lit un livre qu'on aime, on est beaucoup mieux après. Mais encore faut-il l'avoir entre les mains ![2]

Comment parvenir à ce que le livre ne reste pas lettre morte, que sa résonance puisse opérer au-delà du petit cercle des avertis et des convaincus ? Comment résoudre la tension entre la « pure-

---

[1] « [Brecht] parlait de "la mobilisation des citations", d'un usage quasi militant de la citation. Que les citations soient intervenantes. J'en parle dans *Comme un fracas*, en disant que le terme allemand "eingreifend" est beaucoup plus violent. C'est traduit par "intervenante", mais ça veut dire "morsure", "prise sur la réalité", "morsure dans la réalité", "accroc". Il y a une chose qui interrompt, qui vient tout d'un coup produire un choc. De ce point de vue-là, il n'y a pas tellement de différence entre cela et la phrase extrêmement connue de Kafka quand il écrit à un ami, dans une lettre d'extrême jeunesse : "un livre doit être la hache qui brise la mer gelée en nous. " La citation participe de cela. Le livre entier devrait pour moi participer de cela, c'est-à-dire que ça devrait avoir une vertu de brisure des habitudes, du confort habituel de lecture, de déplacement de l'univers du lecteur. Une fonction de déconfort : déconforter, et non pas conforter dans les clichés, dans les habitudes de pensée. », entretien accordé par l'auteur.
[2] Entretien accordé par l'auteur.

té de la mission » et l'« impureté des moyens »[1] ? Même si le problème n'est aucunement résolu pour cet auteur, le souci d'une écriture efficace reste vivace chez elle.

Enfin, comme on a pu le voir, pour bon nombre des auteurs en question, l'écriture est en continuité avec un engagement « concret », pratique, de terrain – et non pas seulement théorique et théorique.

Cependant, si les marques de l'engagement dans ces textes n'étaient que celles-ci, nous aurions ni plus ni moins affaire à quelques avatars anachroniques de la littérature engagée, dont les impasses ont suffisamment été soulignées[2]. Au-delà, donc, de ces affinités avec un engagement convenu qui a fait montre de ses limites, c'est une responsabilité formelle qui rend les auteurs choisis remarquables dans le paysage actuel – une position spécifiquement contemporaine réactualisant le projet barthésien d'une « morale de la forme »[3].

La responsabilité formelle comme condition d'une « poéthique » contemporaine

Réactualiser l'élan barthésien, cela ne signifie pas en hériter sans détour. S'il y a responsabilité formelle, chez ces six auteurs, c'est avant tout à partir d'un héritage critique – où la valeur de la formule serait moins paradoxale.

Pour Barthes, si un engagement est possible en littérature, pour que la littérature conserve son statut et ne risque pas sa perte (au contraire, donc, de ce que propose la littérature engagée telle que définie par Sartre), c'est dans la forme même qu'il soit se situer. La spécificité de cet engagement formel, dans le système barthésien, passe par l'invention d'une forme libre, nouvelle ou, du moins, non déjà marquée par l'institutionnalisation des

---

[1] Alexandre Gefen, « Responsabilités de la forme. Voies et détours de l'engagement littéraire contemporain », in E. Bouju (dir.), *L'Engagement littéraire. Cahiers du groupe φ – 2005*, Rennes, PUR, 2005, p. 76.

[2] Pour une synthèse sur la question des rapports entre littérature et engagement, on se reportera notamment aux deux ouvrages suivants : Benoît Denis, *Littérature et engagement de Pascal à Sartre*, Paris, Seuil, « Points Essais », 2000, Emmanuel Bouju (dir.), *L'Engagement littéraire. Cahiers du groupe φ – 2005*, Rennes, PUR, 2005.

[3] Voir Roland Barthes, « Qu'est-ce que l'écriture ? », *Le Degré zéro de l'écriture*, suivi de *Nouveaux essais critiques,* Paris, Seuil, « Points », 1953 et 1972, p. 11-17.

formes. En cela, le paradoxe de ce type d'engagement, c'est qu'il est de l'ordre de l'instant fugace – de la « fraîcheur »[1] éphémère – puisque cette liberté est à son tour amenée à être prise dans le jeu de l'institutionnalisation, que la liberté de l'écrivain doit nécessairement composer avec les déterminations et les figements de son choix :

> C'est sous la pression de l'Histoire et de la Tradition que s'établissent les écritures possibles d'un écrivain donné : il y a une Histoire de l'Écriture ; mais cette Histoire est double : au moment même où l'Histoire générale propose – ou impose – une nouvelle problématique du langage littéraire, l'écriture reste encore pleine du souvenir de ses usages antérieurs, car le langage n'est jamais innocent [...]. L'écriture est précisément ce compromis entre une liberté et un souvenir, elle est cette liberté souvenante qui n'est liberté que dans le geste du choix, mais déjà plus dans sa durée.[2]

Chez nos auteurs, en revanche, il est bien une morale, une responsabilité de la forme, mais elle ne s'appuie pas sur les mêmes présupposés, notamment parce que l'époque n'est plus la même : la hantise de la récupération n'est plus aussi prégnante qu'au moment où Barthes élaborait ses théories, et l'humilité de l'action, en littérature comme ailleurs, est plus nettement assumée. Comment s'actualise donc cette responsabilité formelle, chez ces auteurs si différents ? À quelques nuances près, pour F. Bon, M. Depussé, M. Desbiolles, N. Malinconi, J.-H. Michot et J. Sautière, plus qu'un élan de liberté, la responsabilité de la forme est en fait un geste de fidélité : une fidélité aux ressorts fondamentaux de l'acte langagier, aux déterminations élémentaires de toute prise dans le langage. Ils oeuvrent à une littérature mettant au premier plan les déterminations communes à toute prise de parole mais plus ou moins évincées selon les situations de communication – déterminations communes que l'on peut réduire, pour l'occasion, au nombre de deux : parler, c'est nécessairement avoir affaire au lieu de l'impossible et au lieu de l'autre. Autrement dit, l'objet de la représentation, le réel de cet objet reste, malgré les efforts pour

---

[1] R. Barthes, « [l'écriture littéraire] se hâte vers un langage rêvé dont la fraîcheur, par une sorte d'anticipation idéale, figurerait la perfection d'un nouveau monde adamique où le langage ne serait plus aliéné », « L'utopie du langage », *Le Degré zéro de l'écriture, op. cit.*, p. 64-65.

[2] R. Barthes, « Qu'est-ce que l'écriture ? », art. cit., p. 16.

son approcher, le lieu de l'innommable d'une part ; d'autre part, toute prise de parole est fondamentalement hétérologique, pétrie des mots de l'autre et toujours adressée à un autre.

Concernant le premier point – la mise en avant de l'impossible au fondement de la représentation –, aussi important soit-il pour nos auteurs, il dépasse amplement la spécificité du corpus. C'est pourquoi nous ne le développerons pas ici. En revanche, le second point mérite notre attention, car il est plus singulier. À propos de ce levier principal de la responsabilité formelle – une écriture éminemment citationnelle qui donne toute son ampleur à la dimension hétérologique du langage – on pourrait se demander en quoi la démarche diffère de la longue tradition polyphonique du roman et des processus intertextuels qui fondent l'un des ressorts essentiels de la littérature. Et, effectivement, des points de recoupement existent : cette littérature n'est pas radicalement neuve. Cependant, nous devons noter une double singularité : une spécificité quant aux modalités énonciatives du geste polyphonique travaillé par le roman et une spécificité par rapport aux types de voix proposées au statut d'intertexte.

Comme nous l'avons déjà évoqué, dans ces textes, la voix narrative est subjectivement investie dans le travail d'orchestration des voix : c'est en tant qu'ils résonnent pour un sujet que les mots des autres sont relayés. Dès lors, nous sortons du cadre du détachement fictionnel qui détermine généralement le roman. La voix auctoriale s'engage elle-même dans le relais des voix du monde recueillies en situation. Nous sommes au-delà de l'imprégnation diffuse proposée le plus souvent dans le roman. Ajoutons par ailleurs que la position de la voix narrative dans cette écriture polyphonique est elle aussi singulière. À analyser le système de composition des voix à l'œuvre dans chacun de ces textes, on s'aperçoit que la position de surplomb de la voix citante est entamée et qu'un effet de co-présence est privilégié.

D'autre part, concernant les types de voix proposées au statut d'intertexte. Il ne s'agit pas seulement de *mettre en scène* les mots de l'autre, dans une dynamique où tout matériau, quel qu'il soit, est susceptible d'être pris en compte – ce que proposent le roman et la littérature en général. Plus radicalement, l'enjeu d'une telle pratique consiste à admettre au statut d'intertexte des pratiques de la langue non autorisées (écrites et orales, et le plus souvent anonymes). Ainsi, de même que ces textes relativisent la hiérarchie entre voix citante et voix citée, ils relativisent la distinction entre voix autorisées et voix non autorisées. Les voix marginales ou « vulgaires » sont travaillées de la même manière que l'intertexte littéraire et ont une place d'égale valeur. Ici encore, la dynamique n'est pas neuve, on retrouve notamment la célèbre et radicale position barthésienne « tout texte est un intertexte »[1] ; comparativement à d'autres esthétiques moins engagées dans ce sens cependant, la démarche de nos auteurs assume pleinement ce postulat – la notion de « texte » devant être entendue dans son sens large de tissu de signifiants.

En somme, mettre en œuvre la responsabilité de la forme, pour cet ensemble de textes, c'est retenir un matériau typiquement autre – les voix refoulées du social ou la voix de la bêtise, cet autre de la littérature – et mettre en avant les effets de résonance et de dialogue entre ces voix et la voix de l'écrivain. Et c'est en quoi il s'agit d'une éthique en acte : une place est faite à l'autre dans sa propre voix de sujet. L'autre n'est pas objet de discours, il est mis en jeu dans la pratique même de l'énonciation. L'éthique de l'autre ne relève pas du propos tenu, elle n'est inscrite que dans les effets d'échos. En d'autres termes, il ne s'agit pas de thématiser un certain nombre de valeurs en essayant de les transmettre, mais d'œuvrer à une socialité en acte, à une écriture qui soit dans sa forme même accueil de l'autre.

Enjeux génériques

On l'a vu, et amplement répété, ces textes se démarquent de la veine romanesque à strictement parler. Si on devait d'ailleurs leur donner une désignation générique commune – au-delà de leurs singularités respectives – sans doute faudrait-il parler de recueil testimonial à valeur littéraire. En cela, *a priori* du moins, ils participeraient de cet élan assez massif des écritures contemporaines vers le documentaire, l'autobiographie, le témoignage – cette passion actuelle pour « le petit fait vrai ». Pour autant, la position qu'ils manifestent quant à la lourde question des rapports entre fiction et vérité est assez singulière, là en-

---

[1] Roland Barthes, « Texte (théorie du) », *Encyclopaedia Universalis*, Paris, Encyclopaedia Universalis, vol. 15, 1968, p. 1015.

core, et s'avère, par ricochet, une manière de réinterroger cette tension entre factualité et fictionnalité dans le genre romanesque. En effet, la définition particulière de la fiction et de la vérité qu'ils engagent demande de reconsidérer la distinction globalement acquise entre genres fictionnels et genres factuels. Cette redéfinition des termes, un passage extrait de *Qu'est-ce qu'on garde ?* de Marie Depussé[1], l'exprime assez clairement. C'est une redéfinition qui prend acte du basculement épistémologique accompli par le « vent 68 ». Ainsi, dans cet essai consacré à l'état des études littéraires aujourd'hui, quand Marie Depussé évoque son départ de la Sorbonne, elle donne les raisons suivantes :

> C'est que nous entendions souffler le vent, « ce grand vent aux vitres de la parole »…

> Je l'avais entendu dans la parole de Lacan.
> D'autres l'entendirent ailleurs. Il soufflait un peu partout.
> Il décapait la nudité, le moteur négatif, la violence modeste, ensevelie sous nos études de lettres du : « Je parle. »

> « La vérité grecque a tremblé, jadis, à cette affirmation : "Je mens".
> "Je parle" met à l'épreuve toute la fiction moderne. »

> Ces phrases qui inaugurent le texte tardif, superbe, de Michel Foucault, *La Pensée du dehors*, nous n'en disposions pas. Mais, dit avec cette simplicité astrale, c'était bien là ce qui nous arrivait dessus.

> Toute la fiction… Nous avions à comprendre que tout était fiction, que les toiles que nous tissions et celles qui nous prenaient au piège étaient de langage, que le mensonge n'était qu'un moyen d'implorer la vérité, une façon de forger, avec les mots, qui n'avaient que des rapports contingents avec les choses, une adresse à l'autre…
> Et la littérature était une méditation de la fiction parmi les plus honnêtes, parce quelle était vouée à savoir que le langage n'est pas ce qui montre, ce qui fait voir, mais qu'« il faut œuvrer à partir de ce qu'on ne sait pas pour atteindre on ne sait où ».

---

[1] Marie Depussé, *Qu'est-ce qu'on garde ?*, Paris, POL, 2000.

Selon cette conception de la fiction comme dimension inhérente à l'acte langagier, et de la vérité comme lieu insaisissable que l'on ne peut qu'« implorer », c'est une tout autre appréhension du langage et, partant, de la création littéraire qui est en jeu. Si « tout [est] fiction » – en tant que la dimension de l'imaginaire, au sens lacanien, traverse irréductiblement le parlêtre –, le récit autobiographique, historique n'en sont donc pas exempts. De là, si la fiction traverse tout type de discours, elle n'est plus un signe de littérarité, mais un phénomène « conditionnellement littéraire »[1]. Quant à la question de la vérité, une telle perspective implique peut-être la difficulté d'en discerner les contours positifs, néanmoins, elle permet de définir ce qu'elle n'est pas. Selon cet angle de vue, la vérité ne réside pas dans le fait de donner son discours pour vrai. La vérité, ici, est proche de « l'insu », cette zone d'ombre de la conscience, et concerne à son tour tout type d'écriture – soit, notamment, l'écriture des récits non factuels. Dès lors, prendre en compte une telle remise en perspective revient à lever le critère de fictionnalité qui définirait le genre romanesque. Bien sûr, cela n'aide en rien à discerner, justement, ce qui serait le ou les traits distinctifs du roman, voire de la littérarité en général. Néanmoins, cela permet toujours de sortir de certaines impasses interprétatives concernant cette tension entre fait et fiction et pousse à repenser le classement des genres selon d'autres catégories.

L'écriture « poéthique » : le visage littéraire du consensus ?

Pour finir, reste à appréhender la nature de cette responsabilité formelle eu égard à ce qui serait, selon Badiou, le consensus éthique actuel[2]. Selon lui en effet, l'éthique et plus particulièrement l'éthique de l'Autre ne peut prendre que deux formes : celle d'une religiosité qui ne dirait pas son nom, ou celle d'une « bouillie pour les chats » qui ferait justement consensus aujourd'hui, un

> discours pieux sans piété, du supplément d'âme pour gouvernements
> incapables, de la sociologie culturelle substituée, pour les besoins de la

---

[1] Contrairement, donc, à ce que dit Gérard Genette, pour qui la « fiction conditionnellement littéraire » relève du paradoxe, *Fiction et diction*, Paris, Seuil, « Poétique », 1991, p. 34.
[2] Voir Alain Badiou, *L'Éthique. Essai sur la conscience du mal*, Caen, Nous, 2003.

> prédication, à feu la lutte des classes. [...] Il se pourrait bien que, déta-
> chée de la prédication religieuse qui lui conférait au moins l'ampleur
> d'une identité « révélée », l'idéologie éthique ne soit que le dernier mot
> du civilisé conquérant : « Deviens comme moi, et je respecterai ta diffé-
> rence ».[1]

Pourtant, il semble qu'une troisième voie soit possible, que Badiou n'envisage pas, mais que notre corpus permet de discerner. Une troisième voie qui sauverait la préoccupation éthique et la possibilité d'une éthique de l'autre. En effet, parce que l'altérité mise en œuvre par nos auteurs s'inscrit dans une pratique de la langue – dans la situation et l'immanence de l'énonciation –, leur travail ne relève d'aucune des deux voies désignées par Badiou. Et c'est en nous tournant vers les élaborations du psychanalyste Jean-Pierre Lebrun que nous pourrions caractériser plus justement leur geste, en envisageant l'existence – et la nécessité – d'une altérité d'ordre logique, d'un principe d'extériorité non transcendant, une « transcendance immanente » :

> La nécessaire persistance de l'Autre comme lieu qui supporte l'exis-
> tence de tout un chacun, dont nul ne peut se prétendre le propriétaire,
> voilà qui relève d'une transcendance immanente, d'un transcendantal. Et
> qui reste un invariant de la condition humaine. [...] L'Autre auquel on
> se référait hier recouvrait deux choses différentes et enchevêtrées : l'une
> – la personne de l'Autre – qui avait une existence substantielle, via le
> théologique, et la seconde – le lieu de l'Autre – qui ne possédait qu'une
> existence logique, du fait du langage. Ce dont la modernité est parvenue
> à nous débarrasser, c'est de l'existence substantielle de la transcendance,
> ce que nous appelons ici la transcendance transcendante. Mais ce n'est
> pas pour autant que nous sommes débarrassés de son existence logique,
> ce que nos appelons transcendance immanente, ou le transcendantal.[2]

Oeuvrant à partir de la place de l'autre en langue – comme pôle d'extériorité dans l'immanence de l'énonciation –, les neuf textes abordés ici ne sont intéressés ni au « Tout Autre » de valeur théologique, ni à la « reconnaissance de l'autre » en vogue dans le

---

[1] *Ibid.*, p. 47-49. Pour plus de précisions, voir notamment tout le chapitre II « L'Autre existe-t-il ? », *ibid.*, p. 41-54.

[2] Jean-Pierre Lebrun, *La Perversion ordinaire. Vivre ensemble sans autrui*, Paris, Denoël, 2007, p. 138-139.

pluralisme[1] et le culturalisme – reconnaissance qui induit finalement une « crispation identitaire »[2]. En cela, pour qui est soucieux d'éthique aujourd'hui, la responsabilité de la forme qu'ils mettent en jeu s'avère un horizon aussi désirable que tenable dans notre modernité.

---

[1] Comme exemple typique de cette inclination actuelle au pluralisme, on peut notamment convoquer Luc Ferry et Alain Renaut, *La pensée 68. Essai sur l'anti-humanisme contemporain*, Paris, Gallimard, 1985, et plus particulièrement la section intitulée « Pour un pluralisme interprétatif », p. 93-98.

[2] A. Badiou, *L'Éthique. Essai sur la conscience du mal, op. cit.*, p. 43 : « […] on nous explique aujourd'hui que l'éthique est "reconnaissance de l'autre" (contre le racisme, qui nierait cet autre), ou "éthique des différences" (contre le nationalisme substantialiste, qui voudrait l'exclusion des immigrés, ou le sexisme, qui nierait l'être-féminin), ou "multiculturalisme" (contre l'imposition d'un modèle unifié de comportement et d'intellectualité). Ou tout simplement, la bonne vieille "tolérance", qui consiste à ne pas s'offusquer que d'autres pensent et agissent autrement que vous ne le faites. Ce discours de bon sens n'a ni force ni vérité. Il est vaincu d'avance dans la compétition qu'il déclare entre "tolérance", "reconnaissance de l'autre" et "crispation identitaire". »

Les choix du romancier

Sophie Guermès, Université de Bretagne occidentale

« Notre pratique actuelle de l'art [...] n'est plus un service divin » remarquait Hermann Broch dans une étude sur Joyce[1]. Si la sécularisation fonde ce que Hans Blumenberg a désigné comme « la légitimité des temps modernes », elle a entre autres effets, d'une part l'effondrement de la hiérarchie des valeurs instaurée par le canon et le dogme, d'autre part, et corrélativement, la fin d'un monde conçu comme totalité close sur elle-même. À partir du moment (celui de la Réforme) où cette dimension est déniée au catholicisme, quelles sont les formes de pensée capables de prendre le relais d'une théologie désormais caduque, pour refon-

---

[1] *La Vision du monde donnée par le roman, in* Hermann Broch, *Création littéraire et connaissance*, trad. Albert Kohn, éd. et introduction de Hannah Arendt, Gallimard, 1966, p. 222. Voir aussi p. 264 : « En étant un membre de la cité, en participant à ses devoirs civiques, ses fêtes religieuses, ses rites de mystères, le citoyen grec devenait une unité de la cosmogonie (et théogonie) universellement compréhensive dont ses mythes lui fournissaient une première enluminure. Et le paysan du Moyen Âge, ignorant la lecture et l'écriture, ignorant le latin qu'il entendait à l'église, ne s'en sentait pas moins partie de l'univers catholique, par la vertu de toute la hiérarchie des valeurs qui reflétait l'univers et dans laquelle il s'intégrait en la vivant. La civilisation d'une époque est son mythe en action. » Et p. 267 : « Aux yeux de l'Eglise, la révolte protestante avait été le premier pas vers la destruction de l'unité du christianisme occidental, vers la sécularisation hérétique de l'esprit humain. Il fut prouvé qu'il en était ainsi. Dans un processus irrévocable, qui dura du XVIIIe au XXe siècle, la structure occidentale des valeurs perdit son centre chrétien. »

der non sans doute une hiérarchie, mais un système de valeurs ? Le roman, qui a déjà à cette époque plusieurs siècles d'existence, mais qui naît une nouvelle fois avec Rabelais, apparaît comme un possible relais : ayant pour objet la totalité de l'individu, il permet l'accès à une connaissance infinie, fruit de l'insatiable curiosité des hommes, tout en endiguant, par son unité, le risque d'anarchie du sens. S'il n'y a plus de Vérité, il reste les valeurs, qui résultent de la transformation de la vérité en connaissance (Hermann Broch), valeurs transmises dans l'unité de la forme romanesque, de ce point de vue sans équivalent. « [...] Notre époque », écrit encore Hermann Broch, « par la suite de la dissolution du pôle des valeurs esthétiques reposant dans la religion, est contrainte de formuler à l'intérieur de tout système particulier de valeurs des exigences éthiques particulièrement accentuées [...][1] »

Pour raconter comme pour informer, pour narrer comme pour instruire, le romancier doit faire des choix[2]. Dans quelle mesure ces choix du romancier sont-ils d'ordre éthique ? Quelles sont les valeurs qui guident le romancier lorsqu'il sélectionne ceci plutôt que cela, ou plus encore lorsqu'il décide de représenter comme ceci plutôt que comme cela ? Et peut-on, dès lors que l'esthétique est subordonnée à l'éthique, attribuer à la forme romanesque un « coefficient cognitif » (H. Arendt) ?

Il y a bien un sens à évaluer les romans d'un point de vue moral[3] : pendant des siècles, c'est essentiellement sous cet aspect qu'ils ont été jugés. Les romans ont fait l'objet des critiques les plus vives, de la part d'hommes d'Eglise, mais aussi de penseurs (Erasme, Montaigne). Peu à peu, un système de défense s'est constitué : il a pris de l'ampleur au XVIIe siècle, s'est maintenu au XVIIIe siècle, puis a resurgi au XIXe, alors même que les re-

---

[1] *Ibid.*, p. 223.

[2] « La réalité est toujours infinie, l'œuvre d'art, en revanche [...] est toujours limitée au fini et a donc besoin pour le produire, même dans le cas d'un naturalisme aussi absolu qu'il puisse être, toujours d'un acte de sélection créateur d'ordre qui, en dernière analyse, par la vertu de la 'formation' orientée sur l'essentiel, est un acte moral. » (*ibid.*, p. 145). Voir déjà à ce sujet Flaubert, *Bouvard et Pécuchet*, chapitre IV ; et le texte théorique de Maupassant *Le Roman*.

[3] Le début de ce texte répond à la question : « Y a-t-il un sens à évaluer l'œuvre d'art d'un point de vue moral ? Quels sont les arguments à l'appui d'un tel projet de lecture ? » Et la suite, à la question suivante : « Comment la forme peut-elle devenir en soi un élément éthique ? »

proches qu'on adressait au roman avaient changé de nature. Aux XVIe et XVIIe siècles, le merveilleux, le surnaturel, ou l'irréel sont les puissances trompeuses par lesquelles la fiction devient fable. Le roman n'est pas un genre édifiant. De Jean-Pierre Camus à Pierre Nicole, les attaques portées contre le roman sont le plus souvent d'ordre moral[1]. Usant d'une métaphore qui resurgira, sous une autre forme, au XIXe siècle, Fancan écrit dans *Le Tombeau des romans* (1626) : « Tels chétifs ouvrages sont semblables à ces vases fêlés, qui n'ont pas un son entier et agréable, puisqu'ils n'ont que celui du mensonge, monstre si hideux et ennemi des vertus. »[2] D'où l'insistance portée sur la dimension éthique du roman par la grande majorité des auteurs, dans leurs préfaces. Il s'agit de convaincre que le roman, loin d'être un poison (selon une métaphore couramment employée par les censeurs, et que l'on retrouve encore dans la bouche de Mme Bovary mère[3]), s'efforce d'instruire et de diffuser des modèles à suivre. Il est ainsi justifié par des raisons extrinsèques, mais cela n'a rien de surprenant dans la mesure où la poétique elle-même se construit encore par référence à des modèles extérieurs, la tragédie, et surtout l'épopée. Au début du siècle, dans la préface d'un roman, *La Chrysolite*, qu'il entend fonder sur la vie ordinaire, même s'il recourt encore à bien des conventions, Mareschal fait des couleurs de la vérité celles de la morale. Selon lui, l'invention des romans « n'eut jamais d'autre fin que d'adoucir le visage de la Vertu, que l'on nous représente raboteux, et de nous mener par les choses agréables aux honnêtes ; peindre par figures les bonnes mœurs et les mauvaises ; donner horreur du mal, par la représentation des

---

[1] À propos du débat général sur le roman au XVIIe siècle, voir Camille Esmein-Sarrazin, *L'Essor du roman. Discours théorique et constitution d'un genre littéraire au XVIIe siècle*, Champion, 2008, en particulier chap. II à IV, et VII-VIII.

[2] Fancan, *Le Tombeau des romans*, in *Poétiques du roman*, éd. C. Esmein-Sarrazin, Champion, 2004, p. 239. La métaphore de la fêlure sera employée de nouveau par Baudelaire (*La Cloche fêlée*, dans *Les Fleurs du Mal*), Flaubert (« chaudron fêlé », dans *Madame Bovary*, deuxième partie, chapitre XII), et Zola, choisissant de placer l'ensemble des *Rougon-Macquart* sous le signe d'une « fêlure héréditaire ». Sur le commentaire de la phrase de Flaubert, voir Philippe Dufour, *La Pensée romanesque du langage*, Seuil, « Poétique », 2004, chap. X, pp. 246-275.

[3] Fancan emploie une image proche : « Certes ces Romans sont comme de belles fontaines mais qui ont leur eau corrompue [...] » (*ibid.*, p. 244). Voir aussi Flaubert, *Madame Bovary*, II, VII : « N'aurait-on pas le droit d'avertir la police, si le libraire persistait quand même dans son métier d'empoisonneur ? »

peines et des malheurs qui suivent le vice ; et nous encourager au bien, par celle des récompenses que la vertu trouve et ne cherche pas. » L'objectif est donc pédagogique. Et la fiction n'est finalement qu'un détour qui reconduit le lecteur à soi-même.

L'opposition entre le vice et la vertu constitue la polarisation de tout discours de justification auctoriale. Ainsi, vérité et morale sont indissociables, et cette double séquelle du platonisme et du christianisme marquera longtemps le discours sur le roman, fût-ce au prix de quelques infléchissements. Si la vraisemblance doit être respectée, pour que la re-création esthétique soit conforme à l'expérience, le roman doit aussi tendre un miroir qui soit en même temps moral et vrai[1]. La fiction fondée sur la possibilité, l'imitation, le vraisemblable, est donc capable d'instruire. D'où la distinction axiologique entre « bons » et « mauvais » romans, à la fin du *Traité sur l'origine des romans*, de Huet mais surtout, dès le début de celui-ci, l'affirmation de la visée didactique du roman : « La fin principale des Romans, ou du moins celle qui doit l'être, et que se doivent proposer ceux qui les composent, est l'instruction des lecteurs, à qui il faut toujours faire voir[2] la vertu couronnée et le vice châtié. Mais comme l'esprit de l'homme est naturellement

---

[1] Cette double exigence se retrouvera à la fin du XIXᵉ siècle chez un écrivain qui ne fut jamais romancier : « Comment l'art peut être à la fois moral et vrai » est le titre d'un chapitre du dernier livre d'Edgar Quinet, *L'Esprit nouveau*, I, chap. VIII (*Œuvres complètes*, t. XXII, Hachette, 5ᵉ édition, p. 42).

[2] L'emploi de cette expression renvoie à la métaphore du roman comme miroir. Stendhal l'attribue à Saint-Réal, dans l'épigraphe au XIIIᵉ chapitre de la première partie du *Rouge et le Noir*. Le miroir apparaît comme un réflecteur ambulant, suivant les caprices de la fortune ; mais on trouve au début du siècle un autre sens de cette métaphore, foncièrement différente puisque d'ordre éthique : Jean de Lannel écrivait dans la préface du *Romant satyrique*, qui contient des éléments de vie quotidienne (Paris, Toussaint du Bray, 1624) : « Les livres sont des miroirs, où nous pouvons voir les souillures de notre âme pour les nettoyer. » (cité par Jean Serroy, *op. cit.* p. 259. Il ajoute : « Le roman étant, selon Lannel, une fable, il renvoie en conséquence à une morale. Et c'est bien en moraliste, juste connaisseur des limites de l'homme, que s'exprime le romancier lorsque, tout au long du récit, il parsème l'action de maximes, pensées, apophtegmes, lesquels, par un artifice typographique, se trouvent détachés – par l'emploi des italiques – de la narration. Sans illusion, comme La Rochefoucauld, il est aussi sans concession, comme La Bruyère. » - *ibid.*, p. 264). Trois ans auparavant, Barclay, dans *Argenis*, avait employé la même image dans un sens moral, avec la nuance de sens du repoussoir : « Pendant qu'ils [les lecteurs] liront ceci, blâmant ou favorisant d'autres personnes, ils s'y rencontreront eux-mêmes, et comme en un miroir opposé ils verront l'apparence et le mérite de leur réputation. » (Jean Barclay, *Argenis*, 1621 ; mais l'édition citée est celle de 1632, Rouen, Adrien Ouyn, p. 294), *ibid.*, p. 255.

ennemi des enseignements, et que son amour-propre le révolte contre les instructions, il faut le tromper par l'appas du plaisir […]. Ainsi le divertissement du lecteur, que le Romancier habile semble se proposer pour but, n'est qu'une fin subordonnée à la principale, qui est l'instruction de l'esprit, et la correction des mœurs. »[1] L'évêque d'Avranches se place ainsi dans une perspective clairement morale. Le détour par la fiction est une fois encore justifié par une double nécessité : les êtres sont rétifs aux leçons austères[2] ; par conséquent, l'exemplarité doit s'incarner (c'est le principe même du théâtre, qui ouvre sur la catharsis aristotélicienne), pour être efficace, et s'intégrer au cours d'événements propres à susciter l'intérêt des lecteurs (c'est la transposition dans le roman du « castigat ridendo mores » qui caractérisait la comédie).Quelques années plus tard, Du Plaisir, tout en écartant maximes et sentences de la prose romanesque, n'en défend pas moins les romans comme « une Ecole d'édification ». On mesure le retournement des arguments développés une cinquantaine d'années plus tôt par Camus ou Fancan. Aux romans est déléguée la tâche de réformer les mœurs. « Leur conclusion », poursuit-il, « doit toujours enfermer une Morale, et cette Morale doit paraître sensiblement sans avoir besoin de pénétration, et de lumière dans l'esprit des Lecteurs. »[3]

La conversion de la fiction en instrument éthique a suscité au XVIIIe siècle un problème de choix, que Georges May a appelé « le dilemme du roman ». Deux possibilités s'offraient aux romanciers : édifier moralement, idéaliser donc travestir la réalité, ou bien dire la nature humaine sans fard, et tomber dans une

---

[1] *Poétiques du roman*, p. 442-443. Sur la polarisation vice/vertu, voir, dans la traduction de Jean Baudoin, *Le Crétidée* (1643), du Cavalier Jean-Baptiste Manzini (*ib.*, p. 156), et le chapitre X du *Testament* (1648), de Philippe Fortin de La Hoguette (1648), intitulé *De l'Histoire fabuleuse, et des Romans* : « Il est très certain que la morale qui a fait en mon esprit sa première impression, a été celle que j'ai lue dans les Amadis, où j'ai vu le vice être toujours châtié, la vertu récompensée […] » (*ibid.*, p. 263).

[2] *Cf.* la préface des *Caractères* de La Bruyère, où l'auteur s'appuie sur le *Doctrina christiana* : « Est-ce que la vérité évangélique ne s'insinue pas plus agréablement dans les cœurs, est-ce qu'elle ne s'y fixe pas plus ardemment lorsqu'elle est mise en valeur par des séductions pareilles que si elle était présente toute nue ; c'est l'idée abondamment développée par saint Augustin dans son ouvrage Sur l'enseignement chrétien. » (éd. Emmanuel Bury, LGF, 1995, p. 118).

[3] Du Plaisir, *Sentiments sur les lettres et sur l'histoire avec des scrupules sur le style* (1683), in *Poétiques du roman*, p. 783.

autre forme d'immoralité, qui ne consiste plus dans les méfaits des puissances trompeuses, mais tient justement au fait de ne pas mentir, donc de choquer les « bonnes mœurs »[1]. L'histoire littéraire montre que les romanciers choisirent l'une, puis l'autre voie : l'une, c'est-à-dire le roman didactique et moralisant qui connut son apogée dans la seconde partie du XVIIIe siècle, l'autre, le réalisme et le naturalisme du siècle suivant. Il est intéressant de constater que les romanciers ont employé invariablement des arguments d'ordre éthique pour justifier leur esthétique. Ainsi, l'Avis de l'auteur des *Mémoires d'un homme de qualité*, qui sert de préface à *Manon Lescaut*, prolonge les réflexions de Huet. Les romans permettent de pallier le manque d'expérience vécue, et d'apporter des réponses aux questions que les êtres se posent concernant la conduite à tenir. Leur lecture constitue alors un efficace relais. « Exemple », « extrême utilité », « instruction », « modèle », « servir de règle », « se former », « exercice de la vertu », « traité de morale »[2] : l'indiscipliné abbé Prévost, en employant (il l'a fait dans toutes ses préfaces) le double champ lexical de la pédagogie et de l'éthique, ne cherche pas seulement à contourner la censure ; il développe ce que l'évêque d'Avranches avait formulé de façon plus resserrée en donnant une définition supplémentaire des romans à la fin de son *Traité* : « Ce sont des précepteurs muets »[3]. En 1782, un romancier étranger au monde ecclésiastique use d'un argument analogue pour justifier l' « utilité » de ses *Liaisons dangereuses* : « Il me semble au moins que c'est rendre un service aux mœurs, que de dévoiler les moyens qu'emploient ceux qui en ont de mauvaises pour corrompre ceux qui en ont de bonnes, et je crois que ces lettres pourront concourir efficacement à ce but. »[4] On retrouve la distinction axiologique, et manichéenne, entre « bon » et « mauvais ». Il est intéressant de

---

[1] Voir Georges May, *Le Dilemme du roman au XVIIIe siècle. Étude sur les rapports du roman et de la critique (1715-1761)*, Yale University Press New Haven/Presses universitaires de France, 1962, en particulier p. 102.

[2] Antoine-François Prévost d'Exiles, *Histoire du Chevalier des Grieux et de Manon Lescaut*, éd. Henri Coulet, Flammarion, « GF », 1967, p. 31.

[3] « Ce sont des précepteurs muets, qui succèdent à ceux du collège, et qui apprennent à parler et à vivre d'une méthode bien plus instructive et bien plus persuasive que la leur. » (*op. cit.*, p. 531).

[4] Choderlos de Laclos, *Les Liaisons dangereuses*, Préface du rédacteur, éd. R. Pomeau, Flammarion, « GF », 1981, p. 17.

constater qu'un siècle plus tard, un jeune romancier défendant contre le dogme catholique les vérités scientifiques tient exactement le même discours à propos de l'un de ses premiers romans, pour en élargir, dans un second temps, la portée à ce que devrait toujours être le roman :

> J'ai pris cette thèse dans Michelet et dans le docteur Lucas ; [...] je n'entends pas convenir que j'aie pu blesser les bonnes mœurs en écrivant une étude médicale, dont le but est, selon moi, d'une haute moralité humaine. La religion, la morale disent à l'homme : « Tu vivras avec une seule femme » ; et la science vient lui dire à son tour : « Ta première épouse sera ton épouse éternelle. » J'ai simplement mis en œuvre cette théorie scientifique. Je crois avoir écrit un livre utile, honnête.
>
> [...] Si nous remuons, au fond des cœurs, beaucoup de laides choses, qu'on s'épouvante et qu'on se corrige. Allons, debout ! voici le mal, faites le bien ![1]

Une quinzaine d'années plus tard, à l'acmé de la théorisation du naturalisme, Zola affirmera tranquillement : « Du moment où nous sommes la vérité, nous sommes la morale. »[2] Il faut donc souligner, non la disparition mais le changement d'objet de la critique anti-romanesque, qui se déplaça à l'intérieur de la sphère morale : on avait reproché au roman d'être mensonger, de faire le choix de l'irréel ; on lui reprocha à l'inverse d'être trop terre-à-terre. L'enjolivement de la réalité céda la place à une représentation qui choqua tout autant, sinon davantage[3].

L'autorité morale dont se prévaut le romancier accusé de remuer « boue » et « ordure », il la tient de Balzac. Le vocabulaire de la morale, même s'il est essentiellement réduit aux termes de

---

[1] Émile Zola, *La Tribune*, 29 novembre 1868 (article consécutif à la parution en feuilleton de *La Honte*, dont la publication en volume, sous le titre *Madeleine Férat*, était menacée par le procureur impérial), in *Œuvres complètes*, sous la dir. d'Henri Mitterand, Tchou, Cercle du livre précieux, t. I, 1966, pp. 902-903.

[2] Émile Zola, *Le Roman expérimental*, in *Œuvres complètes*, t. 10, p. 1220.

[3] Alors même qu'Aristote, au chapitre IV de la *Poétique*, prenait comme exemple du plaisir pris aux représentations l'image d'animaux ignobles et de cadavres (trad. Jean Lallot et Roselyne Dupont-Roc, Seuil, 1980, 48b, 10-12, pp. 42-43). On pourra mesurer cet exemple et le confronter aux réactions qui entraînèrent le procès intenté à Flaubert pour *Madame Bovary*, ou aux constantes accusations d'immoralité dont Zola fut l'objet, et qui culminèrent en 1887 avec le Manifeste des cinq consécutif à la publication de *La Terre*.

« bien » et de « mal », est omniprésent dans la seconde partie de l'Avant-propos de *La Comédie humaine*. Il s'agit d'« apporte[r] sa pierre dans le domaine des idées », de « signale[r] un abus », de « marque[r] d'un signe le mauvais pour être retranché ». Donc, de dénoncer ce qui entrave le fonctionnement harmonieux de la société. Le génie de Balzac, qui est obsédé par l'unité et fait entrer toute la société de son temps dans son œuvre gigantesque, le pousse à forger un réalisme de résolution[1], caractérisé par l'omniscience du narrateur, la création de types, le recours fréquent à la maxime et au présent gnomique[2], et un système multi-causal aboutissant à une fin où (il le souligne dans l'Avant-propos de *La Comédie humaine*) le mal est souvent puni. Zola, en dépit des différences qu'il signale entre Balzac et lui, partage son « démon explicatif »[3] ; en outre, n'ayant jamais cessé d'affirmer, contre ses détracteurs, qu'il accomplissait une œuvre morale en représentant tous les détraquements humains et sociaux, il a entrepris, à la fin de sa vie, non plus de restituer le monde tel qu'il est, mais de l'imaginer tel qu'à ses yeux il devrait être. Son dernier roman s'intitule *Vérité*, et à la seule lecture de ce titre, on mesure à quel point Zola a intériorisé cette affirmation extraite d'*Illusions perdues* : « Le dix-huitième siècle a tout mis en question, le dix-neuvième siècle est chargé de conclure. »[4] Il écrit au début de la seconde ébauche de ses *Evangiles* : « La justice qui réunit l'humanité, la rassemble, la ramène à la famille unique (?), qui assure la paix et fait <u>le bonheur final</u> »[5] – projet qui achève de l'éloigner de

---

[1] Nous nous inspirons d'une formule d'Yves Bonnefoy : « À un grand réalisme, qui aggrave au lieu de résoudre » (dédicace de *L'Improbable*, Gallimard, « Tel », 1983). Zola écrit par exemple dans la préface de *La Fortune des Rougon*, où il explique le projet des *Rougon-Macquart* : « en résolvant la double question des tempéraments et des milieux ».

[2] Voir sur ce point les travaux d'Eric Bordas, en particulier *L'Écriture de la maxime dans le récit balzacien* (*Poétique*, n° 109, février 1997, pp. 39-53), et Balzac, *Discours et détours. Pour une stylistique de l'énonciation romanesque*, Toulouse, Presses de l'université du Mirail, 1997, pp. 201-227.

[3] L'expression est employée à propos de Balzac par Gérard Genette dans son article *Vraisemblance et motivation* (*Figures II* (1969), Seuil, « Points », 1979, p. 79).

[4] Balzac, *Illusions perdues*, éd. Philippe Berthier, Gallimard, « Folio », p. 379. La suite du texte précise l'affirmation, en exprimant le refus d'une forme figée : « Mais par des réalités qui vivent et qui marchent. »

[5] Naf 10301, f° 1. On rapprochera ce rêve de la famille unique de celui qui s'exprime dans le premier texte théorique (hors correspondance) de Zola, *Deux définitions du roman*, qui date de fin décembre 1866 (*Œuvres complètes*, *op. cit.*, t. X, p. 280). Les *Évangiles* l'exaucent.

l'injonction présente dans la note qui établissait les différences entre Balzac et lui : « Point de conclusion »[1], et des propos qu'il tenait encore en 1876 : « Je verbalise seulement et me défends de conclure parce que selon moi la conclusion échappe à l'artiste. »[2] Une quinzaine d'années plus tard, la nécessité, énoncée dans *Le Docteur Pascal*, de « rendre une certitude aux hommes tâtonnants », fait prendre conscience d'une mutation considérable : si Dieu est mort et si la science a fait banqueroute, comme on le déplore dans les dernières années du siècle, c'est au romancier d'apporter aux hommes inquiets des réponses définitives. Le retournement est complet, l'autorité morale du romancier portée à un paroxysme que nul n'aurait imaginé.

Est-ce à dire qu'il était inutile de continuer, au XXe siècle, à écrire des romans, le XIXe siècle ayant apporté toutes les réponses possibles aux questions que se posaient les hommes sur le monde ? L'histoire littéraire a bien sûr prouvé le contraire. Mais par le double mouvement de son œuvre, on peut considérer que Zola a été à l'origine d'un second « dilemme du roman », ou encore, pour prolonger une dichotomie bakhtinienne, à l'origine de deux nouvelles lignes du roman européen. Elles procèdent également du roman du réel : personne ne songerait plus à reprocher au roman d'être mensonger car idéaliste. Mais dans la seconde les romanciers ont quelque chose à « dire »[3]. D'un côté, donc, un réalisme qui résout ; de l'autre, un réalisme qui « aggrave » – ou, si l'on veut, qui pose des questions sans y apporter de réponses.

Apporter aux hommes des réponses définitives n'est en effet plus tenable quand la vérité devient, « dans la vie empirique », « une valeur parmi d'autres »[4]. Balzac écrivait sous la double égide de la royauté et du catholicisme, Zola a vidé les évangiles canoniques du surnaturel pour faire de leur morale laïcisée la clef de voûte de son nouveau monde. Ce n'était pas le cas de Flaubert, son autre modèle. Au moment de l'opération du pied-bot, Emma espère la

---

[1] *Différences entre Balzac et moi*, Naf 10345, f° 15, cité in *Les Rougon-Macquart, op. cit.*, t. V, p. 1737. Henri Mitterand date ces notes de « fin de 1868 ou début de 1869 » (*ibid.*, p. 1673).

[2] Lettre à Albert Millaud du 9 septembre 1876 (à propos de *L'Assommoir*).

[3] Voir sur ce point Claude Simon, visant notamment Sartre, *Discours de Stockholm*, Les Éditions de Minuit, 1986, p. 14.

[4] Hermann Broch, *Création littéraire et connaissance*, pp. 336-337.

gloire de son mari, qui rejaillirait sur elle : « Elle ne demandait qu'à s'appuyer sur quelque chose de plus solide que l'amour. »[1] Puis, déçue par ses rendez-vous avec Léon, et constatant qu'elle n'a jamais été heureuse, elle a l'impression que rien ne peut la soutenir, que tout est vermoulu : « D'où venait donc cette insuffisance de la vie, cette pourriture instantanée des choses où elle s'appuyait ? »[2] Cette soif de certitude et de vérité minera encore les deux derniers personnages flaubertiens : la quasi totalité des chapitres de *Bouvard et Pécuchet* en fournit des exemples. « Nous manquons de levier, la terre nous glisse sous les pieds. Le point d'appui nous fait défaut [...]. », écrit Flaubert à Louise Colet[3], dès 1852. Il se demande, dans une autre lettre, où trouver « le point d'appui », à présent que manque « la base théologique »[4]. Certainement pas dans l'affirmation de vérités définitives. Sur ce point Flaubert s'est longuement exprimé, notamment dans la lettre à Mlle Leroyer de Chantepie du 23 octobre 1863, à propos de *Mademoiselle La Quintinie*, dont il blâme le discours, les développements argumentatifs : « [...] l'Art ne doit servir de chaire à aucune doctrine sous peine de déchoir ! On fausse toujours la réalité quand on veut l'amener à une conclusion qui n'appartient qu'à Dieu seul. [...] Ne revenons pas au Moyen Age. *Observons*, tout est là. [...] La rage de vouloir conclure » — réponse à l'affirmation d'*Illusions perdues* précédemment rappelée — « est une des manies les plus funestes et les plus stériles qui appartiennent à l'humanité. [...] les plus grands génies et les plus grandes œuvres n'ont jamais conclu. Homère, Shakespeare, Goethe [...] se sont bien gardés de faire autre chose que *représenter*. »[5]

---

[1] Gustave Flaubert, *Madame Bovary*, II, XI.

[2] *Ibid.*, III, VI.

[3] Lettre du 24 avril 1852, *op. cit.*, p. 76. Il écrivait déjà à Ernest Chevalier : « [...] pourvu qu'on ait une confiance, chimérique ou réelle, n'est-ce pas une confiance, un gouvernail, une boussole, tout un ciel pour nous éclairer ? Je n'ai plus ni conviction, ni enthousiasme, ni croyance. » (lettre du 23 juillet 1839, in *Correspondance*, t. I, *op. cit.*, p. 49).

[4] Lettre à Louise Colet du 4 septembre 1852, *op. cit.*, p. 151. Cf. celle du 27 décembre 1852, p. 218 : « Sans l'amour de la forme, j'eusse peut-être été un grand mystique. ». À la découverte d'un monde sans nécessité, consécutive à la prise de conscience collective de la « mort » de Dieu, il va répondre par des efforts colossaux pour parvenir à ce qu' « une bonne phrase de prose doi[ve] être comme un bon vers, inchangeable » (lettre du 22 juillet 1852, *op. cit.*, p. 135). Athée, Flaubert s'emploie toutefois à reployer le divin dans l'écriture. Il conçoit pour la prose romanesque un projet analogue à celui qu'ambitionnera Mallarmé pour le vers.

[5] *Correspondance*, *op. cit.*, t. III, pp. 352-353.

Ce que reproche Flaubert aux romans à thèse de Sand, c'est encore ce que reprochera à deux reprises Hermann Broch aux *Évangiles* zoliens, en critiquant le fait que « le système des valeurs socialistes » y soit « tiré vers le fini », que, « raccourci », il devienne « dogmatique » et qu'« on lui donne très maladroitement une orientation morale. »[1] Il ajoute dans un autre texte : « Si éloigné que Zola lui-même soit du tape-à-l'œil, ce processus n'en montre pas moins tous les dangers suscités par la pénétration d'un système étranger dans l'existence autonome d'un art. »[2] Les termes dans lesquels l'objection est formulée sont d'une importance capitale : la morale défendue par Broch consiste à ne pas introduire dans le roman des éléments qui lui soient extrinsèques. Le roman n'est pas moral parce qu'il est fondé sur la représentation d'actions louables incarnées par des personnages vertueux ; il l'est en restant fidèle à ce qui le constitue. Or, la défense de la moralité romanesque comme refus de ce qui est extérieur à son matériau langagier – mutation considérable si l'on confronte ce point de vue aux débats qui, jusque-là, s'étaient concentrés sur le fond des romans – a été, après la seconde guerre mondiale, le leitmotiv de ceux qui ont renouvelé le roman (et à qui l'on a généralement reproché l'absence d'engagement au profit de la création esthétique[3]). Il convient de le rappeler, pour en finir avec la vision formaliste de leurs œuvres qui a longtemps prévalu dans la critique littéraire. Parmi eux, Nathalie Sarraute, dont les choix formels ont constamment été motivés par une préoccupation éthique. Toute son œuvre romanesque a consisté à « rendre visible », et toute son œuvre théorique, à rétablir la « vérité », en apprenant aux lecteurs la distinction entre le vrai et le trompe-l'œil. Le ton suivait parfois, comme l'a souligné Simone Benmussa :

> *S. B. : On a quelquefois l'impression, dans L'Ere du soupçon, que tu as un certain moralisme. Tu parles au nom du 'vrai'. Tu parles au nom du salut, même.*

---

[1] Hermann Broch, *La vision du monde donnée par le roman*, in *Création littéraire et connaissance, op. cit.* p. 225. Il reprend ce grief dans *Le Mal dans les valeurs de l'art* : « Lorsque Zola concentre utopiquement le vivant système de valeurs du socialisme, […] il ramène dans le fini le but infini du socialisme. » (*ibid.*, p. 360).

[2] *Ibid.*, p. 359.

[3] Alors qu'ils séparaient, simplement, les deux plans : par exemple, Claude Simon et Michel Butor ont signé le Manifeste des 121, et se sont publiquement exprimés sur cet engagement.

Les valeurs dans *le roman*

N. S. : Oui, mais ce n'est pas du moralisme, c'est du vécu.[1]

La distinction mérite explication, que Nathalie Sarraute donne peu après : « Le moralisme intervient quand, au lieu d'une connaissance vraie de l'existence, nous faisons du faux, justement pour faire du style, pour en mettre plein la vue. C'est quelque chose qui veut être bien, qui veut être beau et la recherche du beau me paraît être justement dangereuse. »[2] Le sens qu'elle donne à « moralisme » est celui de la fabrication de sentences stylistiquement impeccables, mais sans vie – le genre d'écriture qu'elle prête à Germaine Lemaire dans *Le Planétarium*, que certains lecteurs des *Fruits d'Or* détectent dans le roman portant ce titre, ou qui menace l'écrivain dans un passage d'*Entre la vie et la mort* où, se dédoublant, il flaire un style « mort » et se soupçonne en outre de complaisance (« des clins d'œil de vieille coquette du répertoire »[3]). Le choix de la forme pour elle-même représente pour Sarraute le mensonge – titre de l'une de ses pièces de théâtre. Dans *Forme et contenu du roman*, elle emploie un vocabulaire de juge, de censeur, lorsqu'elle évoque le cas d'un écrivain tenté de privilégier le souci de la forme, et condamne « un désir redoutable, qui l'amènera fatalement à un canon existant et convenu de beauté. »[4] Et ce vocabulaire est présent dans le texte de nombreuses conférences. Dans *Ce que voient les oiseaux*, Nathalie Sarraute écrit, par exemple : « Ici les pires soupçons se confirment. »[5] La rhétorique accusatrice s'amplifie dans le passage suivant, ainsi que le tour ouvertement didactique que prend la fin de la phrase, et qui, très inhabituel chez un écrivain faisant confiance à l'intelligence du lecteur et voulant le laisser libre, traduit sans doute un profond agacement : une écriture plate, dans

---

[1] Simone Benmussa, *Entretiens avec Nathalie Sarraute*, Tournai, La Renaissance du livre, 1999, p. 117.

[2] *Ibid.*, p. 119.

[3] *Entre la vie et la mort*, in *Œuvres complètes*, Gallimard, Bibliothèque de la Pléiade, 1996, pp. 664-665. Voir aussi pp. 729-730, qui seront commentées plus loin. On trouvait déjà dans l'essai polémique *Paul Valéry et l'Enfant d'Éléphant* la mention de « grâces guindées », de « minauderies de vieille coquette du répertoire » (*ibid.*, p. 1530).

[4] *Œuvres complètes*, p. 1676. *Cf. Le Langage dans l'art du roman* : seule une vision neuve « préserve le langage de l'académisme, de la sclérose dont il est constamment menacé. » (*ibid*, p. 1687).

[5] *Ibid.*, p. 1612.

un livre à la mode qui plaît aux critiques semble seulement « quelque chose d'aussi superficiel, d'aussi insignifiant qu'une petite verrue ou un simple bouton sur un beau et noble visage. Alors que c'est plutôt le bouton révélateur qui apparaît sur le corps du pestiféré, la peste n'étant ici rien d'autre qu'une attitude peu sincère et peu loyale envers la réalité. »[1] Elle martèle sa condamnation : « Ainsi, au nom d'impératifs moraux, on aboutit à cette immoralité que constitue en littérature une attitude négligente, conformiste, peu sincère ou peu loyale à l'égard de la réalité. »[2] La croyance en les vertus didactiques[3] du roman la fait rejoindre Pascal[4] : le roman ne doit ni relever du divertissement en satisfaisant des catégories « extra-littéraires », ni représenter « une réalité pipée »[5]. Le choix éthique d'une forme, ce n'est pas l'esthétique qui le dicte, mais le souci de dire le plus profondément possible le réel, d'en dévoiler l'encore inexploré. La conférence *Roman et réalité* est jalonnée par le mot « effort », qui se rencontre à toutes les pages, comptant parfois plusieurs occurrences rapprochées (on le retrouve dans d'autres textes, notamment dans *Le Langage dans l'art du roman* et *Ce que je cherche à faire*). Ce perpétuel

---

[1] *Ibid.*, pp. 1617-1618.

[2] *Ibid.*, p. 1619.

[3] *Cf. Enfance* : « Ce que j'aimerais, c'est d'être institutrice. » (*op. cit.*, p. 1109).

[4] Nathalie Sarraute a exprimé à plusieurs reprises son admiration pour Pascal : à la fin de *Paul Valéry et l'Enfant d'Éléphant* (*op. cit.*, pp. 1549-1550), à quoi fait écho, cinquante ans plus tard, la vingtième et dernière section d'*Ici* (*op. cit.*, pp. 1370-1372. Voir à ce sujet l'article de Philippe Sellier, *Critique et poétique, Valéry ou Pascal*, paru dans *Critique*, janvier-février 2002, n° 656-657, pp. 72-80). Mais aussi dans *Le Langage dans l'art du roman*, où elle rend hommage aux *Provinciales* (*op. cit.*, p. 1686).

[5] *Ibid.*, p. 1619. Toutefois, la vérité qui inspirait Pascal n'est pas celle au nom de laquelle parle Nathalie Sarraute. Les romanciers qui recherchent « ce qui est libre, sincère et vivant » fabriquent « des levains d'émancipation et de progrès » : on croirait ici lire Edgar Quinet appelant à la réalisation par la révolution de l'Évangile, contre un catholicisme immobile, prêt à tomber en poussière. La façon ironique dont elle interprète l'oppression des foules de lecteurs potentiels (elle réemploie le mot « masses », empruntant ainsi aux tenants de l'engagement leurs propres termes, pour dire exactement l'inverse de ce qu'ils défendent) est identique à celle dont les tenants d'une religion nouvelle, au XIXe siècle, voyaient le peuple encore sous le joug de l'Eglise : « On conçoit qu'il ait pu paraître et qu'il paraisse encore prématuré de permettre à des masses, qui avaient été maintenues pendant des siècles dans l'ignorance, d'accéder trop rapidement à une connaissance plus approfondie de la complexité et des contradictions de leur vie […] » Déjà la critique du personnage, dans *L'Ère du soupçon*, se construisait comme une variation sur le « Dieu est mort » nietzschéen, en filant ironiquement la métaphore religieuse (*L'Ère du soupçon, op. cit.*, pp. 1577-1578).

effort que doit fournir l'écrivain peut sembler au lecteur en porte-à-faux avec l'obsession sarrautienne de la restitution de la « sensation directe », « spontanée » ; il en est en fait la nécessaire condition, puisque selon la romancière nous vivons dans un monde où l'écran des idées reçues, des modes de connaissance tout prêts, des étiquettes, fait très facilement perdre le contact avec la sensation pure, l'authenticité du profondément ressenti[1]. Si la réalité est donnée par les perceptions, celles-ci sont intégrées par la suite dans un système clos de conventions qui les dévitalise. Ce qui suscite chez le lecteur l'impression d'un contact direct avec la réalité, d'un jaillissement spontané, est, de la part de l'écrivain, le fruit de choix minutieux, de longues recherches (autre mot qui, au singulier comme au pluriel, compte de nombreuses occurrences dans l'œuvre théorique de Nathalie Sarraute), d'incessantes contraintes pour lutter contre « cette réalité confortable, familière, où nous sommes installés » et pour créer une « forme vivante ». Cet impératif de création « l'empêche de travailler dans la gratuité, la liberté », et lui fait, on l'a vu, refuser l'art pour l'art. Est beau ce qui est adapté, et utile à la connaissance dont l'œuvre littéraire est l'instrument[2].

Le faux selon Sarraute est l'équivalent du kitsch dénoncé par Broch, et qui est traduit par « pacotille ». Il s'oppose à l'« invisible » (autre mot-clef du vocabulaire théorique sarrautien, dans lequel il ne faut voir aucune mystique sécularisée) que la romancière cherche à mettre au jour, matière commune à tous et pourtant jamais identique, changeant au gré des expériences choisies pour la faire affleurer, c'est-à-dire des situations imaginées par Sarraute. Cette vérité, sur la généralité, l'universalité de laquelle elle insiste (« Du réel qui reste anonyme, propre à tous, qui se maintient le plus possible au niveau du 'ressenti' de tous. »[3] – et non du pensé par tous), mais qui se fractionne en un nombre infini de vérités, il

---

[1] *Ibid.*, p. 1646.

[2] *Ibid.*, p. 1645 : « Sans doute, par cette recherche, par cet effort pour rendre visible un univers invisible, l'œuvre littéraire, comme toute œuvre d'art, est un instrument de connaissance. »

[3] *Entretiens*, *op. cit.*, p. 128. Cf. p. 156 : « nous sommes tous semblables à un certain niveau de la conscience ». Et *De Dostoïevski à Kafka* : « ces états baladeurs [...] se retrouvent chez tous [...] et nous font pressentir un nouvel unanimisme. » (*OC*, p. 1572). Elle ne s'accorde pas avec Flaubert affirmant « Il n'y a pas de vrai ! Il n'y a que des manières de voir. » (*Correspondance*, t. V, *op. cit.*, p. 811).

n'est plus question de la délivrer sous forme d'assertions, de maximes, ni de la dévoiler au terme d'une œuvre. Proust était encore tributaire de « la vieille analyse »[1] ; s'il a lui-même écrit n'avoir « pas voulu analyser abstraitement » l'évolution de sa pensée, « mais la recréer, la faire vivre », s'il a cherché à ménager, pour cette raison, des conclusions partielles et fausses, il n'en a pas moins qualifié son roman de « dogmatique », aboutissant à « la plus objective et croyante des conclusions. »[2] Quant à Céline, il n'a cessé de délivrer une leçon sur la vie, ce qui est à l'opposé de la morale romanesque défendue par Sarraute. La traduction néo-naturaliste du « *Vanitas vanitatum* » mêlant la maxime au diagnostic, est particulièrement présente dans *Voyage au bout de la nuit*. La leçon est toujours la même (« Il faut choisir : mentir ou mourir »[3]), et la position du narrateur ne change pas davantage : il reste en surplomb. Multipliant les « épiphrases sentencieuses »[4], ne pouvant s'empêcher de faire à tout instant la démonstration de sa supériorité, il apparaît comme la mesure de toute chose, ne laissant aucune place à l'interprétation du lecteur. Le caractère monologique de l'écriture célinienne fait de lui un écrivain du « mot définitif » : il construit son récit de telle sorte que personne ne puisse lui voler le dernier mot ; et, vu le nombre de jugements portés, le *Voyage* est jalonné de derniers

---

[1] *Roman et réalité*, in *OC*, p. 1650. *Cf.* p. 1595 (« des astres dans un ciel immobile »), et 1603. N. Sarraute n'a par ailleurs jamais cessé de dire son admiration pour Proust et sa dette à l'égard de la découverte de son œuvre.

[2] Marcel Proust, lettre à Jacques Rivière du 6 février 1914 (*Correspondance*, t. XIII, Plon, 1985, p. 98) : « Enfin je trouve un lecteur qui devine que mon livre est un ouvrage dogmatique et une construction ! » Mais, exprimant sa répulsion pour les affirmations idéologiques dans les romans, il poursuit : « Je suis donc forcé d'en peindre les erreurs, sans croire devoir dire que je les tiens pour des erreurs ; tant pis pour moi si le lecteur croit que je les tiens pour la vérité. » (p. 99). Sur l'analyse des ambiguïtés contenues dans cette lettre, voir Stéphane Chaudier, *Proust et le langage religieux. La Cathédrale profane*, Champion, 2004, p. 440-441.

[3] *Voyage au bout de la nuit*, Gallimard, « Folio », p. 256. Marie-Christine Bellosta a relevé encore une part importante de maximes dans *Mort à Crédit* (*Céline ou l'art de la contradiction*, PUF, 1990, pp. 162). Elle cite aussi une lettre de Céline à Elie Faure (22 juillet 1935) : « Vous ne savez pas tout ce que je sais. [...] Quand vous serez à l'agonie, vous me comprendrez entièrement et là seulement. [...] J'ai tout jaugé. Rien de ce que je dis n'est gratuit. Je sais. » (BLFC6, p. 71). »

[4] Expression employée par Gérard Genette dans *Vraisemblance et motivation* (*op. cit.*, p. 78), qui attire l'attention sur le fait que *La Princesse de Clèves*, contrairement aux idées reçues, ne comporte pratiquement pas de commentaires, ni de maximes.

mots. Non seulement le narrateur possède un savoir technique, dont il use parfois dans le récit[1], mais son intelligence, faite d'observation, d'analyse et de synthèse, le pousse très fréquemment à intégrer dans son récit des vérités générales. *Voyage au bout de la nuit* ne revient à aucune typologie (et à aucune caractérologie, à jamais ruinée par Freud : d'où la difficulté de « faire le La Bruyère »), mais accorde une part immense à la sentence et au constat[2]. L'hésitation est rare chez Céline[3], qui ne conjugue pas, comme le fera Claude Simon, épanorthose et balzacismes. Les « peut-être » existent, mais ils sont moins fréquents que les définitions.

À l'inverse, lorsque N. Sarraute énonce une vérité générale, elle revivifie cette dernière en évitant le présent gnomique, remplacé par le présent descriptif. Un exemple parmi des centaines d'autres : « L'angoisse, contenue en nous dans la journée, enfle et nous oppresse : c'est une masse pesante qui emplit la tête, la poitrine, dilate les poumons, appuie comme une barre sur l'estomac, ferme la gorge comme un tampon... Personne n'a su définir exactement ce malaise étrange. » Ecartant la définition, elle identifie le phénomène, puis le décrit, en termes phy-

---

[1] Décelant par exemple des causes psychosomatiques des maladies à la tension artérielle d'Henrouille, p. 318.

[2] Ecrire « La vérité, c'est pas mangeable. » (p. 461) postule l'existence de « la vérité ». Certaines maximes participent du style coupé, d'autres sont plus amples. Beaucoup surviennent en fin de paragraphe (pp. 51, 52, 53, 77, 83, 104, 255, 331, 353, 395, 415-416, 497), ponctuant le récit, qui prend rétrospectivement l'allure d'une démonstration. Conformément aux variations stylistiques et grammaticales qui caractérisent la langue de Céline, la morale peut être énoncée dans un registre soutenu ou relâché. Parfois au contraire, les maximes se situent en début de paragraphe, et le récit qui suit développe et démontre l'affirmation initiale (pp. 158-159, 233, 371, 421, 427). Certaines s'insèrent dans la coulée narrative (pp. 307, 308, 311, 536). Parfois encore, le narrateur s'éloigne de la brièveté de la maxime pour écrire un paragraphe entier au présent gnomique (p. 277). D'autres fois, tout un paragraphe est consacré au développement de la maxime qui l'ouvre (pp. 109, 475...) ; ou bien, un long paragraphe découle de la maxime qui clôt le paragraphe précédent (p. 574).

[3] De même, Bardamu, s'il rend souvent compte de sa peur à la guerre, est rarement déstabilisé par la suite. On ne voit guère que le passage, à la fois pré-sartrien et pré-sarrautien où il se tient à la « lisière » des « fous » : « Je ne chavirais pas mais tout le temps, je me sentais en péril, comme s'ils m'eussent attiré sournoisement dans les quartiers de leur ville inconnue. Une ville dont les rues devenaient de plus en plus molles à mesure qu'on avançait entre leurs maisons baveuses, les fenêtres fondantes et mal closes, sur ces douteuses rumeurs. Les portes, le sol mouvant... L'envie vous prend quand même d'aller un peu plus loin pour savoir si on aura la force de retrouver sa raison, quand même, parmi les décombres. » (p. 537).

siologiques : elle nomme et détaille les effets, ce qui évite tout statisme[1].

En répétant qu'elle cherchait « l'invisible », et en se situant au niveau de la plus grande généralité possible, Nathalie Sarraute a cherché la mesure d'une vérité qui, par delà les différences, ne puisse être contestée, pour trouver un point où « monde privé » et monde commun se rejoignent. Merleau-Ponty a mis en évidence le fait « que chacun de nous a un monde privé », que « ces mondes privés ne sont "mondes" que pour leur titulaire, ils ne sont pas le monde », et que « le seul monde, c'est-à-dire le monde unique, serait *koinos kosmos*, et ce n'est pas sur lui que nos perceptions ouvrent. »[2] Il a aussi décrit la façon dont, tout en croyant avoir accès au vécu d'autrui, à son monde, chacun ne le rejoint que « dans ses pôles extérieurs », de sorte que si nous sommes certains de voir le même monde, la source de cette certitude reste « absolument obscure ». Or, « cette certitude injustifiable d'un monde sensible qui nous soit commun, elle est en nous l'assise de la vérité. »[3] Il semble que N. Sarraute, ayant elle aussi constaté cette évidence et cette obscurité, ait cherché un soubassement commun en deçà de la perception, qui justifie l'existence d'une vérité ne procédant d'aucun dogmatisme, d'aucune affirmation subjective. D'où l'effacement du narrateur, devenant support anonyme de cette matière commune à chacun. Descendant toujours plus loin dans la mine du pré-langage, atteignant des régions désertées, le sujet se dépouille de lui-même, perd son identité, erre, s'efface, désormais sans visage, devient personne, en même temps qu'il semble exister de toute éternité, ouvert, traversé par des parcelles de mots, de sensations venues de très loin. Un beau passage d'*Entre la vie et la mort* décrit cet état : « Seul, replié sur lui-même, il ne fait rien. Vraiment rien. Rien à quoi le mot faire puisse s'appliquer. Flottant pendant des heures, se retournant, se gorgeant, dégorgeant en balbutiements informes, en borborygmes. Oubliant jusqu'au sens de certaines expressions comme par exemple « perdre la face ». Il n'a plus de face depuis longtemps. Des années s'écoulent. La longueur de toute une vie. De plusieurs vies. Il a perdu la notion du temps. »[4]

---

[1] *Portrait d'un inconnu*, pp. 106-107.
[2] Maurice Merleau-Ponty, *Le Visible et l'invisible*, Gallimard, « Tel », 1979, pp. 25-26.
[3] *Ibid.*, p. 27.
[4] *Entre la vie et la mort*, p. 660-661. *Cf.* p. 665-666, et 676.

Pour faire affleurer « l'invisible », elle a travaillé en poète. Dans cette exigence absolue de nouveauté en adéquation avec la mise au jour de parcelles d'inconnu propres à tous qui fait pour elle le seul intérêt de la littérature, on entend les voix de Baudelaire (« Plonger dans l'inconnu pour trouver du nouveau »), de Rimbaud (« Les inventions d'inconnu réclament des formes nouvelles »[1]) et de Mallarmé (« (…) le double état de la parole, brut ou immédiat ici, là essentiel » ; distinction développée dans le paragraphe suivant de *Crise de vers* : « (…) l'universel *reportage* dont, la littérature exceptée, participe tout entre les genres d'écrits contemporains »)[2] : il n'est donc pas étonnant qu'à l'instar de Michel Butor et de Claude Simon[3], elle affirme ne pas faire de différence entre roman et poésie[4]. Un commentaire quasi-systématique du moindre mouvement intérieur, de la moindre sensation, de la moindre parole, fonde la narration, ce qui rend la structure des romans complexe. Conversation et sous-conversation sont parfois concomitantes au point de faire un instant oublier que l'écriture (Sarraute le déplorait, comme Claude Simon) se déploie dans la successivité, au lieu de se donner, comme la peinture, dans la globalité et l'instantanéité. La refonte de l'omniscience dans la polyphonie, double héritage de Dostoïevski et de V. Woolf, est une caractéristique structurale des romans de N. Sarraute. Ce qui en fonde l'originalité, c'est la transformation des mots, conceptuels, abstraits, lorsque l'écrivain réussit à les rendre « gonflés », « vibrants », « palpitants » de la sensation ressentie. Cette restitution de la part sensible s'effectue par le biais des analogies, qui sous-tendent l'écriture sarrautienne et fondent sa poétique. Un passage d'*Entre la vie et la mort*, art poétique, fait comprendre que le travail de restitution de la sensation aux mots, ou de sa résurrection, ne peut s'accomplir qu'en établissant des rapports – ce qui rejoint la concep-

---

[1] Arthur Rimbaud, Lettre à Paul Demény, 15 mai 1871. La citation de Baudelaire qui précède clôt le dernier poème des *Fleurs du Mal*.

[2] Les deux expressions se trouvent à la fin de *Crise de vers*. Nathalie Sarraute fait allusion à la première, de mémoire, dans *Le Langage dans l'art du roman*, p. 1684, se servant de cette distinction du maître pour contester le disciple, Valéry.

[3] Michel Butor, *Le Roman et la poésie*, repris dans *Essais sur le roman*, Gallimard, « Tel », 1992, pp. 21-47. Claude Simon, *Discours de Stockholm*, Editions de Minuit, 1986.

[4] Voir la fin de *Le Langage dans l'art du roman*, p. 1693-1694, et *Ce que je cherche à faire*, p. 1696.

tion mallarméenne de la poésie, consistant à « saisir les rapports »[1].

> Longtemps il examine l'image... l'élégante sobriété, la précision parfaite des phrases. Contenus par leurs contours les mots ruissellent en une seule coulée... Pourtant quelque chose a disparu... un élan timide, un tremblement, il le cherche... ce qui comme une petite bête aveugle se propulsait, poussant devant soi les mots, il ne le sent plus... cela a été étouffé, pris dans l'empois de ces phrases glacées... Juste peut-être ici, on dirait qu'il y a comme une vibration, une pulsation... un pouls à peine perceptible bat... il faut se dépêcher avant qu'il ne soit trop tard, sinon il sait maintenant ce qui va arriver... les belles phrases vont s'assembler en une forme qui aura un jour l'aspect lugubre d'un champ jonché de cadavres où ceux qui viendront retrouveront partout des visages qui leur sont connus, où chacun pourra sans peine identifier ses morts...
>
> Mais rien n'est encore perdu, c'est encore là, encore tiède, vivant, il faut le dégager, l'arracher d'ici, faire éclater ces phrases rigides, briser ces formes parfaitement modelées... le ranimer, que cela se dresse, se déploie librement, rejetant tout ce qui l'entrave, sauf juste ici et là ces quelques fragments...
>
> Il va les prendre, les tailler, les polir, les disposer avec précaution... comme ces petites lentilles qu'on place sur le parcours d'un rayon lumineux pour le capter, où cette chose dont il sent la présence va se concentrer, se réfracter, d'où elle va rayonner... Prendre celui-ci pour commencer, ce fragment minuscule... tout ce qui doit rester de l'image morcelée... ce bras comme celui d'un pantin articulé, qui s'étend, se replie, s'abaisse, ce poing qui s'ouvre, se referme, cette tête qui oscille de côté et d'autre...
>
> Tirés, amenés par lui, par cet infime fragment, des mouvements, des formes encore à peine ébauchés apparaissent à perte de vue... Les mots qu'une même vibration traverse se soudent les uns aux autres... les phrases se brisent pour que cette parcelle vivante qu'elles portent ne soit pas comprimée, déformée... elles s'ouvrent pour la laisser passer librement, jaillir, ou bien elles sinuent, se retournent sur elles-mêmes – des alambics à travers lesquels elle circule, d'où elle se dégage, toujours plus réduite à elle-même, décantée... [2]

On pourrait d'abord songer à des analyses phénoménologiques – sauf qu'ici, il ne s'agit pas de phénomènes, mais du

---

[1] Stéphane Mallarmé, *La Musique et les lettres*, Poésie/Gallimard, 1985, p. 356.
[2] *Entre la vie et la mort, op. cit.*, pp. 729-730.

mode d'apparaître des mots, et de leur métamorphose risquée, hasardeuse, en réalité romanesque, aboutie seulement lorsque l'écrivain parvient à donner vie à l'écriture. Pour décrire l'effort créateur à l'état naissant[1], Nathalie Sarraute emploie en l'espace de quatre paragraphes une douzaine de réseaux analogiques. Elle les juxtapose, les croise ou les reprend avec des variations et des nuances (par exemple, le glissement de « tremblement » à « vibration »). Le système analogique, au sens où l'on parle de système lymphatique (les métaphores biologiques abondent dans l'œuvre de N. Sarraute), donne aux romans sarrautiens une véritable énergie diégétique : le récit circule grâce à lui. L'écrivain fait cohabiter au sein d'une même séquence des séries a priori hétérogènes, selon le principe de la métaphore qui rapproche deux réalités éloignées : c'est par cette relation suivie de voisinage, que s'opère l'approche d'une parcelle de vérité. Association et matérialité (le substrat est toujours concret) sont les deux caractéristiques d'une écriture qui se signale à la fois par l'abondance (mais il ne s'agit pas d'accumuler pour orner : le style de Sarraute n'est pas copieux ; il réunit, accueille dans sa nécessaire successivité des fragments d'une totalité jamais achevée) et la correspondance (qui n'est pas ici synonyme de synesthésie). Les images, esquissant des ressemblances, faisant surgir des affinités cachées (la métaphore liquide traverse ainsi le texte en charriant plusieurs images, du ruissellement à la décantation), sont seules capables de donner des équivalents de ce qui a été ressenti ; elles constituent pour Sarraute l'unique moyen d'approche de la sensation, et le recours répété à l'analogie constitue la chaîne d'une reformulation au fil de laquelle le lecteur, happant telle ou telle image, reconnaît la véracité de celle-ci. La connaissance surgit donc de la reconnaissance. Un tel processus diégétique, totalement neuf, suppose un soubassement dialogique[2] : même si la romancière est sûre de ce qu'elle ressent, son activité ne prend sens qu'à partir du mo-

---

[1] Voir l'entretien avec Geneviève Serreau (*Nathalie Sarraute et les secrets de la création*), à l'occasion de la parution d'*Entre la vie et la mort*, paru dans *La Quinzaine littéraire* du 1er mai 1968, p. 3-4.

[2] La structure dialogique tient, pour cette raison, un rôle fondamental dans l'œuvre de Nathalie Sarraute, au point de l'amener à écrire pour le théâtre et à se dédoubler pour écrire *Enfance* puis à dédoubler l'instance narrative de *Tu ne t'aimes pas*. Elle constitue le fil poétique de tous ses romans, comme elle était déjà, d'une autre façon, celui des romans de Dostoïevski.

ment où elle s'efforce de tendre au lecteur telle ou telle image, jusqu'à ce qu'il fasse, pour reprendre la métaphore optique de la fin du *Temps retrouvé*, sa propre mise au point. Et tout le prétexte romanesque (les personnages qui subsistent, le récit, aussi ténu soit-il) n'aura finalement été qu'un détour pour confronter le lecteur à l'évidence, sans contestation possible, de sa propre sensation. Ce qui reste d'une œuvre peu à peu délestée du superflu, c'est-à-dire de l'essentiel du roman traditionnel (le tournant amorcé à partir d'*Entre la vie et la mort* se radicalise dans *L'Usage de la parole*, puis dans *Ici* et dans *Ouvrez*), c'est la multitude des associations par lesquelles la réalité vécue par l'écrivain, puis captée, saisie, ressuscitée et conservée telle, non tuée par les mots, rejoint celle vécue par le lecteur. Aussi Nathalie Sarraute se classe-t-elle parmi les « réalistes », par opposition aux « formalistes »[1], qui maintiennent le roman dans des conventions et une langue d'un autre âge, contribuant à l'accroissement d'un musée Grévin littéraire (« Mme Germaine Lemaire est-elle notre Mme Tussaud ? » s'interroge un critique dans *Le Planétarium*). Le creusement de la sensation devient explication, mais non au sens où Balzac employait le terme : en le reconduisant à son sens premier. Dans la poétique sarrautienne le virtuel sort de ses plis, l'inexprimé, aéré de blancs, non seulement s'énonce, mais se précise en se reformulant. De même qu'il existe des vides juridiques, il manque encore à la théorie littéraire un terme qui définisse ce mode narratif nouveau, constitutif du roman sarrautien.

Michel Butor lui aussi a parlé d'effort, et travaillé en poète ; il s'est aussi livré à une condamnation morale de la facilité romanesque. Si le romancier ne fait pas d' « effort »[2], écrivait-il dès 1955 dans son premier texte théorique, *Le Roman comme recherche*, s'il n'est pas rigoureux dans ses choix, il se fait « le complice de ce profond malaise, de cette nuit dans laquelle nous nous débattons » : la poétique est donc indissociable de l'éclaircie (pour employer une image proustienne) que

---

[1] *Ce que voient les oiseaux*, *op. cit.*, p. 1613. La longue définition qu'elle donne d'un « auteur réaliste » est en effet un résumé de son propre travail. Dans les *Entretiens* avec Simone Benmussa, on lit encore « […] chez moi, les dialogues sont réalistes […] . » (*op. cit.*, p. 46).

[2] On peut là encore penser à Broch, affirmant dans *Le Mal dans les valeurs de l'art* que « se soustraire » à « créer la valeur », tâche « la plus humaine de toutes, c'est sombrer dans la *nolitio* qu'est le refus d'agir […] » (*op. cit.*, p. 337).

peut apporter le roman, et qui justifie son existence, là où le simple divertissement avait montré son insuffisance, et où la propagation d'une « image de la réalité en contradiction flagrante avec cette réalité » n'est que « mensonge », « poison », « impostures » aboutissant aux « plus fatals désordres ». À l'inverse, « l'invention formelle dans le roman, bien loin de s'opposer au réalisme comme l'imagine trop souvent une critique à courte vue, est la condition *sine qua non* d'un réalisme plus poussé. »[1] Remarquons que la métaphore du poison a changé depuis Pierre Nicole, qui écrivait dans la première *Lettre sur l'hérésie imaginaire* : « Un faiseur de romans et un poète de théâtre est un empoisonneur public, non des corps, mais des âmes des fidèles, qui se doit regarder comme coupable d'une infinité d'homicides spirituels »[2]. Et l'on peut penser aussi à la fin de *Madame Bovary*, qui, empoisonnée par *Paul et Virginie*, ayant gardé le goût, qu'elle confiait à Léon, des héros et des intrigues hors du commun, finit par avaler de l'arsenic pour en terminer avec une vie dont elle avait toujours refusé la médiocrité : l'arsenic apparaît ici comme le contrepoison du réel, l'antidote – mais antidote mortel – à l'empoisonnement par le mensonge d'une certaine littérature. « Le mot réalisme », écrit Butor dans un autre essai sur le roman, « ne peut désigner qu'une attitude morale, une volonté de tenir compte des choses telles qu'elles sont, sans se contenter d'illusions, de consolations. »[3]. Pour ne citer qu'un seul et bref exemple, la page de *La Modification* concernant le prêtre voyageant dans le même wagon que Léon Delmont abonde en modalisateurs, questions et formulations d'hypothèses[4]. Les supposi-

---

[1] Michel Butor, *Le Roman comme recherche*, repris dans *Essais sur le roman*, [1960-1964], Gallimard, « Tel », 1992 p. 11 et 14.

[2] Voir aussi le discours du P. Porée contre les romans, prononcé le 25 février 1736 (*De libris qui vulgo dicuntur romanses…*). On y lit notamment : « La loi interdit à quiconque de mettre en vente des aliments susceptibles d'introduire dans l'organisme les germes nuisibles des maladies. Que n'interdit-elle encore de vendre des ouvrages qui, par une nourriture bien plus nocive encore, font pénétrer dans les cœurs les poisons mortels de l'amour ? [...] Pourquoi ce qui est prévu pour un danger n'est-il pas prévu pour l'autre ? Est-ce parce que dans l'Etat, la santé des corps exige de grands soins ? Mais l'intégrité des âmes en demande-t-elle de moindres ? [...] Que disparaissent de la terre entière, si cela se peut, toutes les œuvres empoisonnées des auteurs de romans. » (cité et traduit par G. May, *op. cit.*, p. 76-77).

[3] *Essais sur le roman*, p. 182.

[4] Michel Butor, *La Modification*, Les Éditions de Minuit, 1957, pp. 72-73. On pourra, par exemple, comparer cet extrait avec le bref portrait de l'abbé Judaine, dans *Lourdes*, de Zola (chap. II) : même profession, même lieu (un train), mais représentation en tous points différente.

tions et alternatives restent sans réponse, puisque Léon Delmont s'interroge mentalement. Il fabule pour passer le temps, imaginant les possibles pistes d'un roman du prêtre : le substantif « déguisement » ouvre le champ lexical de la dissimulation, avec « camouflages, plis ». Le narrateur perce le code social pour aller au-delà des apparences. En pure perte, sans doute ; mais puisque, dans le cadre d'une fiction, les réponses ne sauraient qu'être fictives, l'essentiel n'est pas d'inventer des réponses, mais de poser des questions. Butor est à bien des égards héritier du roman du XIXe siècle, mais il en fait l'inventaire. Ce qui correspond à l'expérience que nous pouvons tous faire, ne consiste pas à présenter un voyageur dans un train, et à tout dire de lui, mais à formuler des conjectures à partir de ce qui est visible. Même le verbe « assurer » (« Sur ces plis noirs qui le revêtent et qui indiquent son appartenance à une église, qui vous assurent à peu près qu'il récite un certain nombre de prières par jour, qu'il dit sa messe, il n'y a pas le moindre indice vous révélant son genre de vie, les occupations auxquelles il passe la plus grande part de ses heures, le milieu avec lequel il est en contact. ») est atténué par l'expression adverbiale « à peu près » ; la succession des pronoms relatifs « qui », énumérant ce qu'il y a de probable, sinon de certain, est contrebalancée par la négation hyperbolique « il n'y a pas le moindre indice » débouchant sur ce que ni Léon Delmont, ni les autres voyageurs, ni les lecteurs de *La Modification* ne sauront jamais : le genre de vie du prêtre, ses occupations, son milieu – toutes questions, encore une fois, réglées par les romanciers dits « réalistes », mais réglées artificiellement. Aux fictions qui, bien que se présentant comme un miroir de la réalité, s'éloignent de celle-ci en apportant des réponses, succèdent des romans qui restent fidèles au réel en ne résolvant précisément rien, en posant seulement des questions[1].

---

[1] « Cette façon de poser la question qui se nomme la poésie », écrit Philippe Jaccottet dans *Eléments d'un songe* (1961. Repris chez L'Age d'homme, 1990, p. 153). En 1955, Butor, dans *Le Roman comme recherche*, définissait le roman « traditionnel » comme « le roman qui ne se pose pas de question » ; il y écrivait encore : « L'exploration de formes romanesques différentes révèle ce qu'il y a de contingent dans celle à laquelle nous sommes habitués, la démasque, nous en délivre, nous permet de retrouver au-delà de ce récit fixé tout ce qu'il camoufle ou qu'il tait, tout ce récit fondamental dans lequel baigne notre vie entière. [...] » (*op. cit.*, pp. 9-11). Et en 1959, alors qu'il écrivait son roman le plus ambitieux, et aussi le plus difficile, et le dernier, *Degrés*, Michel Butor terminait sur cette formule une conférence : « cette question qu'est un roman » (Intervention de Royaumont, *ibid.*, p. 20).

Il ne s'agit donc ni de conclure, ni de résoudre, ni d'habiller de fiction des revendications idéologiques[1] ni de s'enfermer dans des préoccupations esthétiques : la valeur réside dans les choix effectués pour découvrir et interroger. Et cela constitue à l'évidence, même si on doit entendre le mot dans un sens autre que celui qu'on lui attribue couramment, une forme d'engagement – d'engagement et de résistance à tout ce à quoi on réduit trop souvent le roman, une histoire (pour ne pas dire un scénario, « a story »), des personnages, de l'évasion… Si l'on associe depuis trois siècles poésie et vérité[2], et roman et réalité, roman et vérité ont fini par se rejoindre dans l'œuvre de quelques romanciers ayant travaillé en poètes, et veillé à ce qu'« aucun but axiologique ne se manifeste autrement que dans le système lui-même »[3]. Ils n'ont, pourtant, guère été suivis.

---

[1] Voir à ce sujet la critique constante de Claude Simon, dans les articles *Pour qui donc écrit Sartre ?* (*L'Express*, 28. 5. 1964, p. 30-33) ; *Le Romancier et la politique : et si les écrivains révolutionnaires jouaient le rôle de la presse du cœur ?* (*L'Express*, 25. 7. 1963, p. 25-26), le résumé parodique, écrit en phonétique, de *La Puissance et la gloire* de Graham Greene dans *La Bataille de Pharsale* (Les Éditions de Minuit, 1969, p. 177-178), et le *Discours de Stockholm* (Les Éditions de Minuit, 1986, en particulier p. 15). Voir aussi la satire des romans à thèse faite par José Saramago dans *O Ano da morte de Ricardo Reis* (1984) (*L'Année de la mort de Ricardo Reis*, trad. Claude Fages, Editions du Seuil, « Points », 1998, p. 161-166).

[2] Voir notamment René Char, qui en faisait des « synonymes » (*Partage formel*, XVII, Gallimard, Bibliothèque de la Pléiade, p. 159), Paul Eluard, et Yves Bonnefoy (*Entretiens sur la poésie*, Mercure de France, 1990, p. 253-275 ; et *La Vérité de Parole*, Mercure de France, 1988).

[3] Hermann Broch, *op. cit.*, p. 350. *Cf.* Charles Asselineau, *La Double vie*, Paris, Poulet Malassis et De Broise, préface p. XVI : « l'adultère de la littérature avec des idées d'un autre ordre. », et p. XXI.

Rémi Astruc est professeur de littératures comparées et littératures francophones à l'Université Paris-Seine (Cergy-Pontoise) où il est en charge du programme « Communauté(s) » au sein du laboratoire de recherches AGORA. Son dernier essai, *Nous? L'aspiration à la Communauté et les arts* (post-scriptum de Jean-Luc Nancy), a paru en décembre 2015 chez RKI Press. Il est également un spécialiste des écritures comiques et son essai *Le Renouveau du grotesque dans le roman du XXe siècle, essai d'anthropologie littéraire,* a paru Chez Classiques Garnier en 2010. Il a fondé le réseau CCC (Communauté des chercheurs sur la communauté) dont il anime le blog : communautédeschercheurssurlacommunauté.wordpress.com.

Yves Clavaron est professeur de littérature générale et comparée à l'Université Jean Monnet de Saint-Étienne. Ses travaux portent sur le postcolonialisme, la francophonie, l'écocritique dans les domaines anglophone et francophone. Il est l'auteur de *Poétique du roman postco-lonial* (Publications Université de Saint-Étienne, 2011), *Edward Said : L'intifada de la culture* (Kimé, 2013), *Petite introduction aux* Postcolonial Studies (Kimé, 2015) et *Francophonie, postcolonialisme et mondialisation* (Classiques Garnier, 2018). Il a dirigé un ouvrage collectif avec Jean-Marc Moura, *Histoire des Lettres transatlantiques : les relations littéraires Afrique-Amériques* (Bécherel, Les Perséides, 2017).

Anne Coignard est docteur en philosophie de l'École polytechnique et chargée de cours au département de philosophie de l'Université

Toulouse-Jean Jaurès. Sa thèse, *Lecture romanesque et imagination*, porte sur l'expérience de lecture immersive, thème de recherche qu'elle continue d'explorer depuis plusieurs années dans le séminaire « Emma c'est nous », co-organisé avec Létitia Mouze. Elle a publié plusieurs articles sur les relations entre phénoménologie et littérature et travaille, actuellement, sur les figures du féminin dans le discours philosophique.

Paul Dirkx (EA 3943 Centre Écritures) est MCF HDR à l'Université de Lorraine, où il enseigne les littératures francophones et la sociologie de la littérature, des arts et de la presse. Ses recherches portent sur les écritures francophones (notamment celles de Dominique Rolin, Claude Simon, Ahmadou Kourouma et Jean-Marie Gustave Le Clézio), les écritures migrantes, l'antinomie littéraire et le corps des écrivains. Auteur d'un manuel de *Sociologie de la littérature* (Armand Colin, 2000) et d'une étude sur *Les « amis belges ». Presse littéraire et franco-universalisme* (PUR, 2006), il a récemment dirigé *L'Œil littéraire. La vision comme opérateur scriptural* (PUR, 2015) et *Les Cinq sens littéraires. La sensorialité comme opérateur scriptural* (Éditions Universitaires de Lorraine, 2017). Il prépare un livre sur le corps de l'écrivain.

Jacques-David Ebguy, maître de conférences en littérature française à l'Université Paris Diderot – Paris 7, membre du CERILAC, est l'auteur de *Le Héros balzacien* (Christian Pirot, 2010). Président du Groupe International de Recherches Balzaciennes, ses travaux portent sur la poétique et la pensée du roman du XIXe siècle. Il a publié de nombreux articles sur les œuvres de Balzac, Flaubert, Stendhal, et sur les rapports entre littérature et philosophie contemporaine. Il travaille actuellement sur le roman de formation français au XIXe siècle.

Yves-Michel Ergal, maître de conférences en littérature comparée à l'Université de Strasbourg, est l'auteur d'un essai sur le roman, *L'Écriture de l'innommable* (Paris, 2014). Il a édité les préface, traduction et notes à *La Bible d'Amiens* de John Ruskin (Paris, 2007), et publié plusieurs ouvrages sur Marcel Proust.

Sophie Guermès, ancienne élève de l'ENS Ulm, est professeur à l'Université de Brest. Ses recherches portent sur la poésie et le roman des XIXᵉ et XXᵉ siècles. Elle a notamment publié *L'Écho du dedans. Essai sur La Route des Flandres* (Klincksieck, 1997), *La Poésie moderne. Essai sur le lieu caché* (L'Harmattan, 1999. Prix Émile Faguet, Académie française), *La Religion de Zola* (Champion, 2003 ; Champion-Classiques, 2006), *Rome souterraine, de Charles Didier* (Droz, 2007), *Edgar Quinet poète et théoricien de la poésie* (Champion, 2015), *La Fable documentaire* (Champion, 2017), ainsi que des ouvrages collectifs, et trois récits : *La Loge* (L'Harmattan, 2002), *Les Ombres portées* (Triartis, 2016), *Bucarelli-Roma* (Éditions du Littéraire, 2018).

Raphaëlle Guidée est maîtresse de conférences en littérature comparée à l'Université de Poitiers. Ses recherches portent notamment sur l'écriture de l'histoire, la représentation des catastrophes et les relations entre littérature et politique. Elle a publié un essai sur la mémoire des catastrophes historiques (*Mémoires de l'oubli*, 2017) et co-dirigé plusieurs volumes d'articles sur la littérature contemporaine (*Hantologies*, 2009 ; *Patrick Modiano*, 2012 ; *WG Sebald*, 2013 ; *Utopie et catastrophe*, 2015 ; *Dire les inégalités*, 2016 ; *L'Apocalypse, une imagination politique*, 2018).

François Guiyoba est professeur titulaire des universités. Actuellement en poste à l'École normale supérieure de Yaoundé, il y enseigne la littérature générale et comparée. Membre de plusieures sociétés savantes et équipes de recherche, ses travaux portent notamment sur l'intermédialité, l'esthétique, l'épistémologie des sciences littéraires, les littératures anglophones et francophones des XXᵉ et XXIᵉ siècles, domaines dans lesquels il a publié de nombreux articles.

Vincent Jouve est professeur de littérature française à l'Université de Reims. Chercheur en théorie de la littérature, il a publié de nombreux travaux dans les domaines de la poétique, de la narratologie et des théories de la lecture. Dans le cadre du CRIMEL (Centre de Recherche Interdisciplinaire sur les Modèles Esthétiques et Littéraires), équipe d'accueil de l'Université de Reims, il dirige l'axe de recherche sur la lecture littéraire. Principales publications : *La Littérature selon Barthes*, Paris, Editions de Minuit, 1986 ; *L'Effet-Personnage dans le roman*, Paris, Presses Universitaires de France, 1992 ; *La Lecture*, Paris, Hachette, 1993 ; *Poétique des valeurs*, Paris, Presses Universitaires de France, 2001 ; *Pourquoi étudier la littérature ?* Paris, Armand Colin, 2010.

Lucie Lagardère est agrégée de lettres modernes et a soutenu une thèse de littérature comparée à l'université Paris Diderot-Paris 7 intitulée « La pensée romantique du temps et de l'histoire ». Comparant des textes de Chateaubriand et Coleridge entre 1789 et 1815, elle y examine la façon dont les poétiques mises en place par ces proses définissent une certaine écriture de l'événement passé et actuel, construisent un changement d'historicité et modèlent une nouvelle pensée du devenir historique, en donnant toute leur place à l'imagination créatrice et à la poésie. Elle a été en poste auprès de l'ambassade de France et de *l'università degli Studi Roma 1 – La Sapienza.*

Daniel S. Larangé a enseigné à Paris 3 - Nouvelle-Sorbonne, McGill university (Montréal) et Åbo Akademi (Finlande). Il a soutenu une thèse sous la direction de Philippe Hamon. Son domaine de recherche est la sociocritique des textes. Il est membre du Centre de Recherches Interdisciplinaires en Sociocritique des Textes de Montréal. Il a également poursuivi des études en théologie fondamentale et en slavistique. Il est l'auteur de plusieurs ouvrages et de nombreux articles en histoire et théorie littéraires. Il enseigne actuellement en CPGE à l'Institut Sainte-Croix de Neuilly.

Pauline Laroche-Vachaud, agrégée de Lettres Modernes, membre de l'équipe de recherche É.CRI.RE (Univ. Grenoble Alpes), travaille sur la littérature contemporaine d'expression française, en particulier sur les rapports entre littérature et éthique, qui furent l'objet de sa thèse (*Écrire la voix des autres. La responsabilité de la forme dans la littérature contemporaine d'expression française*, sous la direction de Claude Coste, 2011). En collaboration avec Guillaume Bellon, elle a dirigé un ouvrage sur l'héritage de la théorie littéraire des années 70 dans la littérature d'aujourd'hui (*Le Devenir-roman des* Mythologies *de Roland Barthes, Recherches et travaux*, n°77, ELLUG, 2010) et s'intéresse aussi aux liens entre littérature et musique.

Clélie Millner est Maître de conférences en Littérature Comparée à l'Institut Catholique de Paris, traductrice de l'italien, et dirige la collection « Classique Pédago » au livre de Poche. Elle est spécialiste de littérature et politique, de littérature et philosophie, notamment des questions d'éthique. *L'Œuvre trace : questionnement de la présence dans les* *récits d'A. Tabucchi, Peter Handke et Pierre Péju* est à paraître prochainement aux éditions Classique Garnier dans la collection « Perspectives comparatistes ».

Thierry Poyet est Maître de conférences habilité à l'Université Clermont-Auvergne. Il est un des spécialistes actuels de l'oeuvre de Flaubert. Ses travaux les plus récents ont porté sur la sociabilité littéraire de l'écrivain, ses relations cénaculaires et ses débats esthétiques avec des *minores* comme Maxime Du Camp, Louise Colet et Ernest Feydeau. Il a publié ces dernières années *Maxime Du Camp, l'autre romancier* (Kimé, 2013), puis *La* Gens *Flaubert* (Lettres modernes Minard, 2017) et *Pourquoi* L'Éducation sentimentale *de Flaubert* (Kimé, 2017).

Christine Ramat est professeur agrégé et docteur ès lettres, elle enseigne à l'ESPE CVL (Université d'Orléans). Ses travaux de recherche portent sur le renouveau de l'esthétique grotesque dans les écritures contemporaines francophones. Parmi ses publications récentes : « Plurilinguisme et altérité dans les écritures dramatiques francophones : « une poéthique » du monstrueux ? » in *Carnets : revue électronique d'études françaises*, mai 2016 ; « Stéréotypes de la crise et détournement grotesque sur la scène africaine », actes du colloque *L'Afrique en discours, lieux communs & stéréotypes*, dir. M. Rinn et N. Narvaez Bruneau, août 2015 ; « Les rires noirs dans les dramaturgies africaines et caribéennes contemporaines », *Humoresques* n° 38, *Rires africains et afropéens*, 2014.

François Rastier, directeur de recherche au CNRS, est un linguiste spécialisé en sémantique des textes. Son projet intellectuel se situe dans le cadre général d'une sémiotique des cultures. Parmi ses derniers ouvrages, on peut citer *Apprendre pour transmettre. L'éducation contre l'idéologie managériale* (PUF, 2013), *Saussure au futur* (Paris, Les Belles Lettres, 2015), *Créer : image, langage, virtuel*, Paris-Madrid, Casimiro (2016). Son étude sur la poésie de Primo Levi, *Ulysse à Auschwitz* (Paris, Éditions du Cerf, 2005) a reçu le prix de la Fondation Auschwitz. Il a publié depuis des études sur la littérature de l'extermination et le genre du témoignage. En littérature française, il a étudié divers auteurs, de Jodelle à Breton ; son ouvrage *Mondes à l'envers. De Chamfort à Samuel Beckett* est annoncé aux éditions Classiques Garnier.

Ivanne Rialland est maîtresse de conférences en sciences de l'information et de la communication à l'UVSQ (Université Paris-Saclay), au sein du Centre d'Histoire Culturelle des Sociétés Contemporaines. Elle travaille d'une part sur les interactions entre les discours et les médiums (revue, collection, livre, web…), et d'autre part sur l'usage du romanesque par les écrivains d'avant-garde. Elle est l'auteur de *L'Imaginaire de Georges Limbour* (ELLUG, 2009), et a dirigé, notamment, *Critique et médium* (CNRS éditions, 2016).

Sylvie Servoise est Maître de conférences en Littérature générale et comparée à Le Mans-Université, directrice-adjointe du laboratoire 3L. AM et rédactrice en chef de la revue *Raison Publique*. Ses recherches portent sur la notion d'engagement littéraire au XXe et XXIe siècles, sur les rapports entre écriture de l'histoire, mémoire et fiction dans les littératures française, italienne et anglo-saxonnes dans une perspective associant étroitement littérature et sciences humaines et sociales. Ses derniers ouvrages : *Le Roman face à l'histoire. La Littérature engagée en France et en Italie dans la seconde moitié du XXe siècle* (Rennes, PUR, 2011) ; *Politiques du temps :* Le Guépard *de Lampedusa dans l'histoire* (Rennes, PUR, 2018).

Eileen Williams-Wanquet est Professeur de littérature anglaise à l'Université de La Réunion où elle a été directrice du laboratoire de recherches D.I.R.E. (de 2011 à 2017). Elle est l'auteur d'une monographie sur les romans d'Anita Brookner, intitulé *Art and Life in the Novels of Anita Brookner* (Peter Lang, 2004) et a dirigé des ouvrages collectifs sur la réécriture et la répétition. Elle s'est spécialisée en littérature britannique contemporaine, sur les thématiques suivantes en particulier : la réécriture, le « tournant éthique dans la littérature à partir de 1990 », littérature et politique, idéologies et valeurs transmises par le roman, la remise en cause de l'Histoire et de l'attitude (philosophique) de la Modernité…